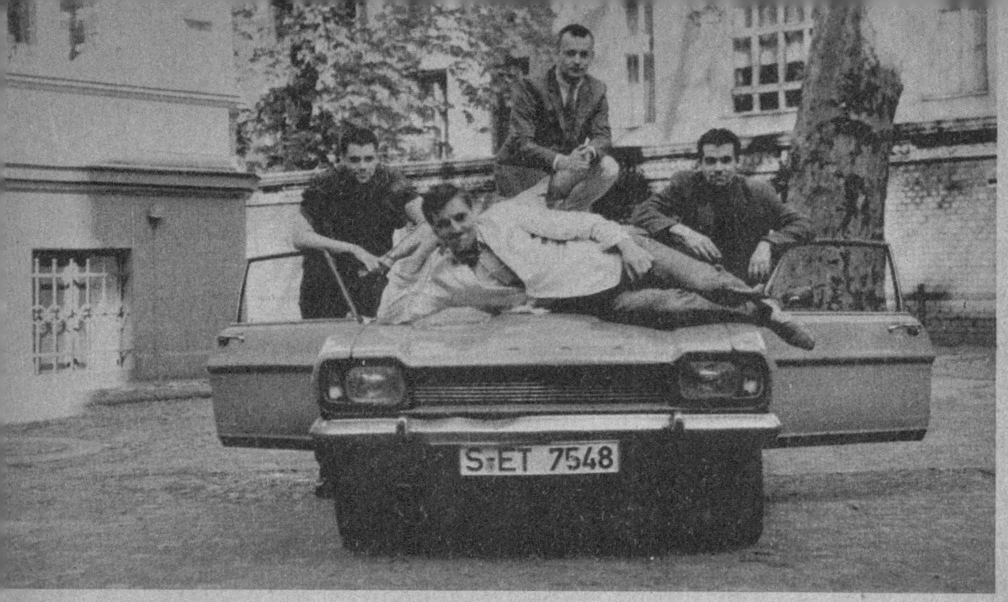

Wer diesen Katalog nicht gut findet muß sofort zum Arzt

»VERSUCH'S MAL OHNE FILM«

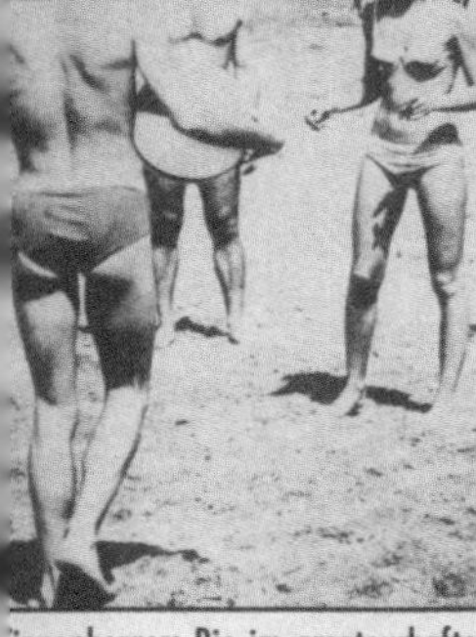

Kippenbergers Rio im amateurhaften Anschnitt

F. C. Gundlach, Fotograf und Fachmann für geleckte Modefotos, besitzt auch eine Galerie. Dort stellt er aus, was ihm gefällt. Letztes Jahr war es Martin Kippenberger mit »Sand in der Vaseline, Brasilien 1986«. Gefällig sind die Bilder, wenn sie bei Gundlach aushängen, denn sie sind eine gute Mischung aus Avantgarde — »Ein gut geknipstes Foto braucht sieben Minuten« — Kritik — »In Rio ist das Bier kalt und gelb, wie es mit der Armut steht wissen sie ja« — und ein bißchen Provokation — »Wir hassen die Kamera, weil sie nicht selbständig zuschlagen kann« — und Snob-Appeal: »Die teure Fotografie sucht billige Argumente«. Kippenberger hat mit Albert Oehlen auch ein Vorwort zu Ausstellung und Katalog (18,- DM, PPS Galerie, 2 Hamburg 4) geschrieben, wo schon alles steht, was Kritiker eventuell noch denken könnten. Selbst das Vorwort entschuldigt sich schon in der Überschrift: »Wenn man keine unbedingte Lust hat, über Fotografie zu schreiben, schreibt man folgendes«. Und dann noch einmal: »O Rio de Janeiro«, Fotos von Bruce Weber, ausgestellt auch bei F. C. Gundlach. Der Fachmann beim Fachmann. Daß die Fotografen gleichzeitig noch diversen Buntblättern als Titelbilder dienten, war nur konsequent, wo Weber doch so schön »seine Fotos dem Primat einer aufreizenden und aufregenden Sinnlichkeit unterordnet. Hier hat ein Fotografenkönig einer Königin die Aufwartung gemacht, und da zeigt man bekanntlich keine Schattenseiten«. Martin Kippenberger meint dazu: »Das Gegenlicht kommt immer von der anderen Seite, aber dazu braucht man keine Kamera. Die alten Griechen sind ohne Kamera ausgekommen. Versuch's mal ohne Film«.

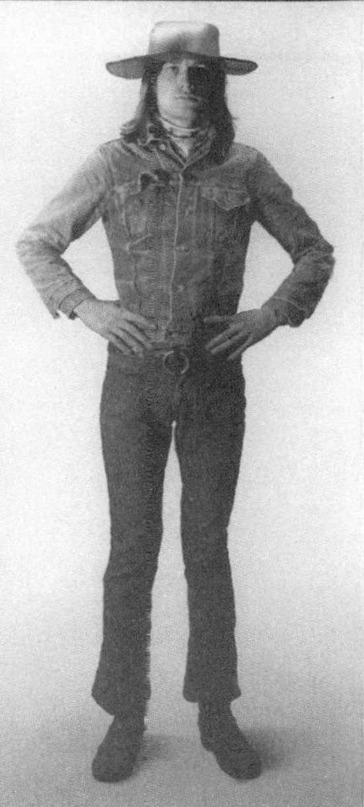
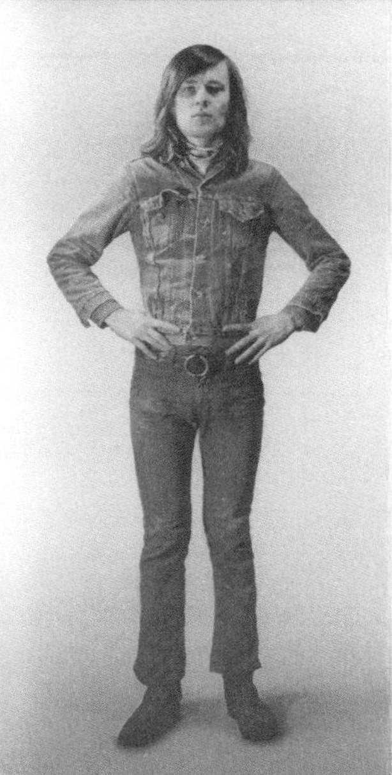
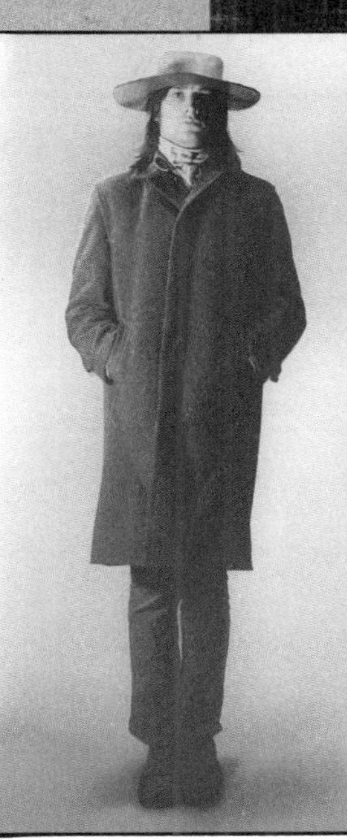

Einladung

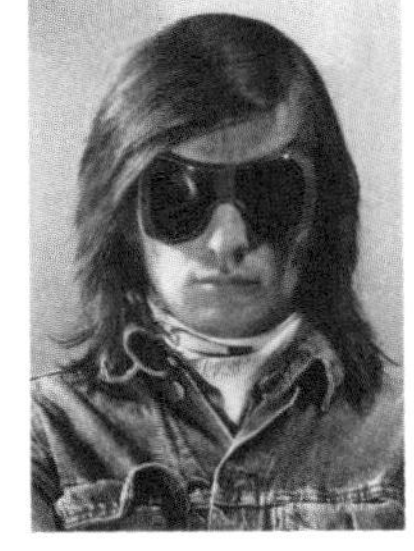

Anläßlich nunmehr
40 Jahre Dankbarkeit
lädt
Martin Kippenberger

Herrn Gundlach

am 24./25. Februar
zur Feier in St. Georgen/
Schwarzwald ein.

Um Antwort wird gebeten
bis 10. 02. 1993

Festliche Kleidung

24. 02. 93	22.00 Uhr Nachtcafé Am Storzenberg
25. 02. 93	11.00 Uhr Grässlin Klosterbergstraße 29 Buffet ab 14.00 Uhr – 17.00 Uhr Am Döbele Anschauung in Sachen 12 Jahre kreative Bemühungswerke von M. K. am Beispiel Sammlung Grässlin 19.00 Uhr Dinner und Tanz im Gasthaus Hirzwald
26. 02. 93	10.00 Uhr Frühshopping Café Kammerer Hauptstraße

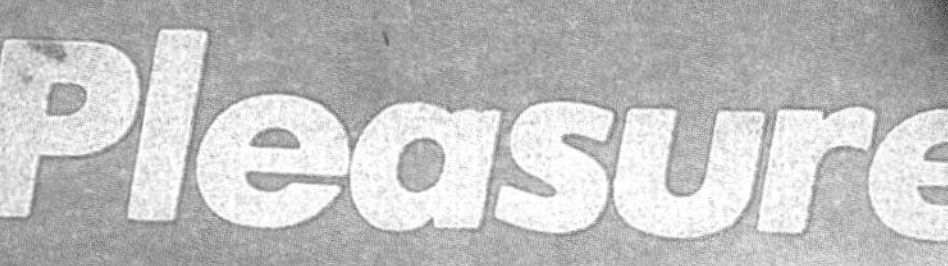

THE MEDIUM OF PHOTOGRAPHY IS CAPABLE OF BEING THOUGHT-PROVOKING

Albert Oehlen, 1986

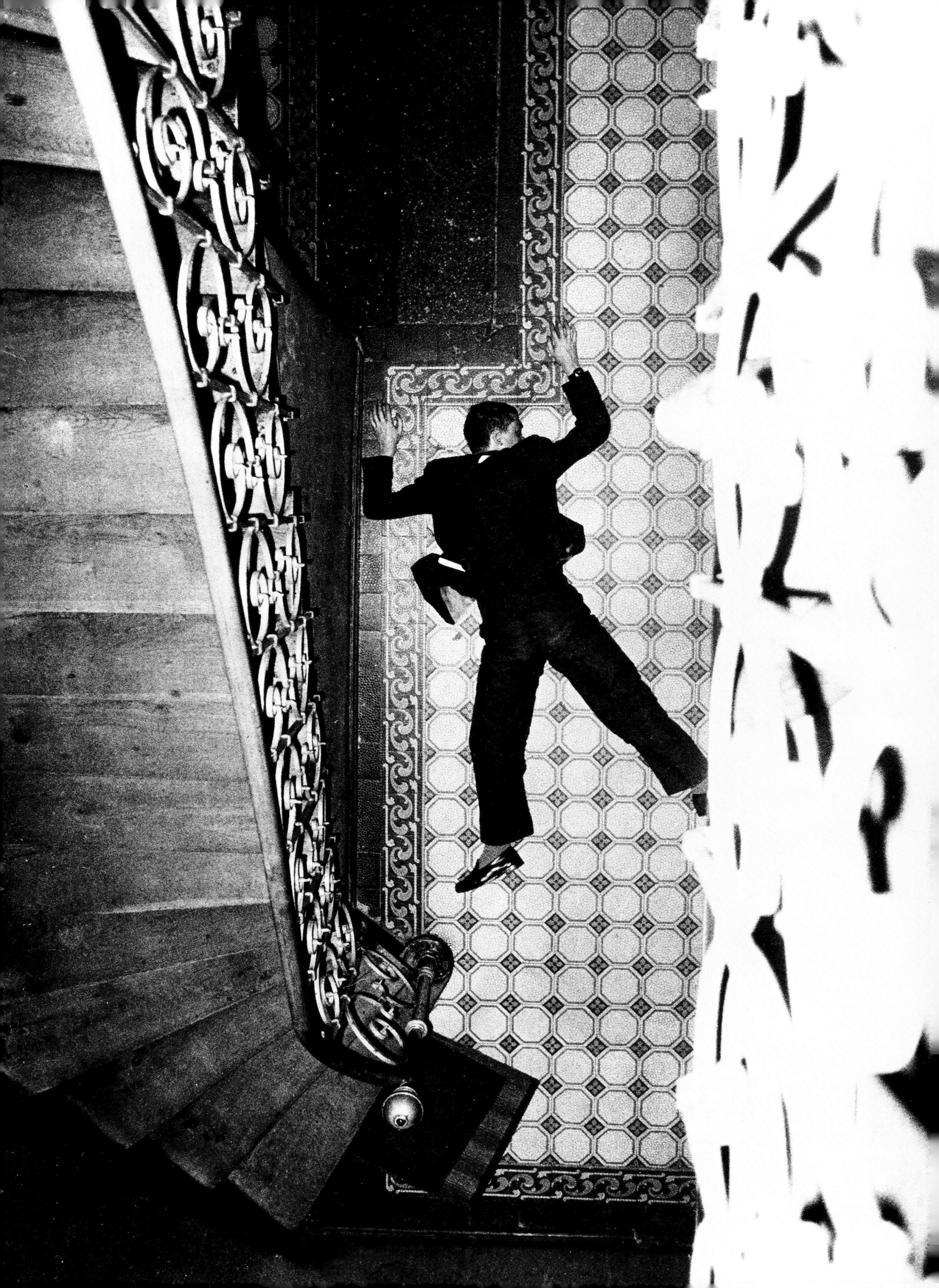

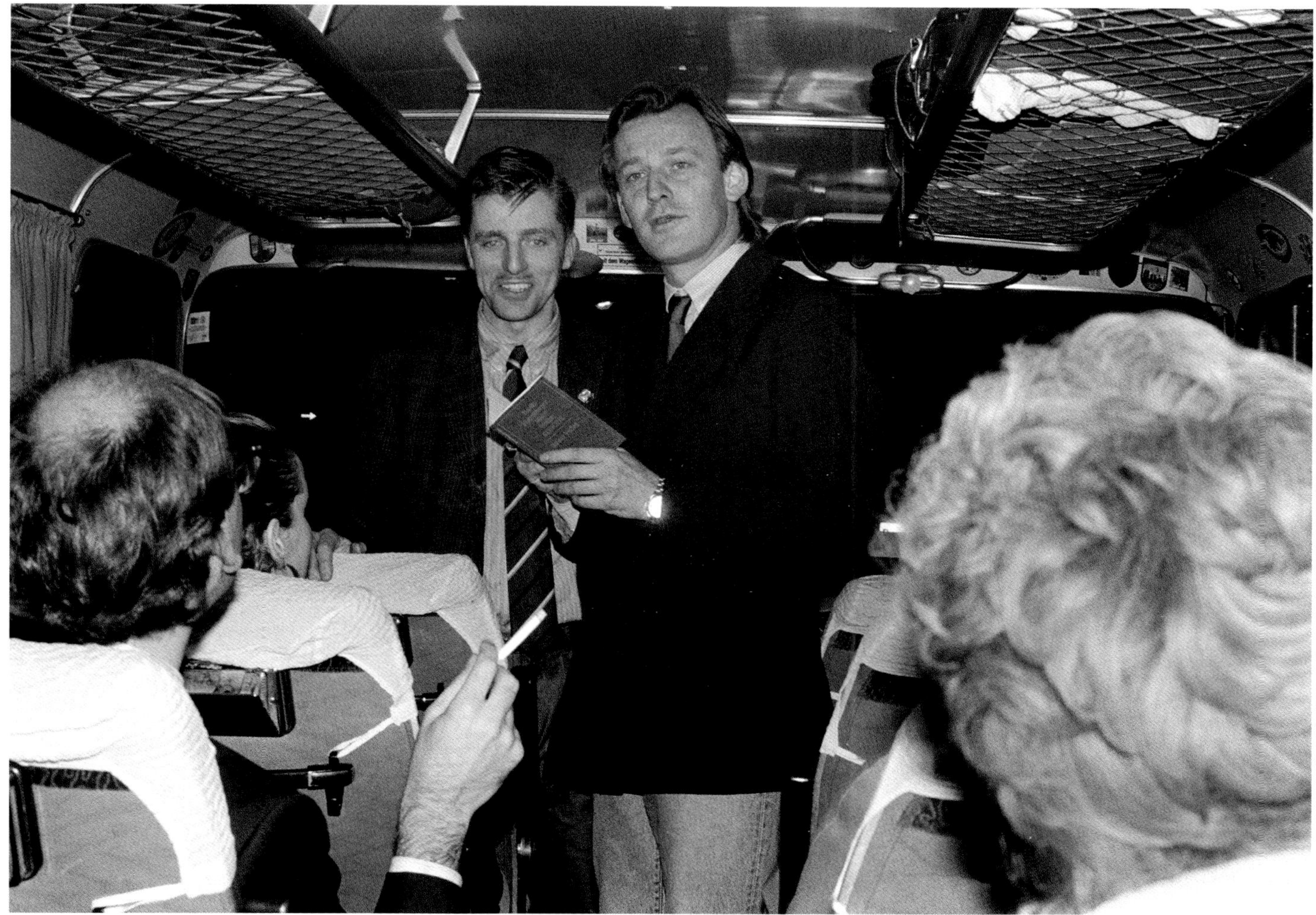

Martin Kippenberger und Albert Oehlen lesen nach der Eröffnung von „Einfach geht der Applaus zu Grunde“ im Bus aus ihrem Gedichtband / *Martin Kippenberger and Albert Oehlen reading from their book of poetry in the bus after the opening of “Einfach geht der Applaus zu Grunde”*, Galerie Grässlin-Erhardt, Frankfurt am Main, 1987

Mit den längst zu Leerformeln verkommenen Prinzipien der Kunst ging er nicht weniger hart ins Gericht als mit sich selbst. Sei es, dass er Reklamemaler mit der Produktion seiner Gemälde betraute; sei es, dass er Fotografien anderer „appropriierte“; sei es, dass er seine Handzeichnungen auf Hotelbriefbögen statt auf Bütten anfertigte. Lustvoll untergrub er den Authentizitätskult des zeitgenössischen Kunstdiskurses – letzten Endes vergeblich. Kippenberger war ein Zerrissener. Den Kunstbetrieb verachtete er ebenso wie er dessen Anerkennung erstrebte. Er ersehnte den Erfolg und fürchtete ihn zugleich. Die schwarze Ironie der Realität bescherte ihm schließlich eine Zukunft als bedeutender und einflussreicher Künstler – nach seinem Tod. Er hat es gewusst.

Büttner und Albert Oehlen beleuchteten mit ihren Werken hingegen die Verwerfungen der postmodernen Wohlstandsgesellschaft aus einer übergeordneten Warte. Das Erscheinungsbild einer Gesellschaft, die ihre basalen Lebens-

his physical and mental wounds, without any self-pity and without any regard for his subjective state. Regardless of whether he was referring to his alcoholism or exhibiting his battered face after a brawl as a self-portrait with ironic notations. His pictures are frequently accompanied by scornfully formulated texts. With them he touches on the socio-cultural sphere unawares. Kippenberger could take it and dish it out. On one sheet from the F. C. Gundlach Collection we read: “Pity that not all photographers are first-class.”

He was just as hard on the outmoded principles of art as he was on himself, whether entrusting the production of his paintings to a commercial painter, whether “appropriating” other people’s photographs, or whether producing his drawings on hotel stationery rather than hand-made paper. With relish he undermined the cult of authenticity in contemporary art discourse—ultimately in vain. Kippenberger was torn; he despised the art

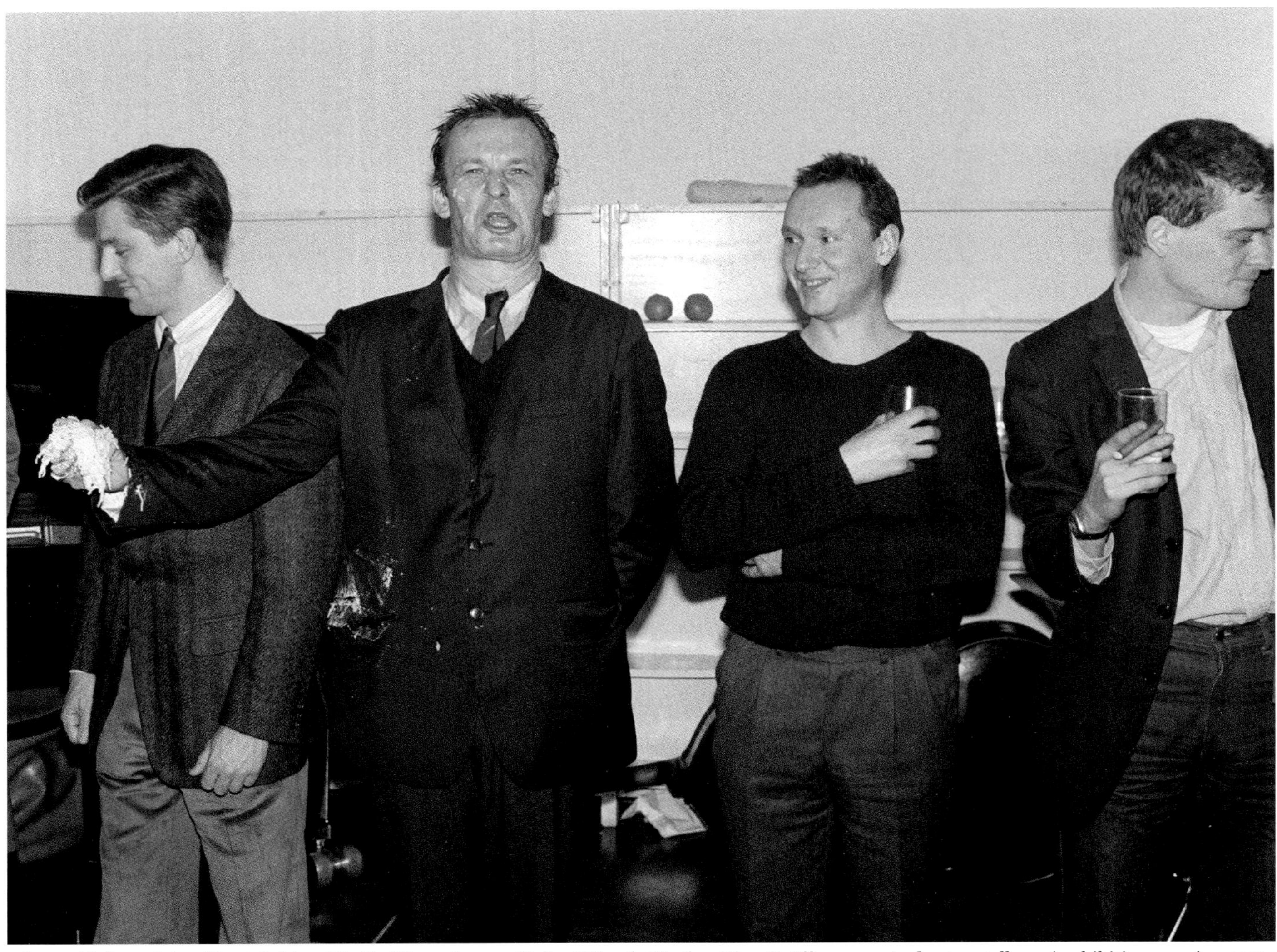

v. l. n. r. / *left to right:* Albert Oehlen, Martin Kippenberger, Hubert Kiecol, Günther Förg, Eröffnungsparty der Ausstellung / *exhibition opening party* „Wahrheit ist Arbeit", Folkwang Museum Essen, 1984

bedürfnisse befriedigt sah und zur Überflussgesellschaft mutierte, verzerrten sie zur Kenntlichkeit. Hinter der Fassade sprangen die Widersprüche und Konflikte zwischen Sein und Schein, zwischen Versprechen und Wirklichkeit, zwischen moralischem Anspruch und faktischem Verhalten in bitterer Schärfe auf.

Die Bilder von Büttner lesen sich wie Kommentare zu brennenden sozialen und politischen Ereignissen der Achtziger- und Neunzigerjahre – in sarkastisch zugespitzter Darstellung. Programmatisch für seine künstlerische Haltung ist eine Zeichnung mit dem Titel *Die Wahrheit ist größer als ein Zwerg*. Der handgeschriebene Titel ist der untere Bestandteil eines Blatts, das zwischen zwei roten Balken das Skelett eines Elchs im Profil zeigt.

Das zeitgenössische Vokabular lieferten die Graffiti in den Bedürfnisanstalten, Kinderzeichnungen und Karikaturen, deren expres-

world but at the same time sought its recognition. He both yearned for success and feared it. The black irony of reality would ultimately grant him a future as an important and influential artist—after his death. He knew that.

By contrast, with their pictures and montages Büttner and Albert Oehlen highlighted the fault lines in the postmodern affluent society from a superior vantage point. They distorted to the point of recognisability the appearance of a society that saw its basic needs satisfied and was turning into one of abundance. Behind the facade, the latent contradictions and conflicts between truth and appearance, between promise and reality, between pretended morality and actual behaviour stood out in bitter clarity.

Büttner's pictures can be read like sarcastically pointed commentaries on the burning social and political events of the eighties

F. C. GUNDLACH COLLECTION

Edited by Bruno Brunnet
Contemporary Fine Arts, Berlin

HIRMER

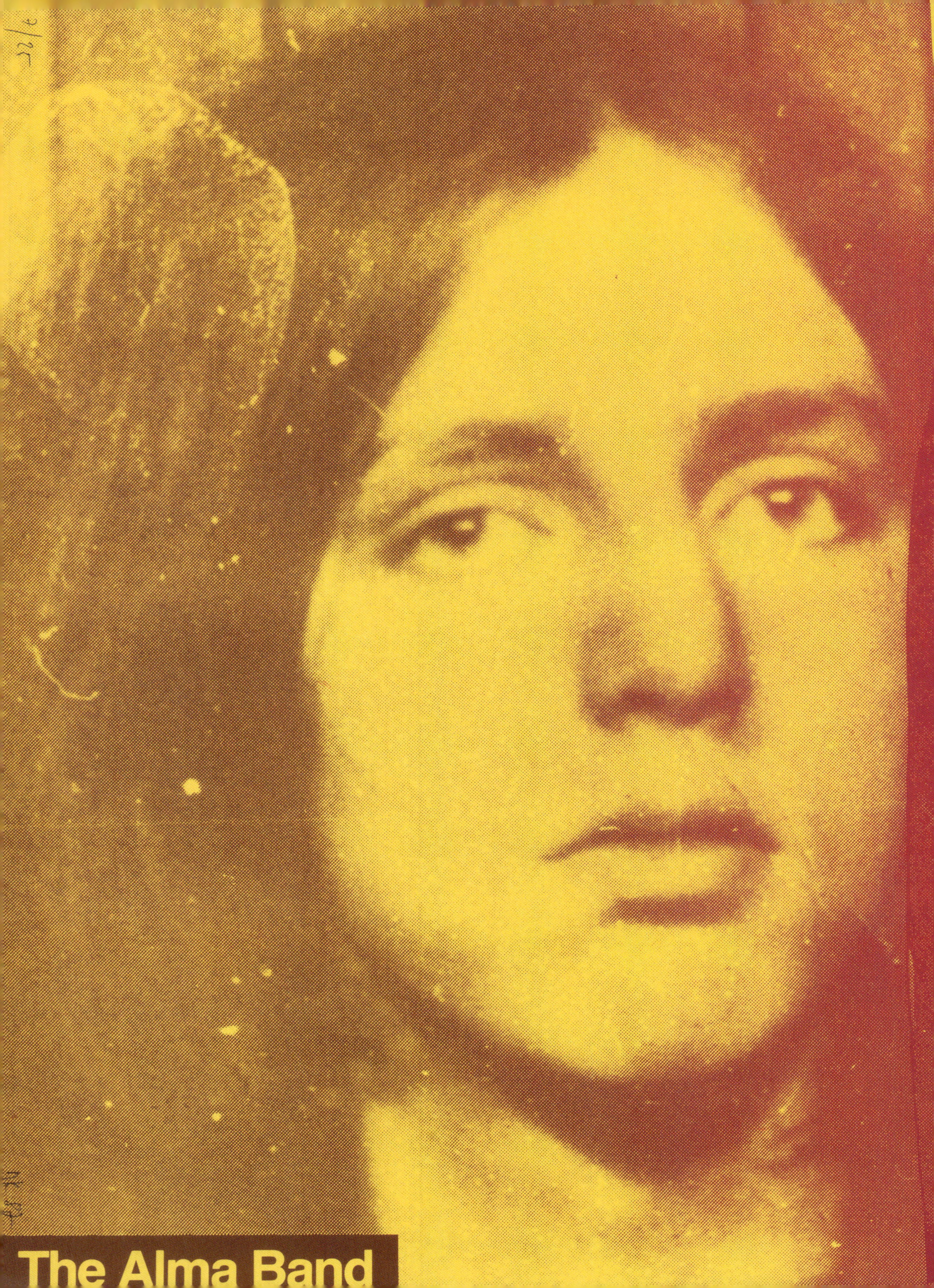
The Alma Band

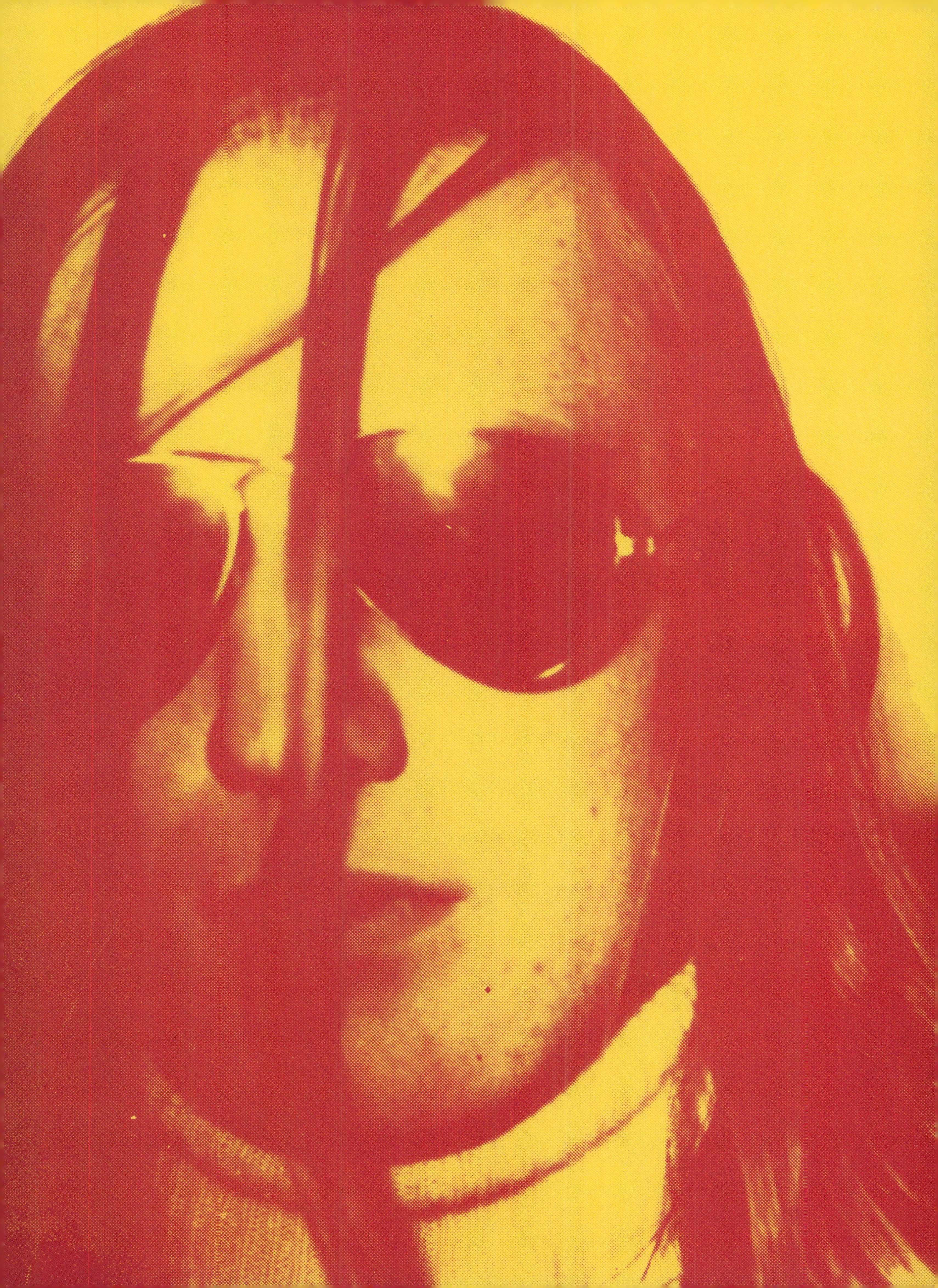

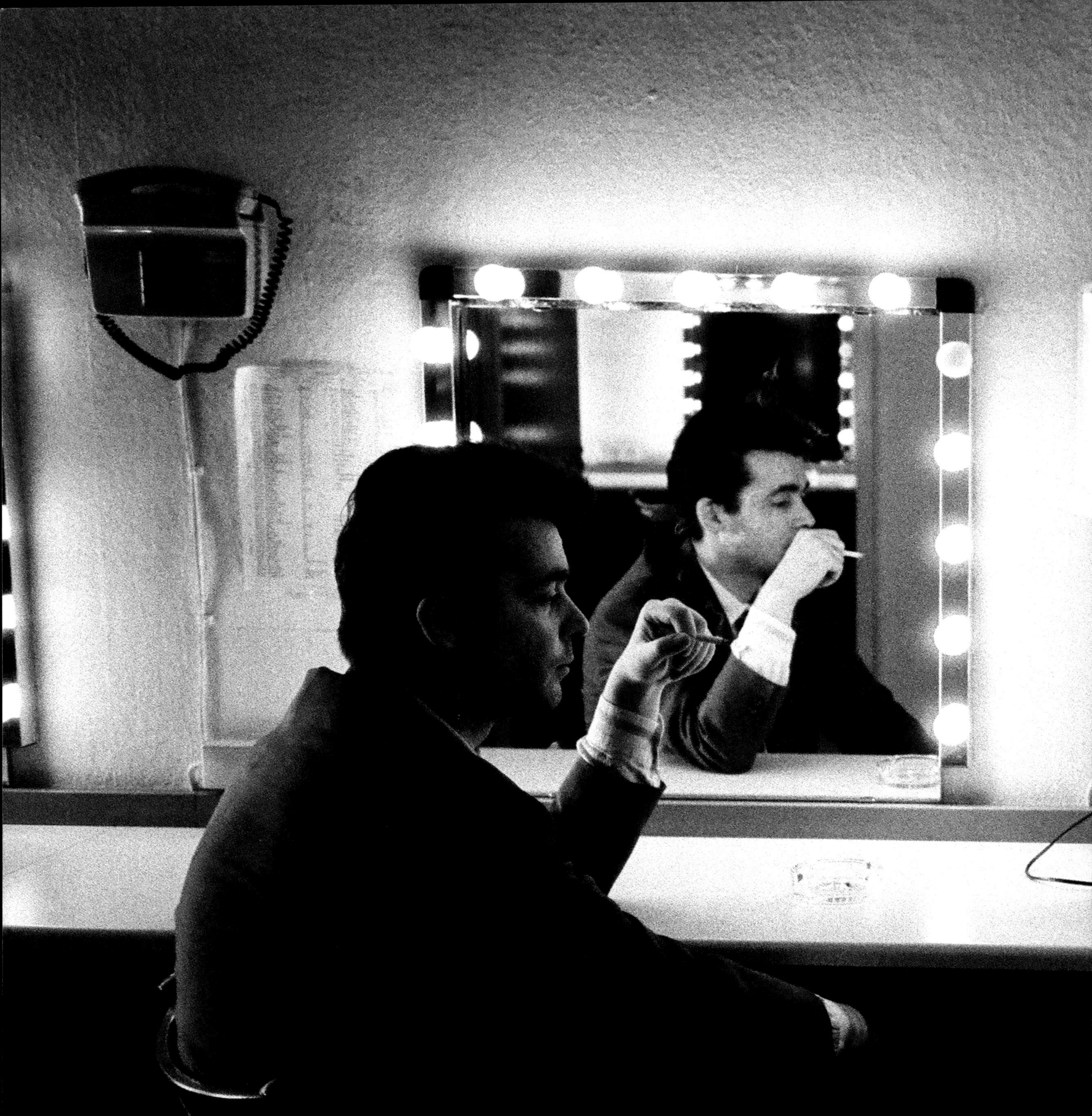

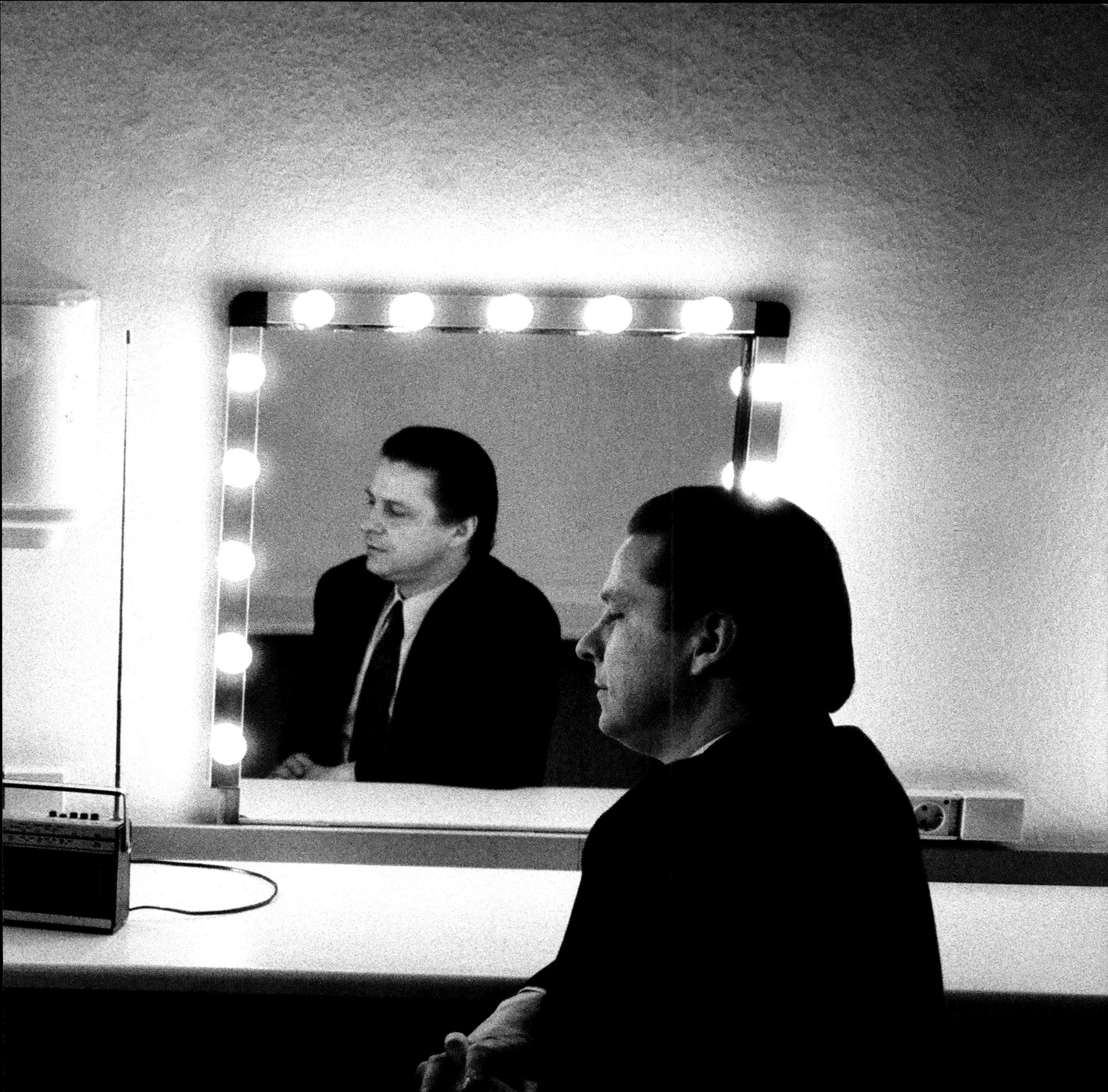

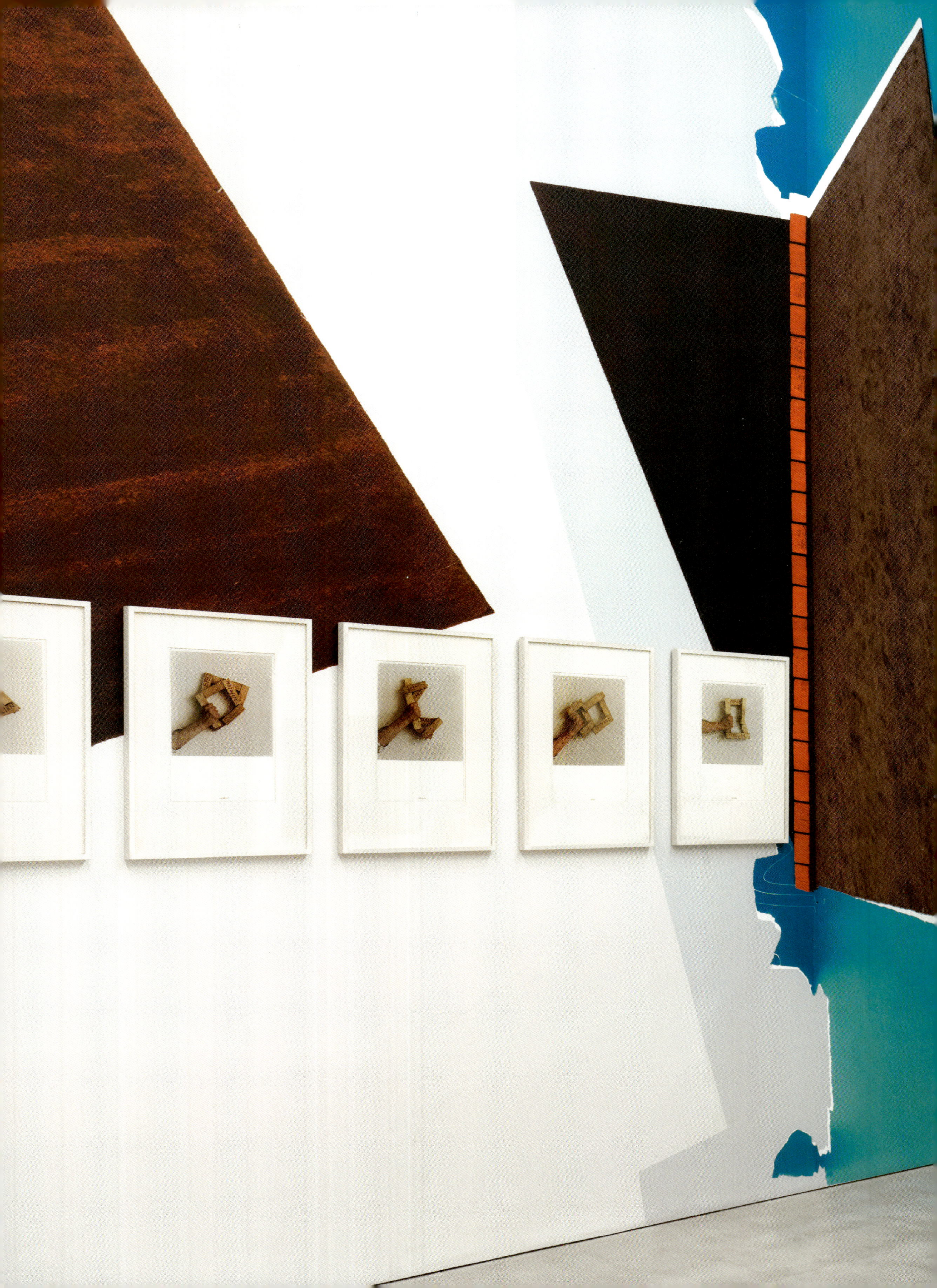

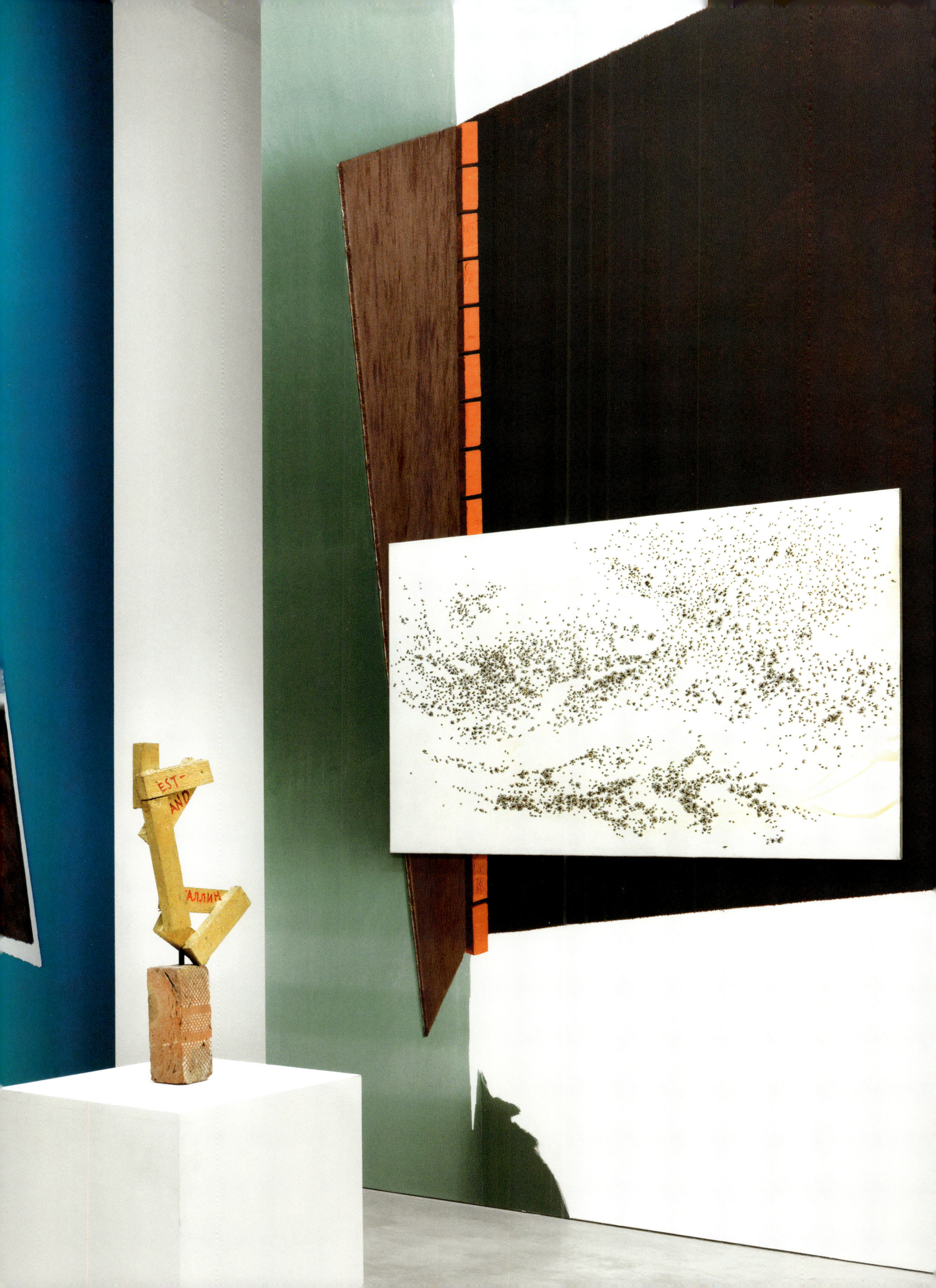
EST-
AND
АЛЛИН

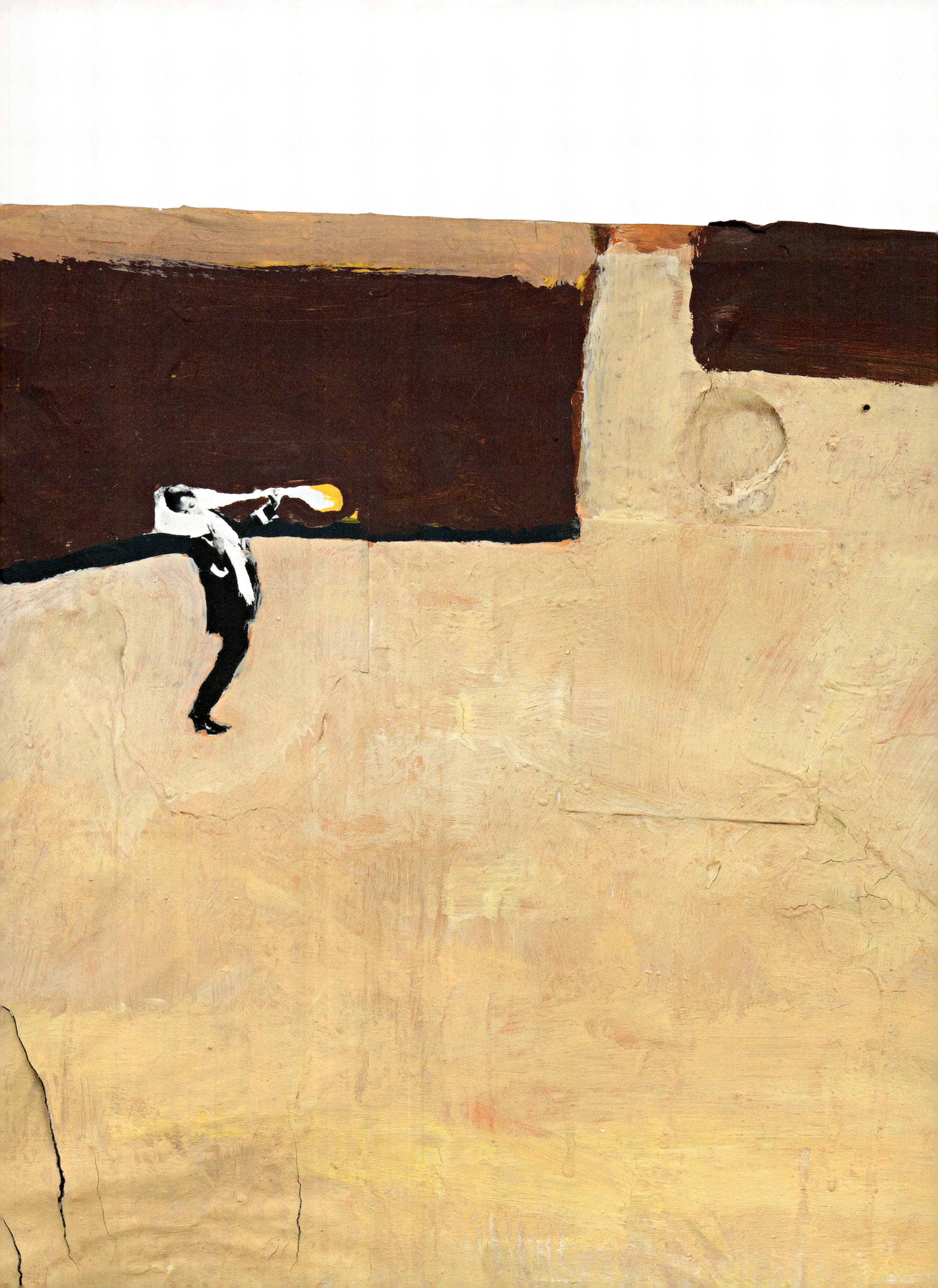

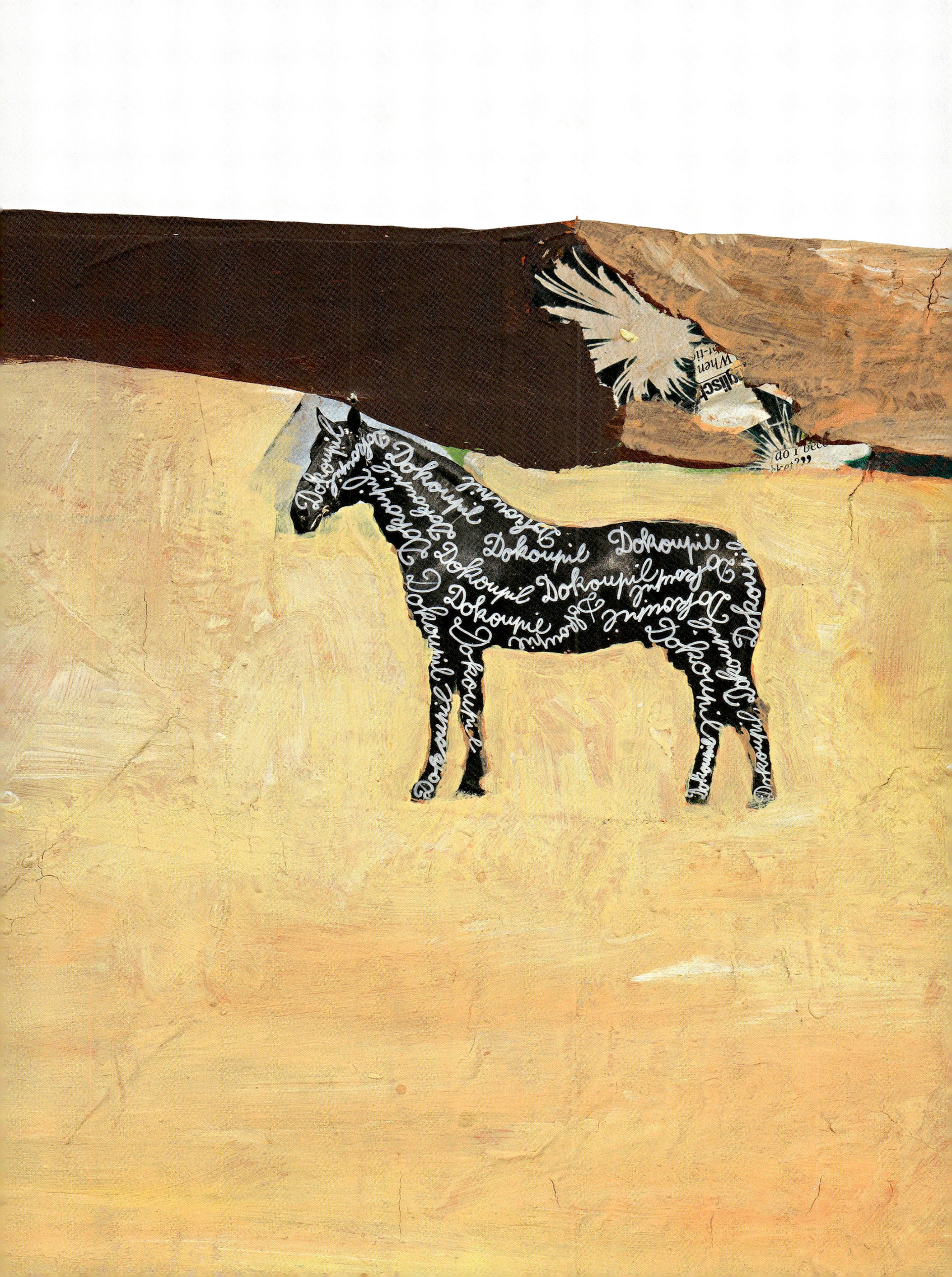
Dokoupil
When

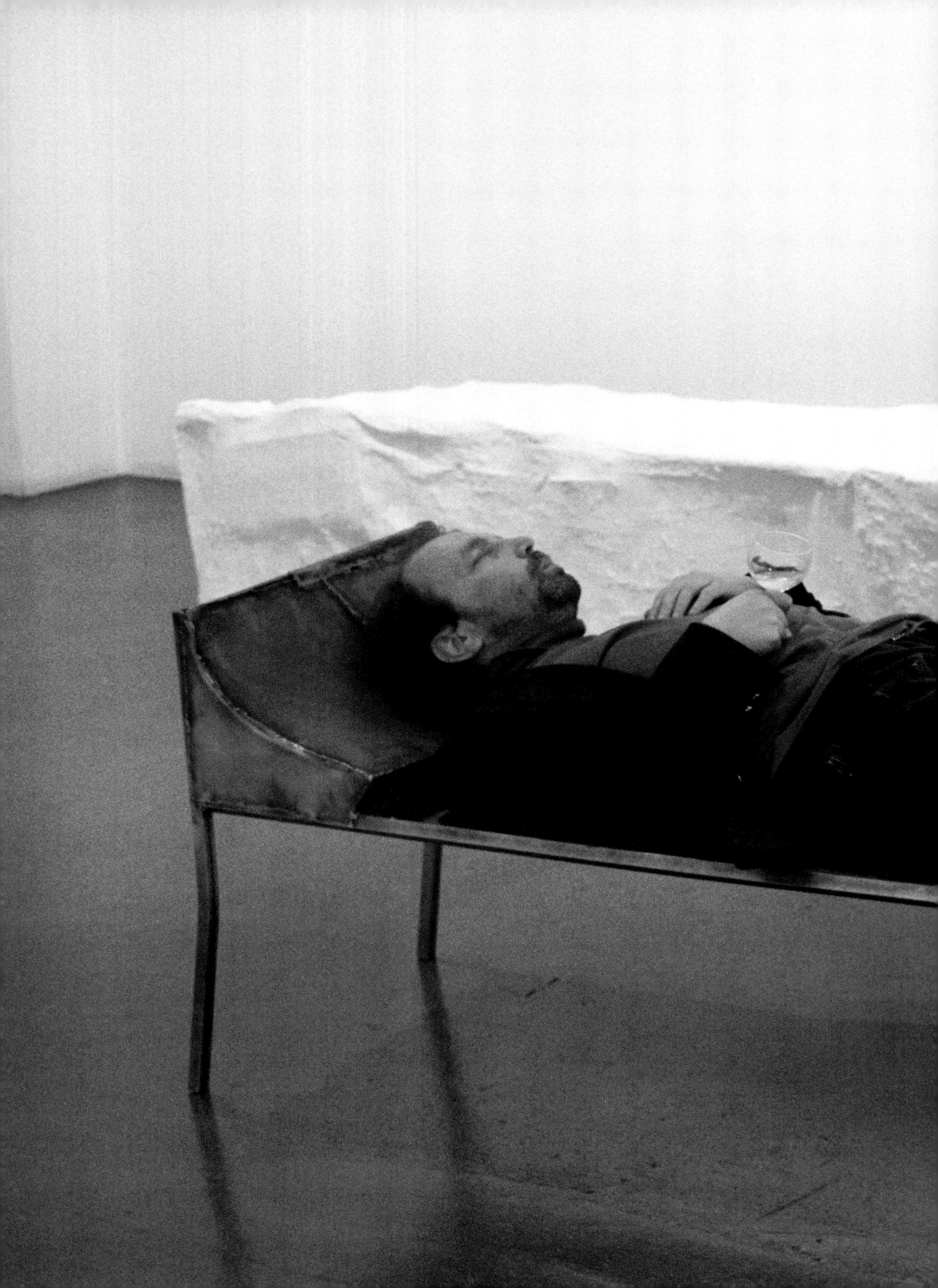

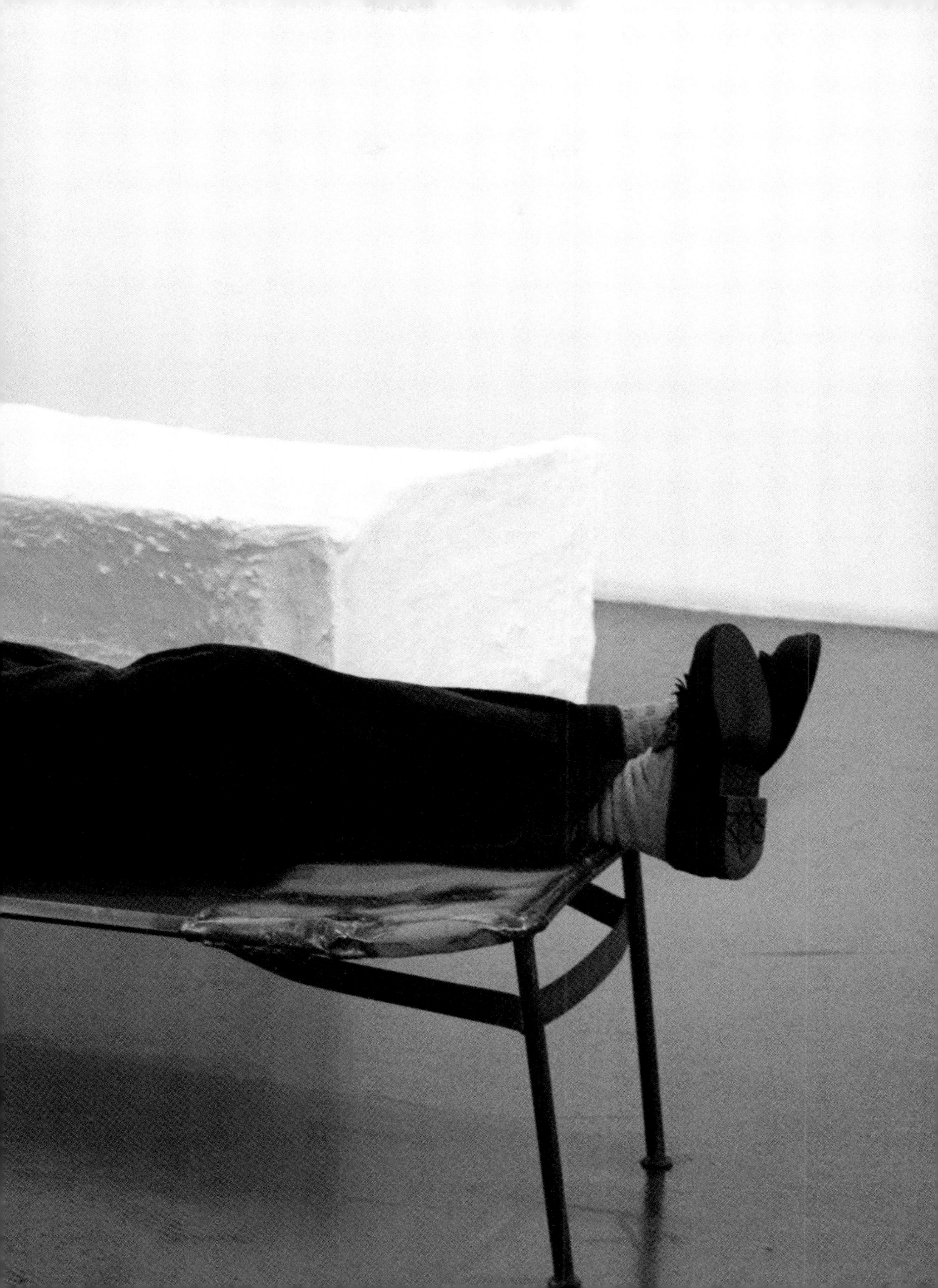

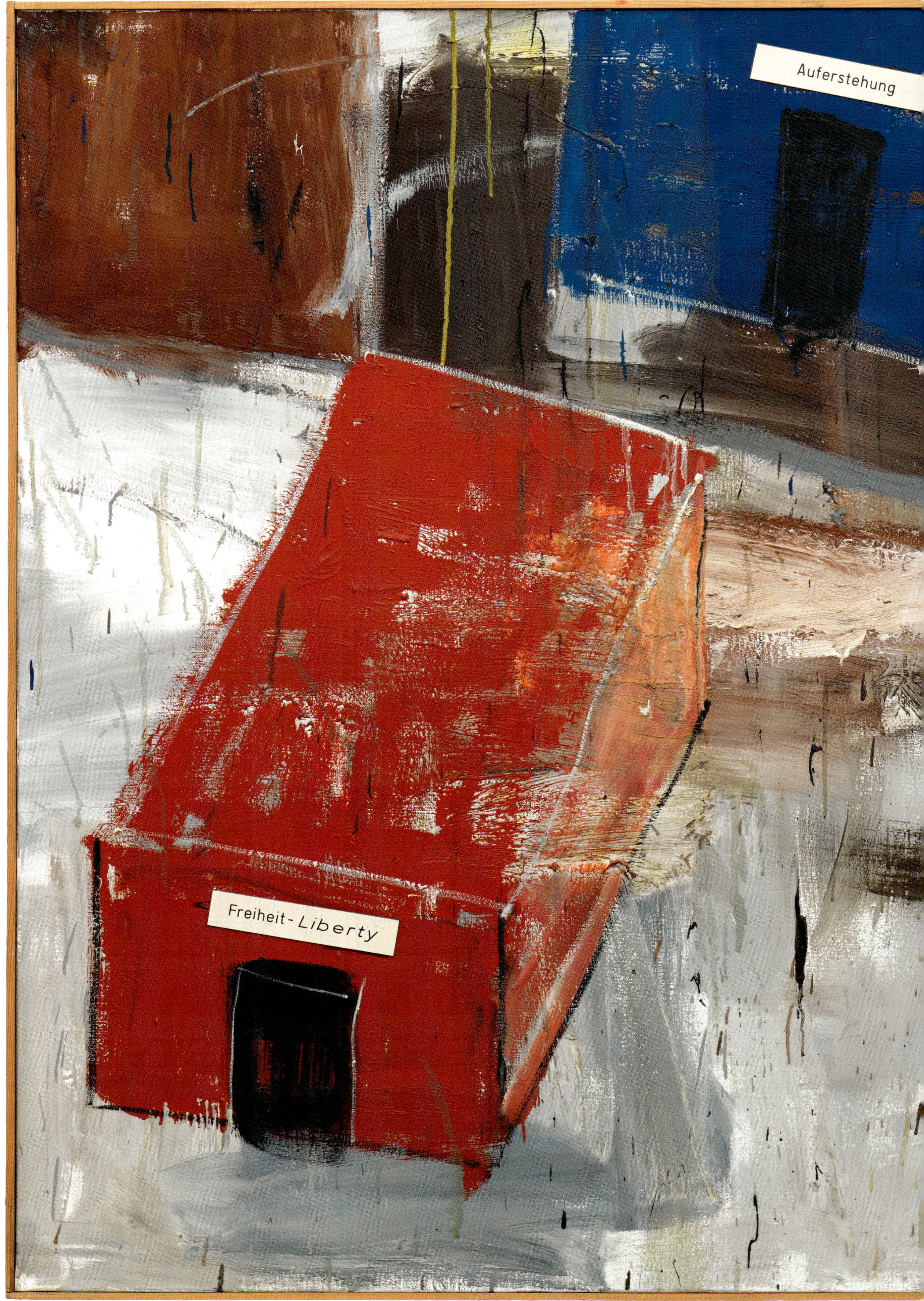
Auferstehung
Freiheit-Liberty

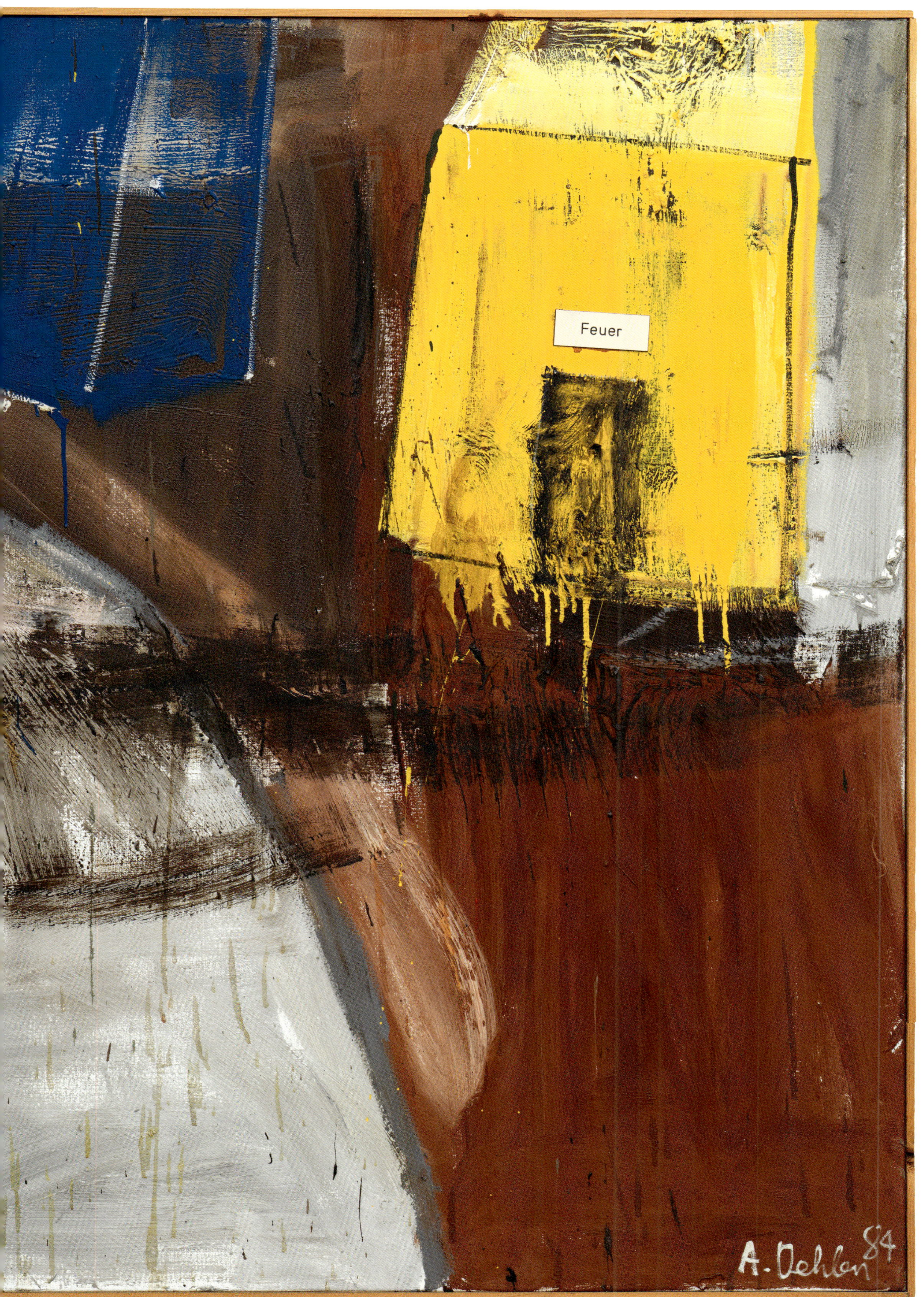
Feuer
A. Oehlen 84

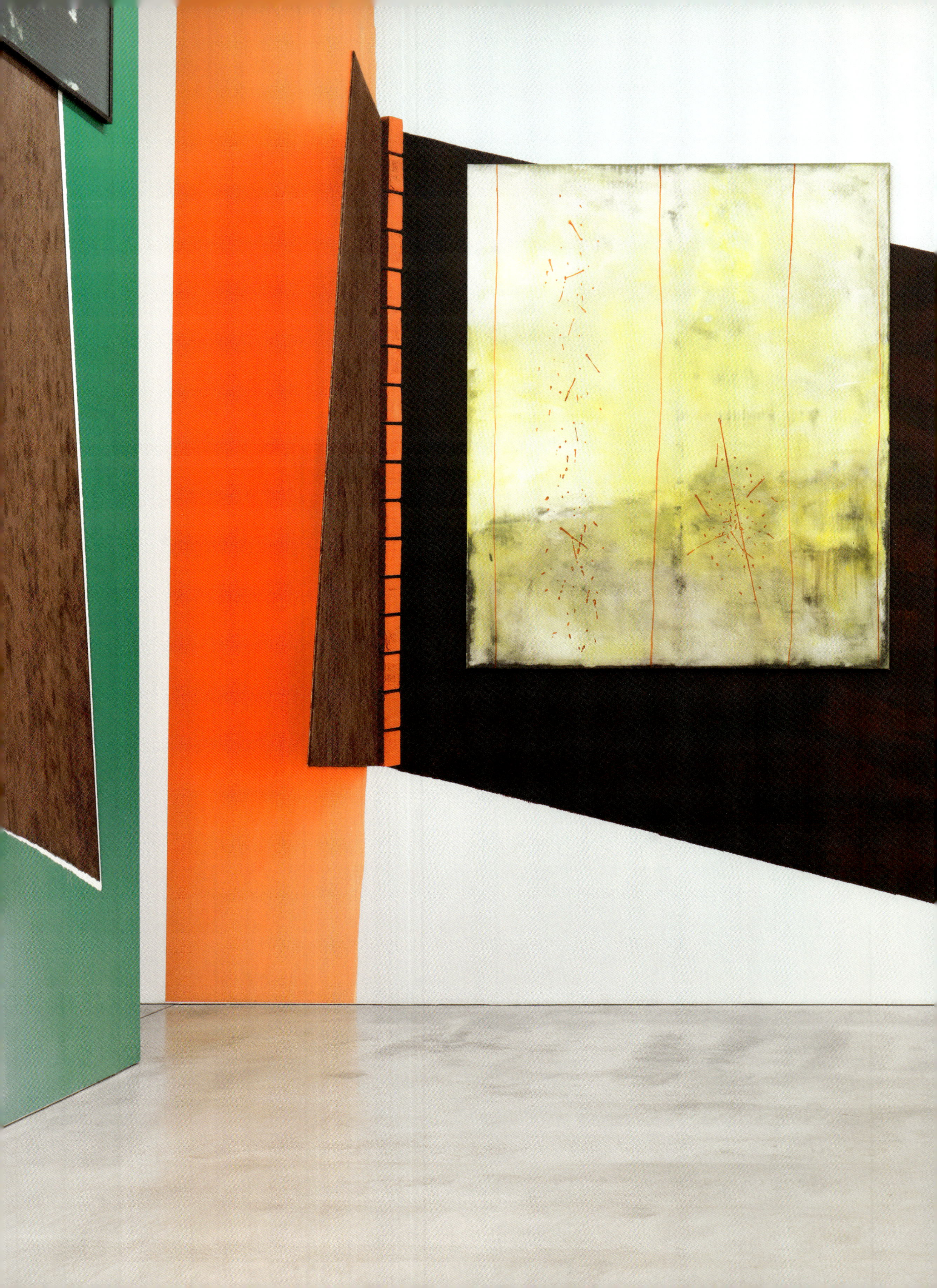

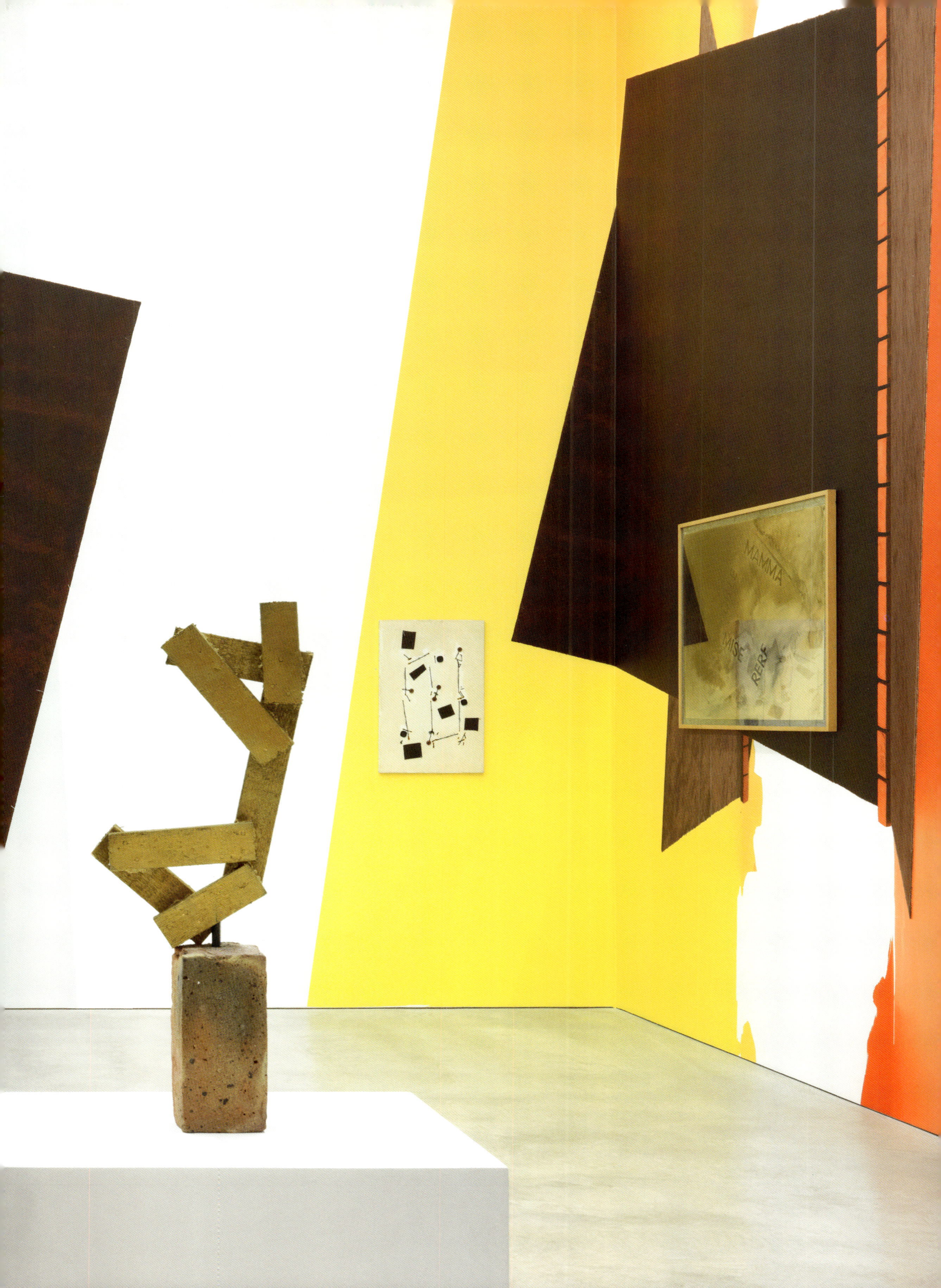
MAMMA

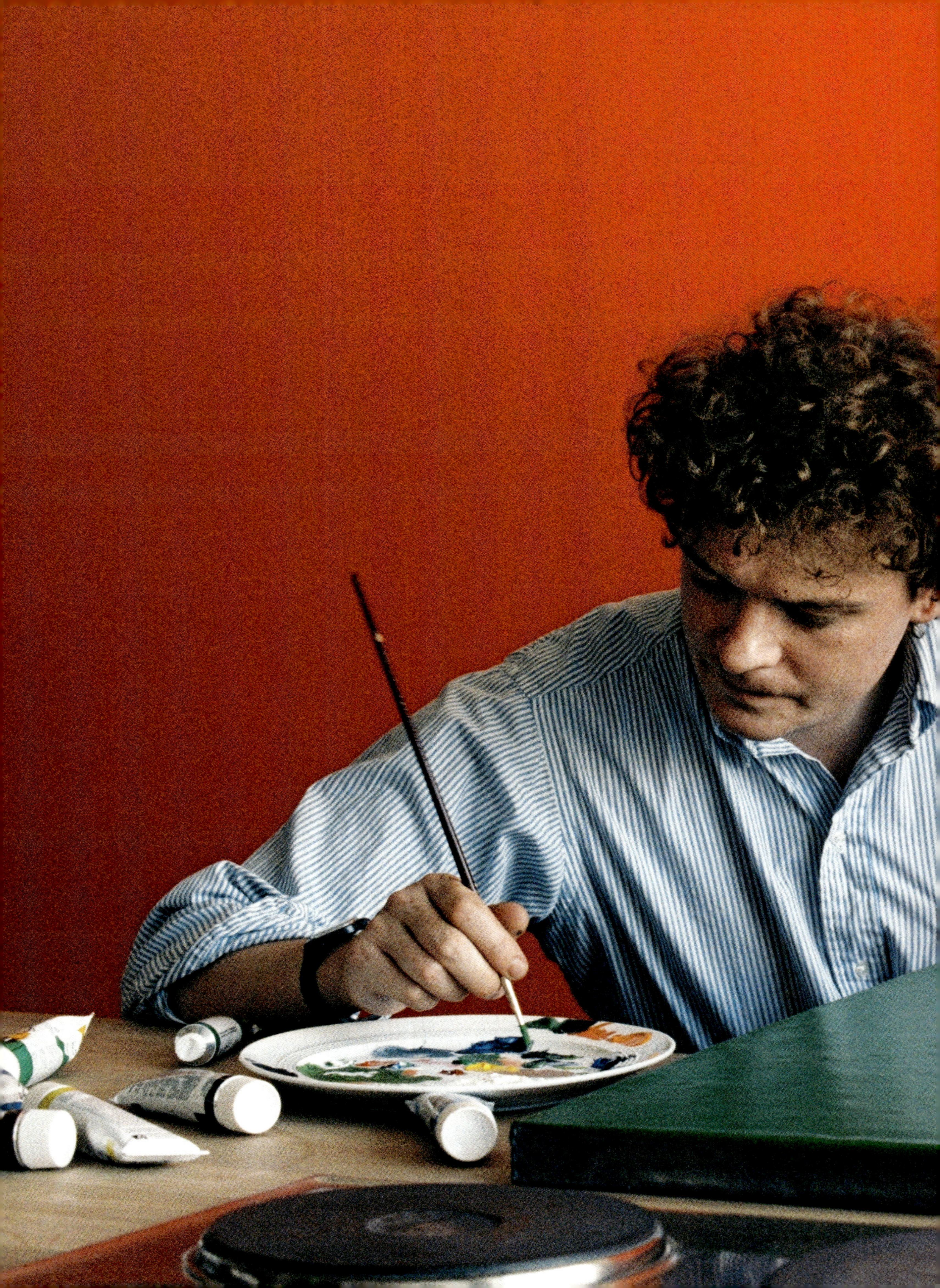

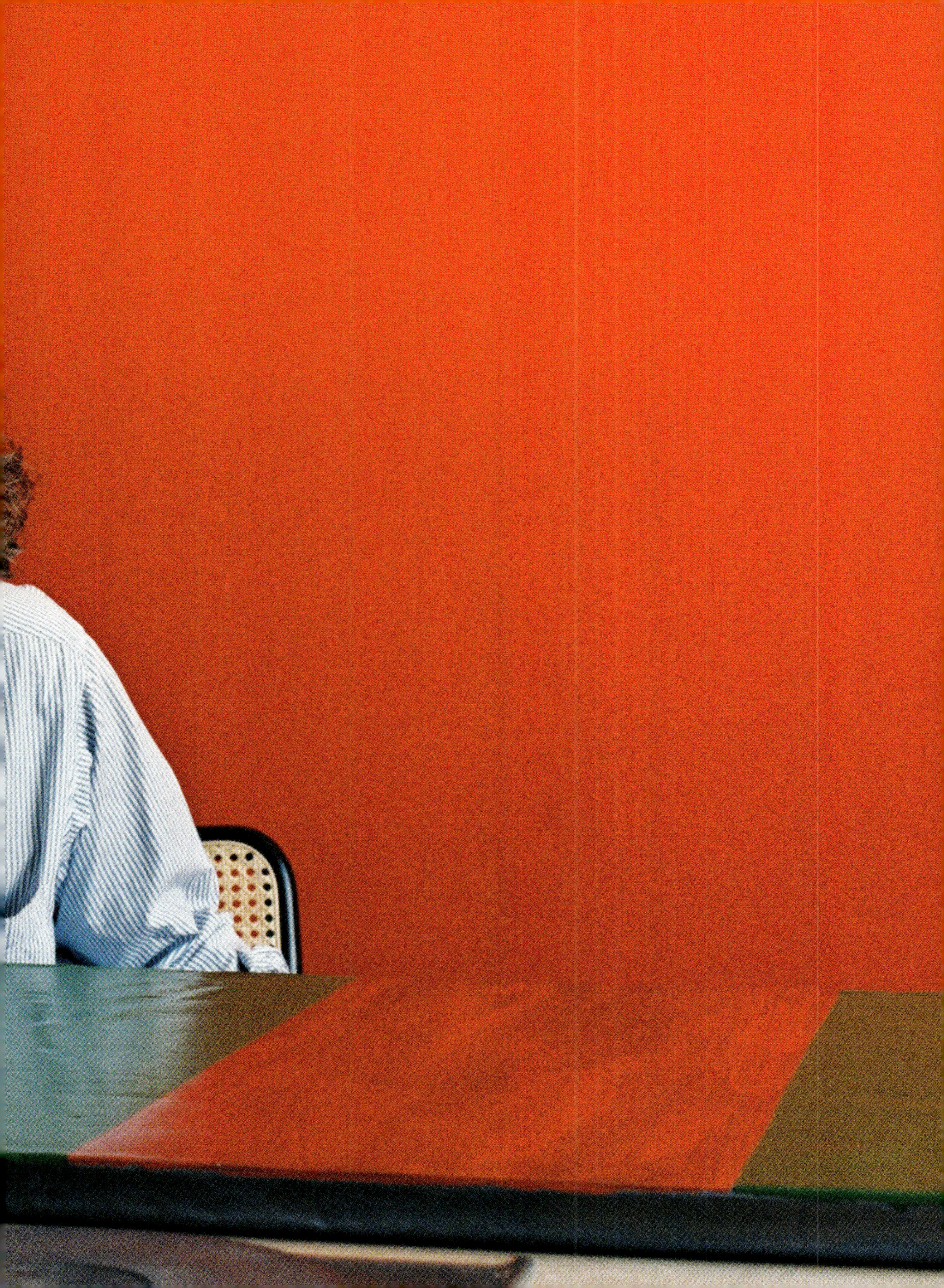

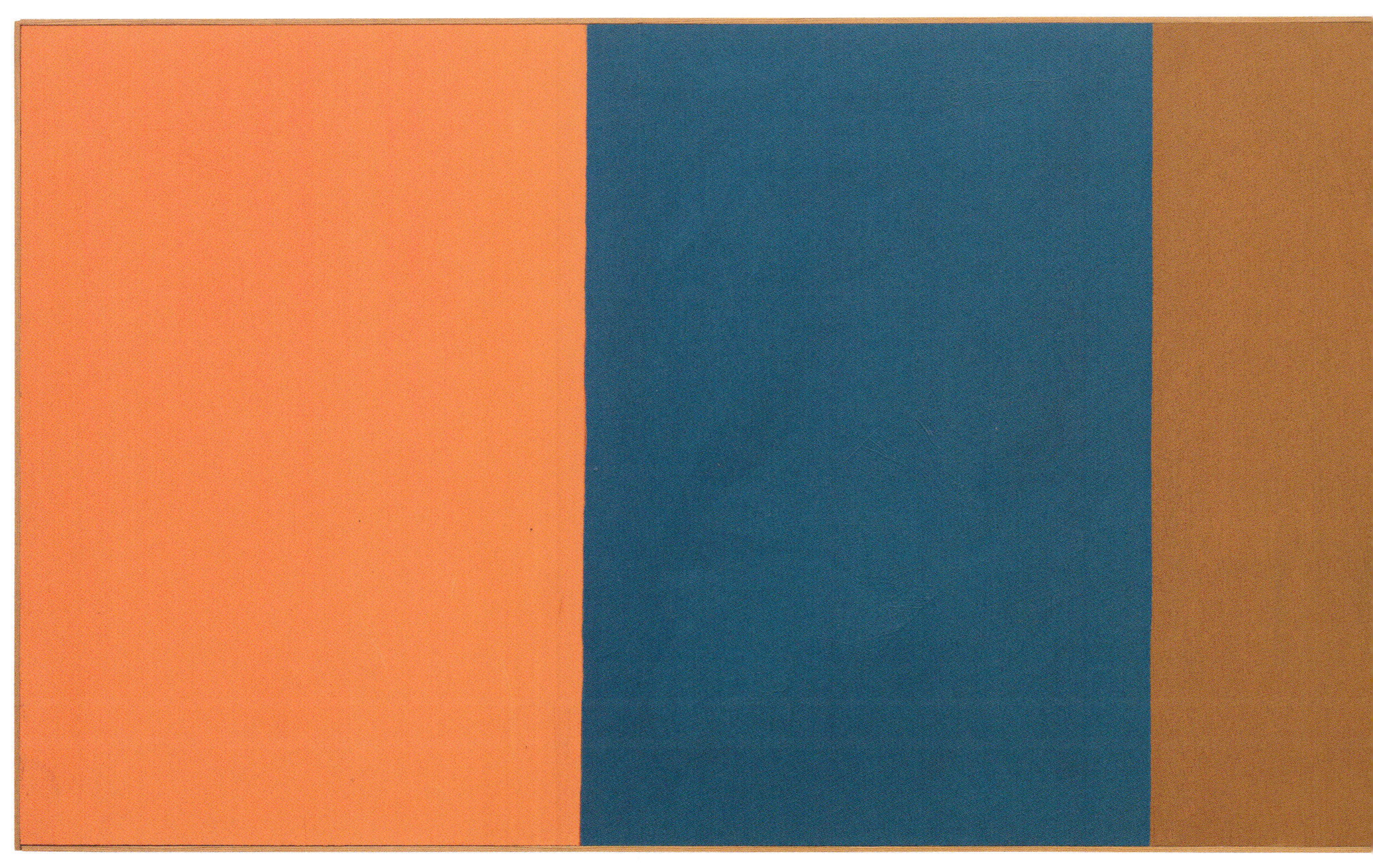

Martin Kippenberger / Albert Oehlen

Wenn man keine unbedingte Lust hat, über Fotografie zu schreiben, schreibt man folgendes:

If one has no particular desire to write about photography one writes the following:

Wir hassen die Fotografen, weil sie von Hause aus noch schlechteres Deutsch sprechen als wir, wenn wir uns Mühe geben. Warum schlägt die Fotografie nicht mal mit der Faust auf den Tisch? Der Lärm in der Fotografie rührt noch aus der Zeit, wo das Ei noch was Gelbes hatte. Old cameras' rules okay. Many old cameras are looking into the future. Wir lieben Fotografie, weil die Kamera nicht ständig an derselben Stelle heult. Nicht die Kamera will Geld, sondern der Fotohändler, insofern ist die Kamera okay. Wir lieben die Fotografie, weil sie hält Bilder fest und nicht uns. Wir hassen die Fotografie, weil sie nur mit Scheißhilfsmitteln die Nacht zum Tage machen kann. Wir hassen die Fotografie, weil sie macht den Tag . . . sie wissen schon. Wir hassen die Nacktfotografie, weil, wenn wir durch sie aufgewärmt wurden, blieb immer nur das Papier. Wir hassen die Nacktfotografie wie die Achtelsekunde (siehe unten). Wir hassen die Nacktfotografie, weil sie uns haßt (siehe oben). Wir hassen die Achtelsekunde, weil sie so einen Lärm macht und einem fast die Kamera aus der Hand schlägt. Wir hassen die Kamera, weil sie nicht selbständig zuschlagen kann. W.h.d. Fotoapparatinhaber, weil sie immer nie da sind, wenn man sie braucht. Wir hassen die Sequenzfotografie, weil sie glaubt, daß sie was Besseres ist. Wir hassen die Schwarzweißfotografie, weil arme Leute sie nicht essen können, wenn sie Hunger haben. Wir hassen die afrikanischen Reporter des Nichts. Wir lieben die ostfriesischen Fotografen, weil sie ihre Filme in die Entwicklungsländer schicken. Wir lieben die mittelteuren Kameras, weil sie selber entscheiden, wann sie können und wann nicht. Wir hassen die Fotografie, weil sie mit einem ausgeht, aber nicht mit einem ein gutes Glas Wein trinken will. Wir lieben teure Software, weil man dann weniger arbeiten muß, bis der Etat weg ist. Wir lieben die Bum-Bum-Fotografie; sie entspricht dem Puls der Zeit, aber man sieht sie leider viel zu oft an den Ecken der Öffentlichkeit auf dem Focus. Wir lieben wieder die Übermalung der Fotografie, weil alle Mittel rechtens sind, wenn sie nur verdeckend arbeiten. Fotografie darf nicht gummihaft wirken, sondern Träume offen lassen. Fotografie als Verhütungsmittel muß so stark sein, daß kein Durchkommen möglich ist. Fotografie ist wie ein Vierfarbenkugelschreiber, bloß viel zu schwer. Fotografie ist der Gott unter den Langweilern. Die Fotografie schreit nach Vernunft. Wir sind sauer auf die Fotografie, weil sie immer auf Hilfe von außen angewiesen ist. Wenn man Ruhe sucht, braucht man keine Fotografie mit einem Kirschbaum drauf. Drastische Rasterungen wie Krieg bringen einem den Frieden nicht näher. Fotografie darf nicht der Ersatz sein für Karikaturen. F. darf nicht Ersatz sein für Leben. Solarisation ja, aber ohne Ende. Laßt das nicht aus der Dunkelkammer raus und in die Fotografie rein! Mit Fotografie macht man keine Witze, man benutzt sie vielmehr aus Gleichgültigkeit. Fremde Länder kompensieren nicht fotografisches Zuhausebleiben. Weg mit der klassischen Fotografie und mit der modernen Fotografie ab in den Keller, wo die gedruckten Bücher sind! Die Fotografie soll ihren unbedingten Willen nach Ausdruck nie spontanen Bremsungen anheimstellen. Hochglanz ist wie Glatteis. Die Fotografie soll nicht ordnen, und Du nicht die Fotografie. Jede Vergrößerung findet im Passepartout ihren Meister. Das Gegenlicht kommt immer von der anderen Seite, aber dafür braucht man keine Kamera. Solange die Fotografie auf den Betrachter angewiesen ist, hat sie nichts mitzuteilen. Laßt nicht die Fotografie sprechen, sprecht selber! Es gibt keine Architekturfotografie, nur das Haus aus hartem Gestein kann brüllen. Fotografie hat noch nie selber was zustande gebracht. Daß Du die Linse putzen sollst, hat Dir der Fotoapparat nie gesagt. Pack nur soviel auf ein Foto, wie drauf paßt! Verwechsel' nicht Präzision mit Angst! Gib der Motorkamera Gas! Versuch nicht aus peinlichen Wahrheiten Kunstfotografie zu machen! Der Zoom vergöttert nur die Ferne. Schnappschüsse sind zum Kotzen. Vervielfältigung ist die Flucht ins Stereotyp. Auswechseln der Objektive hat noch nie zum Auswechseln der Situation geführt. Die Fotografie bleibt immer vordergründig. Die Fotografie verlangt nach Exzess und gibt nichts. Warum hat Gott die Blume geschaffen? Bestimmt nicht, damit sie fotografiert wird. Eine gut geknipste Fotografie braucht sieben Minuten, Polaroids kann man so schnell vergessen, wie sie gemacht worden sind. Männerakte lügen, nur die Obduktion bringt die Wahrheit an den Tag. Fotos entfernt man nicht, indem man sie verschenkt. Wenn Ihr sehr alte Leute seht mit einem Kinderwagen voll Scheiße und vielen Hunden (ohne jede Rasse) und Euch wünscht, eine Kamera dabeizuhaben, dann seid froh und wünscht Euch lieber, daß Ihr selber sehr alte Leute wäret mit Kinderwagen voll Scheiße und vielen Hunden (ohne Rasse), anstatt eine Kamera dabeizuhaben. Alles ist eine Art Lichtbrechung. In der Fotografie ist eigentlich alles erlaubt. Wenn es erst einmal geklickt hat, brauchen Sie auch nicht mehr zu fotografieren. Gerhard Merz sollte es halten wie Anselm Kiefer: keine Portraits an die Öffentlichkeit! Die teure F. sucht nach billigen Argumenten. Agfa macht, was sie will mit uns, aber was machen wir mit Agfa. Wenn der Schraubverschluß nicht funktioniert, versuchen Sie es mal mit der oralen Hetze! Experimente i.d.F. verleiten zum Rückfall. Das Abnorme braucht keinen Sucher. Fotog. ist doch nicht Rock'n' Roll. Wer unseren Staat verletzt, sollte sich erstmal mit F. beschäftigen. Wenn jemand sagt, Mensch, hast du ein schönes Licht, dann gib ihm doppelt zurück! Tretet die Technik ins Geistige zurück! Tretet zurück! Inszeniert niemals aus, von und für menschenproduzierte Dinge, modellhafte Entwürfe imaginärer Wirklichkeit und desgleichen! Es herrsche vornehme Dunkelheit! F. ist ein Sicherheitsrisiko, weil Jürgen aus der Südstadt niemals zum Tanzkursus war, sagt Jürgen aus der Südstadt. Polaroid ist Blasphemie. Fotografie läuft wie ein Wasserfall über Hanna Frenzel, und sie brüllt wie am Spieß. Vorsicht – bei Barbara Hamann entstehen die Polaroids seit Jahren parallel zu den Videos. Achtung – Hanna Villinger fotografiert sich selbst. Das Format ist wichtig für die Bildaussage, je größer das Format ist, um so weniger bleibt Platz für abweichende Ansichten. Die fotografischen Bildwerke überwältigen uns Betrachter. Licht wird zu Schatten und Schatten wird zu Licht, wenn Du Astrid Klein triffst. Die alten Griechen sind ganz gut ohne Fotografie ausgekommen. Versuch's mal ohne Film!

Rio de Janeiro 1986

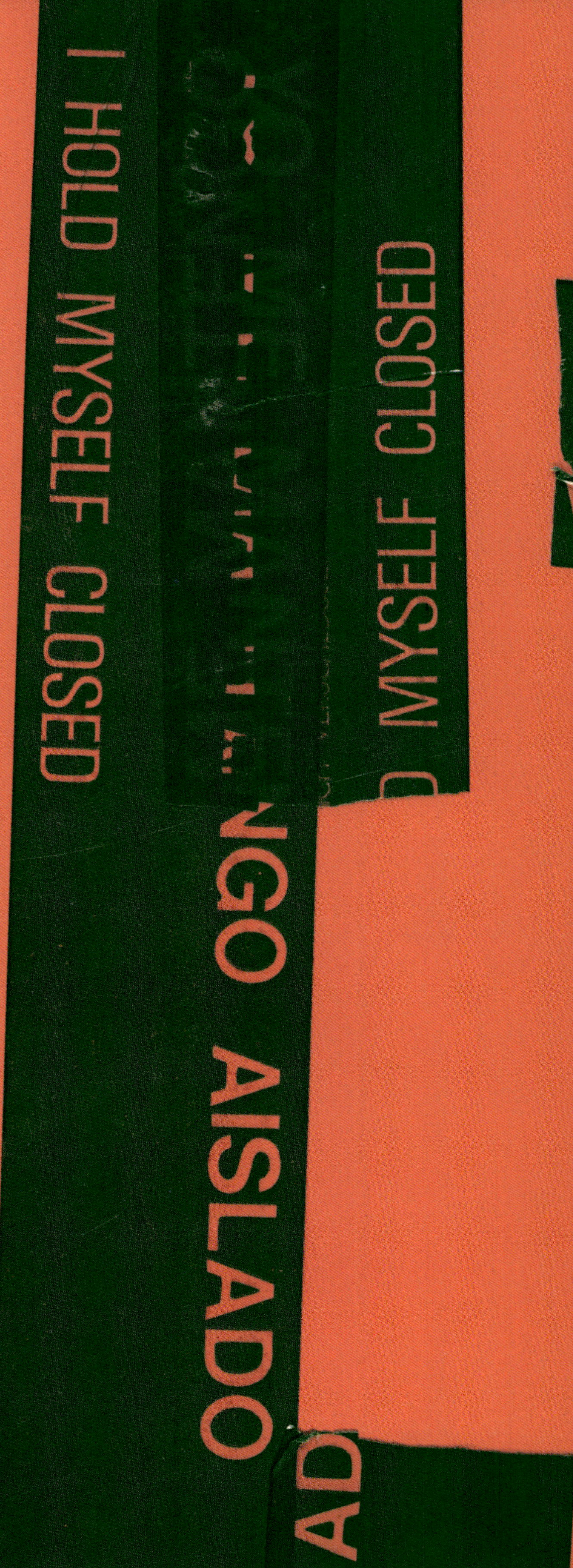

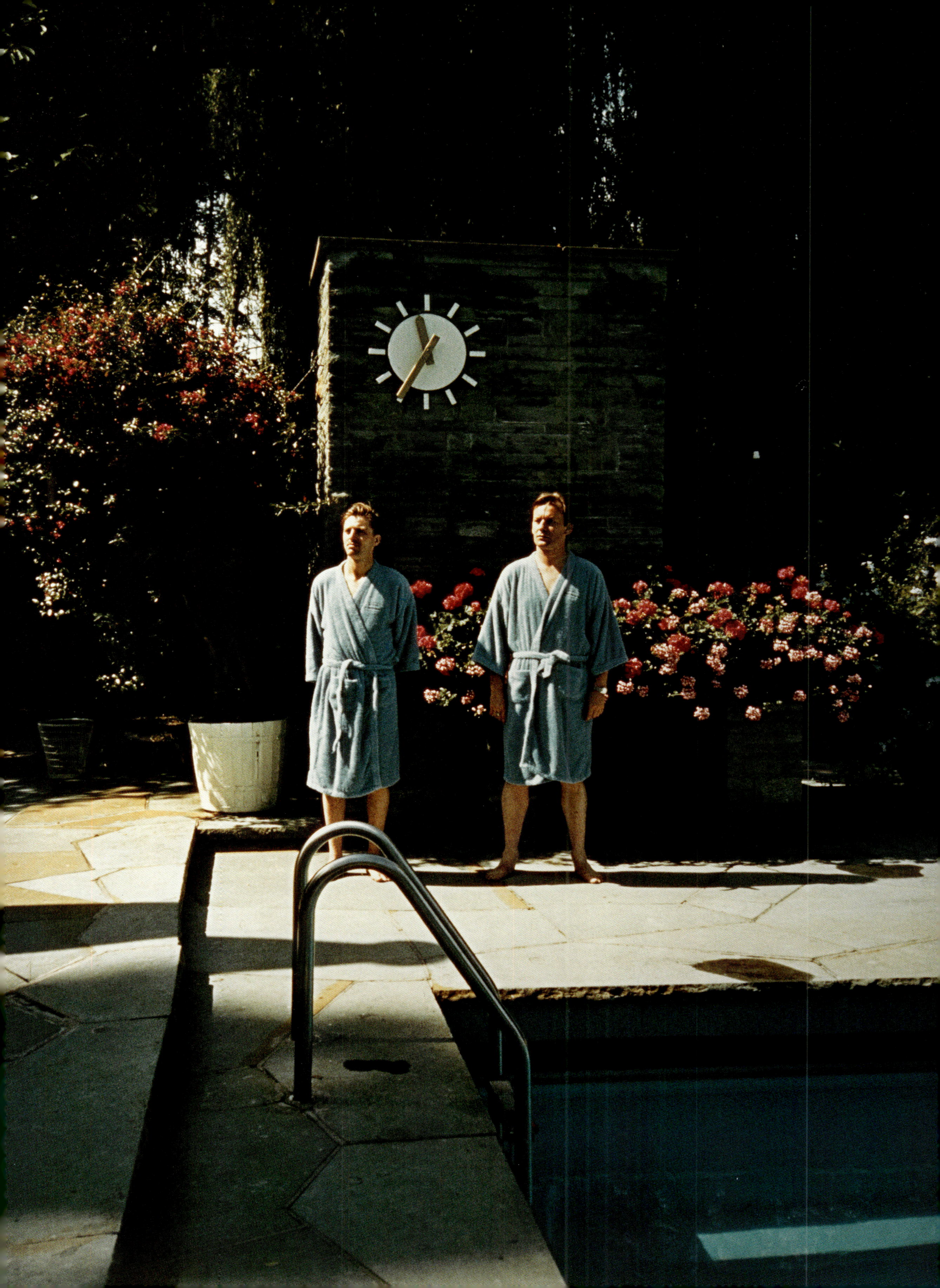

DIE REVOLUTION IN KÖLN

muß verschoben werden

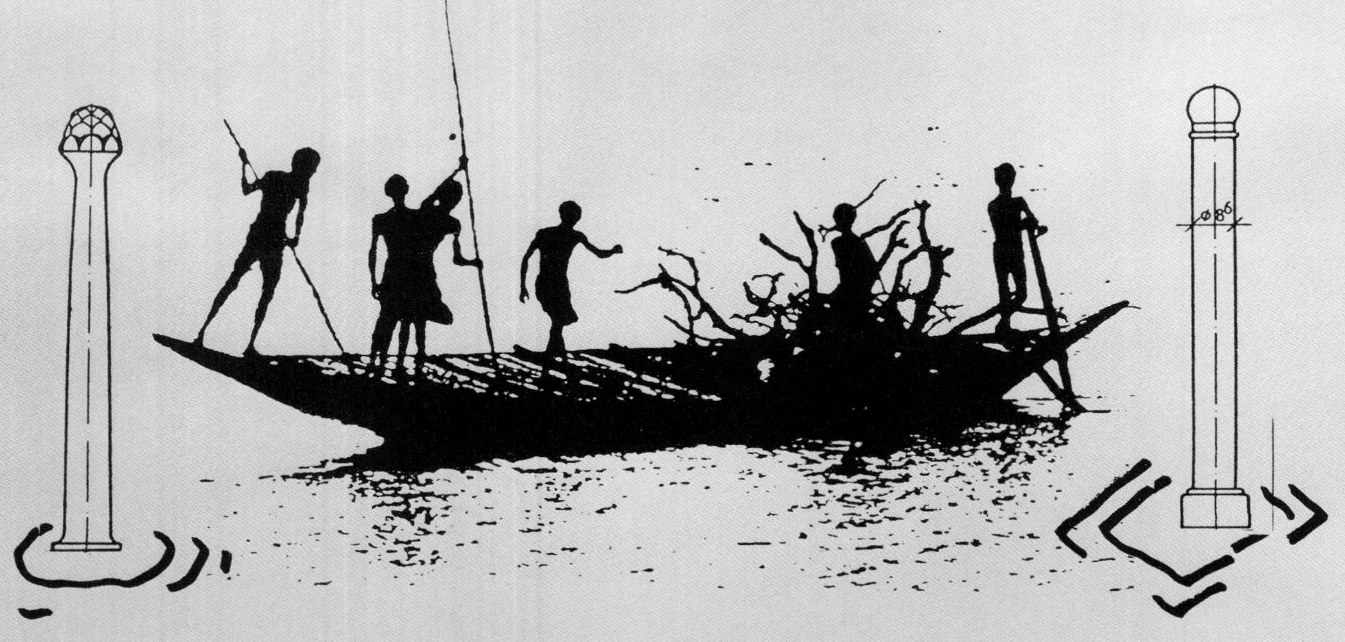

Die Künstler

....
M. Kippenberger Walter Dahn

fühlen sich heute zu schwach

Köln - Brodway Cafe,den 25.4.1986 23 Uhr

Kunst zwischen den Stühlen „Das Medium der Fotografie …“ und die Sammlung F. C. Gundlach

Klaus Honnef

Bisweilen treten beim Blick in den Spiegel der Vergangenheit die verborgenen Wirkkräfte einer stets prekären Gegenwart deutlicher in Erscheinung als bei unmittelbarer Anschauung. Aus den Ruinen der Pariser Passagen, jenen einstmals glanzvollen Schaufenstern der Belle Époque, las Walter Benjamin die Zukunft in Form der (bevorstehenden) Moderne ab und fokussierte so die Sicht auf die eigene Gegenwart. Ebenso verbargen sich in den Modellen einer modernistischen Blockarchitektur Kasimir Malewitschs schon die Umrisse der unwirtlichen Schlafstädte der Nachkriegszeit.

Wer einen Blick auf den Teil der Sammlung von F. C. Gundlach wirft, der nach einer Bekundung Albert Oehlens als Berechtigung des Mediums Fotografie, „Denkanstöße zu geben“ zusammengefasst wird, erkennt unschwer die Konturen einer Kunst, die sich erst im Zeichen der unumschränkten Herrschaft des Geldes richtig entfalten sollte: in Gestalt der Farce. In den Achtzigerjahren, einer Phase der „Extreme“ (M. H. Miller), in der die meisten der Werke dieser Sammlung realisiert wurden, vollzog sich in der spätmodernen Welt ein tief greifender Wandel – politisch, sozial und kulturell. Auch in der Kunst hinterließ er seine Spuren.

In diesem Wandel haben Erscheinungsbild und Selbstverständnis der zeitgenössischen Kunst zu Beginn des 21. Jahrhunderts ihre Ursache. Vor 30 Jahren begannen sich Fotografie, Film und Video als gleichberechtigte künstlerische Medien zu legitimieren – mit sämtlichen Konsequenzen ihrer technologischen Beschaffenheit. Fortan dienten sie den Künstlern als willkommene Erweiterung ihres Instrumentariums, wie sie ihnen zugleich auch eine weit weniger willkommene Konkurrenz um das kostbare Gut der Aufmerksamkeit brachten. Zudem zeichnete sich am Horizont bereits die umfassende Kommerzialisierung der Kunst ab.

Als Martin Kippenberger in einem Bild-Zyklus „das Ende der Avantgarde“ ausrief, war

Art Between Two Stools “The medium of photography . . .” and the F. C. Gundlach Collection

Klaus Honnef

Occasionally the hidden forces at work in an ever-tenuous present can be perceived more clearly by looking into the mirror of the past than by gazing at it directly. From the ruins of Paris's passages, those one-time glittering showcases of the Belle Époque, Walter Benjamin read the future in the form of (impending) Modernism, thereby clarifying his view of his own present. In the same way, hidden in Kasimir Malevich's models of modernistic block architecture were the outlines of the inhospitable bedroom communities of the post-war years.

Anyone who casts a glance at that part of the F. C. Gundlach collection summarized as “thought-provoking,” following Albert Oehlen's

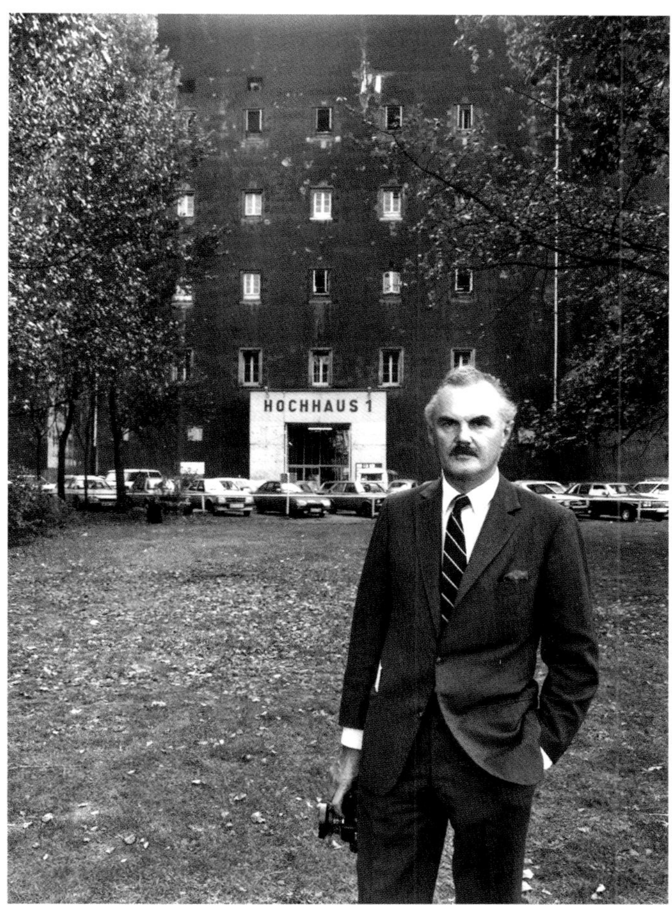

F. C. Gundlach vor dem Bunker / *F. C. Gundlach, in front of the Bunker*, Hamburg, ca. 1980

diese, ohne dabei besonderes Aufsehen erregt zu haben, längst sanft entschlafen. Ihre ästhetische Prämisse war Geschichte, ihre Werke in Wirklichkeit bereits kanonisiert, die einstige Gegenkunst war zur Pilotkunst aufgestiegen. Ihre radikalsten Repräsentanten waren die Helden der führenden Ausstellungshäuser in aller Welt. Viele hatten die Museen noch als Mausoleen der Kunst verschrien. Die (anti-) künstlerischen Nachfolger lehrten inzwischen an den Kunstakademien in paradoxer Verkehrung deren ästhetische Prinzipien als Vademekum. Ein Jahrhundert lang hatten die Künstler der Avantgarde die Konventionen der Kunst unaufhörlich erschüttert, untergraben, zerstört, aufgemischt und die Grenzen des künstlerischen Territoriums verschoben, bis sich ihre radikale Einstellung schließlich in eine Pose verwandelte und ihre Erzeugnisse selber künstlerische Konventionen ausbildeten. Mit dem Tod der Avantgarde starb das Postulat auf

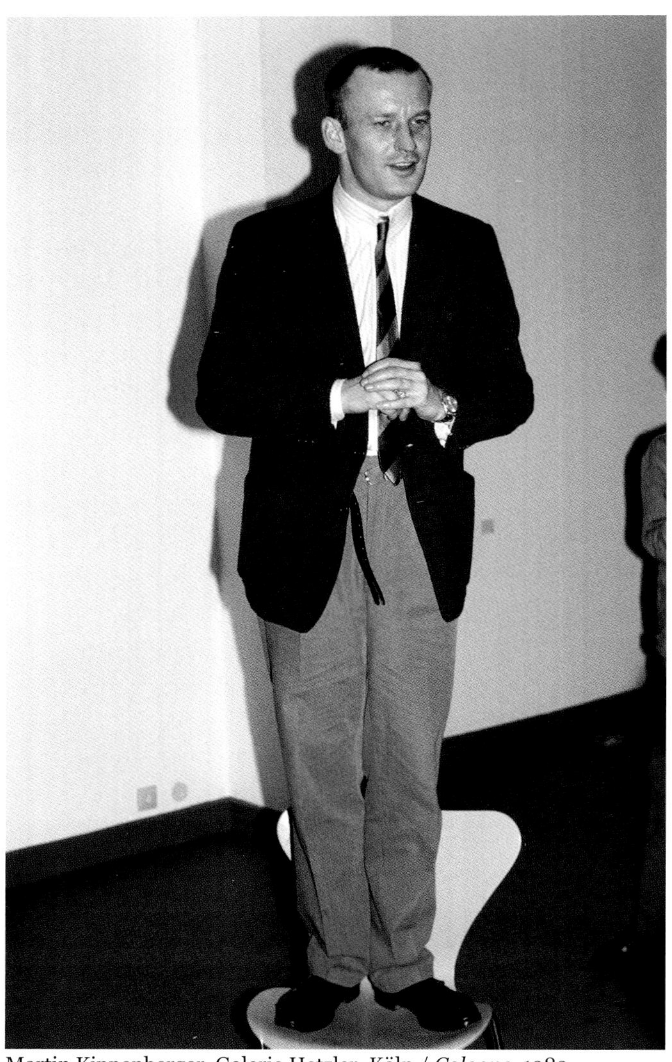

Martin Kippenberger, Galerie Hetzler, Köln / *Cologne*, 1983

justification of his use of the medium of photography, readily recognises the contours of an art that would only truly flourish in a period marked by the absolute dominance of money: in the form of farce. In the 1980s, a phase of "extremes" (M. H. Miller) in which most of the works in this collection were created, a profound change took place in the late-modern world—politically, socially and culturally. And it left behind its traces in art as well.

The look of contemporary art at the beginning of the twenty-first century and its sense of itself had their origins in that change. Thirty years ago photography, film and video began to find acceptance as fully legitimate artistic mediums—with all the ramifications of their technological character. From then on they would serve artists as welcome additions to their array of available mediums, though at the same time bringing with them far less welcome competition for the precious commodity of public attention. Moreover, on the horizon there were already signs of a sweeping commercialisation of art.

By the time Martin Kippenberger proclaimed "the end of the avant-garde" in one of his picture cycles, that phenomenon, without arousing particular notice, had peacefully passed away long since. Its aesthetic premises were history, its works already canonised; what had once been an art of opposition had become a pilot art. Its most radical representatives were the heroes of the world's leading exhibition spaces, though many of them had disparaged museums as mausoleums of art. Meanwhile, in a paradoxical reversal, their (anti)artistic successors were routinely teaching their aesthetic principles as holy writ at the art academies. For a full century the artists of the avant-garde had unremittingly upset, undermined, destroyed and vilified artistic conventions and shifted art's boundaries until their radicalism ultimately turned into a pose, and their creations came to shape artistic conventions themselves. With the death of the avant-garde the postulate of autonomy together with the anti-commercial stance of contemporary art died as well.

Kippenberger was (and still is) the key figure in a trend in art that found itself on a seesaw and torn in many directions. He was necessarily forced to perceive the uncertain

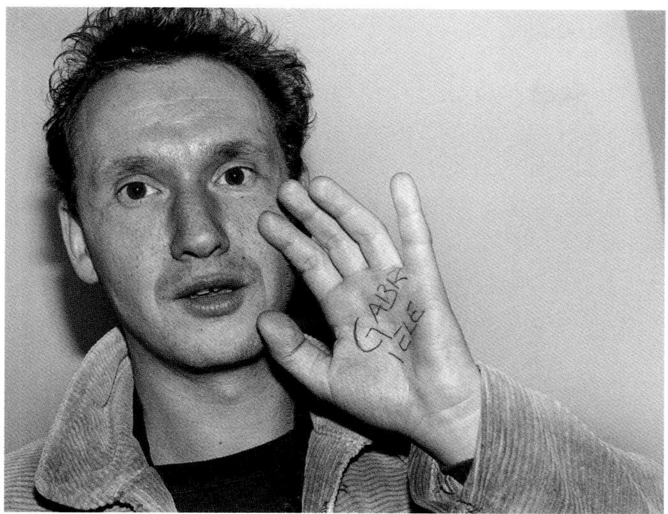

Hubert Kiecol, Galerie Hetzler, Köln / *Cologne,* 1983

Autonomie samt der strikt anti-kommerziellen Einstellung der zeitgenössischen Kunst.

Kippenberger war (und ist nach wie vor) die Schlüsselfigur einer künstlerischen Tendenz, die sich zwischen allen Stühlen wiederfand und zwangsläufig die unsichere Situation als Herausforderung und als Möglichkeit in einem begreifen musste. Nach dem Motto der Punkbewegung: Du hast keine Chance, nutze sie! Einerseits segelten ihre Vertreter im Kielwasser der Avantgarde, andererseits traten sie ihren fragwürdigen Absolutheitsansprüchen schon mit kategorischer Entschiedenheit und subversiver Gesinnung entgegen. Weitere markante Künstler dieser Richtung in Deutschland sind Werner Büttner, Albert und Markus Oehlen, Walter Dahn, Georg Herold, Günther Förg und Rosemarie Trockel, um nur die wichtigsten zu nennen. Als Postmoderne ist diese Tendenz unzulänglich beschrieben.

Das Terrain haben Künstler wie Sigmar Polke und Jürgen Klauke (um die deutschen Vertreter zu nennen) bereitet, ohne dass die jüngeren ihnen kritiklos gefolgt wären. Nichtsdestoweniger haben sie sich von deren Impulsen inspirieren lassen. Vornehmlich von dem künstlerischen Furor, der sie beflügelte, und den sie häufig mit spielerischen und experimentellen, ja auch mit anarchistischen Elementen und exzentrischen Arabesken sowie scheinbar parodistischen Einsprengseln camouflierten.

Es sind diese äußerlichen Merkmale, die mitunter tiefe Missverständnisse hinsichtlich ihrer ästhetischen und, ja auch ethischen Konsequenz in der Kunstöffentlichkeit ausgelöst

situation as a challenge and an opportunity at one and the same time. As though in anticipation of the punk motto: "You don't have a chance, use it!" On the one hand its representatives were sailing in the wake of the avant-garde, yet on the other they opposed its questionable pretence of being the only legitimate approach with a categorical determination and subversive mind-set. Other notable artists of this direction in Germany are Werner Büttner, Albert and Markus Oehlen, Walter Dahn, Georg Herold, Günther Förg and Rosemarie Trockel, to name only those of greatest importance. The trend is inadequately referred to as postmodernism.

Artists like Sigmar Polke and Jürgen Klauke (to name the German representatives) paved the way, though the younger ones did not follow them uncritically. Even so, they clearly took inspiration from them—mainly from the furore that fired their imagination and that they frequently camouflaged with playful and experimental, even anarchistic elements and eccentric arabesques as well as seemingly parodistic touches.

These are only external characteristics which have led at times to profound misunderstandings in the art world with respect to their aesthetic, even ethical consistency. They have been charged with everything from charlatanism to artistic incompetence. Essentially, however, Polke and Klauke, like Kippenberger, Büttner, Förg, Trockel and Co., defiantly resisted all attempts to give them a specific group identity. Their trademark was an extreme individualism. Nonetheless, one cannot dismiss their fundamental similarities, despite their occasional incisive subjectivity. Their works reflect the contradictions, inconsistencies, conflicts, insecurities and fears of a society in upheaval, one that was gradually losing the ground beneath its feet while on closer inspection the new shores coming into view turned out to be deceptive mirages of an artificial world.

I once asked Albert Oehlen what he had learned as a student from Polke, who briefly held a professorship at Hamburg's Hochschule der Bildenden Künste. His answer was both laconic and telling: "How to demolish a chair!" This first sounded like a joke, but

haben. Zwischen dem Vorwurf der Scharlatanerie und dem künstlerischer Unangemessenheit schwankten die Urteile. Im Grunde jedoch entziehen sich Polke und Klauke ebenso wie Kippenberger, Büttner, Förg, Trockel & Co. trotzig jedem Versuch, sie für eine spezifische Gruppenidentität zu reklamieren. Extremer Individualismus ist ihr Markenzeichen. Dennoch sind grundsätzliche Gemeinsamkeiten trotz ihrer bisweilen schneidenden Subjektivität nicht von der Hand zu weisen. So vergegenwärtigen sich in ihren Werken die Widersprüche, Ungereimtheiten, Konflikte, Unsicherheiten und Ängste einer Gesellschaft im Umbruch, die den Boden unter den Füßen allmählich verliert, während sich die neuen Ufer, die in Sichtweite kommen, bei näherer Erkundung als trügerische Scheingebilde einer künstlichen Welt entpuppen.

Was er als Student von Polke – der kurz eine Professur an der Kunstakademie in Hamburg bekleidete – gelernt habe, habe ich Albert Oehlen damals gefragt. Seine Antwort fiel gleichermaßen lakonisch wie vielsagend aus: „Wie man einen Stuhl zertrümmert!“ Was zunächst wie ein Witz klang, enthüllt bei genauerer Betrachtung eine tiefere Bedeutung. Deshalb habe ich nicht von ungefähr ihren Furor als eine wesentliche Antriebskraft dieser Künstler der Post-Avantgarde apostrophiert. Ein ungewöhnlicher Begriff, um künstlerisches Handeln zu charakterisieren, sicher. Dennoch im vorliegenden Fall treffend, denn er assoziiert neben Energie und Leidenschaft ebenfalls Wut und Verletzlichkeit – lange bevor eine saturierte Gesellschaft den „Wutbürger“ hervorbrachte.

Polke erkannte schon früh die Fragwürdigkeit einer Kunstlehre auf der Folie einer künstlerischen Entwicklung, die mit allen konventionellen, aus der künstlerischen Tradition herrührenden Maßstäben, Vorschriften und Regeln gebrochen hatte. Weil sich die Kunst der Avantgarde in einer Art negativer Dialektik auf die Kunst der Vergangenheit und der Museen bezog und unter der Hand durch sie definierte, wenn auch in demonstrativer Opposition, konnte man eine solche Lehre rechtfertigen. Doch der Bezug zur künstlerischen Tradition, hier in der prägnanten Form einer negativen Ästhetik, verblasste mit der Zeit, ohne dass sich eine schlüssige Alternative ergeben sollte. Eine abrupte Kehrtwende erschien aber unmöglich. Die Vorstellung eines künstlerischen

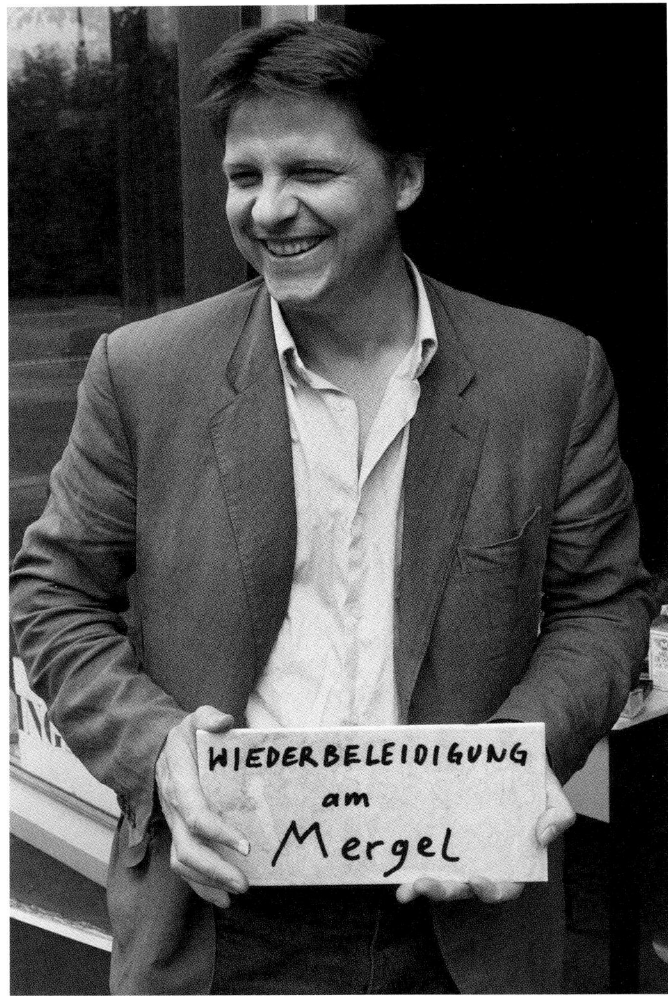

Georg Herold, Marsna 87 – Internationales Symposium für Bildhauerkunst / *Marsna 87 – International Sculpture Symposium,* Meerssen, 1987

further reflection revealed a deeper meaning. It is for this reason that I have singled out furore—admittedly a quality seldom referenced in descriptions of artistic activity—as a key motivation for these artists of the post-avantgarde. Yet in the present instance it seems altogether fitting, for in addition to energy and passion it also suggests anger and vulnerability—long before an overly stressed society brought forward the "enraged citizen."

Polke recognised early on the folly of a theory of art based on an artistic movement that had broken with all conventional standards, precepts and rules derived from artistic tradition. It could be justified by the fact that the art of the avant-garde, in a kind of negative dialectic, secretly defined itself by comparison to the art of the past and in museums, though demonstratively opposed to it. Yet the reference to artistic tradition, here in the distinct form of a negative aesthetic, was to pale over time, though no coherent alternative was pro-

Fortschritts übte ihren unwiderstehlichen Einfluss auf den Gang der Kunst ungebrochen aus. So wurde für die nachwachsende Künstlergeneration die Avantgarde zur eigentlichen Provokation, mit der Folge, dass die wachsende Erfahrung von künstlerischer Bindungs- und Orientierungslosigkeit, von ästhetischer Unbestimmtheit und kommerzieller Verführbarkeit sich für sie als vorherrschendes Problem erwies. Diese Erfahrung griff obendrein direkt in ihre geistige und materielle Existenz ein. Deshalb mischte sich in die künstlerischen Zeugnisse neben der Wut häufig ein Schuss Verzweiflung. Sie äußerte sich nicht in Wehklagen, sondern als ätzende Ironie und klirrender Sarkasmus.

Zu den zahlreichen Widersprüchen gehört, dass dieser künstlerische, von den meisten Kunstkritikern heftig befehdete Aus- und Aufbruch unverhältnismäßig rasch einen riesigen kommerziellen Erfolg zeitigte, bevor die Kunstwerke nicht minder rasch aus den Schaufenstern der zeitgenössischen Kunst und viele der Künstler aus dem künstlerischen Diskurs verschwanden. Gegenwärtig unterzieht man ihre Werke einer neuen Sondierung – mit steigendem Interesse angesichts der hemmungslosen Kommerzialisierung des Kunstbetriebs und der Beliebigkeit der vorherrschenden Kunstprodukte.

Klauke hat als einer der ersten Künstler – simultan mit und unabhängig von Bruce Nauman und Cindy Sherman – den eigenen Körper als physische Resonanzfigur und nicht bloß als Projektionsfläche in den Fokus der Kunst gerückt: als die elementare Instanz jeder Erfahrung. Nicht selten stellte er dabei das eigene Ich zur Disposition. Dennoch verlieh er diesem Ich auch immer eine symbolische Bedeutung. In beispielloser Radikalität demonstrierten das seine inzwischen legendären Performances. Eine bittere Pointe zeigt sich in dem exaltierten „Tanz" für eine Serie fotografischer Bilder mit den bizarren Utensilien aus „Dr. Müller's Sexshop", der im Kielwasser der kurz vorher proklamierten „sexuellen Revolution" zugleich ein Licht auf die Wirklichkeit und die verdrängten Fantasien einer zunehmend sexualisierten Gesellschaft wirft: zum Schreien komisch – buchstäblich – und tief traurig.

Bei Polke hatten sich die widerstreitenden Empfindungen in extensiven, risikoreichen und alle denkbaren Grenzen überschreitenden „Austestungen" der künstlerischen Bilderwel-

duced. An abrupt reversal seemed impossible. The notion of progress in art continued to exert its irresistible influence. So for the emerging artist generation the avant-garde became the real provocation, so that its main problem was an increasing sense of disorientation, of the absence of artistic ties, of aesthetic uncertainty and commercial seductiveness. This feeling had a direct influence on their thinking and their material existence. For that reason a hint of despair came to be visible in their creations in addition to rage. It was not expressed in lamentation but rather in a vitriolic irony and cutting sarcasm.

One of the many contradictions was the fact that this artistic outbreak and departure, vigorously attacked by most art critics, enjoyed in short order a huge commercial success, before the artworks disappeared from the show windows of contemporary art with equal swiftness and many of its artists opted out of the artistic discourse of the time.

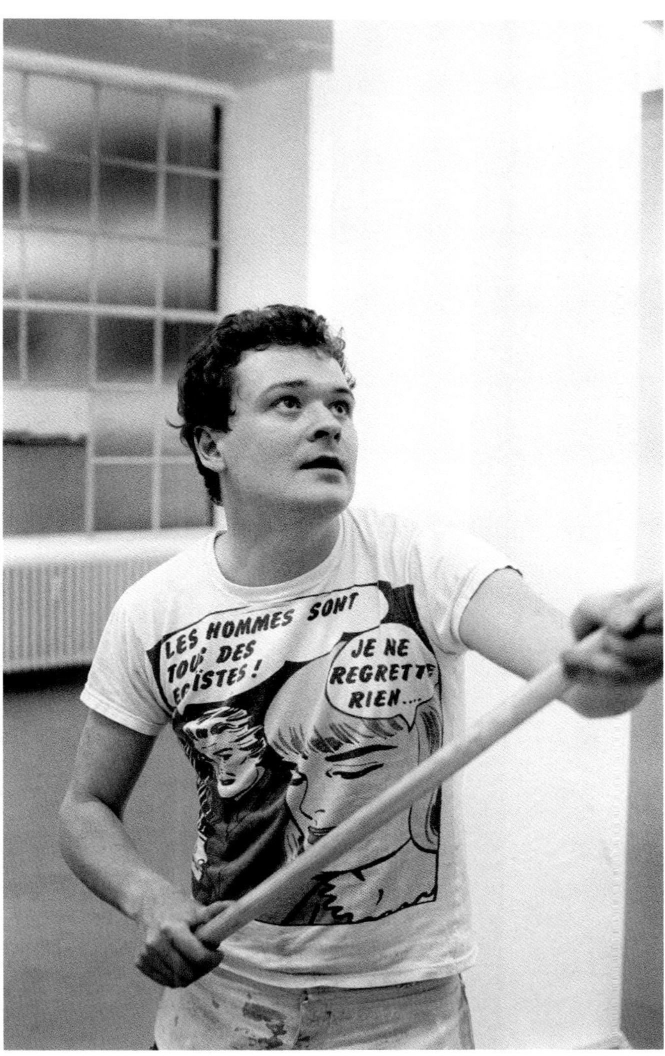

Günther Förg, Galerie Hetzler, Köln / *Cologne*, 1984

ten im Spannungsfeld von Malerei, Fälschung, Fotografie, Fernsehen und Film, Irreführung und (authentischer) Vergegenwärtigung manifestiert. Der Künstler blieb gleichwohl stets Maler. Demzufolge verraten auch seine fotografischen und später filmischen Zeugnisse nie den Blick auf seine bevorzugte Domäne, die Malerei. Ihr gewann er ein noch unentdecktes Ausdruckspotenzial und -spektrum hinzu.

Bei oberflächlicher Betrachtung scheint Kippenberger Polkes Faden aufgenommen und weitergesponnen zu haben. Tatsächlich aber geht er über die Position des Malers hinaus, ist – in modischer Kunstphraseologie – konzeptueller, de facto aber antimalerisch. In der künstlerischen Haltung ist er dem frühen Klauke verwandter als dem ästhetischen und virtuosen Drahtseilartisten Polke. Auch für Kippenberger ist die eigene Person das signifikanteste Objekt seiner Kunst; indes eher als lebendes Ziel direkter sozialer und kultureller Ein- und Übergriffe. Er radikalisiert Klaukes physiologischen Individualismus, veräußerlicht ihn, indem er mit seinen physischen und psychischen Verletzungen ohne jedes Selbstmitleid und ohne jede Rücksicht auf die subjektive Befindlichkeit rüde Scherze treibt. Gleichgültig, ob er auf seine Alkoholsucht anspielt oder sein zerschlagenes Gesicht nach einer Schlägerei als Autoporträt mit ironischen Anmerkungen ausstellt. Oft begleiten schnöde formulierte Texte die Bilder. Damit berührte er unversehens die sozio-kulturelle Sphäre. Kippenberger steckte ein und teilte aus: *Schade, dass nicht alle Photographen große Klasse sind*, heißt ein Blatt der F. C. Gundlach-Sammlung.

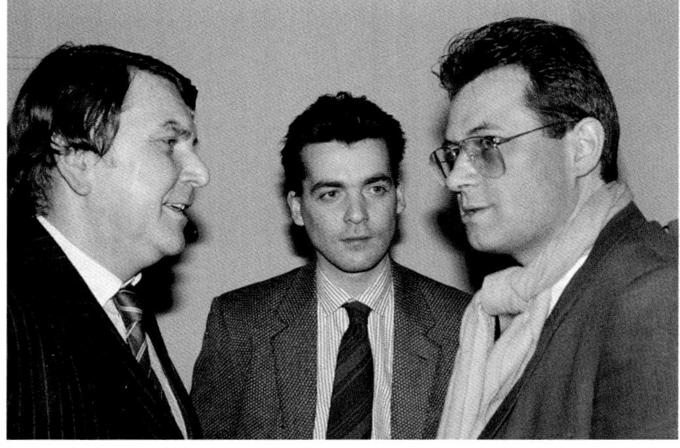

Zdenek Felix, Werner Büttner, Max Hetzler, „Wahrheit ist Arbeit“, Folkwang Museum, Essen, 1984

Their works are now being reevaluated—with increased interest in view of the unrestrained commercialisation of the art world and the indeterminate nature of its predominant products.

Along with Bruce Nauman and Cindy Sherman—though quite independently Klauke was one of the first artists to make his own body the focus of his art, not merely as a projection screen but as a resonant physical figure: as the essential arbiter of all experience. Not infrequently he exposed his own ego to view. Yet he always lent that ego symbolic significance. His performances, long since legendary, demonstrated this with unprecedented radicalism. A bitter point is revealed in his eccentric "dance" for a series of photographic images incorporating the bizarre utensils from "Dr. Müller's Sex Shop," which at the same time, in the wake of the "sexual revolution" proclaimed only shortly before, shines a light on the reality and suppressed fantasies of an increasingly sexualised society: literally screamingly funny, and profoundly sad.

In Polke such conflicting feelings had manifested themselves in extensive experimentation, both full of risks and overstepping all conceivable boundaries, with artistic picture worlds ranging from painting, forgery, photography, television, and film, to deception and (accurate) visualisation. Yet the artist always remained a painter. Accordingly, even his photographic works and later films never abandon the viewpoint of his preferred domain, painting. From it he wrested a previously undiscovered expressive potential and range.

At first glance it would appear that Kippenberger simply took up Polke's thread and spun it farther. But in fact he went beyond the painter's position, was what one might describe in fashionable art terminology as more "conceptual"; de facto, however, anti-painterly. In his artistic stance he is more closely related to the early Klauke than to the aesthetic and virtuoso high-wire artist Polke. For Kippenberger as well, his own person was the most significant motif in his art, though more as a live target of direct social and cultural encroachment and attack. He radicalised Klauke's physiological individualism, externalised it by playing rude jokes with

sive Zuspitzungen und Bild-Text-Verknüpfungen. Der Gebrauch banalster Materialien bei den „Bildhauern“ Herold und Hubert Kiecol sowie dem „Maler“ Förg schlägt in dieselbe Kerbe. Insofern begegneten die Künstler der steigenden materialistischen Gesinnung der Gesellschaft mit der ungeschlachten Materialität ihrer alles andere als noblen Kunstobjekte.

Die Werke dieser ungewöhnlichen künstlerischen Haltung, in der Sammlung F. C. Gundlach repräsentativ versammelt, liefern einen Zerrspiegel dessen, was war, und einen erhellenden dessen, was ist. Realität als „fait brut“.

and nineties. A drawing titled Die Wahrheit ist größer als ein Zwerg (The Truth is Greater than a Dwarf) *is typical of his artistic approach. The handwritten title fills the bottom of a sheet that shows the skeleton of an elk in profile between two red bars. His contemporary vocabulary was provided by toilet-wall graffiti, children's drawings and caricatures, with their pointed expressiveness and combination of pictures and texts. The use of the most banal materials by the "sculptors" Herold and Hubert Kiecol and the "painter" Förg follow the same tack. These artists countered the increasingly materialistic thinking of society with the coarse materiality of their anything but elegant art objects.*

The representative works of this unusual artistic trend in the F. C. Gundlach Collection serve as a distorting mirror of what was, and an illuminating one of what is. Reality as "fait brut."

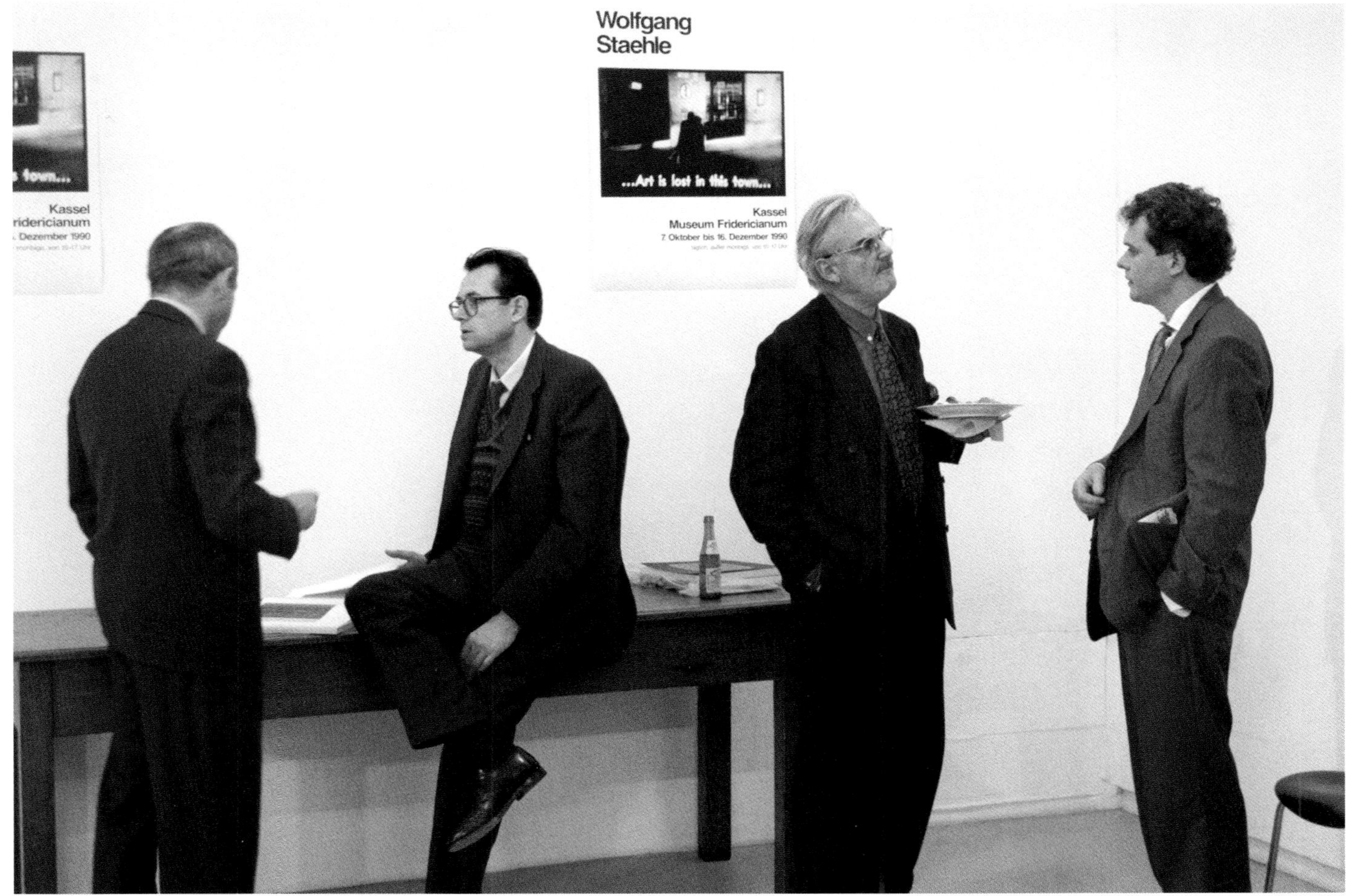

v. l. n. r. / *left to right:* Uli Knecht, Max Hetzler, F.C. Gundlach, Günther Förg, Fredericianum Kassel, 1990

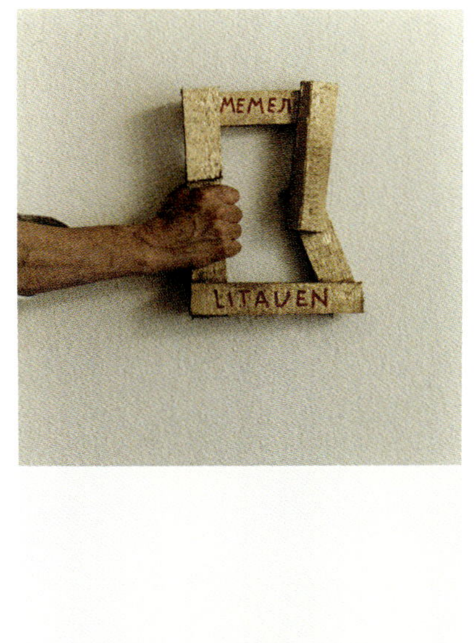

MEMEL

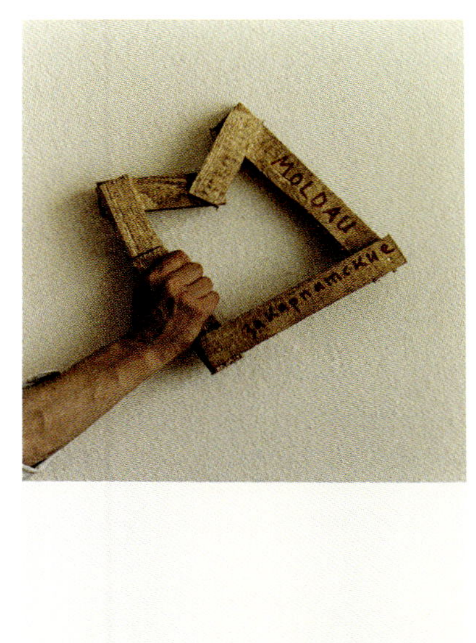

MOLDAU

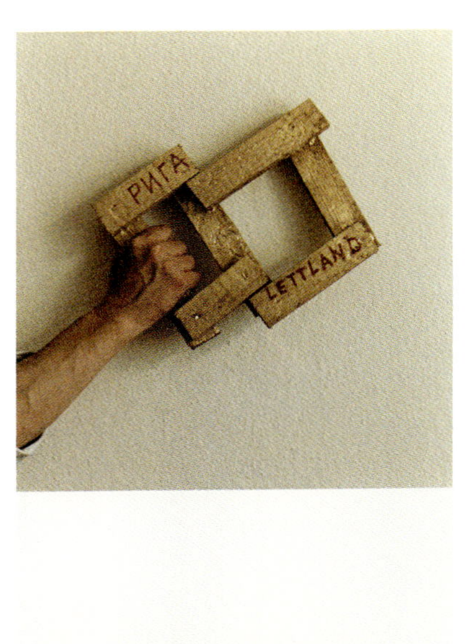

RIGA

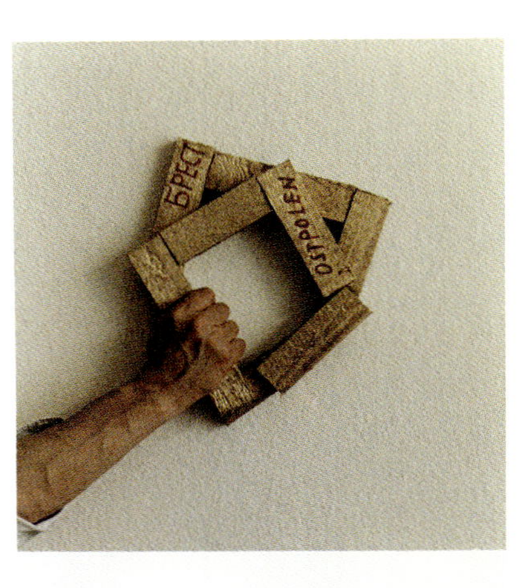

BREST

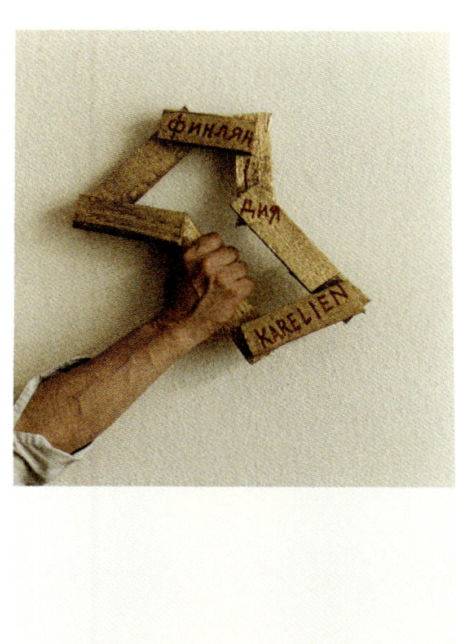

KARELIEN

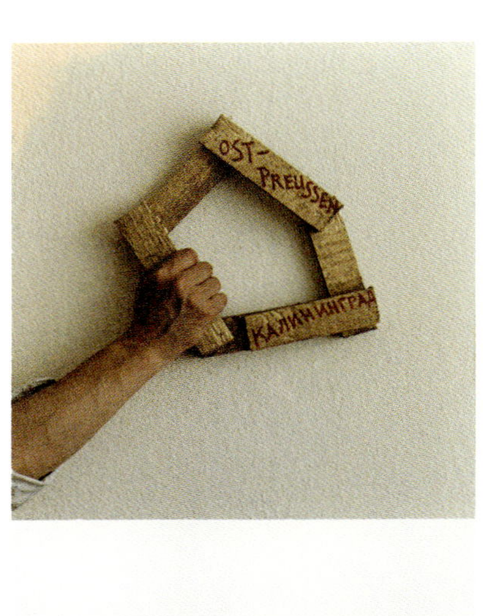

KALININGRAD

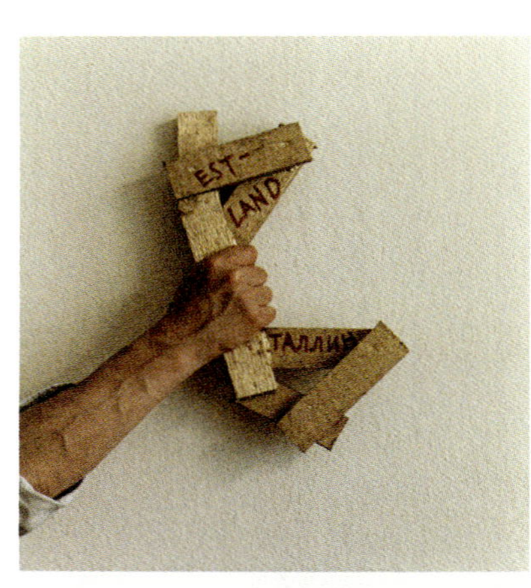

TALLIN

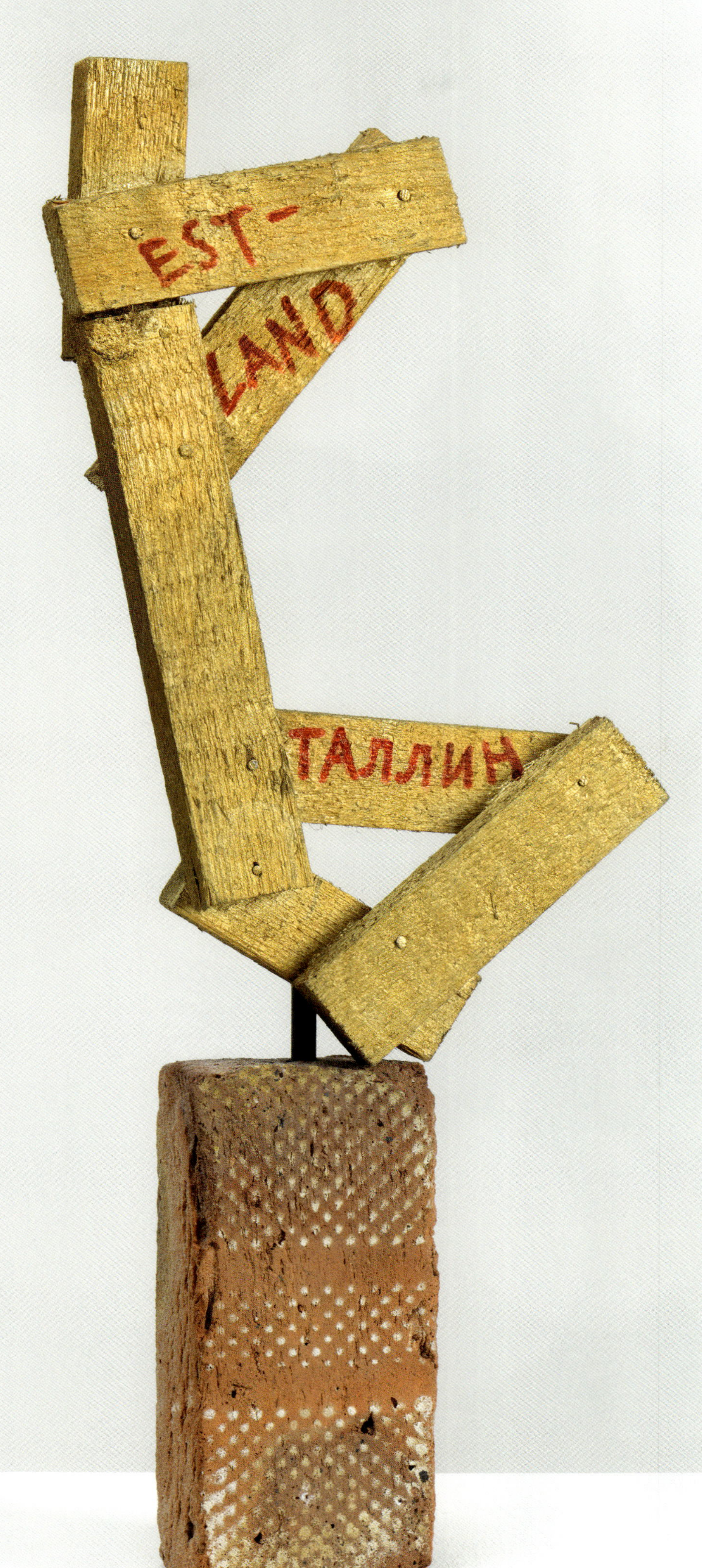
EST-
LAND
ТАЛЛИН

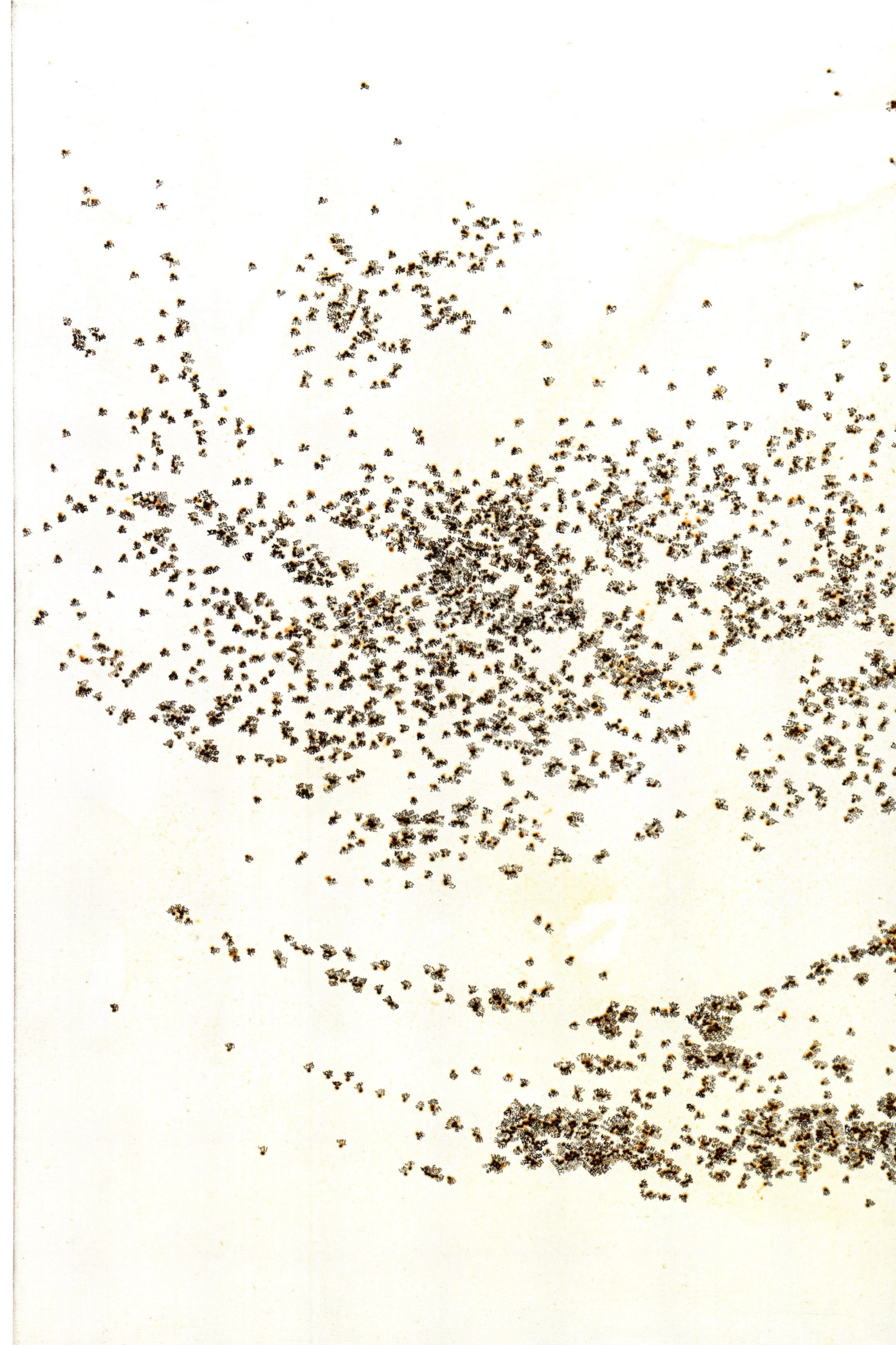

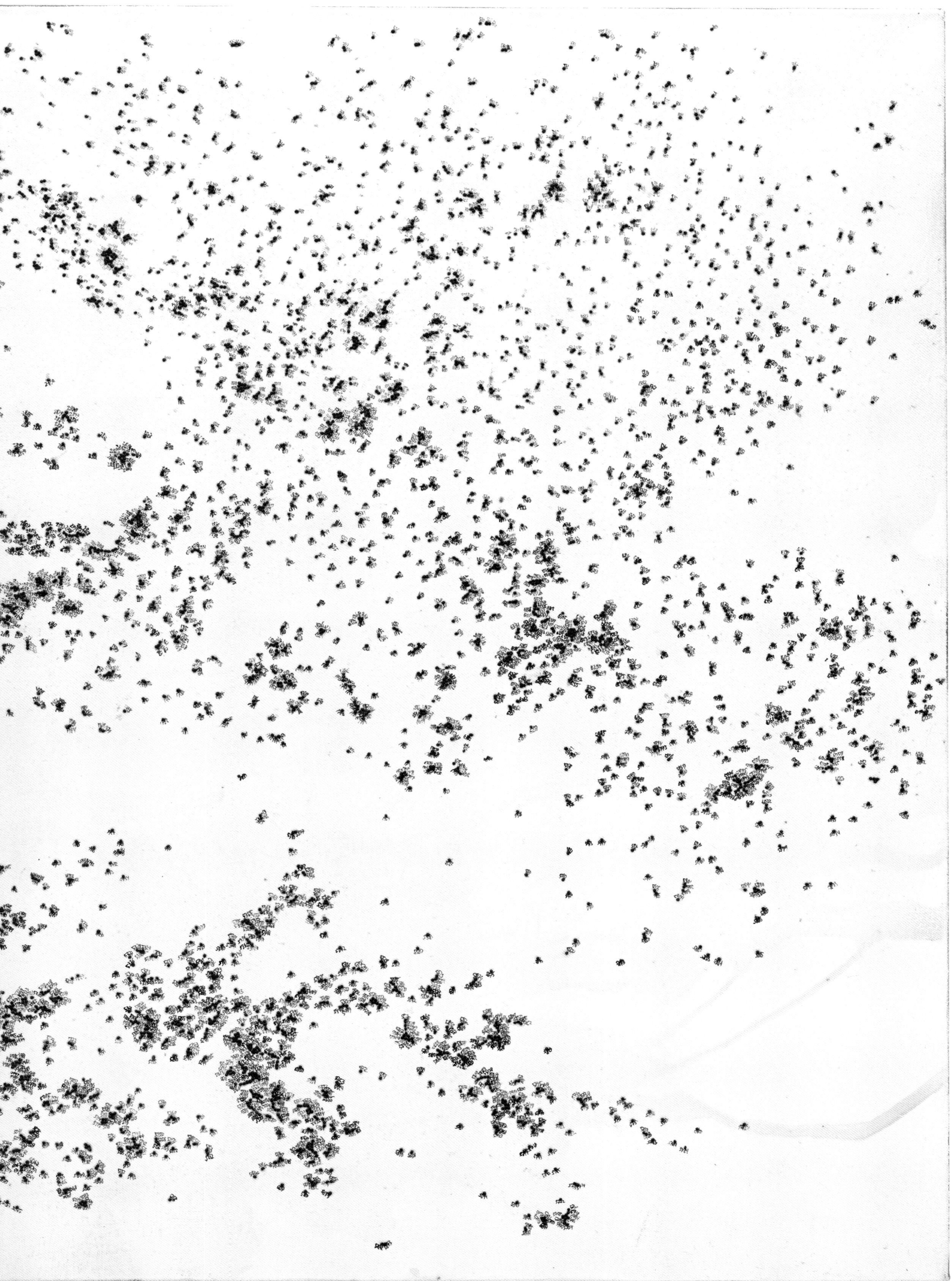

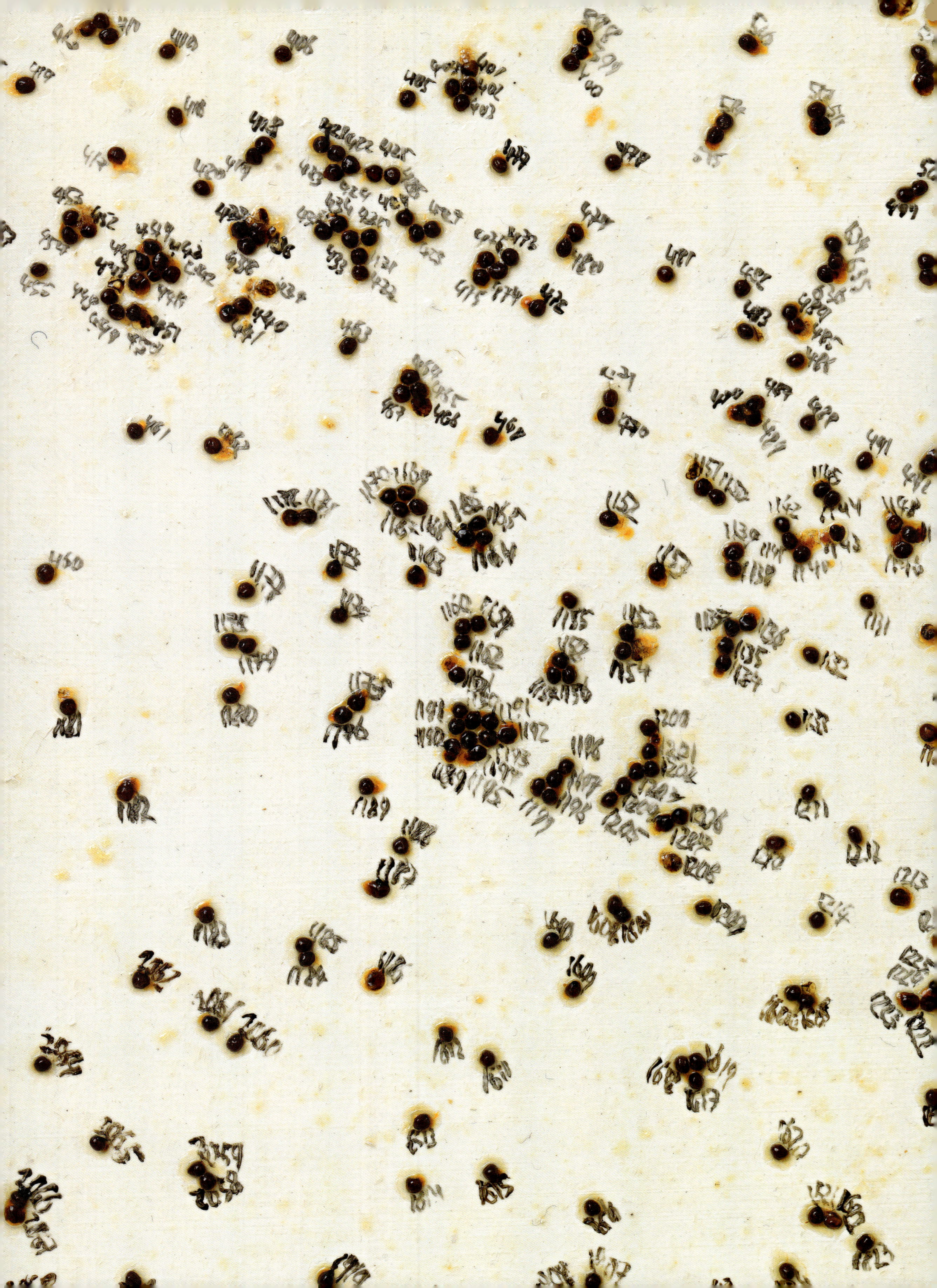

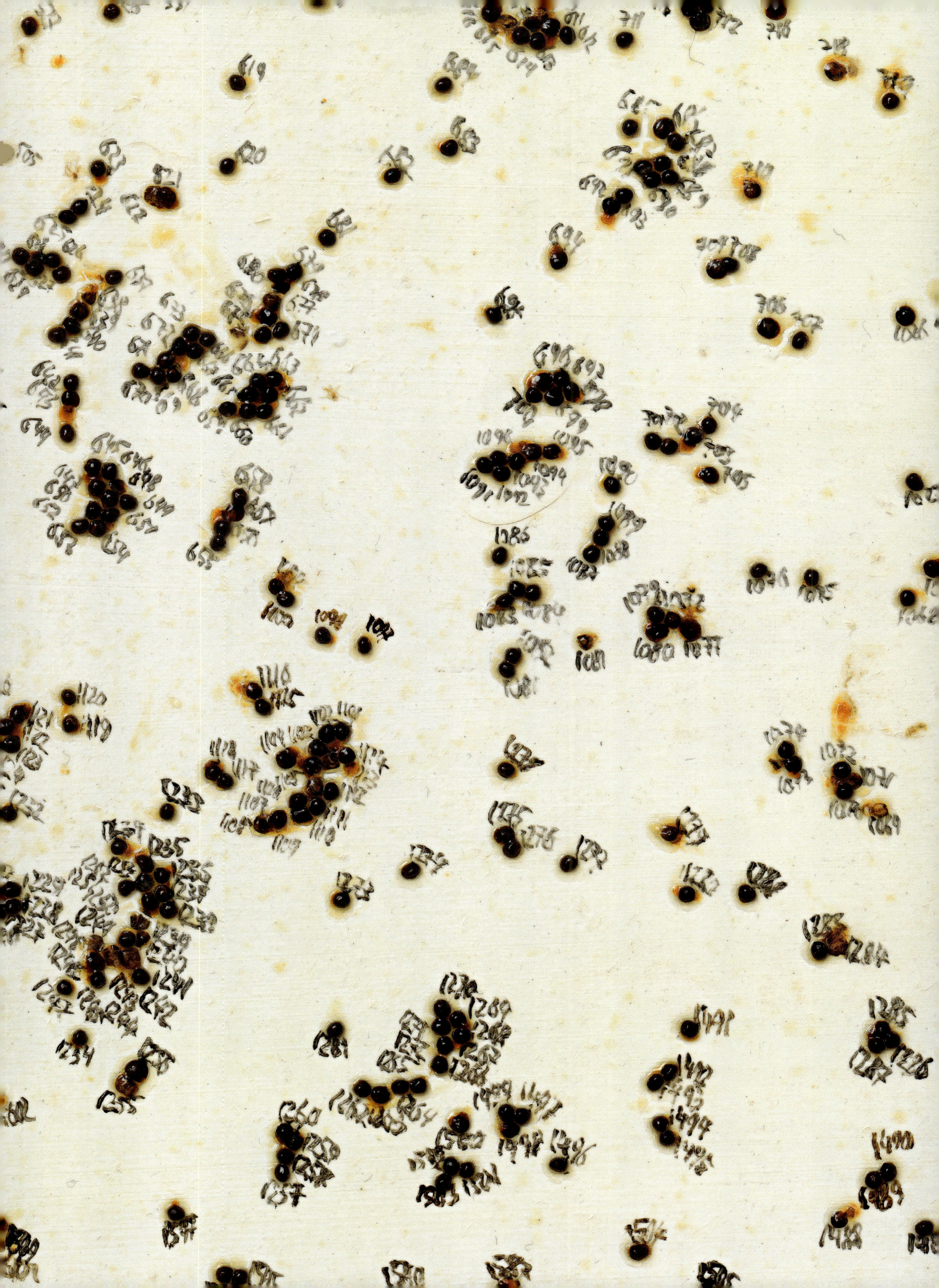

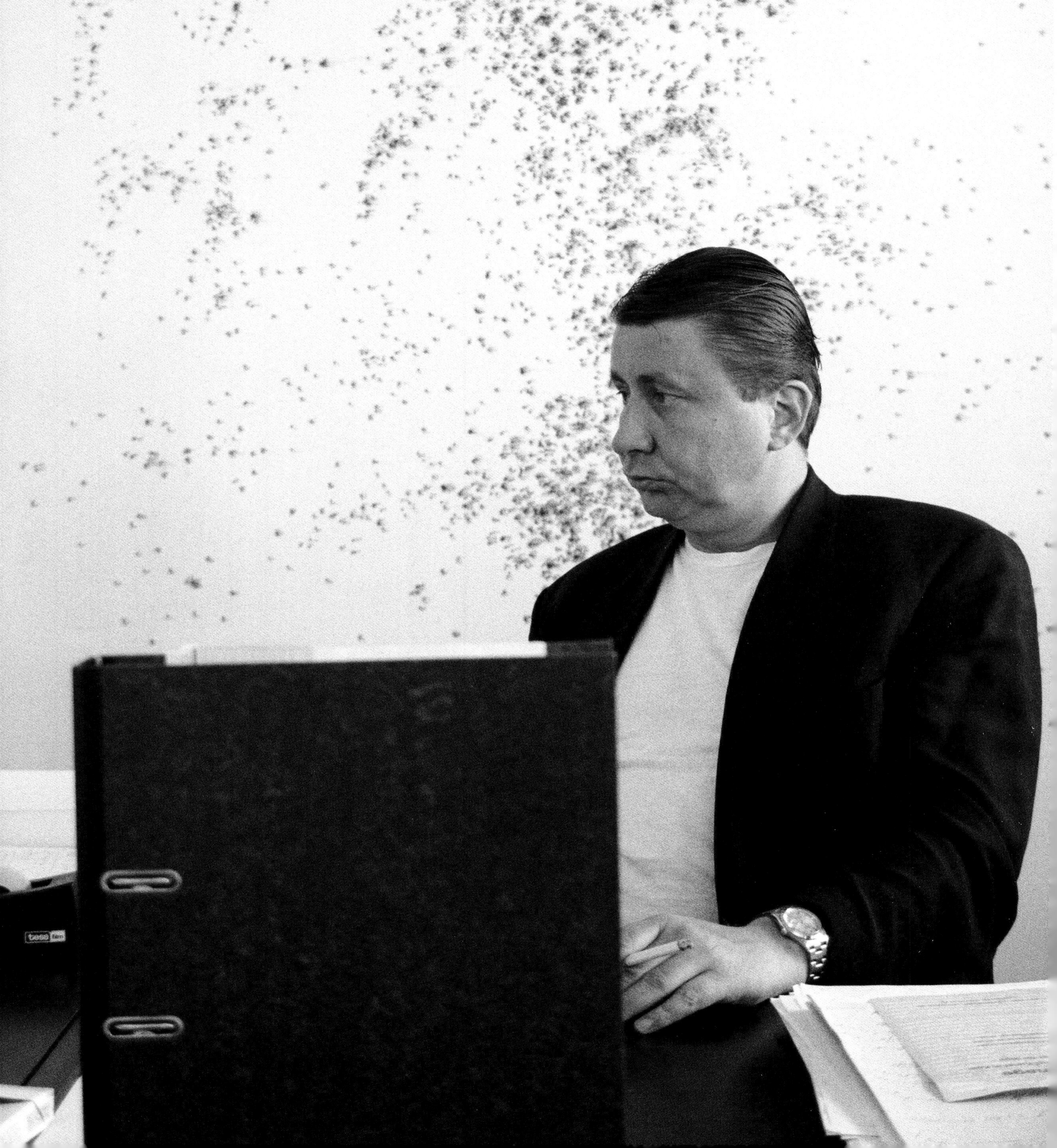

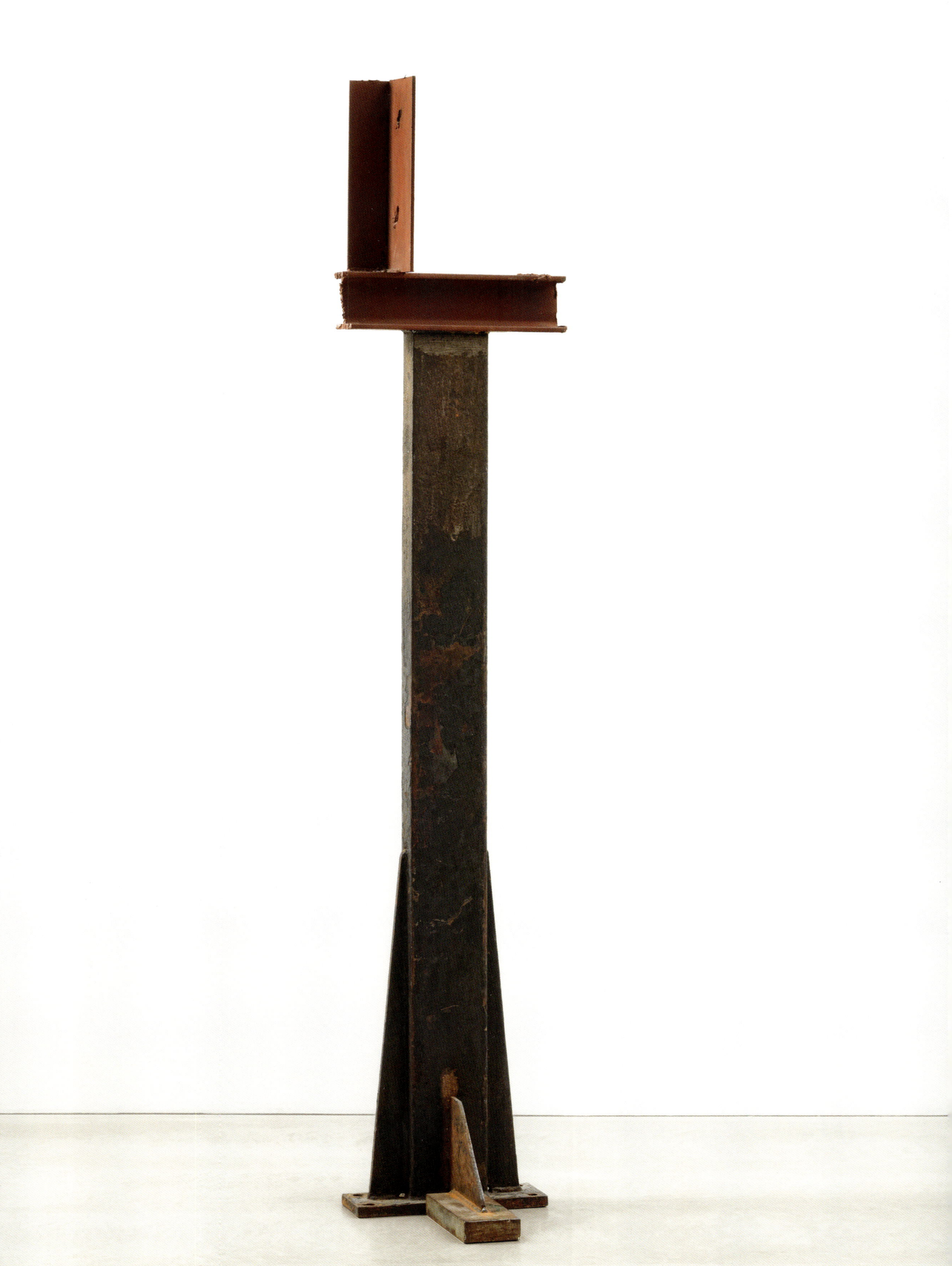

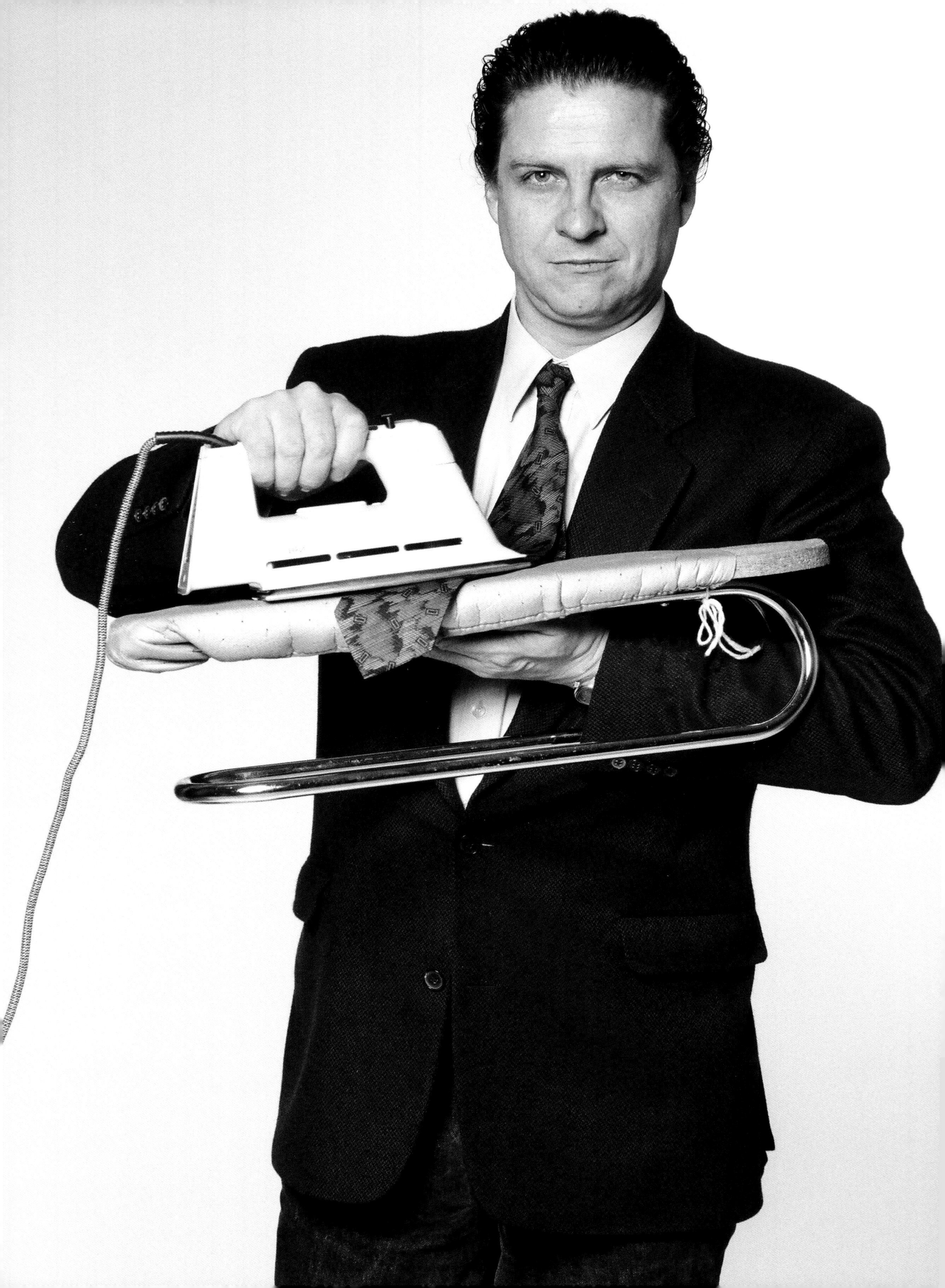

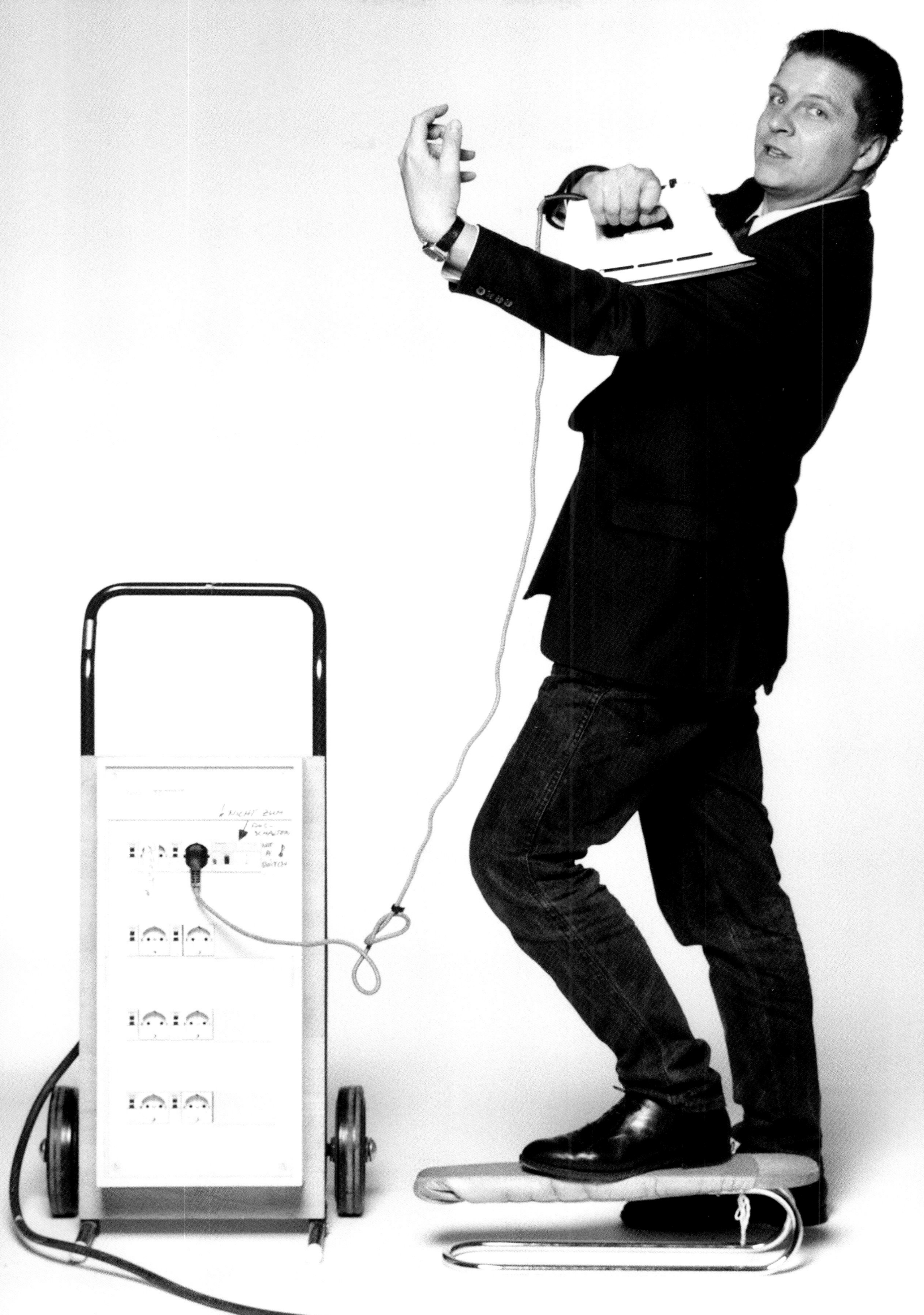
! NICHT ZUM
SCHALTER
NOT A ! SWITCH

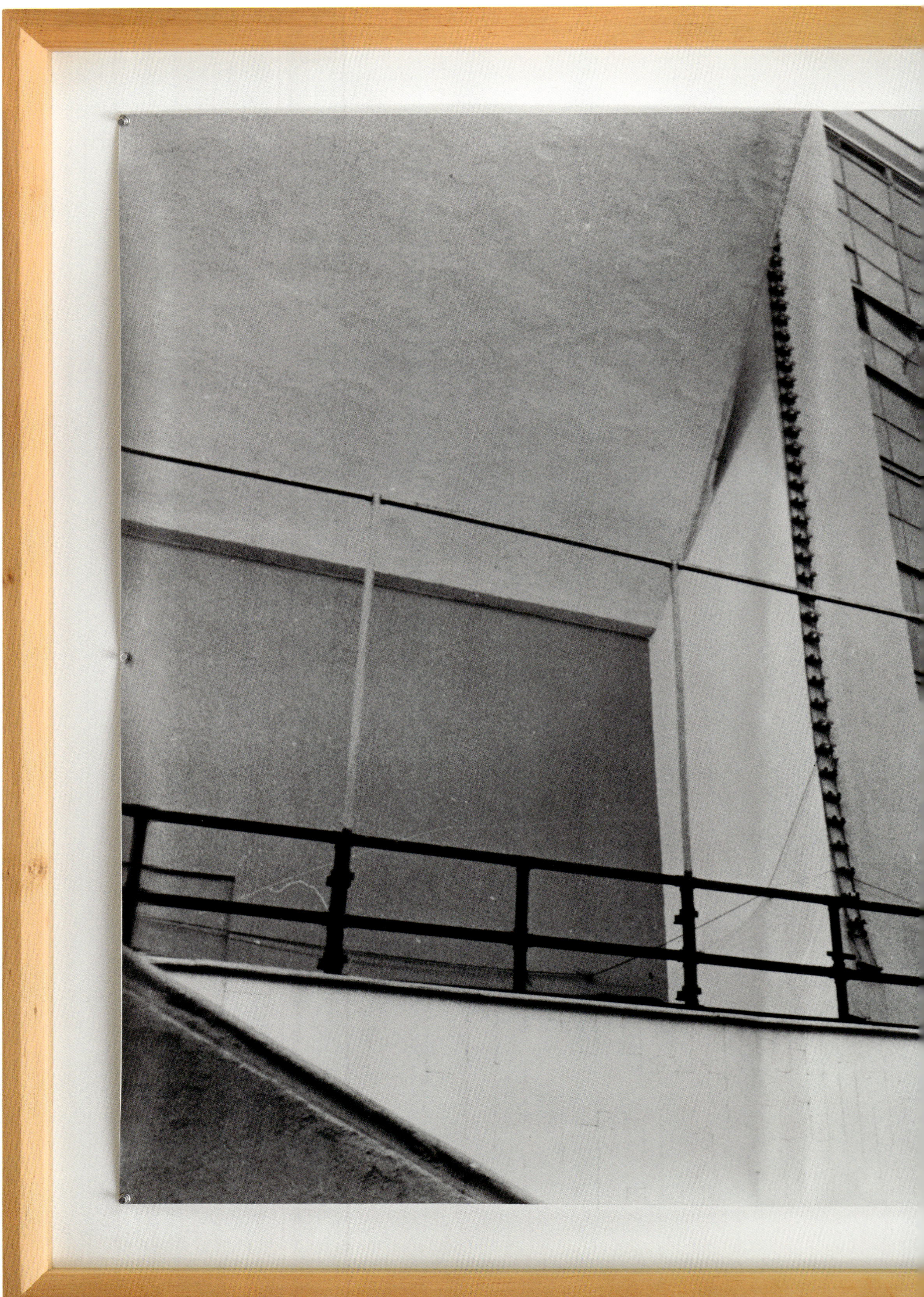

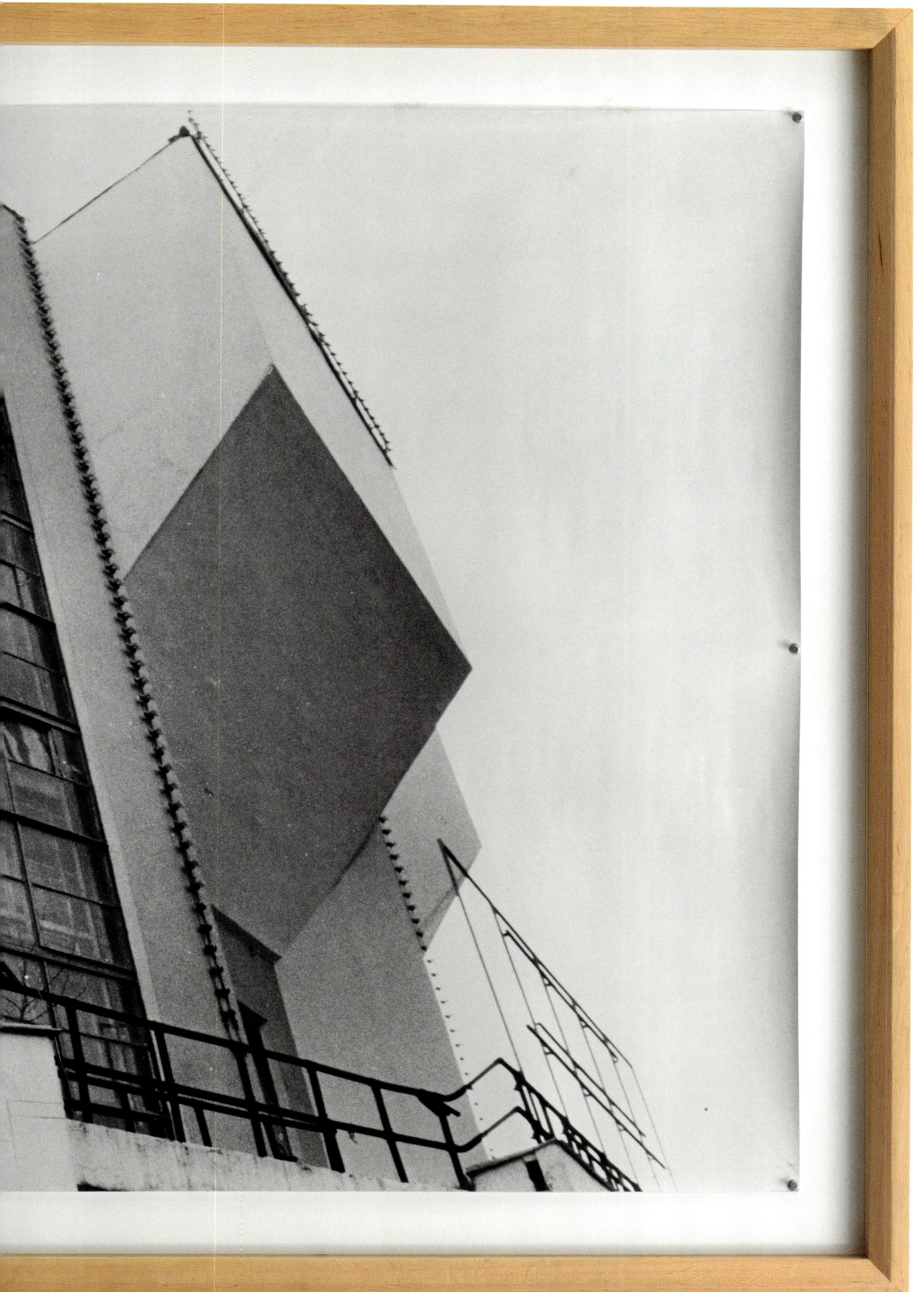

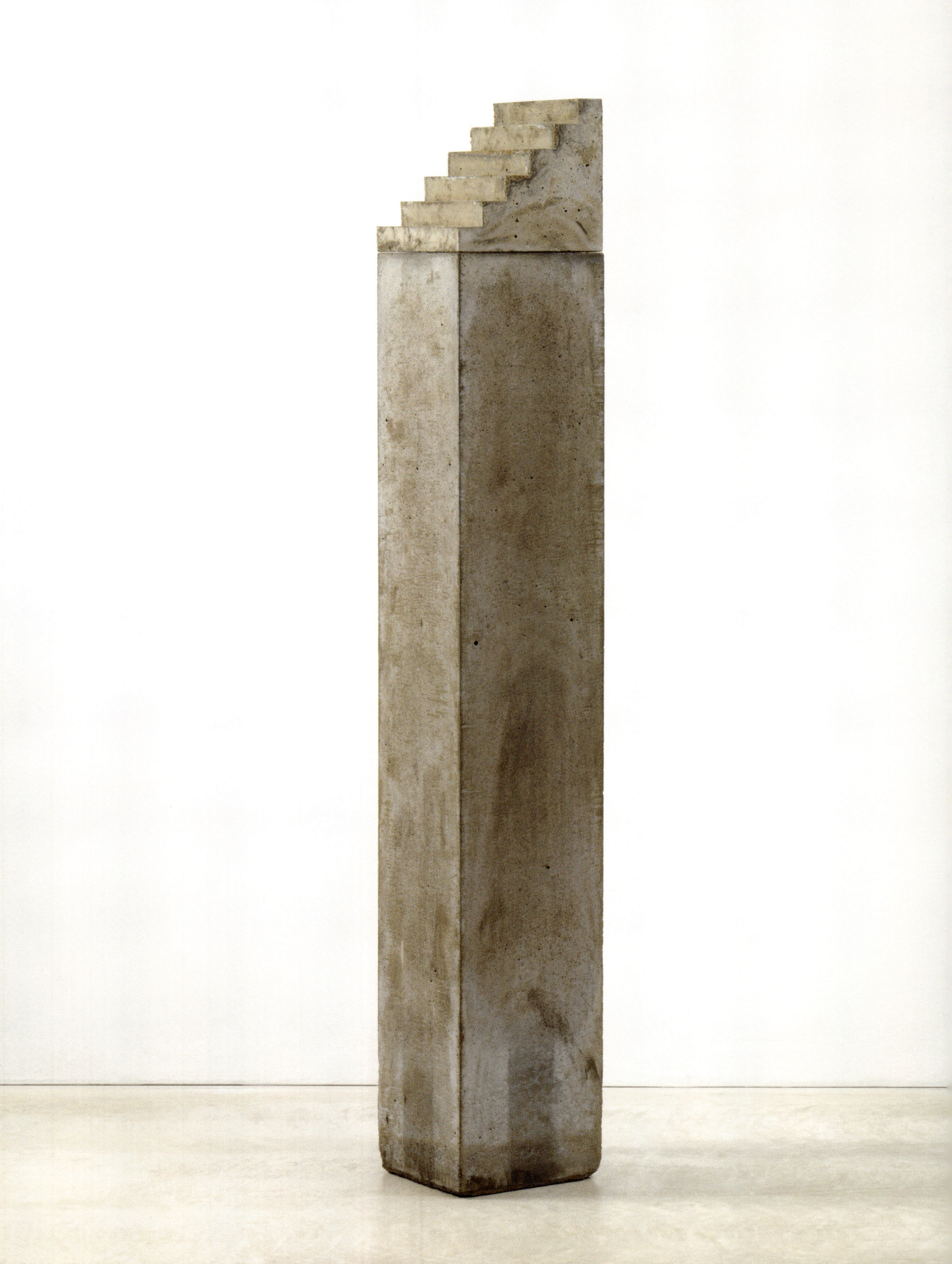

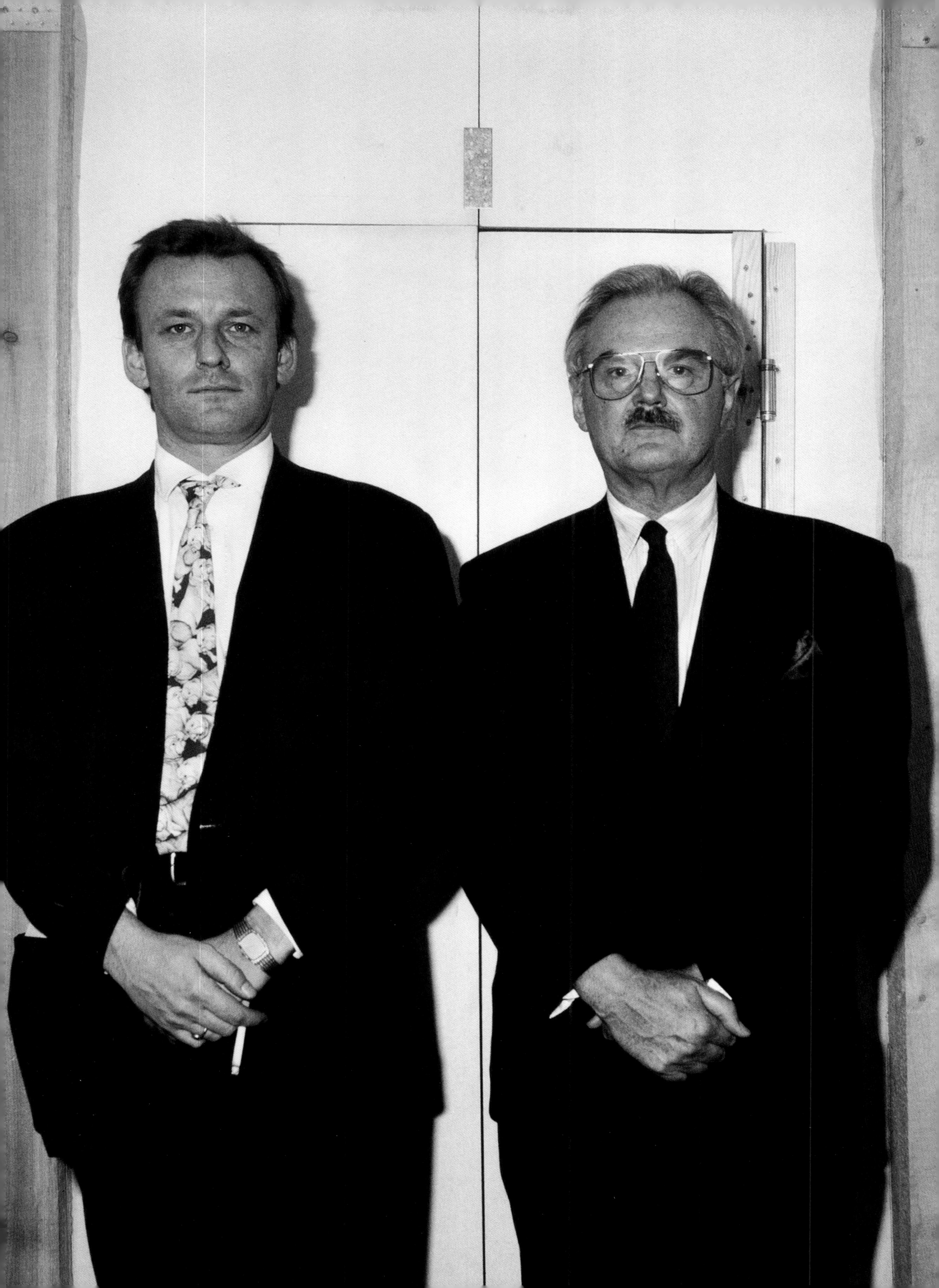

„Eine Begegnung kann ein Leben verändern“ oder **„Die Fotografie ist ein Medium, wie ein Bleistift oder ein Pinsel“**

F. C. Gundlach im Gespräch mit Bruno Brunnet über seine Dienstleistungsunternehmen und Galerien Creative Color (CC), Professional Photo Service (PPS) und Creative Color Düsseldorf (CCD), über das Sammeln und einen tonnenschweren Scanner. Mit einem Gastauftritt von Wilhelm Schürmann

Bruno Brunnet: F. C., in den Fünfzigerjahren warst du erfolgreicher Modefotograf.
F. C. Gundlach: Fotograf.

Brunnet: Entschuldigung, Fotograf. Zu der Zeit bist du viel gereist.
Gundlach: Ich habe zu Beginn meiner Karriere viele Reportagen fotografiert und mit diesen begann das Reisen. Zunächst in Europa – ich habe längere Zeit in Paris verbracht, fast drei Jahre in den Fünfzigerjahren. 1956 kam ich das erste Mal nach New York.

Brunnet: Wie war das, die erste Reise nach Übersee?
Gundlach: Faszinierend! Ich lernte zum Beispiel Horst P. Horst kennen und wusste erst gar nicht, dass er Deutscher war. Es ergaben sich Freundschaften, ich durfte Horsts Atelier benutzen, wenn er es nicht brauchte. Es war eine besondere Stimmung in der Stadt, eine Atmosphäre der Kreativität. Man merkte, da passiert etwas, da verändert sich etwas.

Brunnet: Haben die amerikanischen Fotografen anders gearbeitet als die deutschen?
Gundlach: Natürlich. Die Fotografen, die ich bereits aus Paris kannte, wie Richard Avedon und Irving Penn, arbeiteten dort unter ganz anderen Bedingungen. Sie hatten Repräsentanten und anderes Equipment zur Verfügung, sie waren einfach schneller. Gleichzeitig handelten sie auch nicht selber ihre Honorare aus. Die Post-Production war ebenfalls viel besser. Das sind Kleinigkeiten, die einen großen Unterschied machen. Diese Arbeitsweise gefiel

“One encounter can change a person’s life,” *or* ***“Photography is a medium, just like a pencil or a brush!”***

F. C. Gundlach in conversation with Bruno Brunnet about his service firms and galleries Creative Color (CC), Professional Photo Service (PPS) and Creative Color Düsseldorf (CCD), about his collecting and a scanner weighing a ton. With a guest appearance by Wilhelm Schürmann

Bruno Brunnet: F. C., in the fifties you were a successful fashion photographer.
F. C. Gundlach: Photographer.

Brunnet: Pardon me, photographer. At that time you travelled a great deal.
Gundlach: At the beginning of my career I photographed a number of magazine essays, and for them I began to travel. First in Europe—I spent a long time in Paris in the fifties, almost three years. Then in 1956 I went to New York for the first time.

Brunnet: What was that like, your first trip overseas?
Gundlach: Fascinating! I got to know Horst P. Horst, for example, and at first I didn’t even know he was German. I made a number of friends, was allowed to use Horst’s atelier when he didn’t need it. There was a special spirit in the city, a creative atmosphere. You felt that something was happening, something changing.

Brunnet: Did the American photographers work differently from the German ones?
Gundlach: Of course. The photographers I already knew from Paris, like Richard Avedon and Irving Penn, were working there under entirely different conditions. They had agents and different kinds of equipment at their disposal, they were simply faster. At the same time, they didn’t have to negotiate their fees themselves. And post-production was also much better. Those are simple things that make all the difference. That way of working

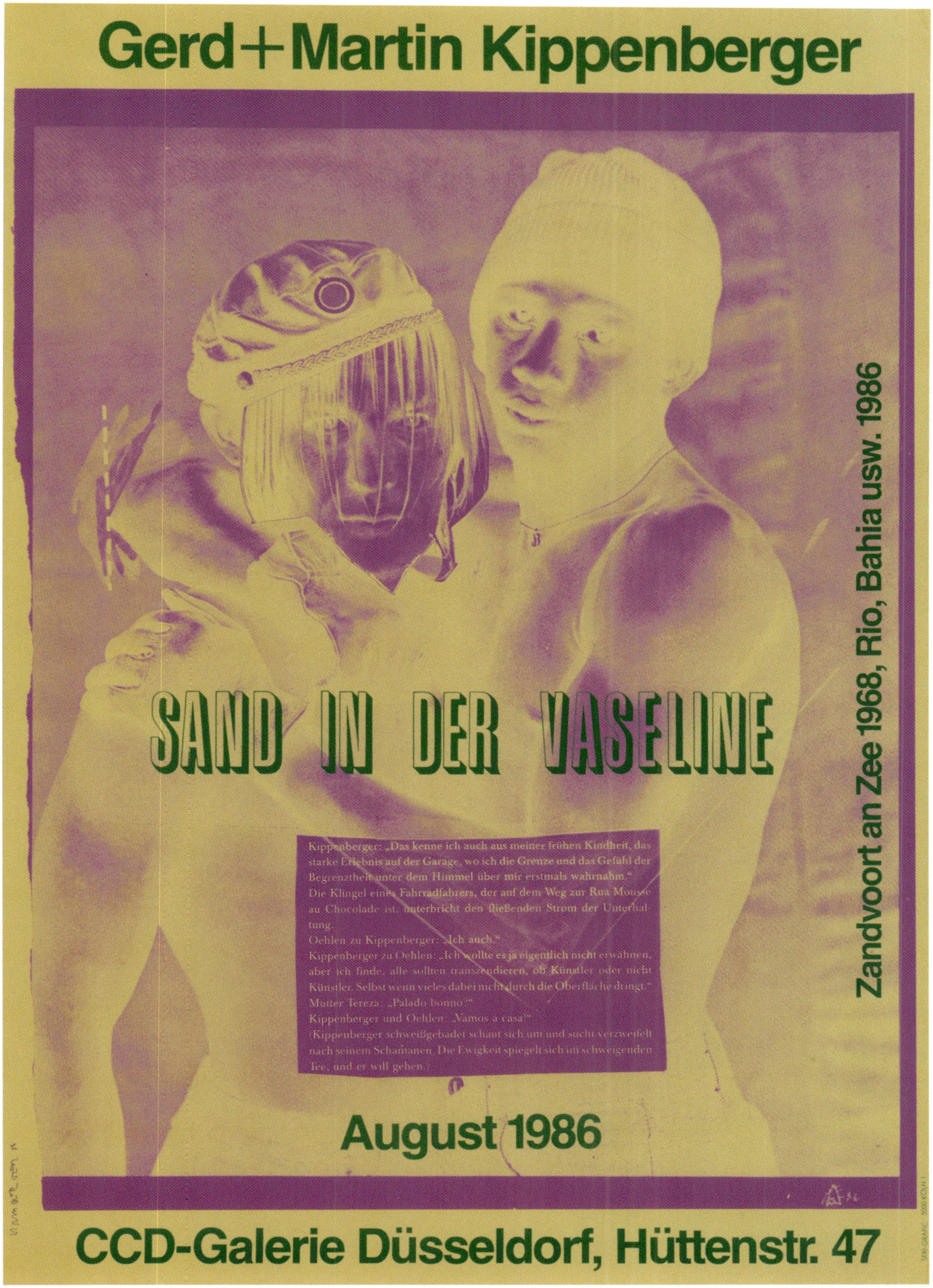

Gerd + Martin Kippenberger

SAND IN DER VASELINE

Zandvoort an Zee 1968, Rio, Bahia usw. 1986

Kippenberger: „Das kenne ich auch aus meiner frühen Kindheit, das starke Erlebnis auf der Garage, wo ich die Grenze und das Gefühl der Begrenztheit unter dem Himmel über mir erstmals wahrnahm."
Die Klingel eines Fahrradfahrers, der auf dem Weg zur Rua Mousse au Chocolade ist, unterbricht den fließenden Strom der Unterhaltung.
Oehlen zu Kippenberger: „Ich auch."
Kippenberger zu Oehlen: „Ich wollte es ja eigentlich nicht erwähnen, aber ich finde, alle sollten transzendieren, ob Künstler oder nicht Künstler. Selbst wenn vieles dabei nicht durch die Oberfläche dringt."
Mutter Tereza: „Palado bonno!"
Kippenberger und Oehlen: „Vamos a casa!"
(Kippenberger schweißgebadet schaut sich um und sucht verzweifelt nach seinem Schamanen. Die Ewigkeit spiegelt sich im schweigenden Tee, und er will gehen.)

August 1986

CCD-Galerie Düsseldorf, Hüttenstr. 47

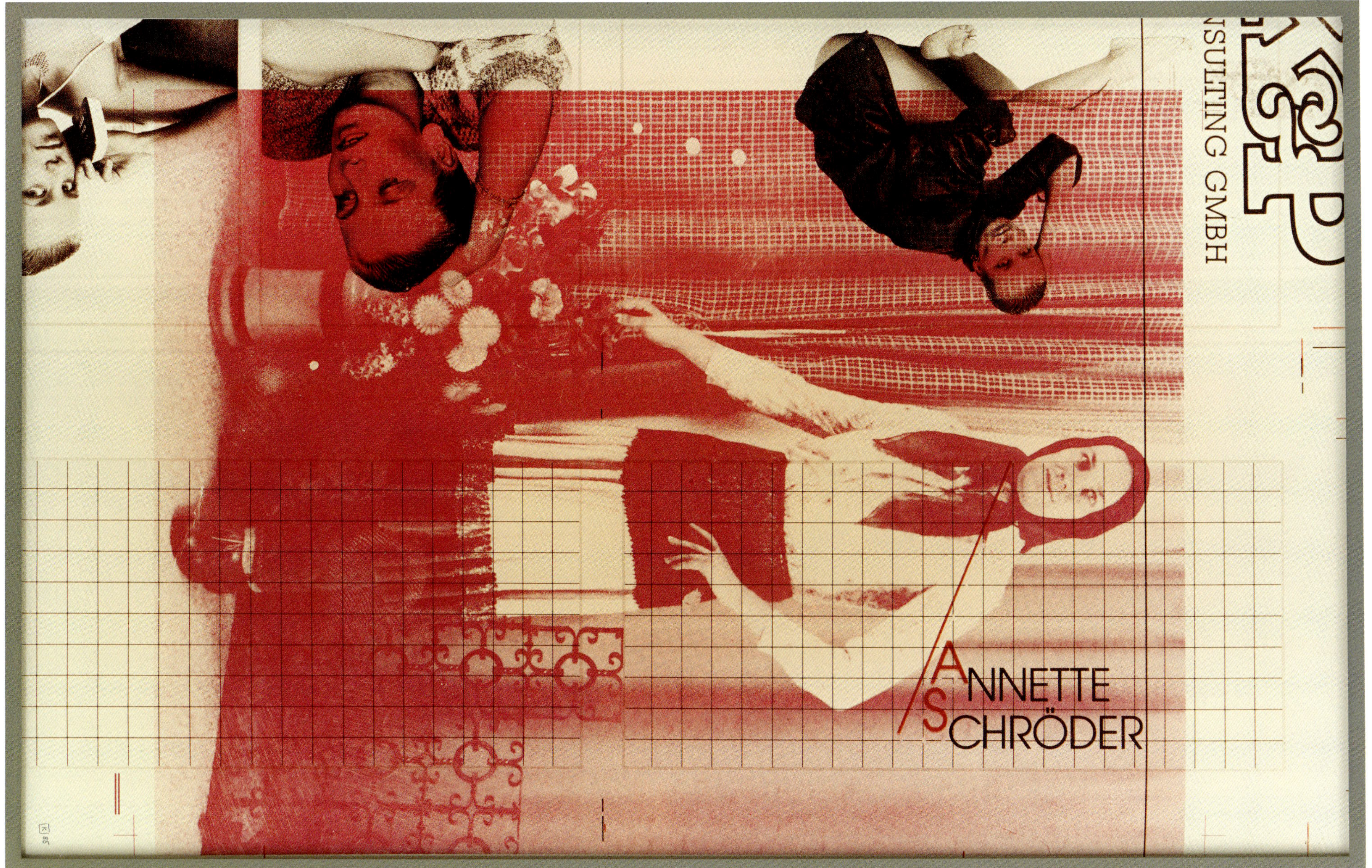
ANNETTE SCHRÖDER
NSULTING GMBH

mir. Deshalb kam ich in den folgenden Jahren immer wieder. Es waren die Sechziger- und frühen Siebzigerjahre, da wurde New York lebendig. Zu der Zeit haben zudem die ersten Galerien eröffnet, die sich auch mit Fotografie oder sogar ausschließlich mit Fotografie beschäftigten. Das war vorher undenkbar. Fotos waren etwas für Illustrierte, nicht für Museen oder Galerien. Dies sollte sich nun ändern.

Brunnet: An welche Galerie beispielsweise denkst du?
Gundlach: Seit 1969 gab es die Lee Witkin Gallery in dem wunderbaren Fuller Building. Witkin hatte immer sehr gutes Vintage-Material. Ab 1971 gab es dann die Light Gallery, gegründet von Tennyson Schad. Direktor war erst Victor Schrager, später, so ab 1977, Robert Miller und anschließend Howard Read. Das waren zwei Galerien, die dezidiert mit zeitgenössischer Fotografie handelten. Darüber hinaus gab es in den USA einen Mann, der in dieser Entwicklung eine zentrale Position einnahm, wie hieß er noch? Der mit der Glatze ...

Brunnet: Peter MacGill? Harry Lunn?
Gundlach: Ja, Harry Lunn, der saß in Washington, wo er eigentlich eine Galerie für Lithografien und Zeichnungen betrieb. Nachdem er 1970 Ansel Adams *Moonrise, Hernandez, New Mexico* gesehen hatte, verschrieb er sich allerdings der Fotografie. 1971 zeigte er die erste Ansel Adams-Ausstellung. Lunn verpasste der ganzen Sache Profil, er hatte einen maßgeblichen Anteil daran, die Fotografie in die Sphäre der Kunst zu hieven und zu einem Sammlerobjekt zu machen. Zu dieser Zeit spezialisierten sich nur einige wenige Sammler auf fotografische Arbeiten. Fotografie galt als Sekundär-Kunst.

Brunnet: Hat Lunn auch dich zum Sammler gemacht?
Gundlach: Nein, mich hat Peter MacGill zum Sammeln gebracht. Er war damals noch ein junger Verkäufer in der Light Gallery. Wir wurden Freunde und blieben es für 30 Jahre.

Brunnet: Du hast also im New York der Sechzigerjahre angefangen, deine Sammlung aufzubauen?
Gundlach: Ja, damals lernte ich Leo Castelli und Ileana Sonnabend kennen, die Andy Warhol

appealed to me. For that reason I returned again and again in the following years. This was in the sixties and early seventies, and New York was a lively place. Also, at that time the first galleries were opened that dealt in photography either on the side or exclusively. That would have been unthinkable before. Photographs were something for illustrated magazines, not for museums or galleries. That would now change.

Brunnet: What galleries are you thinking of, for example?
Gundlach: Starting in 1969 there was the Lee Witkin Gallery in the wonderful Fuller Building. Witkin always had very good vintage material. Then beginning in 1971 there was the Light Gallery, founded by Tennyson Schad. Its first director was Victor Schrager, then Robert Miller, beginning in around 1977, and subsequently Howard Read. Those were two galleries dedicated to contemporary photography. In addition, there was a man in the United States who was central to this development, what was his name? The one with the bald head . . .

Brunnet: Peter MacGill? Harry Lunn?
Gundlach: Yes, Harry Lunn. He was in Washington, where he ran a gallery that actually specialised in lithographs and drawings. Then in 1970, after seeing Ansel Adams's Moonrise, Hernandez, New Mexico, *he switched to photography. In 1971 he presented the first Ansel Adams exhibition. Lunn lent stature to the whole business; he played a major role in the elevation of photography into the realm of art and making it collectible. At that time there were only very few collectors specialising in photographic works. Photography was considered only a secondary art.*

Brunnet: Was it Lunn who turned you into a collector?
Gundlach: No, it was Peter MacGill who started me collecting. At that time he was still a young sales clerk at the Light Gallery. We became friends and remained so for thirty years.

Brunnet: So you began building your collection in New York in the nineteen-sixties?
Gundlach: Yes, at that time I got to know Leo

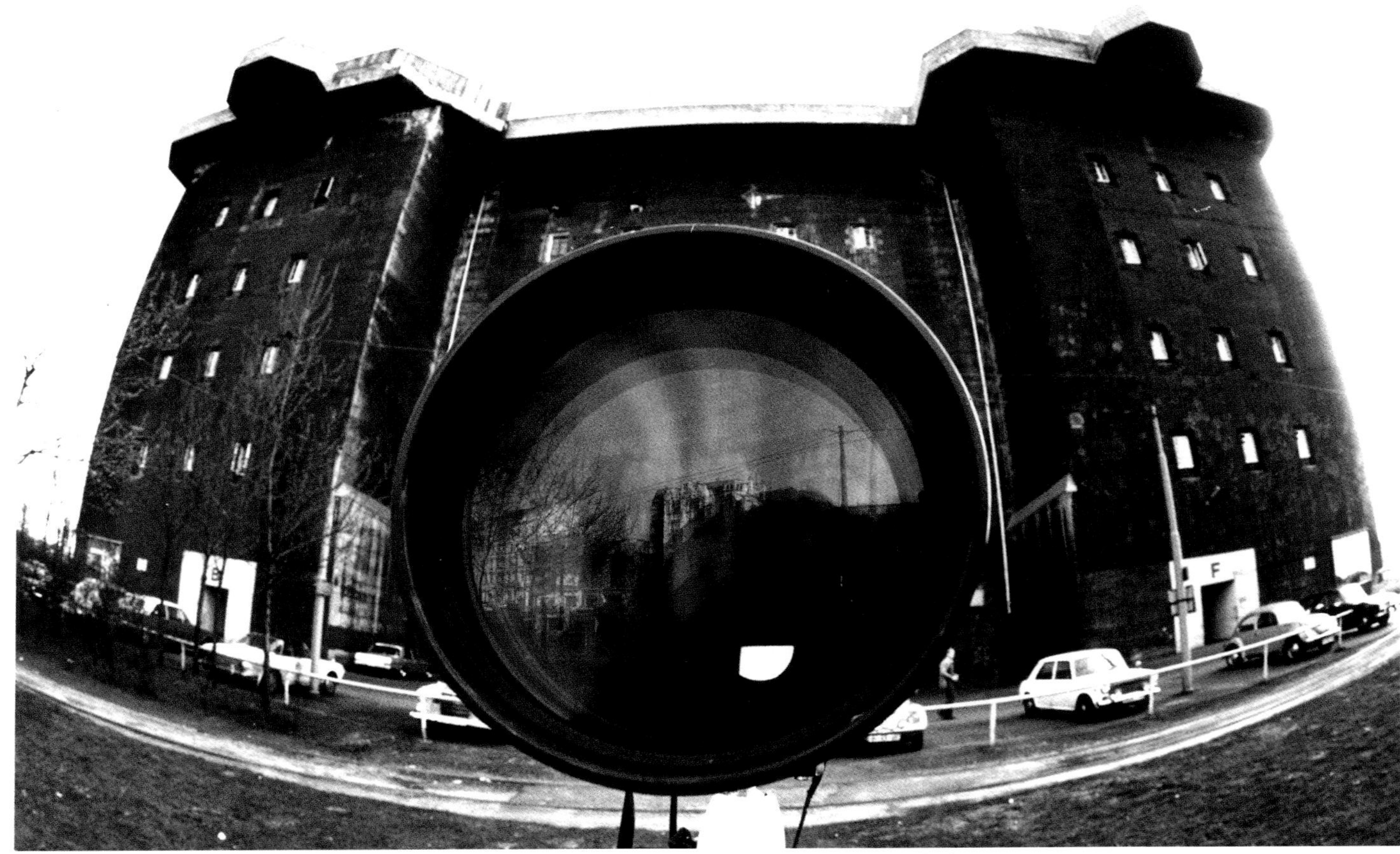

„Das Fischauge, Der Medienbunker in Hamburg", 1980er-Jahre / *1980s,* Foto / *photo:* F.C. Gundlach

vertraten. Seine Kunst war etwas ganz Neues, das habe ich sofort gesehen. Daraufhin habe ich gleich die ersten Grafiken und Objekte gekauft, auch von Roy Lichtenstein. Bei Castelli und Sonnabend lernte ich 1973 zudem die Bechers kennen. Bernd und Hilla Becher aus Düsseldorf! Die waren damals in New York, um ihre berühmten Wassertanks zu fotografieren.

Brunnet: Das spielte sich an der Ostküste ab. Was bot die Westküste?
Gundlach: Ray Hawkins mit seiner Galerie in Los Angeles. Sein Assistent war damals David Fahey, mit dem ich bis heute gut befreundet bin. Bei ihm habe ich damals eine ganze Reihe von *Stillleben mit Ei* von Paul Outerbridge gekauft.

Brunnet: Wer waren die ersten Fotosammler, die du kennengelernt hast?
Gundlach: Der größte Sammler von Fotografie war Sam Wagstaff, der später Robert Mapplethorpe entdeckt hat. Über ihn habe ich viele Jahre später, 1981, eine Mapplethorpe-Ausstellung nach Hamburg geholt.

Castelli and Ileana Sonnabend, who represented Andy Warhol. His art was something new, I recognised that immediately. Whereupon I promptly bought my first graphics and objects, also pieces by Roy Lichtenstein. At Castelli's and Sonnabend's I also met the Bechers in 1973. Bernd and Hilla Becher from Düsseldorf. They were then in New York photographing their famous water tanks.

Brunnet: So this was on the East Coast. What about the West Coast?
Gundlach: There was Ray Hawkins with his Los Angeles gallery. His assistant at that time was David Fahey, who is a close friend to this day. At that time I bought from him a whole series of the Still Life with Eggs *by Paul Outerbridge.*

Brunnet: Who were the first photo collectors you got to know?
Gundlach: The greatest collector of photography was Sam Wagstaff, who later discovered Robert Mapplethorpe. It was through him that, many years later, in 1981, I brought a Mapplethorpe exhibition to Hamburg.

Brunnet: Und die Museen?
Gundlach: Das Museum of Modern Art war das erste Museum, das mit Edward Steichen über einen Kurator für Fotografie verfügte und intensiv sammelte. Populär wurde seine Arbeit 1951 mit der großen „The Family of Man"-Ausstellung, die um die ganze Welt ging. Mit der verhalf Steichen der Fotografie zu einer größeren Aufmerksamkeit.

Brunnet: Bist du auf deinen Reisen auf die Idee gekommen, deine Dienstleistungsunternehmen Creative Color (CC), Professional Photo Service (PPS) und Creative Color Düsseldorf (CCD) und die dazugehörigen Galerien zu gründen?
Gundlach: Nach den Erfahrungen in den USA habe ich 1967 mit meiner Firma Creative Color (CC) in Hamburg angefangen. Ich folgte amerikanischem Vorbild. Wir waren zu dritt: ein New Yorker, der Erfahrungen in der Dia-Retusche mitbrachte und zwei Jahre die deutschen Kollegen einarbeitete, ein Brite, der die Prints machte, auch Dye Transfer, und ich. Außerdem hatten wir noch ein Labor für Druckvorlagen und Fotostudios.

Brunnet: Wo habt ihr all das untergebracht?
Gundlach: Im Bunker an der Feldstraße am Heiligengeistfeld.

Brunnet: Und dein Nachbar war der Kunsthändler und Galerist Hans Neuendorf. Richtig?
Gundlach: Hans Neuendorf war ein Freund, der hier in der Werderstraße wohnte, genau gegenüber. Er brachte mir die zeitgenössische Kunst nahe. Seine kleine Galerie betrieb er in seiner klassischen bürgerlichen Wohnung. Er verfügte über nur zwei Räume, aber was er zeigte, war immer sehr aktuell. Wegen ihm kam zum Beispiel David Hockney 1969 für ein Jahr als Gastdozent nach Hamburg an die HfbK.

Brunnet: Wie würdest du eure Beziehung beschreiben?
Gundlach: Es war ein Geben und Nehmen. Neuendorf war sehr agil, hatte die Art Cologne mitbegründet. Er vertrat auch Georg Baselitz. 1973 wollte er seine erste große Baselitz-Ausstellung machen, kam dann aber zu mir und sagte: „Um Gottes willen, was mache ich

Brunnet: And the museums?
Gundlach: The Museum of Modern Art was the first museum to have a curator for photography, namely Edward Steichen, and to collect intensively. His work was popularised in 1951 with the great Family of Man *exhibition, which travelled around the world. With it Steichen created much greater interest in photography.*

Brunnet: Was it on your travels that you conceived the idea of setting up your service firms Creative Color (CC), Professional Photo Service (PPS) and Creative Color Düsseldorf (CCD) and their associated galleries?

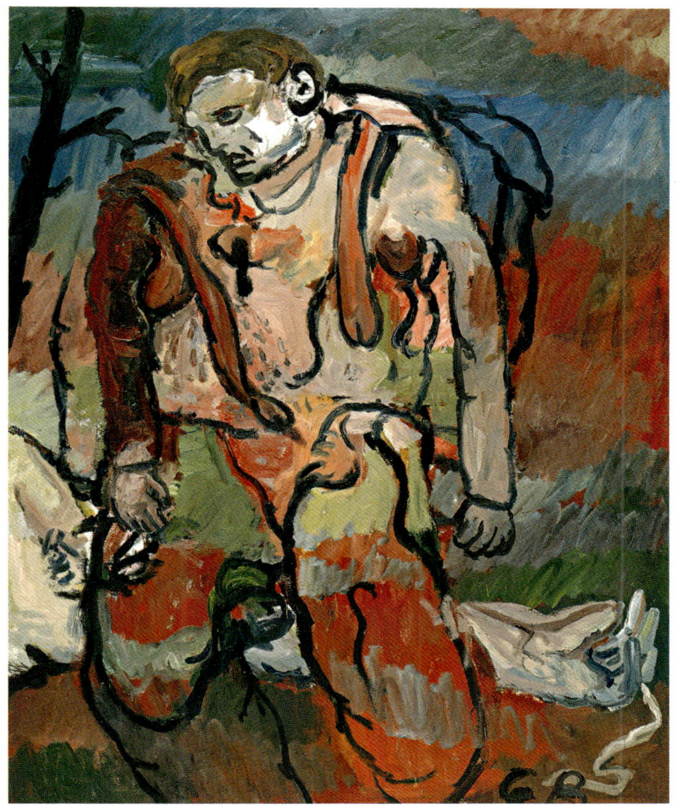
Georg Baselitz „Ornamentale", 1966

Gundlach: Following my experiences in the United States, in 1967 I established my firm Creative Color (CC) in Hamburg. It followed the American model. There were three of us: a New Yorker who brought with him experience in transparency retouching and trained his German colleagues in it for two years, an Englishman who made the prints, including dye-transfers, and myself. In addition, we had a lab for making print masters and photo studios.

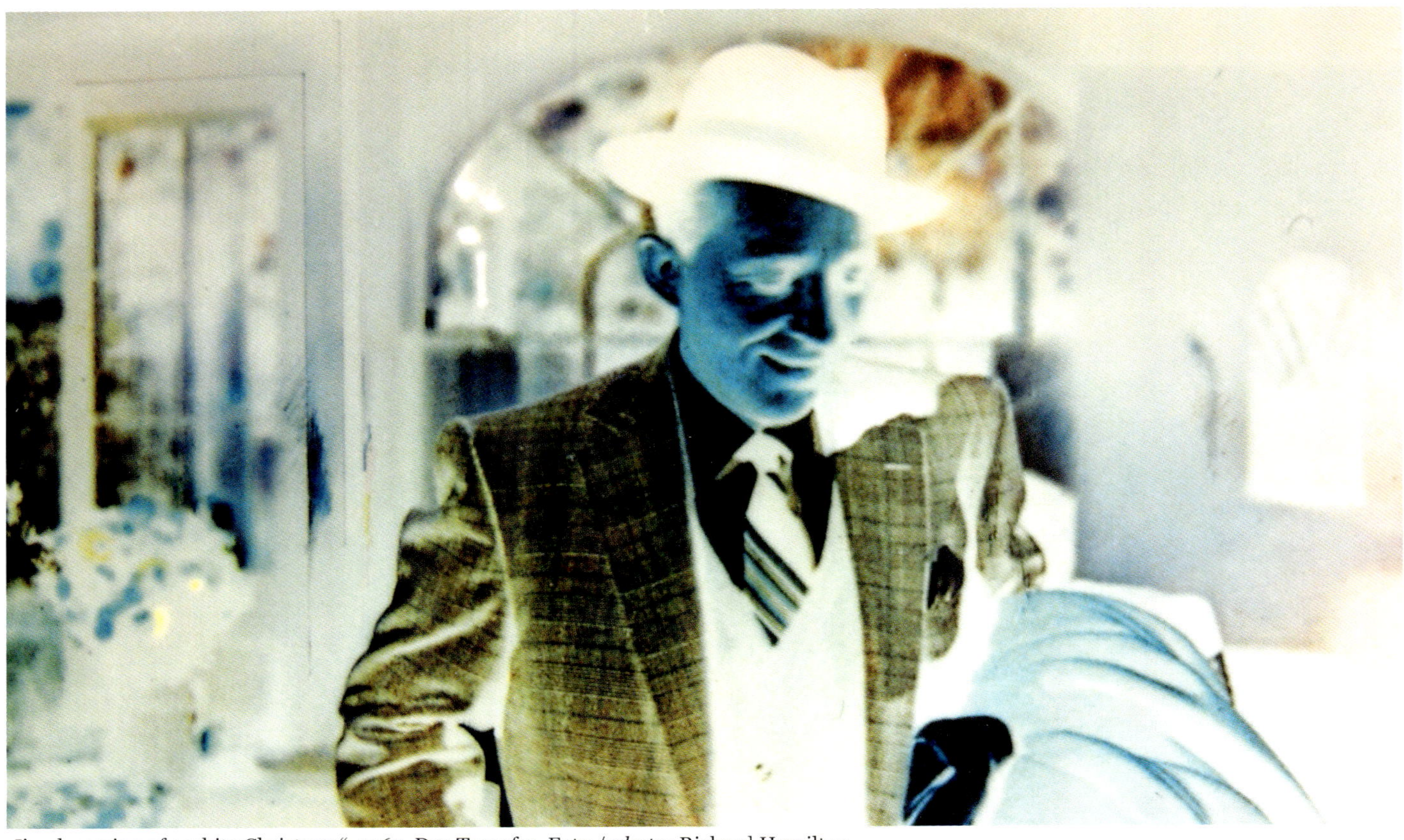

„I'm dreaming of a white Christmas", 1967, Dye Transfer, Foto / *photo:* Richard Hamilton

nur? Baselitz bringt mir zwölf Bilder und die sind alle um die 1,50 Meter groß. Ich kann die überhaupt nicht bei mir aufhängen." Da habe ich gesagt: „Ganz einfach, wir nehmen eins meiner großen Studios, machen es leer, streichen es schneeweiß, Licht haben wir sowieso, und da hängen wir die auf." Das waren Baselitz' „Heldenbilder", die erste große Serie. Die Präsentation sah toll aus, Neuendorf übernahm dann die Räume für seine Galerie.

Brunnet: War die Ausstellung ein Erfolg?
Gundlach: Ich war der einzige, der einen „Helden" kaufte. Die Arbeit kostete damals 12 000 Mark und hing zehn Jahre in meiner Wohnung. Als dann die Fotografie für mich wichtiger wurde, kam ich auf die Schnapsidee: „Ab jetzt wird nur noch Fotografie gesammelt, der Baselitz muss gehen." Er ging nach Amerika. 1995 ist er dann als Werbung für die Baselitz-Ausstellung im Guggenheim Museum an einem Bus an mir vorbeigefahren. Damals habe ich mich über mich selbst geärgert. Aber so ist das Leben.

Brunnet: Du hast von da an aber nicht nur Fotografie gesammelt, sondern auch viel mit Fotografen zusammengearbeitet.

Brunnet: Where did you house all that?
Gundlach: In the Bunker on Feldstrasse next to the Heiligengeistfeld.

Brunnet: And your neighbour was the art dealer and gallerist Hans Neuendorf. Correct?
Gundlach: Hans Neuendorf was a friend who lived on Werderstrasse, just across the way. It was he who introduced me to contemporary art. He operated his small gallery out of his typically middle-class apartment. He had only two rooms, but what he showed was very up-to-date. It was because of him, for example, that in 1969 David Hockney was engaged for a year as a guest lecturer at Hamburg's Hochschule für Bildende Kunst.

Brunnet: How would you describe your relationship?
Gundlach: It was mutual give and take. Neuendorf was very engaged, had helped to establish Art Cologne. He also represented Georg Baselitz. In 1973 he wanted to present his first major Baselitz show, but he came to me and said: "For God's sake, what am I going to do? Baselitz is bringing me twelve pictures, and they're all around 1.5 metres tall. There's

Gundlach: Ja. Peter MacGill kam eines Tages mit dem Werk von Harry Callahan. Callahan war ein berühmter Fotograf, konnte aber nicht mehr in der Dunkelkammer arbeiten. Er machte nur noch Kleinbild auf Color-Dias, fand aber niemanden, der sie zu seiner Zufriedenheit printen konnte. Wir haben das dann übernommen. Callahan hat 40 Bilder ausgesucht, wir haben sie in Dye Transfer gedruckt. Er war begeistert von der Qualität. Später kamen auch Irving Penn und William Eggleston.

Brunnet: Callahan war der erste?
Gundlach: Nein, die erste Kooperation mit einem Künstler war mit Richard Hamilton. Er kam über Hans Neuendorf. Hamilton war eine Woche hier und ich gestattete ihm natürlich, bei uns zu experimentieren. Er saß dann in der Dunkelkammer mit einem Laboranten und sie testeten unsere Möglichkeiten. Heraus kamen die Dye-Transfer-Prints von der Badeszene in der Whitley Bay. Unser Verfahren war deshalb so gut, weil man die Farbe manipulieren und verändern konnte. So kam ich in Kontakt mit mehr Künstlern.

no way that I can hang them at my place." So I said: "Perfectly simple. We take one of my large studios, clear it out, paint it snow-white, lighting we already have, and we hang them there." These were Baselitz's Heldenbilder (Hero Pictures), *his first large series. The presentation looked wonderful; then Neuendorf took over the rooms for his gallery.*

Brunnet: Was the show a success?
Gundlach: I was the only one to buy one of the Heroes. *The work cost me 12,000 marks at the time, and it hung in my apartment for ten years. Then when photography took on more importance for me, I had the crazy notion: "From now only I'll collect only photography, the Baselitz has to go." It went to America. In 1995 it was used as the poster for the Baselitz exhibition at the Guggenheim Museum, and I saw it again on a passing bus. I was angry at myself at the time. But that's life.*

Brunnet: From then on you not only collected photography, but also collaborated with photographers a great deal.

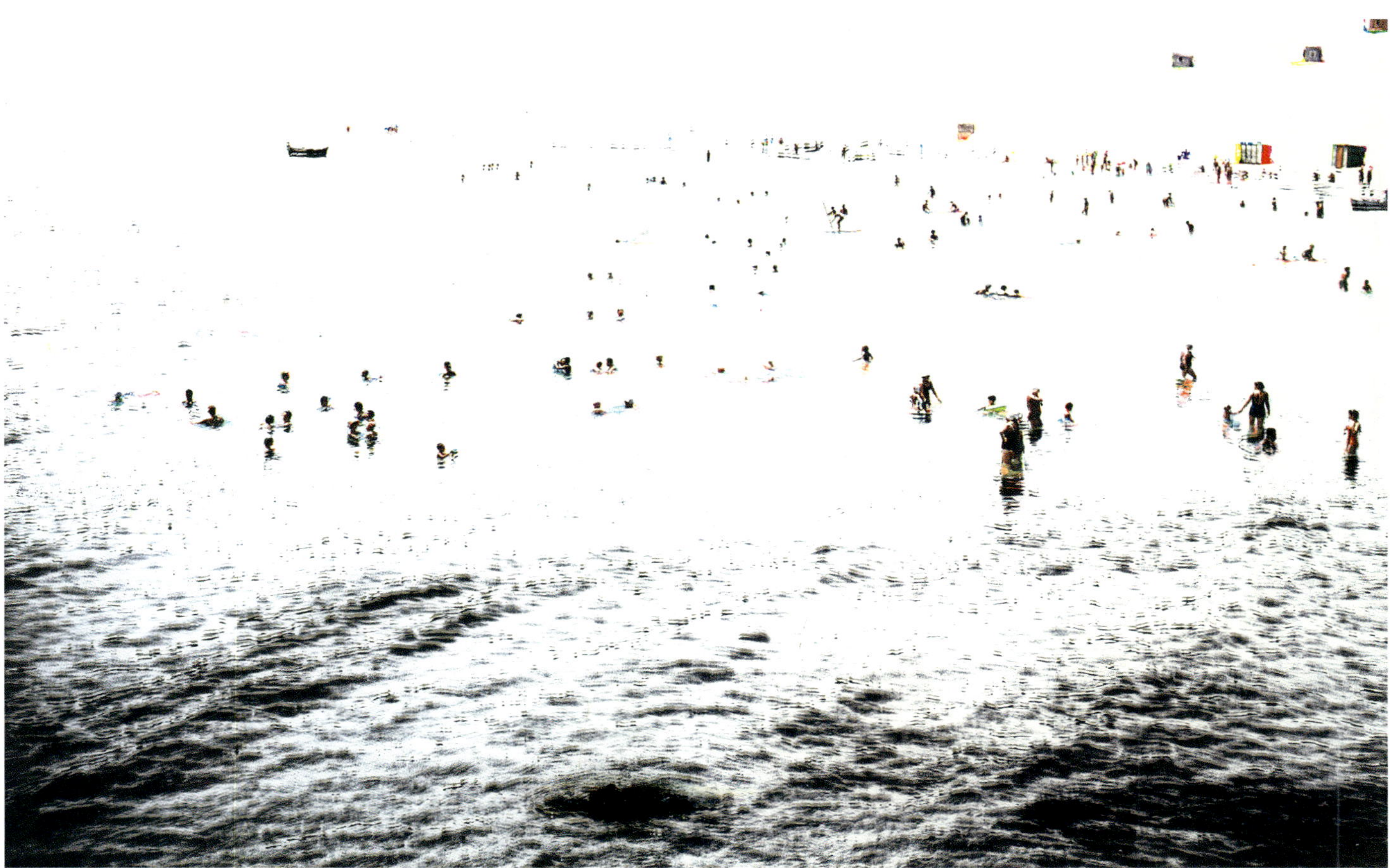

„Bathers", 1967, Dye Transfer, Foto / *photo:* Richard Hamilton

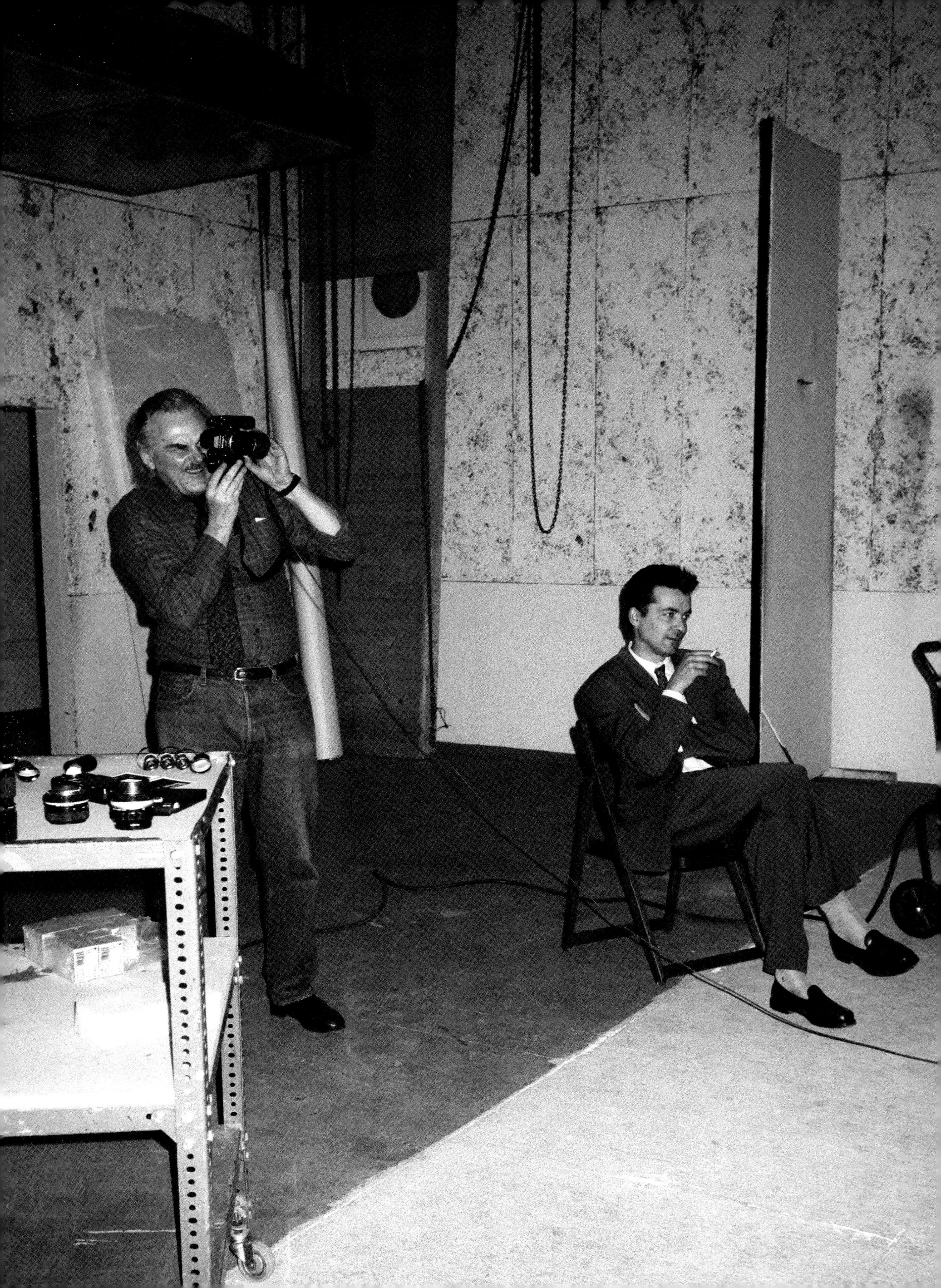

Brunnet: Wir befinden uns jetzt am Anfang der Siebzigerjahre. Hieß die Firma da noch Creative Color oder war das schon Professional Photo Service?
Gundlach: Beides! Also, mit Creative Color (CC) waren wir sehr erfolgreich. Allerdings hatten wir auf einmal Publikumsverkehr. Dafür war CC nicht eingerichtet. Da arbeiteten sensible Handwerker oder Künstler, die die Retusche machten. Sie saßen in den Labors, es war mucksmäuschenstill. Plötzlich kam viel zu viel Trubel auf.

Brunnet: Wegen der Arbeit für Magazine und Agenturen?
Gundlach: Ja, die Fotografen kamen auf einmal morgens mit den Filmen vorbei und wollten sie abends schon wieder abholen können. 1971 habe ich deshalb die Filmentwicklung ausgegliedert, Professional Photo Service (PPS) gegründet und die Firma ins Parterre verlegt. Creative Color blieb im 4. Stock.

Brunnet: Im Bunker in Hamburg?
Gundlach: Genau. Hamburg war ja die deutsche Verlagshauptstadt. Wir hatten *Stern*, *Spiegel*, den Bauer Verlag, Springer und natürlich Gruner + Jahr.

Brunnet: Wie kam es zu der Entscheidung, Fotografie-Ausstellungen zu machen?
Gundlach: 1976 habe ich die PPS Galerie in Hamburg gegründet und es dort einfach so gemacht wie ich es aus den Galerien in New York kannte. Alle vier bis sechs Wochen eine Ausstellung. Teilweise haben wir auch Ausstellungen direkt von dort übernommen oder mit dortigen Galerien ausgetauscht.

Brunnet: New Yorker Galerien?
Gundlach: Ja, natürlich. Das ging, weil ich so gut vernetzt war. Ich habe in Hamburg bis 1992 über 100 Ausstellungen gezeigt.

Brunnet: Nenn doch mal ein paar Namen.
Gundlach: Steven Shore, 1978. Edward Steichen, 1979, zu seinem 100. Geburtstag. Die „Giant Prints" von Richard Avedon, die kosteten damals 13 000 Dollar.

Brunnet: Das war viel Geld zu der Zeit.
Gundlach: Ja! Und wir hatten ein sehr brei-

Gundlach: Yes. One day Peter MacGill came to me with the work of Harry Callahan. Callahan was a famous photographer, but could no longer work in the darkroom. He was making only small pictures on colour slides, but had not found anyone who could print them to his satisfaction. So we took that on. Callahan selected forty pictures, and we printed them in dye transfer. He was thrilled with their quality. Later Irving Penn and William Eggleston came to us as well.

Brunnet: So Callahan was the first?
Gundlach: No, our first collaboration with an artist was with Richard Hamilton. He came to us through Hans Neuendorf. Hamilton was here for a week, and naturally I let him experiment at our place. He would sit in the darkroom with a lab assistant trying out what we could do. The results were the dye-transfer prints of the scene of bathers at Whitley Bay. What made our process so good was the possibility of manipulating and changing the colours. So I came into contact with more and more artists.

Brunnet: We now find ourselves at the beginning of the 1970s. Was the first firm still called Creative Color then or was it already Professional Photo Service?
Gundlach: Both! With Creative Color (CC) we were very successful. But we suddenly had the general public coming to us, and CC was not set up for that. There were skilled craftsmen or artists working there doing the retouching. They would sit in the labs and it was quiet as a mouse. Suddenly there was much too much commotion.

Brunnet: Because of the work for magazines and agencies?
Gundlach: Yes, suddenly photographers would come by with their film in the morning and want to pick it up again that evening. So in 1971 I spun off the film-developing business, founded Professional Photo Service (PPS), and moved it down to the ground floor. Creative Color stayed on the fifth floor.

Brunnet: In Hamburg's Bunker?
Gundlach: Precisely. Hamburg was Germany's publishing capital after all. We had Stern, Der Spiegel, *Bauer Verlag, Springer, and of course Gruner + Jahr.*

tes Angebot. Wir haben auch die erste Irving Penn-Ausstellung gezeigt, das war 1979. Penn war damals noch bei der Marlborough Gallery in New York. Marlborough schickte uns die Bilder original in Goldrahmen. Das würde heute kein Mensch mehr machen, auch Penn nicht. Ich habe 40 davon behalten. So hat sich alles entwickelt. So etwas spricht sich herum.

Brunnet: Wie kam es dann zum Beispiel zu der Mapplethorpe-Ausstellung?
Gundlach: Ich kannte seinen Repräsentanten. Aber eigentlich hatte ihn Sam Wagstaff unter seine Fittiche genommen, der profilierteste Foto-Sammler seiner Zeit, der sich auch gut auf dem Kunstmarkt, mit Auflagen, etc. auskannte. Er hat immer gesagt: „Nie mehr als 15 Stück". Dann erschien Mapplethorpes erste Serie mit schwarzen Männern, alles sehr provokante Fotos. Ich war damals in New York und Howard Read sagte: „I can't show these prints here! Why don't you do it in Europe, in your gallery?" Auf diese Weise haben wir diese erste Serie zur Ausstellung gebracht, hier, in meiner Galerie.

Brunnet: Hier, weil die Fotos grenzwertig waren?
Gundlach: Ach, die waren nicht grenzwertig, die waren einfach gut. Es fehlte nur an Toleranz. Amerika hat sich verändert, heute ist das kein Problem mehr. Wir haben die Ausstellung gemacht und zwei Bilder verkauft. Zwei! Die kosteten 350 Dollar das Stück. Schön, nicht? (lacht) Ich habe natürlich 20 behalten. So wuchs die Sammlung.

Brunnet: Die Penns und Mapplethorpes, ist das alles heute in deiner Stiftung in den Deichtorhallen im Haus der Fotografie?
Gundlach: Im Haus der Fotografie befinden sich rund 8000 Werke als Dauerleihgabe. Aber die ganze Sammlung gehört weiter mir.

Brunnet: Du warst auch so erfolgreich, weil deine Firmen technisch weit fortgeschritten waren.
Gundlach: Das war wichtig. Ich habe den ersten Computer gekauft und 1979 den ersten Scanner, weil ich gesehen habe, dass wir für unsere Dye Transfers die großen Lithos brauchen. Manchmal handelte es sich doch um

Brunnet: How was it that you decided to present exhibitions of photography?
Gundlach: In 1976 I founded the PPS Gallery in Hamburg, and simply set it up like galleries I knew from New York. A new exhibition every four to six weeks. In some cases we took over shows directly from New York or exchanged them with galleries there.

Brunnet: New York galleries?
Gundlach: Yes, of course. That was possible because I had such a wide network of contacts. By 1992 I had presented more than 100 shows in Hamburg.

Brunnet: Tell me a few names.
Gundlach: Steven Shore, 1978. Edward Steichen, 1979, for his hundredth birthday. Richard Avedon's "Giant Prints," which cost 13,000 dollars at the time.

Brunnet: That was a lot of money back then.
Gundlach: Indeed! And we had a very extensive offering. We also presented the first Irving Penn exhibition; that was in 1979. Penn was still with New York's Marlborough Gallery at the time. Marlborough sent us the originals in gold frames. No one would do such a thing today, not even Penn. I kept forty of them. That's how it all developed. Word gets around.

Brunnet: So how did you happen to present the Mapplethorpe exhibition, for example?
Gundlach: I knew his agent. But actually Sam Wagstaff had taken him under his wing, the most distinguished photography collector of his time, who also knew his way around the art market, with editions and such. He always said: "Never more than fifteen copies." Then Mapplethorpe's first series with black men appeared, all of them highly provocative photos. I was in New York at the time, and Howard Read said to me: "I can't show these prints here! Why don't you do it in Europe, in your gallery?" And that's how we came to present this first series here, in my gallery.

Brunnet: Here because the photos were borderline?
Gundlach: No, they weren't borderline, they were simply good. It was only a matter of tolerance. America has changed; today it

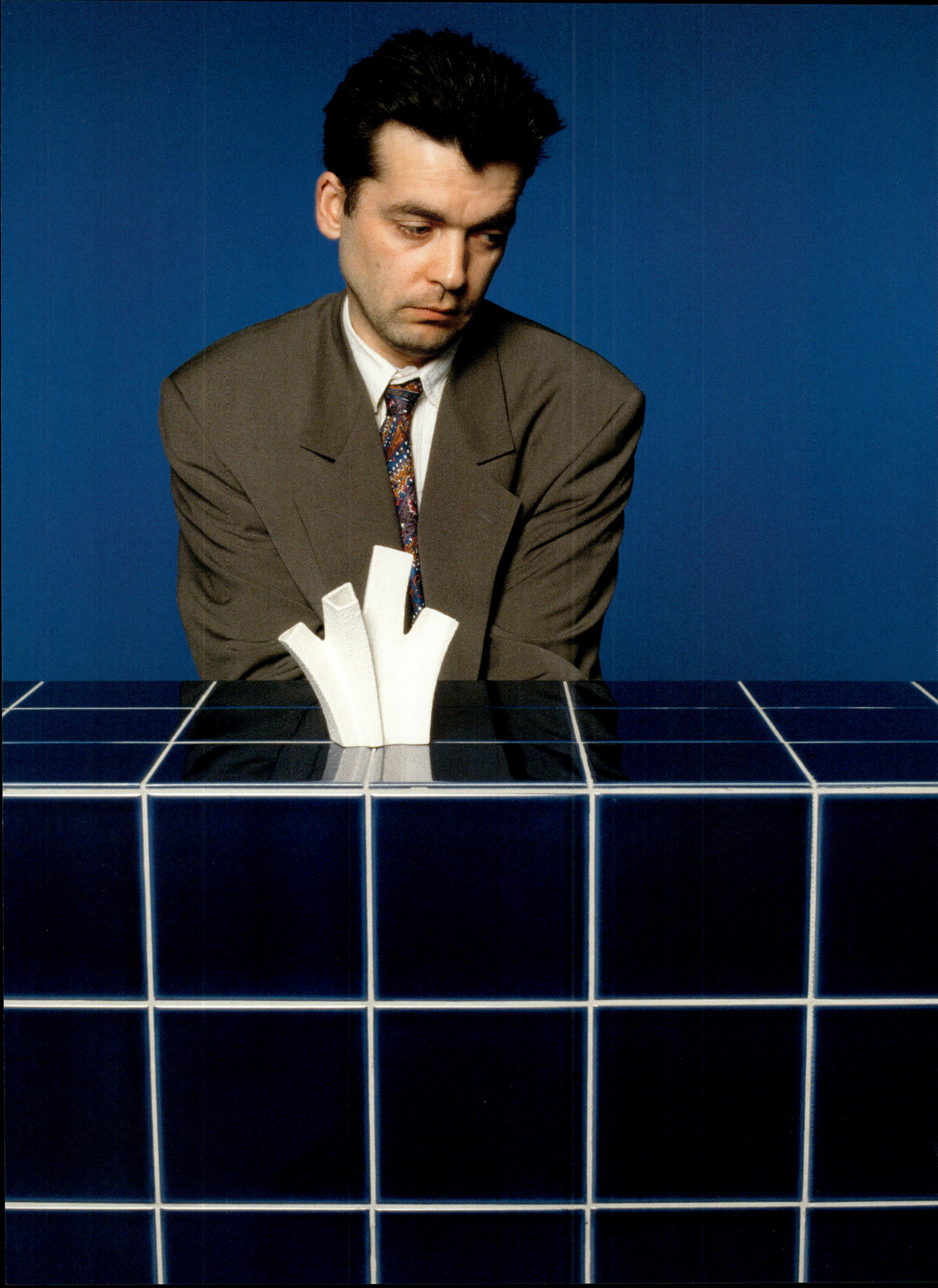

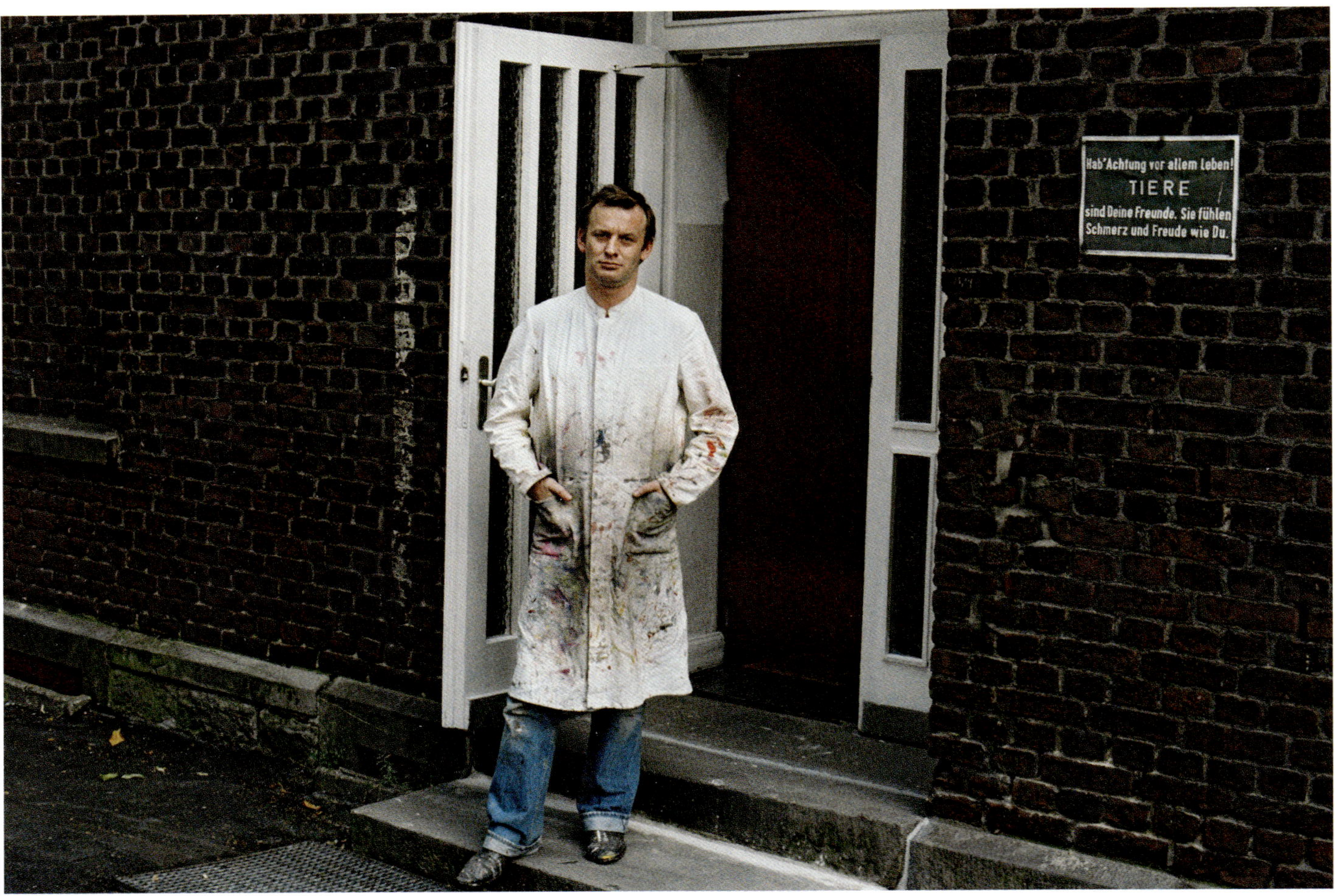

Martin Kippenberger, Essen Werden, 1984

Beiträge von 20 Seiten in der *Brigitte*. Dann fuhr ich nach Itzehoe in die Druckerei, um mit dem Lithografen zu reden: „Hier macht ihr es eher rot und gelb, schön kräftig. Macht es hier grün, lasst das weg", und so weiter. Bis dahin wurden die Lithos manuell gemacht, mit dem Vergrößerungsapparat. Und plötzlich stand da eine Maschine, so groß wie ein Tisch. Der Lithograf sagte: „Das ist ein Scanner, damit machen wir die Lithos jetzt digital!" Da habe ich geantwortet, das sei ja fantastisch, das könnten wir brauchen, dann würden wir doch gleich die Lithos selbst machen. Die Scanner wurden bei Hell in Kiel gebaut, zwei Meter breit, 300 000 Mark teuer. Ich bin dorthin gefahren und habe denen erzählt, was ich machen will. Die Verantwortlichen vor Ort meinten: „Aber Sie sind doch Fotograf, was wollen Sie mit einem Scanner?" Sie wollten mir den erst nicht geben, aber letztendlich hieß es: „Okay, Sie bekommen einen und Sie kriegen 100 000 Mark Nachlass, wenn Sie uns die Software überlassen, die Sie entwickeln." Software war damals noch kein Produkt, man

wouldn't be any problem. We presented the show and sold two pictures. Two! They cost 350 dollars apiece. Great, no? (laughs) Naturally I kept twenty. So the collection kept growing.

Brunnet: The Penns and Mapplethorpes, are they all part of your donation to the Haus der Fotografie in the Deichtorhallen?
Gundlach: In the Haus der Fotografie there are roughly 8,000 works on permanent loan. But the entire collection still belongs to me.

Brunnet: You were so successful because your firms were technically highly advanced.
Gundlach: That was important. I bought the first computer and in 1979 the first scanner, because I had seen that for our dye transfers we needed large colour separations. Sometimes there would be a twenty-page photo essay in Brigitte. *Then I would drive to the printing plant out in Itzehoe to talk to the lithographers: "Here you need to use more red and yellow, nice and strong. Here make*

musste sie noch selber entwickeln. So kam ich zum ersten Scanner. Er wurde 1980 geliefert, wog eine Tonne und musste mit dem Kran in den Bunker in den 4. Stock gebracht werden, weil er nicht durch die Tür, sondern nur durchs Fenster ging. Sicher steht er da heute noch. Damit begann für mich das digitale Zeitalter. Und wir wissen bis heute noch nicht, wo uns das Ganze hinbringen wird.

Brunnet: Wann hast du die erste Edition herausgebracht?
Gundlach: Meine erste richtige Edition habe ich 1977 in Düsseldorf mit Jürgen Klauke gemacht: *Dr. Müller's Sex Shop*, vom Klein- ins Großformat.

Brunnet: Ihr habt dann auch Ausstellungen mit Hubert Fichte oder Klaus Rinke organisiert. Wie kam es zu diesen Zusammenarbeiten? Weg von der Fotografie?
Gundlach: Grund waren die technischen Möglichkeiten, die außer uns kaum jemand anbot. Bei mir konnte man Dinge ausprobieren. Als Sigmar Polke das erste Mal zu mir kam, wollte er seine Bilder nicht fixieren. Ich habe gesagt: „Polke, das geht nicht. Es muss fixiert werden, sonst sind die irgendwann schwarz." Da antwortete er nur: „Nun, dann sind sie halt schwarz!" Bis Ende der Neunzigerjahre haben wir schließlich mit vielen Künstlern sehr eng zusammengearbeitet. Wir haben im Labor mit ihnen experimentiert und gedruckt und ihre Ausstellungen in der Galerie gezeigt.

Brunnet: Es gab zu der Zeit noch eine andere deutsche Fotogalerie, die von Rudolf Kicken und Wilhelm Schürmann, erst in Aachen, dann in Köln. Hattet ihr Kontakt?
Gundlach: Ja, natürlich. Sie firmierten ja zunächst unter dem Namen „Lichttropfen". Ich hörte davon und rief bei ihnen an. Ein paar Tage später kam Rudolf Kicken mit seinem VW zu meinem Haus auf dem Lande, mit einem Köfferchen, in dem er die ganze Tschechische Avantgarde versammelt hatte. Ich kaufte damals ein paar Arbeiten von Jaromír Funke In den nächsten Jahren haben wir dann sehr viel zusammengearbeitet.

Brunnet: 1977 hast du dann die Galerie Creative Color Düsseldorf (CCD) gegründet.

it green, leave that out," and so on. Up to that time the separations were still made manually, with an enlarger. And then suddenly there was a machine as big as a table. The lithographer explained: "That's a scanner, with it we can now make separations digitally!" I responded that that was fantastic: that's something we could use, then we'd be able to make the separations ourselves. The scanners were made in Kiel by Hell, two metres wide, and cost 300,000 marks. I drove there and explained what I wanted to do. The firm's representatives argued: "But you're a photographer, what do you want with a scanner?" At first they didn't want to let me have one, but ultimately they agreed: "Okay, you'll get one, and you'll get a 100,000 mark discount if you share with us the software you develop." At that time software was not yet something you bought; you had to develop it yourself. So I got my first scanner. It was delivered in 1980, weighed a ton, and had to be lifted up to the fifth floor of the Bunker with a crane because it didn't fit through the door, only through a window. I'm sure it's still there. For me that was the start of the digital age. And to this day we still don't know where all this will take us.

Brunnet: When did you bring out your first edition?
Gundlach: I made my first proper edition in 1977 in Düsseldorf with Jürgen Klauke: Dr. Müller's Sex Shop, *from small-format to large-format.*

Brunnet: You also organised exhibitions with Hubert Fichte and Klaus Rinke. What led to those collaborations that had nothing to do with photography?
Gundlach: It was because of the technical capabilities offered by almost no one else. At my place you could try things out. When Sigmar Polke came to me the first time he didn't want his pictures to be fixed. I told him: "Polke, you can't do that. They have to be fixed, otherwise they'll eventually turn black." He simply answered: "So? Then they turn black!" We ended up working together very closely with many artists up until the late 1990s. We experimented with them and the lab, and printed them, and presented their shows in the gallery.

Gundlach: Ja, und zuerst viele Ausstellungen mit klassischer Fotografie gezeigt, für die ich mit Kicken und Schürmann im Austausch stand. Manche Dinge haben wir gemeinsam gemacht. Den ganzen Nachlass von Werner Rohde kauften wir zum Beispiel mit Kicken zusammen an. Wir waren keine Konkurrenten, dazu war unsere Arbeit einfach zu unterschiedlich.

Auftritt Wilhelm Schürmann

Schürmann: Nachdem ich meine Professur in Aachen bekommen habe, ging eine meiner ersten Exkursionen, Ende 1981 oder Anfang 1982, nach Hamburg zu PPS. F. C. hat uns in einen Raum geführt, wo eine neue Maschine stand, staubfrei und so weiter. Daran hat er uns gezeigt, wie neuartig man ein Bild bearbeiten kann. Das muss ein erster Mac-Vorläufer gewesen sein, raumgroß, aber mit einem 30 x 30 Zentimeter kleinen Bildschirm. Er arbeitete mit einer ersten Version von Photoshop. Für mich war das wie Zauberei. F. C. erzählte dann, dass man aufgrund dieses Geräts von nun an nicht noch einmal nach Tunesien oder Marokko reisen müsse, um dasselbe modische Oberteil erneut in grün oder in rot zu fotografieren. Wenn ich mir heute überlege, wie aufwendig diese ganze Technologie noch war und, F. C., du hast immer erzählt, dass die Technik sich innerhalb der ersten zwei Jahre amortisieren müsse, denn dann kam bereits die nächste Generation an Geräten. Alle sehr teuer.

Brunnet: F. C., wieso bist du gerade mit der Düsseldorfer Galerie in den Bereich der bildenden Kunst vorgestoßen?
Gundlach: Das war ganz selbstverständlich an dieser Stelle. Man kann einen Künstler nicht in zwei Teile teilen. Die Fotografie ist ein künstlerisches Werkzeug, genauso wie ein Bleistift oder ein Pinsel. Das wollte ich zeigen. Und Künstler wie Sigmar Polke, Martin Kippenberger und Albert Oehlen beschäftigten sich ernsthaft mit Fotografie. Ich fuhr in dieser Zeit auch oft nach Köln. Köln war damals der absolute Motor für zeitgenössische Kunst in Deutschland, quasi ein Vorort von Soho.

Brunnet: By that time there was another German photo gallery, the one run by Rudolf Kicken and Wilhelm Schürmann, first in Aachen and then in Cologne. Were you in contact with them?
Gundlach: Of course. They first operated under the name "Lichttropfen." I heard of it and called them. A few days later Rudolf Kicken came to my house in the country in his VW, with a small suitcase in which he had collected the entire Czech avant-garde. At that time I bought a few works by Jaromír Funke. In the following years we collaborated a great deal.

Brunnet: Then in 1977 you founded the gallery Creative Color Düsseldorf (CCD).
Gundlach: Yes, and initially presented a number of exhibitions of classic photography, for which I would exchange works with Kicken and Schürmann. We also collaborated on a number of things. For example, we bought the entire Werner Rohde estate together with Kicken. We weren't in competition; our work was simply too different for that.

Wilhelm Schürmann arrives

Schürmann: After assuming my professorship in Aachen, one of my first field trips, this was late 1981 or early 1982, was to Hamburg to PPS. F. C. led us into a room where a new machine was standing, dust-free and so on. With it he showed us the new ways you could work with a picture. It must have been a first Mac precursor, big as a whole room, but with a small 30 x 30-centimetre screen. It operated with a first version of Photoshop. To me that was like magic. F. C. explained that thanks to such a device a person no longer needed to go back to Tunisia or Morocco to re-photograph the same top in green or in red. When I think today how laborious this whole technology still was, and F. C., you always said that the technology had to amortise itself within the first two years, for by then the next generation of machines would be available. All of them very expensive.

Brunnet: F. C., how was it that with the Düsseldorf gallery you moved into the realm of fine art?

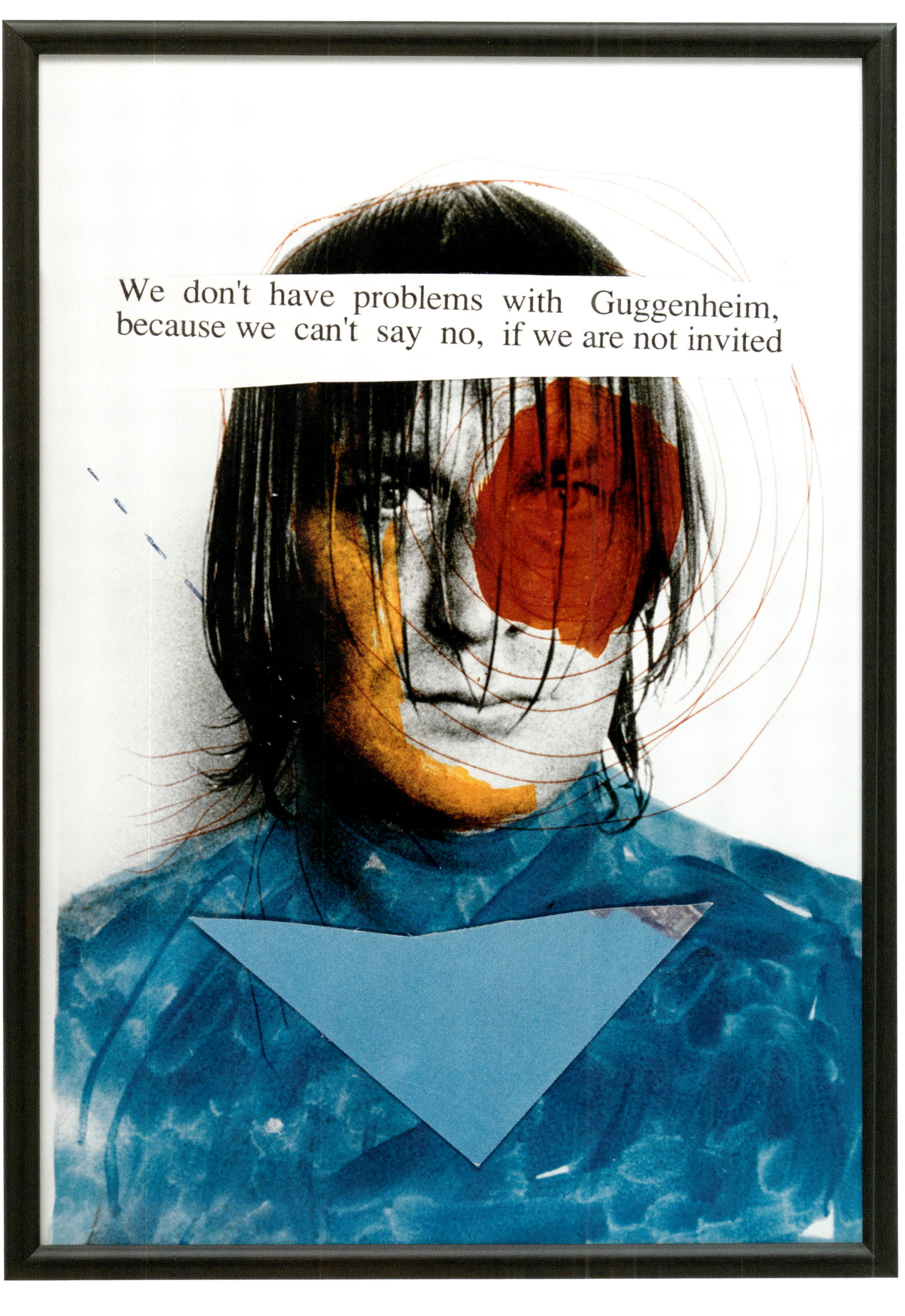
We don't have problems with Guggenheim,
because we can't say no, if we are not invited

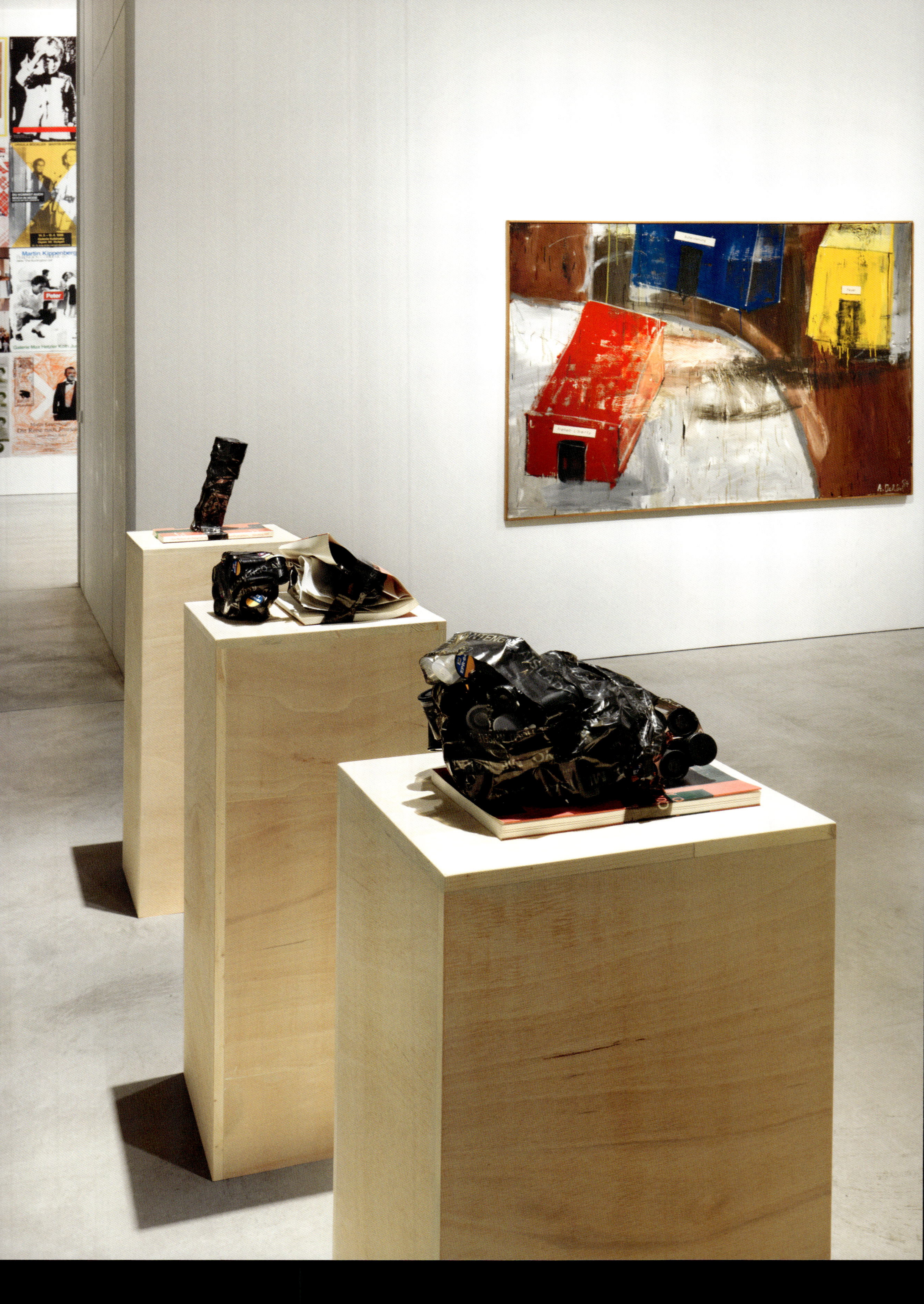

Brunnet: Wilhelm, du kamst 1984 zu CCD. Du hast bis 1986 Ausstellungen kuratiert. Wie kam das zustande?
Schürmann: Ich hatte begonnen bei CCD Farbfotos machen zu lassen. Eines Tages hat mich F. C. gefragt, was ich davon halten würde, dabei zu helfen, das Ausstellungsprogramm zu erneuern. Ich sagte: „Ich bin gerne bereit das Programm zu konzipieren, aber in der Galerie muss ein anderer sitzen." Das hat dann ab 1984 Bernd Wurlitzer gemacht, damals noch Bernd Füchtenschneider.

Brunnet: Ein paar Jahre vorher musst du F. C. am Telefon erzählt haben: „Ich fahre jetzt öfter nach Stuttgart, ich habe da etwas Neues für mich entdeckt."
Schürmann: Kann sein, ja. Da wir sowieso immer in Kontakt standen, ist das wahrscheinlich. Ende der Siebzigerjahre war mir die deutsche Fotografie einfach zu frisch gewaschen, zu angepasst, zu schwiegersohntauglich geworden. Es war alles sehr brav und mir zu eng. Unerträglich. Damals begegnete mir die wahre Kunst bei Max Hetzler in Stuttgart. Obwohl ich eigentlich vorher in Berlin darauf kam: Ich kaufte in irgendeinem Secondhandladen auf der Oranienstraße ein Holzfällerhemd für ein paar Pfennig. Im Eingang des Ladens lag eine Zeitschrift mit vier oder sechs Seiten über einen Künstler, der hieß Kippenberger, allein der Name interessierte mich: Heißt der wirklich so? Und in dem Heft war ein Foto, auf dem Kippenberger oben auf einem VW-Bulli steht und eine Rede ans Volk hält. Da waren auch erste Gedichte von ihm abgedruckt. Und ich dachte, das ist es doch.

Brunnet: Kippenberger hat dann auch bei CCD ausgestellt. Wilhelm, was hattest du für ein Konzept?
Schürmann: Die Idee war ganz simpel. Die Künstler, die ich über meine sammlerische Aktivität schon kannte, hatten alle eine Affinität zur Fotografie. Und ich habe sie gefragt, ob sie nicht einmal eine Ausstellung mit den Produktionsmöglichkeiten eines Großlabors machen wollten. Meine erste Ausstellung für CCD entstand aus der Bekanntschaft mit Victor Schrager, damals Direktor der Light Gallery in New York, dessen Schwägerin Ann Kennedy die Agentur Art and Commerce betrieb. Die

Gundlach: It was only natural there. You can't split an artist in two. Photography is an artistic medium, just like a pencil or a brush. I wanted to show that. And artists like Sigmar Polke, Martin Kippenberger and Albert Oehlen were dealing with photography quite seriously. At the time I also drove frequently to Cologne, which was the driving force in contemporary art in Germany, a virtual suburb of Soho.

Brunnet: Wilhelm, you joined the CCD in 1984. You curated shows there until 1986. How did that come about?
Schürmann: I had begun having colour photos made at CCD. One day F. C. asked me what I would think of helping to update the exhibition programme. I told him: "I'd be happy to develop the programme, but somebody else has to sit in the gallery." Beginning in 1984 that was Bernd Wurlitzer, and also at that time Bernd Füchtenschneider.

Brunnet: A few years before you must have told F. C. on the phone: "I'm now driving to Stuttgart frequently, I've discovered something new for me there."

Schürmann: Maybe I did, yes. Since we were always in contact in any case, that's likely. By the end of the 1970s German photography had simply become too bland, too assimilated, too much the appropriate son-in-law. It was all very well-behaved, and for me too constricting. Unbearable. Then I encountered genuine art at Max Hetzler's in Stuttgart. Although I had actually come across it before that in Berlin: in some secondhand store on Oranienstrasse I bought a lumberjack's shirt for a few pennies. In the shop's entryway lay a magazine with four or six pages devoted to an artist called Kippenberger. The name itself interested me: was that his real name? And in the article was a photo of Kippenberger standing on top of a VW bus and speaking to a crowd. A few of his first poems were also included. And I thought to myself: this is what I'm looking for.

Brunnet: Then Kippenberger had a show at CCD as well. Wilhelm, what was the idea behind it?
Schürmann: The idea was quite simple. The artists I already knew from my collecting

Ausstellung hieß dann auch „Art and Commerce". Das passte perfekt zu CCD – angewandte Fotografie und nicht autonome Kunst. Danach haben wir Fischli / Weiss gezeigt. Ich glaube, die kosteten 300 Mark pro Print. Anschließend hatten wir 20 bis 30 Werke aus *Ewige Feile* von Albert Oehlen an der Wand. Wir zeigten Cindy Sherman, die kleinen Selbstbildnisse, ca. 15 Motive, die kosteten damals, glaube ich, 300 Dollar. Das war schon teuer. Außerdem sind wir als CCD Galerie 1985 auf die Messen nach Chicago und Köln gegangen. Ich bat Günther Förg um eine Arbeit für Chicago, aber bitte keine 2,70 Meter-Prints. Daraufhin hat er uns ein erstes Blei-Bild überlassen.

Brunnet: Ihr habt mit eurer Zusammenarbeit in Düsseldorf deutsche Nachkriegskunstgeschichte geschrieben. Das ist doch das erste Mal gewesen, dass Künstler animiert wurden, mit Fotografie zu arbeiten, oder? Und das aus dem Grund, weil ihr die notwendige Technik hattet.
Schürmann: Beste Produktionsbedingungen standen zur Verfügung, außerdem die Nähe zur Düsseldorfer Akademie und die Positionierung zugunsten der Profifotografie – das passte.

Brunnet: Aber neben der Technik wart doch auch ihr als Personen wichtig!
Schürmann: Wir, und unser starkes Interesse für die Fotografie. Unser Grundbedürfnis war, den eingeschlafenen Umgang mit diesem Medium zu erneuern, die Regeln der professionellen Fotografie zu unterlaufen. Das war wohltuend. F. C. und ich wurden später gefragt, wieso wir dieses Näschen gehabt hätten. Doch das hatte mit Nase nichts zu tun, das waren Grundbedürfnisse, Denkweisen, Einstellungen. Es gab so viel Falschheit, opportune Arten der Fotografie. Ich konnte diese dämlichen Bilder einfach nicht mehr sehen, die lediglich einen Look nachahmten. Die Kunst, die wir damals ausstellten, war eine Befreiung, die mit dieser Falschheit aufräumte. So auch Kippenberger, mit dem wir sofort etwas anfangen konnten.

Brunnet: Oder mit Polke, der mit Fotografie auf einmal völlig anders umging?
Schürmann: Natürlich. Er hat eine neue Denkweise eingeführt und keine technische

activity all had an affinity for photography. And I asked them if sometime they wouldn't like to produce an exhibition using the production capabilities of a first-class lab. My first exhibition for CCD was a result of my acquaintance with Victor Schrager, at the time director of the Light Gallery in New York, whose sister-in-law Ann Kennedy ran the agency Art and Commerce. *So the exhibition was also called Art and Commerce. That was a perfect match for CCD—applied photography and not autonomous art. Later we showed Fischli / Weiss. I think they cost 300 marks a print. And subsequently we presented twenty or thirty works from Albert Oehlen's* Ewige Feile. *We exhibited Cindy Sherman, the small self-portraits, roughly fifteen motifs, that cost at the time, I think, 300 dollars. That was already expensive. On top of that, in 1985 we exhibited at the fairs in Chicago and Cologne as the CCD Gallery. I asked Günther Förg for a work for Chicago, but please no 2.70-metre prints. And he gave us one of his first lead prints.*

Brunnet: With your collaboration in Düsseldorf you wrote post-war German art history. After all, that was the first time that artists were encouraged to work with photography, right? And because you had the necessary technology.
Schürmann: The best production conditions were available, also the proximity to the Düsseldorf Academy, and our positioning in favour of professional photography—all that helped.

Brunnet: But along with the technology, you were important as people!
Schürmann: We ourselves, and our great interest in photography. Our fundamental desire was to revitalise the medium, the unimaginative use of it, to undermine the rules of professional photography. That was rewarding. F. C. and I were later asked how we had hit upon such an approach. But that had nothing to do with an approach; those were fundamental interests, ways of thinking, convictions. There were so many shabby, opportunistic kinds of photography. I simply could no longer look at those stupid pictures that merely imitated a specific "look." The art we showed at the time was liberating in that it did away

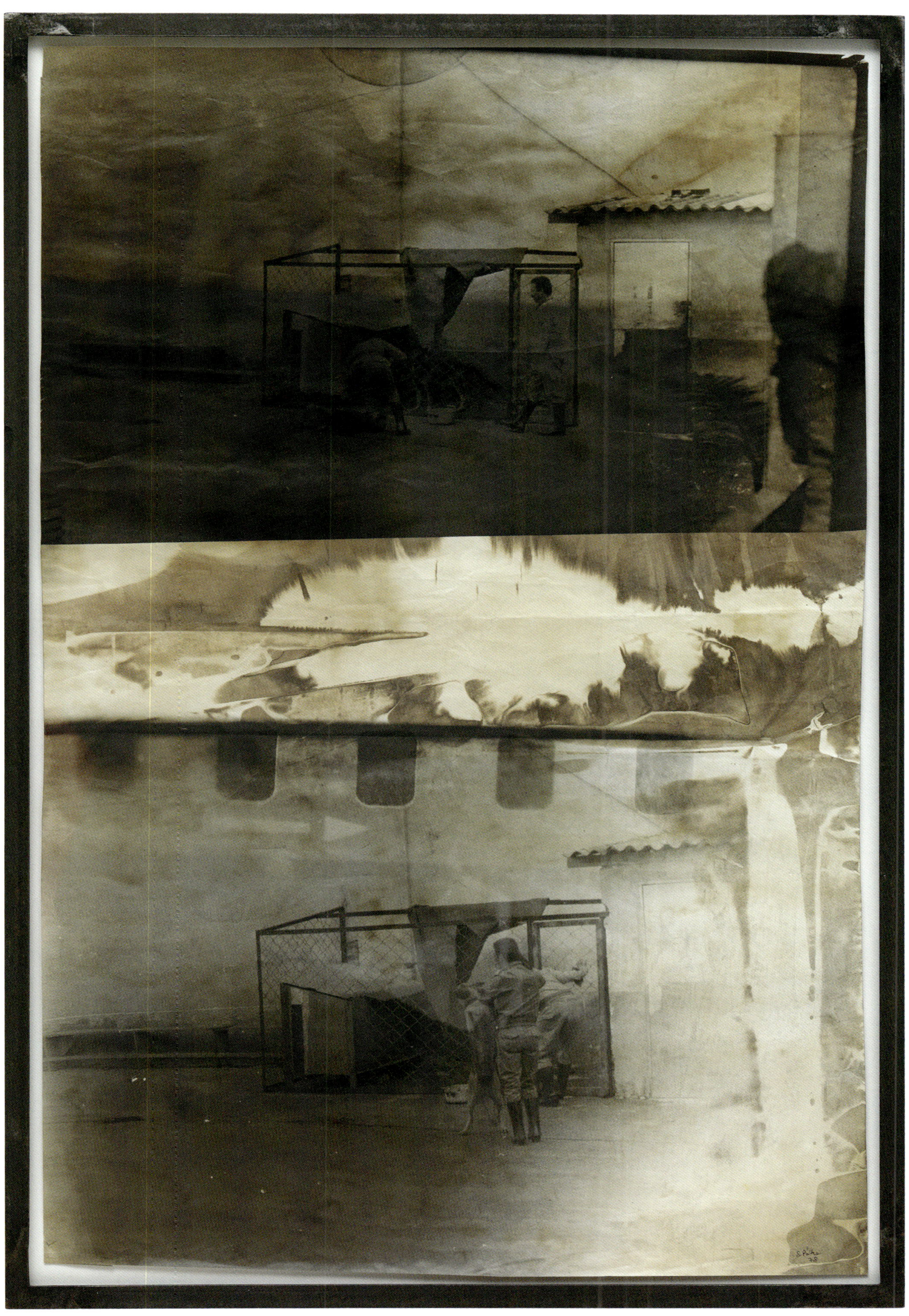

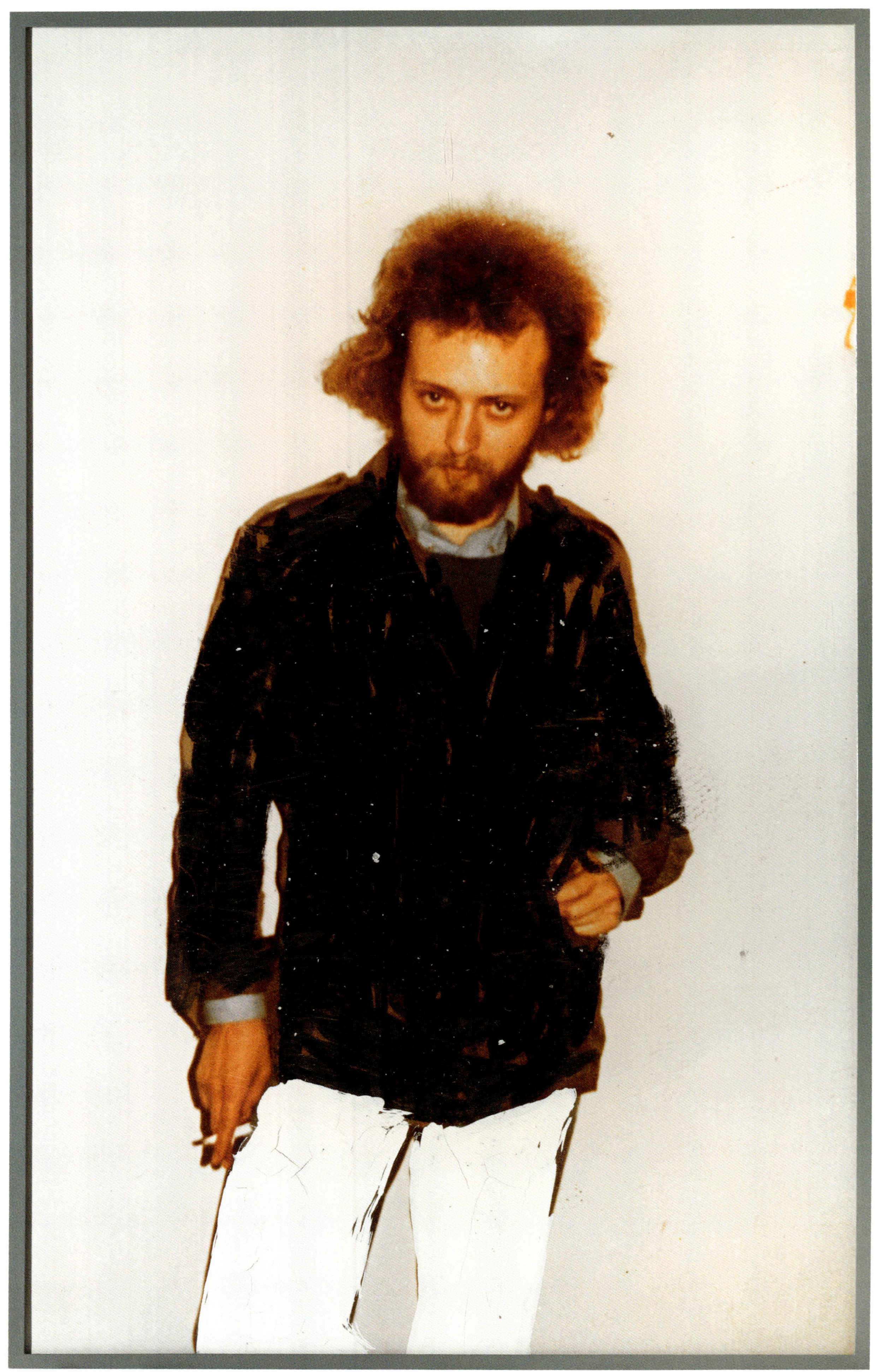

Fetischisierung betrieben. Das ist bei guten Leuten immer der Fall. Kippenberger war ja ein Maler und Zeichner vor dem Herrn, aber er hat sein Händchen immer mit Füßen getreten, hat es nie vorgeführt und auch nicht damit kokettiert. Übrigens der Begriff „Fottigrafie", den Kippenberger gerne benutzte, kam ursprünglich von Polke. „Fotti - Fotti billig - billig" lautete ein Ausstellungstitel der Galerie Klein in Bonn 1977.

Brunnet: Polke war ja quasi der Lehrer von Kippenberger, Albert Oehlen, Georg Herold. Erzählt doch noch ein wenig von der Szene drum herum.
Schürmann: Max Hetzler ist Ende 1982 aus Stuttgart nach Köln gekommen. Ich war schon ab 1983 regelmäßig in den Ateliers, um Fotos zu machen, und habe ein- bis zweimal die Woche Kippenberger am Friesenplatz besucht. Wenn ich dann etwas Besonderes sah, konnte ich einfach zu Max sagen: „,Max, das Bild hätte ich gerne", und schon konnte ich es haben. Das wäre heute völlig undenkbar. Es waren natürlich auch goldene Zeiten für völlig unbekannte Sammler.

Brunnet: Künstler wie Albert Oehlen haben das Medium Fotografie dann in euren Ausstellungen richtiggehend herausgefordert.
Schürmann: Albert Oehlen war ein Provokateur. Wir baten ihn für CCD, als Galerie mit Schwerpunkt Fotografie, eine Ausstellung zu machen und dann kam er mit Fotos, die er im Archiv seines Vaters Adolf gefunden und übermalt hatte. Eine harte Nummer. Er hat da mit Tipp-Ex auf den Negativen oder auf dem Print herumgemalt, und das ist dann reproduziert worden: „Kleine Bilder, macht die mal groß." Er wollte selbst sehen: Wie sieht das jetzt als Kunst aus? Gemütlich ging mit Oehlen nicht, der hat sich immer selbst aufs Spiel gesetzt.

Brunnet: Es ist faszinierend, dass ihr beide zunächst klassische Fotografie ausgestellt habt und dann auf die jungen revolutionären Künstler geflogen seid, die genau diese Art der Fotografie mit Füßen getreten haben.
Schürmann: Die hatten ihre eigenen Regeln. „Schade, dass nicht alle Photographen große Klasse sind". Kunst war die Erneuerungsmaschine.

with all that phoniness. Kippenberger as well, with whom we were able to work immediately.

Brunnet: Or with Polke, who suddenly began treating photography in a wholly different way?
Schürmann: Of course. He introduced a new way of thinking, one that didn't fetishise technique. That's always the case with good people. Kippenberger was a superb painter and draftsman, after all, but he always underplayed his skill, never parading it or showing off. Incidentally, the term "Fottigrafie" that Kippenberger was so fond of using came originally from Polke. The title of a 1977 exhibition of his at Bonn's Galerie Klein was Fotti – Fotti billig – billig.

Brunnet: Polke functioned as a kind of mentor for Kippenberger, Albert Oehlen and Georg Herold. Tell me a little bit about that scene.
Schürmann: Max Hetzler came from Stuttgart to Cologne in late 1982. As early as 1983 I was regularly in his ateliers taking photographs, and once or twice a week I would visit Kippenberger on Friesenplatz. If I saw something special, I could simply say to Max: "Max, I'd like to have that picture," and I immediately it was mine. That would be completely unthinkable today. Of course those were golden years for completely unknown collectors as well.

Brunnet: Then artists like Albert Oehlen virtually trashed photography in your exhibitions.
Schürmann: Albert Oehlen was a provocateur. We, as a gallery specialising in photography, asked him to come up with an exhibition for CCD, and he showed up with photos he had found in his father Adolf's archive and painted over. A tough cookie. He had painted on the negatives or prints with Tipp-Ex, and that was then reproduced: "Little pictures, try making them big." He wanted to see for himself: Now how does that look as art? Oehlen didn't make things easy for himself; he always put himself on the line.

Brunnet: It is fascinating that you both first exhibited classical photography, then switched to the young, revolutionary artists who were trampling precisely that kind of photography under foot.

Brunnet: F. C., hast du dann auch Werke aus den Galerieausstellungen herausgekauft? So wie du das vorher mit der Fotografie gemacht hast?
Gundlach: Ja, aber ich habe auch viel in anderen Galerien erworben, in Köln und New York.
Schürmann: Oder er hat die Ladenhüter behalten. Eigentlich ein immer wieder empfehlenswertes Sammlungskonzept!

Brunnet: Aber nicht bei Künstlern wie Albert Oehlen, Werner Büttner, Martin Kippenberger.
Gundlach: Nein, nein, bei denen ging das nicht, Vieles habe ich bei Hetzler gekauft. Der machte damals noch so komische Preise nach Maßen multipliziert mit einem Faktor und solche Scherze. Es war ein heiteres Völkchen, die auch alle zusammenhingen, die Künstler und die Galeristen. Aber irgendwann brachen die Verbindungen auseinander. Das ist immer so. Es geht eine Weile gut und dann ist Schluss.

Brunnet: Das gehört in der Kunstgeschichte dazu.
Gundlach: Ja, aber die Zusammenarbeit mit ihnen war sehr harmonisch. Alle fühlten sich bei mir zu Hause, gingen selbst ins Labor. Bei mir waren sie frei.

Brunnet: Wilhelm, warum bist du 1986 ausgestiegen?
Schürmann: Ich merkte nach zwei Jahren, jetzt wird es Routine, jetzt kann es sich eigentlich nur noch wiederholen. Routinierte Variationen, das wäre mir zu langweilig geworden.

Abgang Wilhelm Schürmann

Brunnet: Wie kam es zur Schließung von CCD?
Gundlach: Ich habe die Firmen und Galerien 1992 verkauft, weil sich der Markt änderte. Und die Technik natürlich auch. Ich wusste, dass das digitale Arbeiten die Zukunft ist. Es war ein guter Moment, um auszusteigen. Die Sammlung ist ja geblieben.

Brunnet: Ja, und über 30 Jahre zusammengehalten worden. Heutzutage ist es ja eher üblich, die Werke für ein Jahr zu halten, eine Preissteigerung abzuwarten und sie dann wieder abzustoßen. Für dich war die Sammlung von Dauer.

Schürmann: They had their own rules. "Pity that not all photographers are first-class." Art was the revitalising machine.

Brunnet: F. C., would you then buy works from the gallery's exhibitions? The way you had before with photography?
Gundlach: Yes, but I also bought a lot from other galleries, in Cologne and New York.
Schürmann: Or he kept what hadn't sold. A collecting concept always worth recommending, in fact!

Brunnet: But not with artists like Albert Oehlen, Werner Büttner, or Martin Kippenberger.
Gundlach: No, no, that didn't work with them. I bought a lot from Hetzler. At the time he was getting comical prices established by multiplying the size by some arbitrary factor and other such shenanigans. It was a jovial crowd that all hung together, artists and gallerists. But at some point those ties were severed. That's always the case. For a time things are great and then it's all over.

Brunnet: That's part of art history.
Gundlach: Yes, but working with them was very harmonious. They all felt at home at my place, would go into the lab themselves. With me they felt free.

Brunnet: Wilhelm, why did you leave in 1986?
Schürmann: After two years I realised that it was getting to be routine, and I would only be repeating myself. I would have found variations on the established routine too boring.

Wilhelm Schürmann leaves

Brunnet: Why was it that you closed CCD?
Gundlach: I sold the firms and galleries in 1992 because the market had changed. And of course the technology as well. I knew that digital works were the way of the future. It was a good time to bow out. But I still had the collection.

Brunnet: Yes, and had kept it together for more than thirty years. Nowadays it is customary to keep works for a year, wait for the price to go up, then dispose of them again. For

Gundlach: Ja, die Kunst und die Künstler sind mir ans Herz gewachsen, mit ihnen habe ich gelebt. Wie auch mit einem Allan Jones, der gerade in der London Royal Academy zu sehen war. Da rief gleich ein Auktionshaus an, sie würden die Arbeit in die nächste Abendauktion nehmen. Da habe ich gesagt: „Die Wand ist so leer. Das geht nicht, das Bild muss zurück." Jetzt hängt es wieder bei mir.

Brunnet: Es war eine besondere Zeit mit experimentierfreudigen jungen Künstlern, was sich in den Ausstellungen widerspiegelte.
Gundlach: Absolut. Und ich habe ihnen immer gesagt: „Wenn ihr Karriere machen wollt, sind drei Sachen wichtig: Talent, Disziplin und Fortune – Menschen zu begegnen." Eine Begegnung kann ein Leben verändern.

you the collection was meant to be permanent.
Gundlach: Yes, I became very attached to the art and the artists: I have lived with them. For example, with an Allan Jones, who was recently shown at London's Royal Academy. Immediately an auction house phoned to say that they would include it in the next evening sale. Then I said to myself: "The wall is so empty. That's no good, the picture has to be put back." It now hangs again where it had before.

Brunnet: It was a special time, with young artists eager to experiment, something that was reflected in your exhibitions.

Gundlach: Absolutely. And I always said to them: "If you want a career there are three things that are important: talent, discipline, and good luck in meeting people." One encounter can change a person's life.

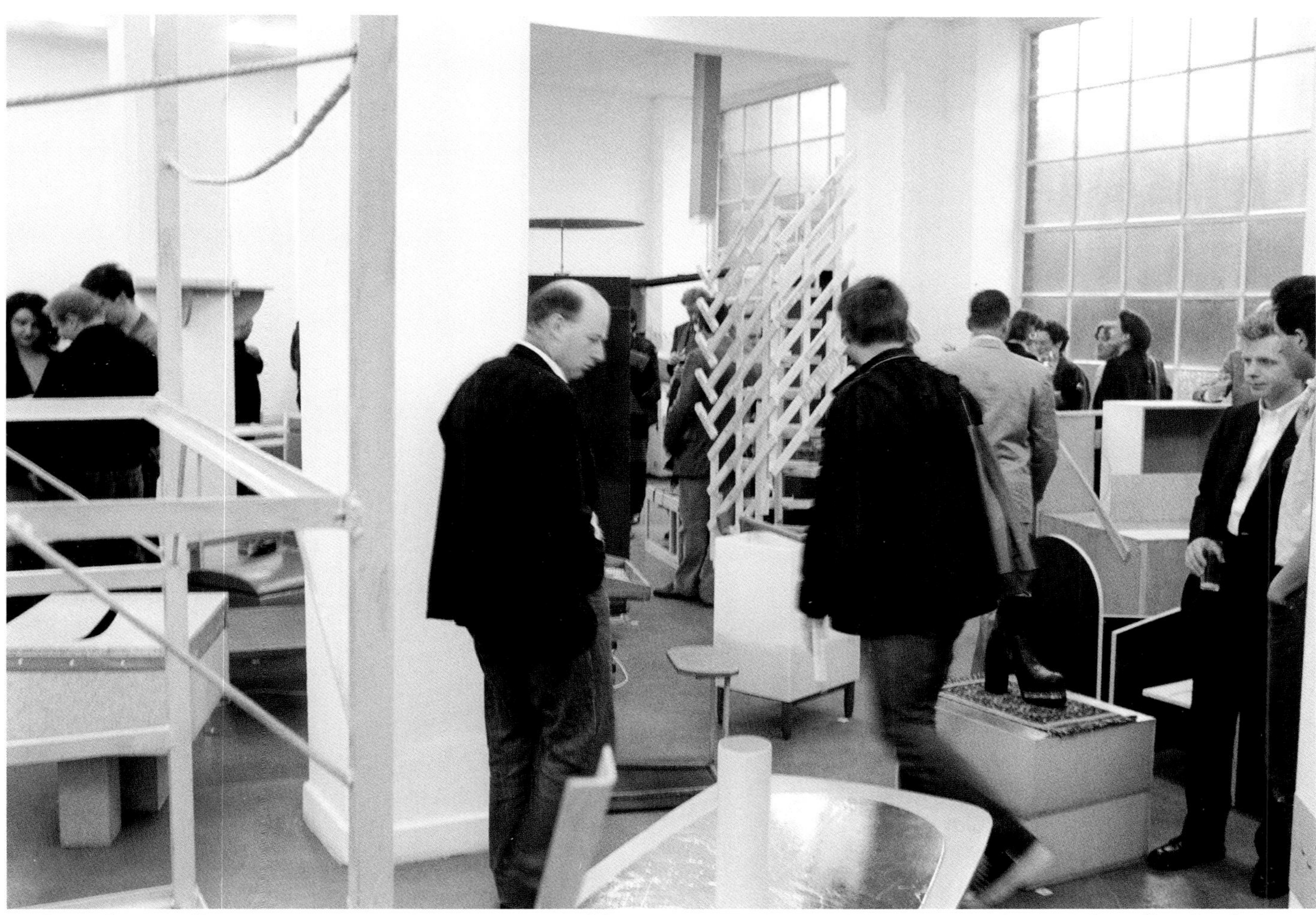

Eröffnung der Ausstellung von Martin Kippenberger / *Opening of the Martin Kippenberger exhibition "Peter – die russische Stellung"*, Galerie Max Hetzler, Köln / *Cologne*, 1987

9. Wo sind die Photographinnen die den Ke
Moralität leeren.

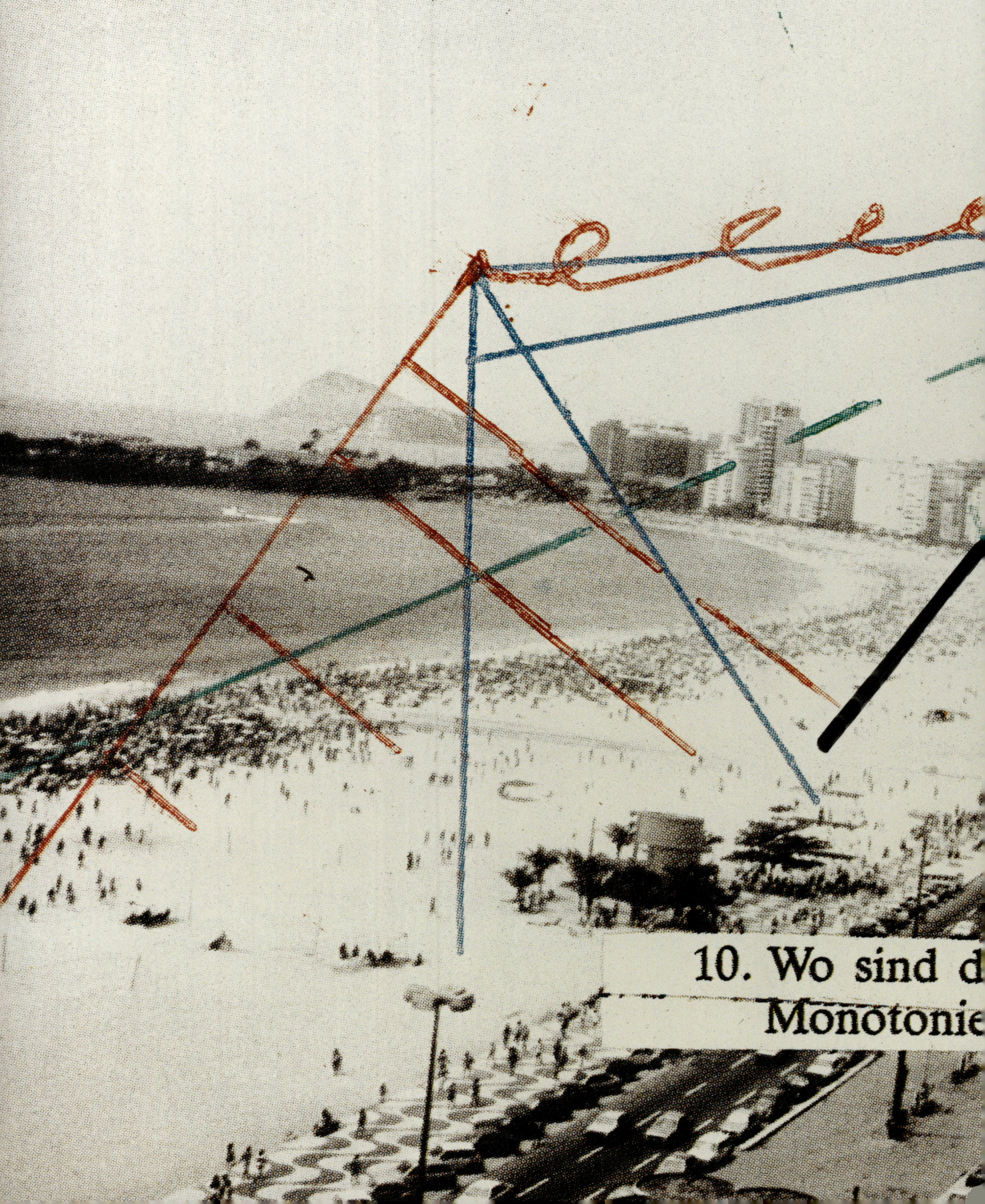

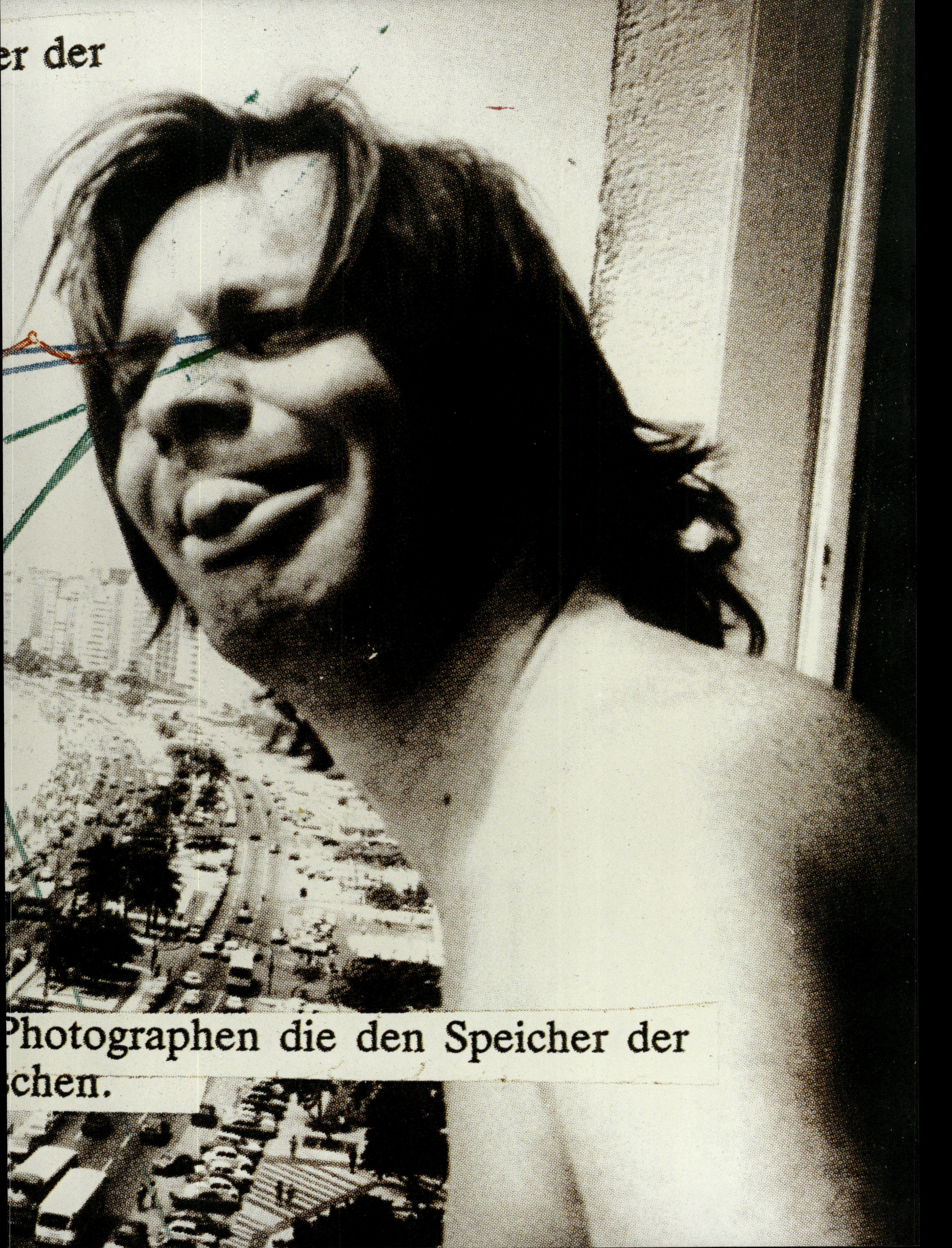
er der
Photographen die den Speicher der
schen.

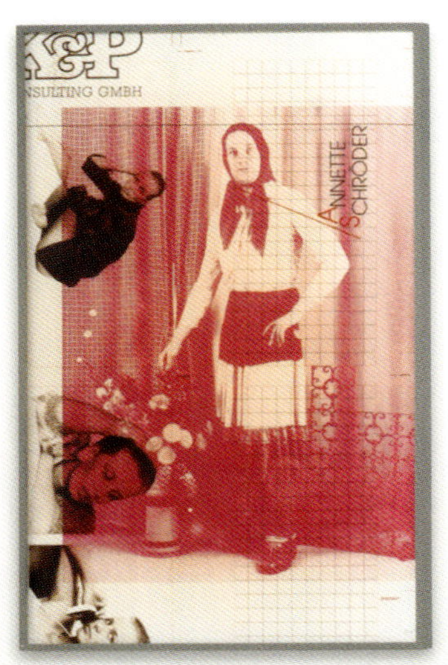
&P
NSULTING GMBH
ANNETTE SCHRÖDER

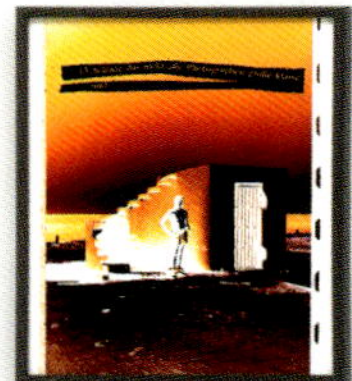

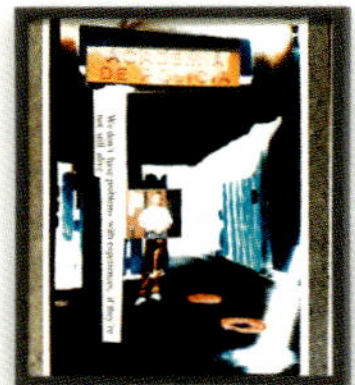

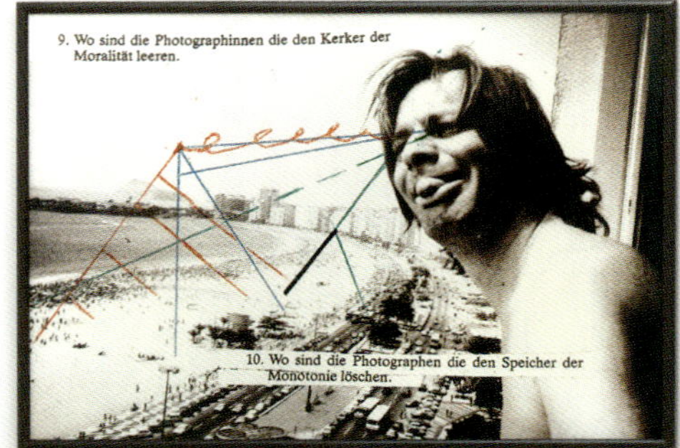
9. Wo sind die Photographinnen die den Kerker der Moralität leeren.
10. Wo sind die Photographen die den Speicher der Monotonie löschen.

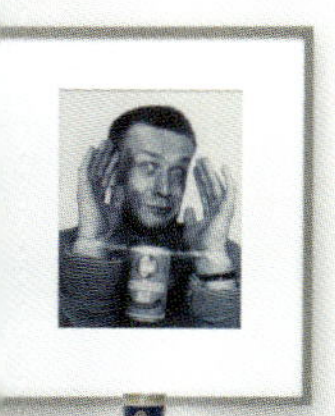

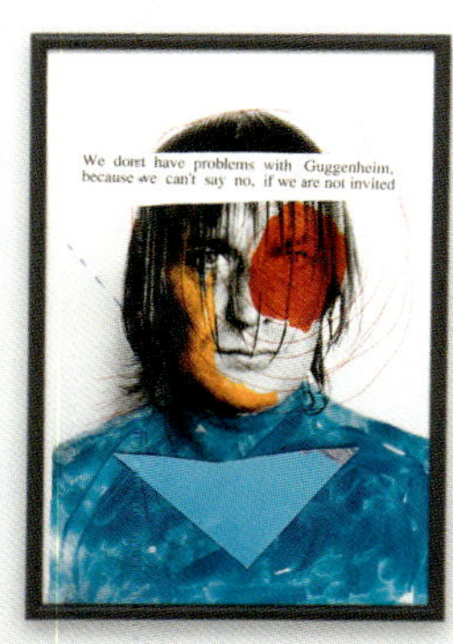
We dont have problems with Guggenheim,
because we can't say no, if we are not invited

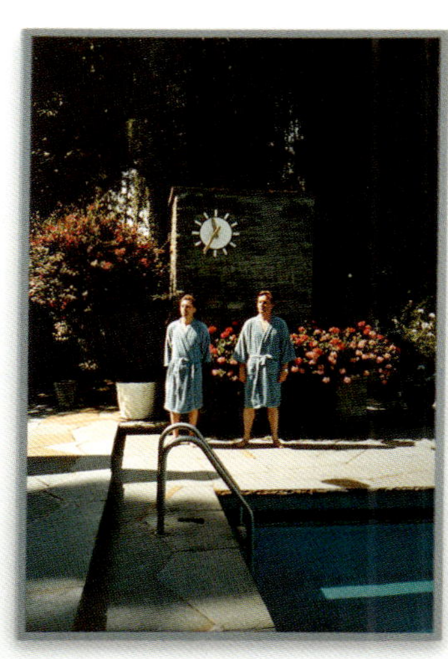

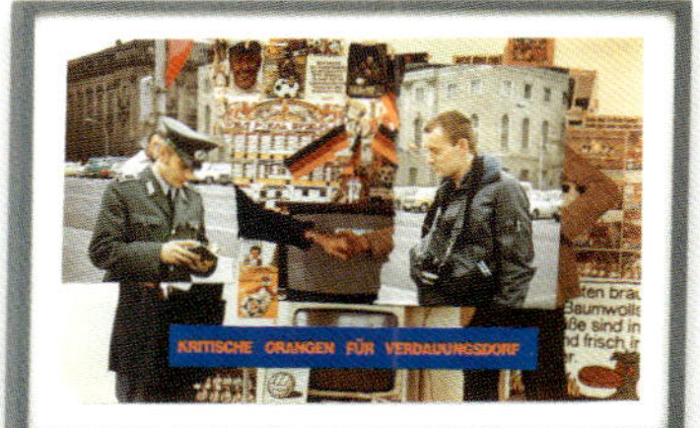
KRITISCHE ORANGEN FÜR VERDAUUNGSDORF

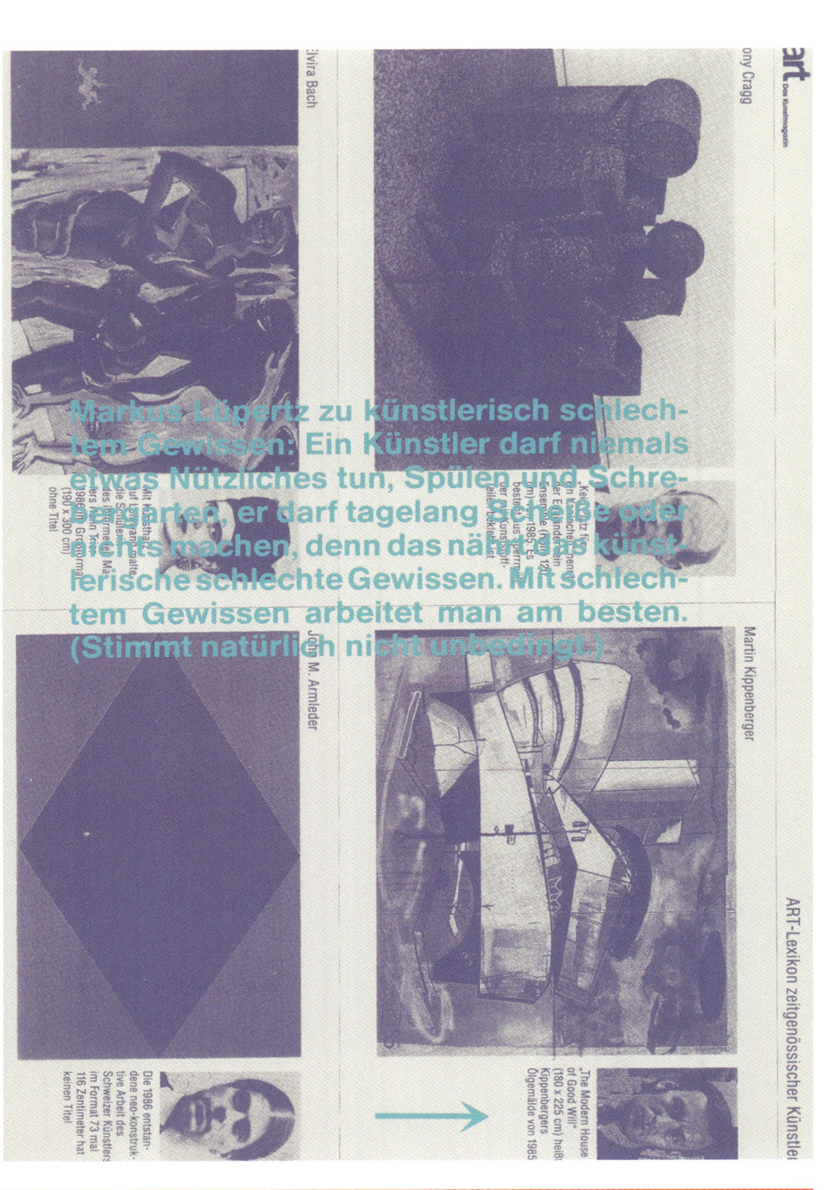
Elvira Bach
Tony Cragg
Markus Lüpertz zu künstlerisch schlechtem Gewissen: Ein Künstler darf niemals etwas Nützliches tun, Spülen und Schrebergarten, er darf tagelang Scheiße oder nichts machen, denn das nährt das künstlerische schlechte Gewissen. Mit schlechtem Gewissen arbeitet man am besten. (Stimmt natürlich nicht unbedingt.)
John M. Armleder
Martin Kippenberger
ART-Lexikon zeitgenössischer Künstler

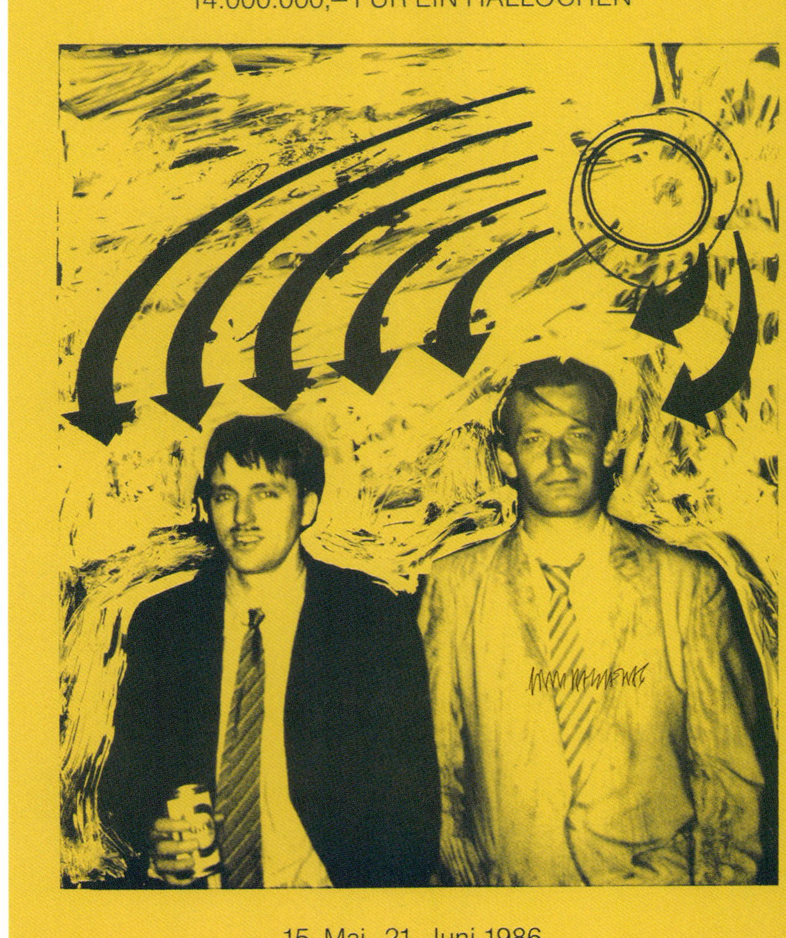
14.000.000,– FÜR EIN HALLÖCHEN
15. Mai–21. Juni 1986
GALERIE ASCAN CRONE
Isestraße 121 · 2000 Hamburg 13 · Telefon 040/479067

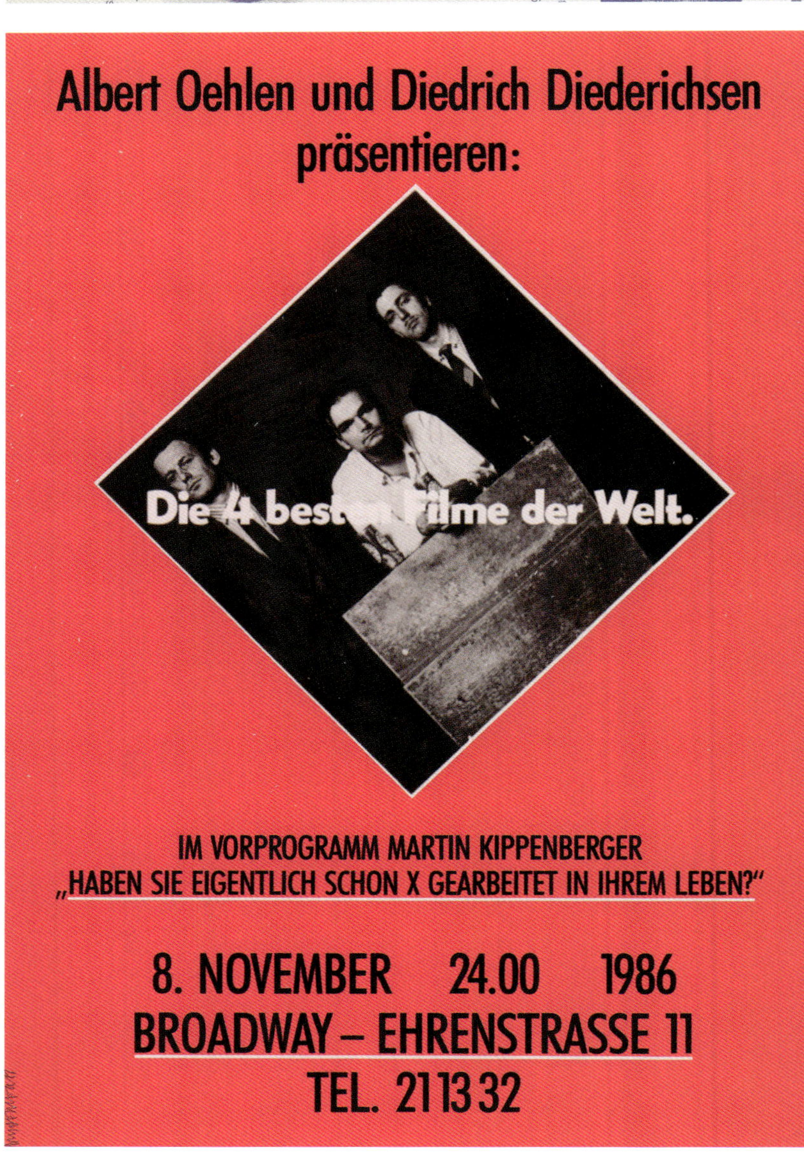
Albert Oehlen und Diedrich Diederichsen
präsentieren:
Die 4 besten Filme der Welt.
IM VORPROGRAMM MARTIN KIPPENBERGER
„HABEN SIE EIGENTLICH SCHON X GEARBEITET IN IHREM LEBEN?"
8. NOVEMBER 24.00 1986
BROADWAY – EHRENSTRASSE 11
TEL. 21 13 32

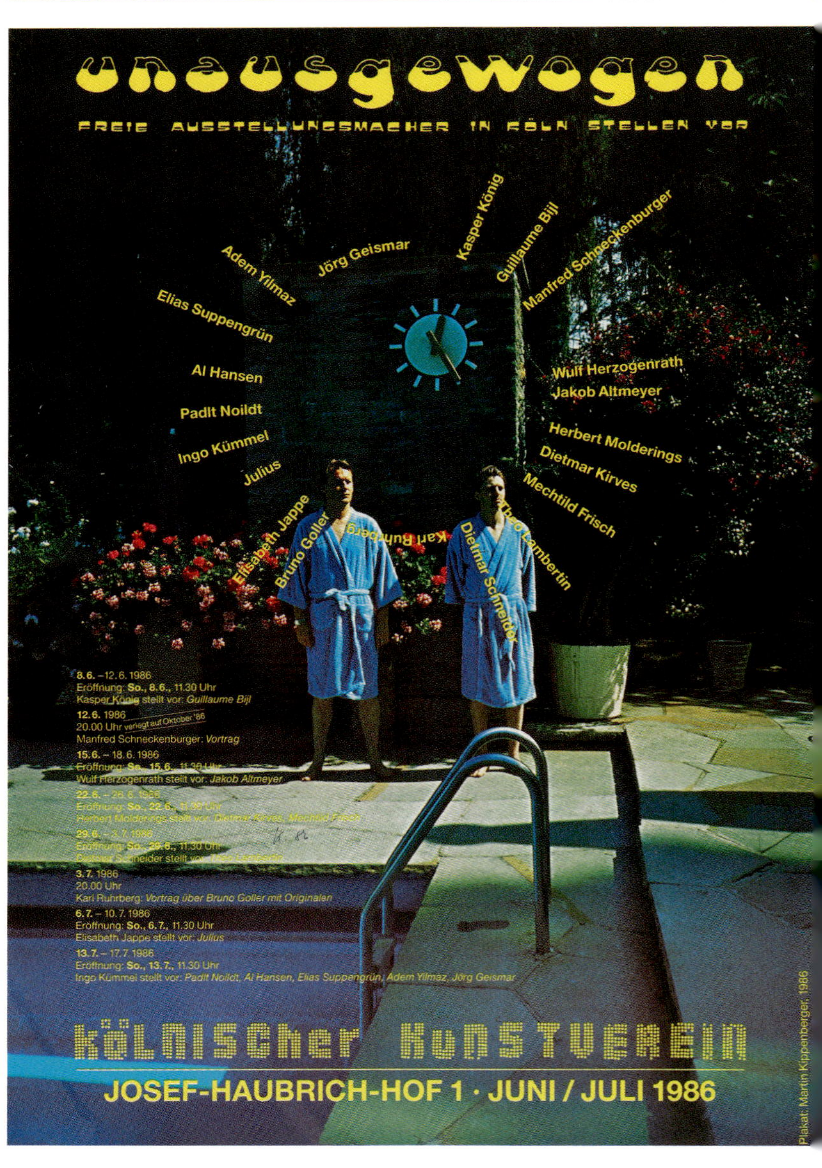
unausgewogen
FREIE AUSSTELLUNGSMACHER IN KÖLN STELLEN VOR
Kasper König
Guillaume Bijl
Manfred Schneckenburger
Jörg Geismar
Adem Yilmaz
Elias Suppengrün
Al Hansen
Padlt Noildt
Ingo Kümmel
Julius
Wulf Herzogenrath
Jakob Altmeyer
Herbert Molderings
Dietmar Kirves
Mechtild Frisch
Elisabeth Jappe
Bruno Goller
Dietmar Schneider
Theo Lambertin
8.6. – 12.6.1986
Eröffnung: So., 8.6., 11.30 Uhr
Kasper König stellt vor: Guillaume Bijl
12.6. 1986
20.00 Uhr verlegt auf Oktober '86
Manfred Schneckenburger: Vortrag
15.6. – 18.6.1986
Eröffnung: So., 15.6., 11.30 Uhr
Wulf Herzogenrath stellt vor: Jakob Altmeyer
22.6. – 26.6.1986
Eröffnung: So., 22.6., 11.30 Uhr
Herbert Molderings stellt vor: Dietmar Kirves, Mechtild Frisch
29.6. – 3.7.1986
Eröffnung: So., 29.6., 11.30 Uhr
Dietmar Schneider stellt vor: Theo Lambertin
3.7. 1986
20.00 Uhr
Karl Ruhrberg: Vortrag über Bruno Goller mit Originalen
6.7. – 10.7.1986
Eröffnung: So., 6.7., 11.30 Uhr
Elisabeth Jappe stellt vor: Julius
13.7. – 17.7.1986
Eröffnung: So., 13.7., 11.30 Uhr
Ingo Kümmel stellt vor: Padlt Noildt, Al Hansen, Elias Suppengrün, Adem Yilmaz, Jörg Geismar
kölnischer Kunstverein
JOSEF-HAUBRICH-HOF 1 · JUNI / JULI 1986
Plakat: Martin Kippenberger, 1986

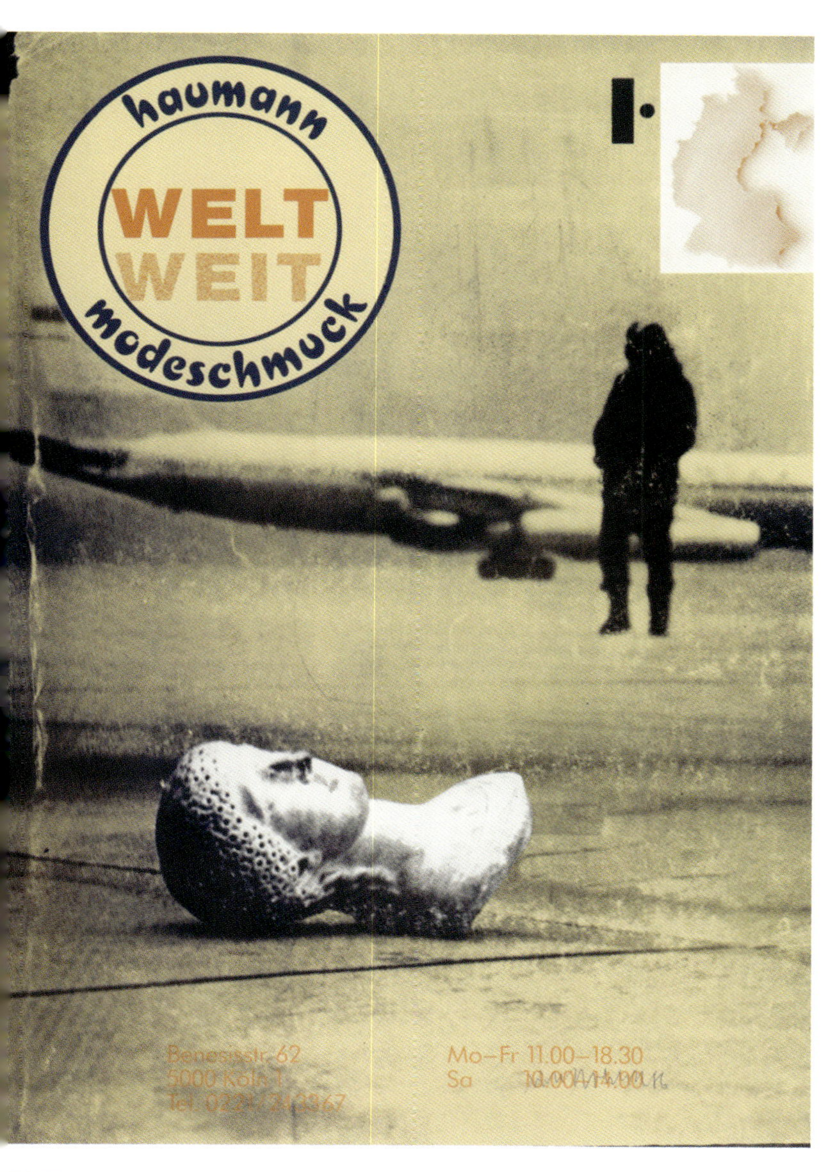
haumann
WELT
WEIT
modeschmuck
Benesisstr. 62
5000 Köln 1
Tel. 0221/243367
Mo–Fr 11.00–18.30
Sa 10.00–14.00

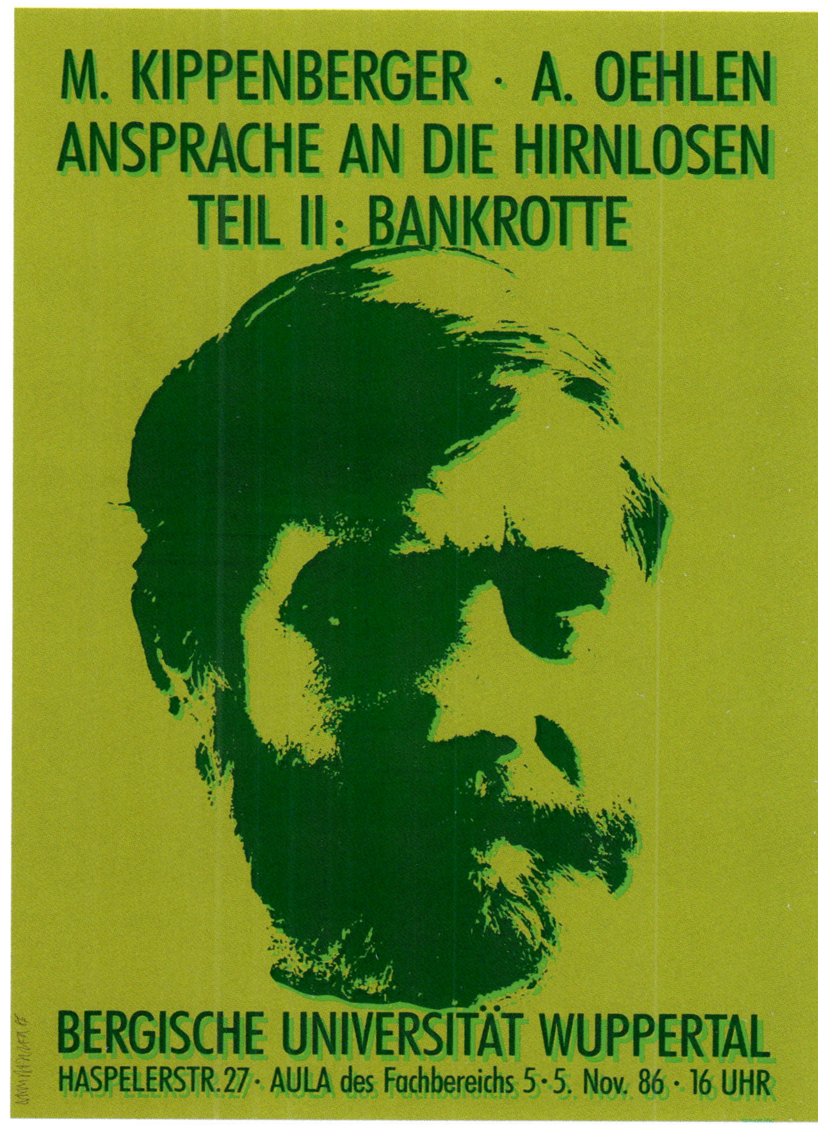
M. KIPPENBERGER · A. OEHLEN
ANSPRACHE AN DIE HIRNLOSEN
TEIL II: BANKROTTE
BERGISCHE UNIVERSITÄT WUPPERTAL
HASPELERSTR. 27 · AULA des Fachbereichs 5 · 5. Nov. 86 · 16 UHR

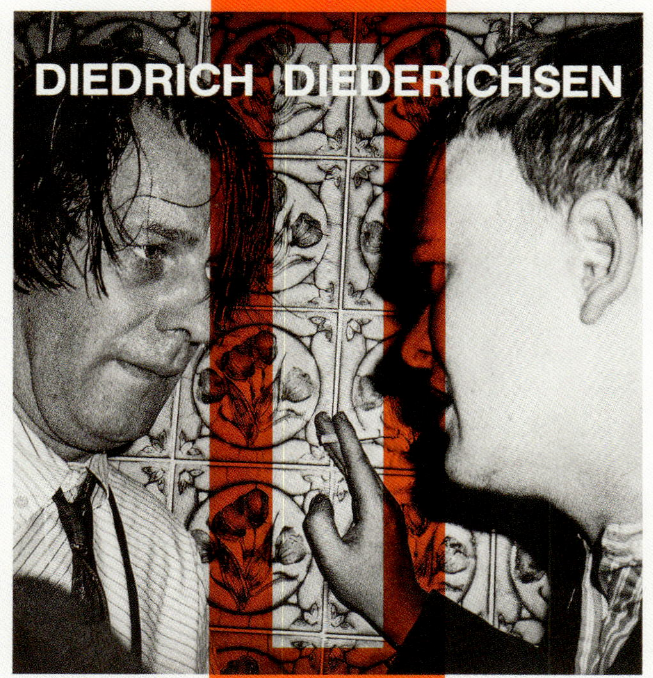
steirischer herbst '86
FORUM STADTPARK GRAZ
zeigt
DIEDRICH DIEDERICHSEN
Jutta Koether
Michael Krebber
Stephan T. Ohrt
Felix Reidenbach
Bettina Semmer
2. Oktober — 12. Oktober
geöffnet von 9 — 18 Uhr

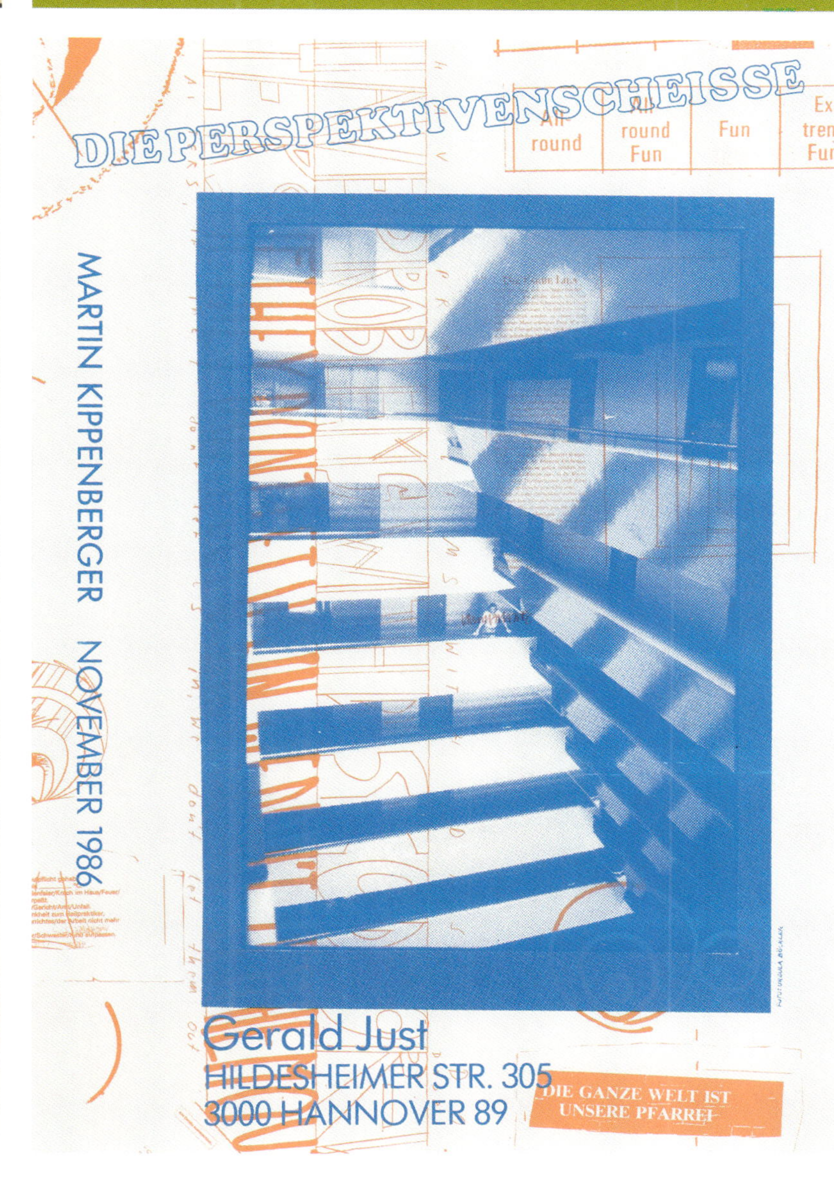
DIEPERSPEKTIVENSCHEISSE
All round
Fun
Ex-trem Fun
MARTIN KIPPENBERGER NOVEMBER 1986
Gerald Just
HILDESHEIMER STR. 305
3000 HANNOVER 89
DIE GANZE WELT IST UNSERE PFARREI

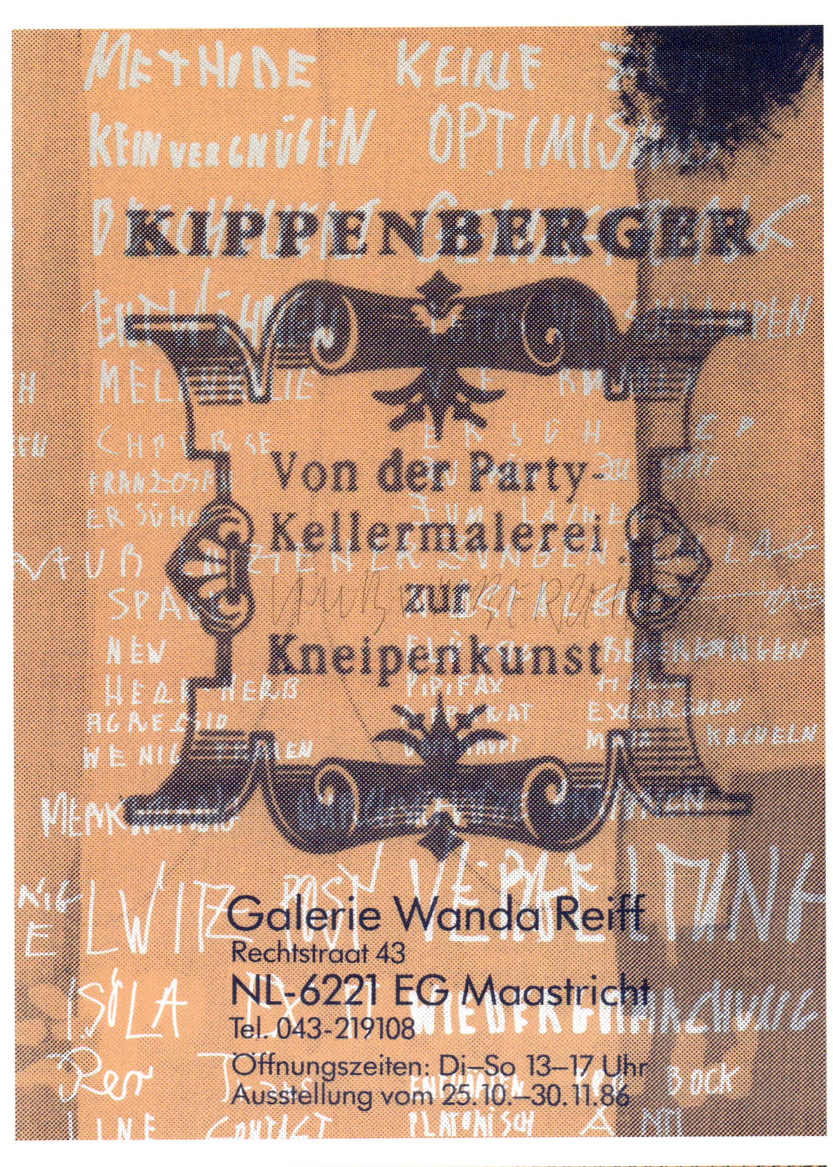

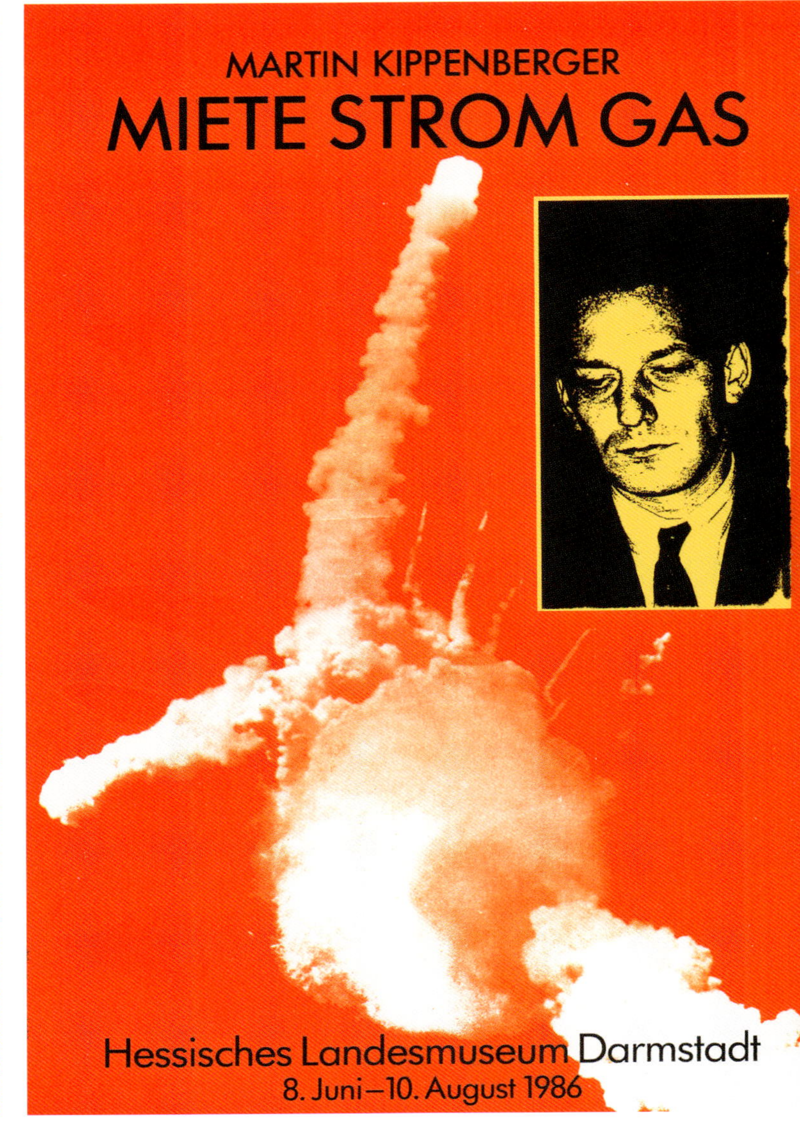

DIE NO PROBLEM BILDER

Martin Kippenberger
21.10.–17.11.1986
Galerie Christoph Dürr
MÜNCHEN 80
Prinzregentenstr. 61 (Stuckvilla)
089-471886
Di–Fr 14–18 Sa 11–15 Uhr

Gib mir das Sommerloch

8. Juni–4. Juli 1986

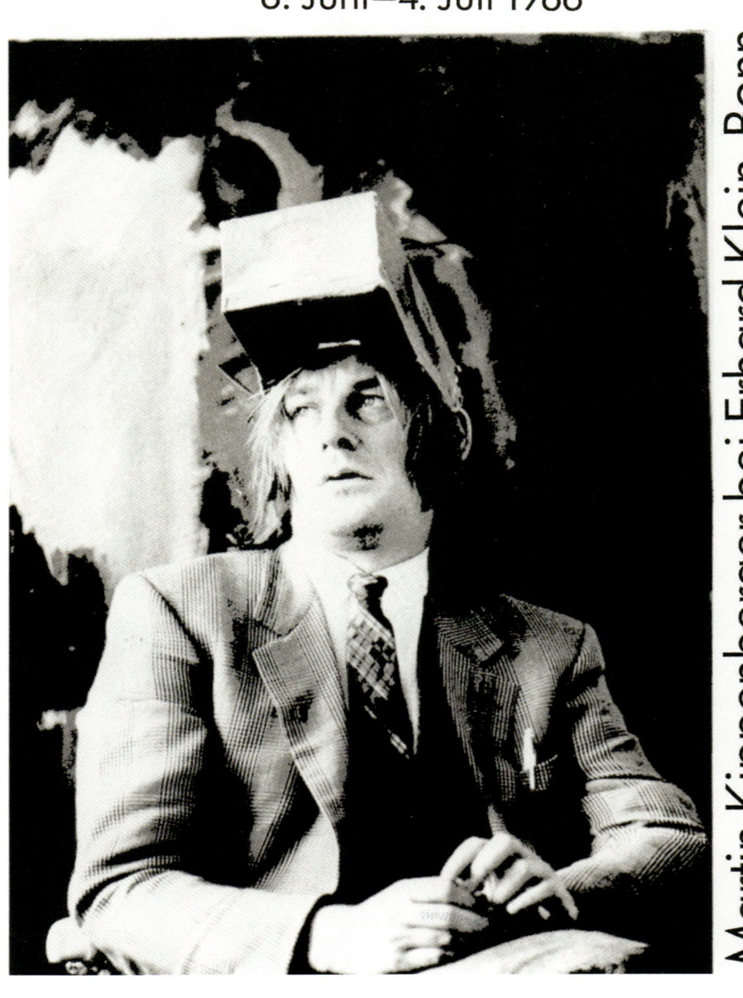

Martin Kippenberger bei Erhard Klein, Bonn

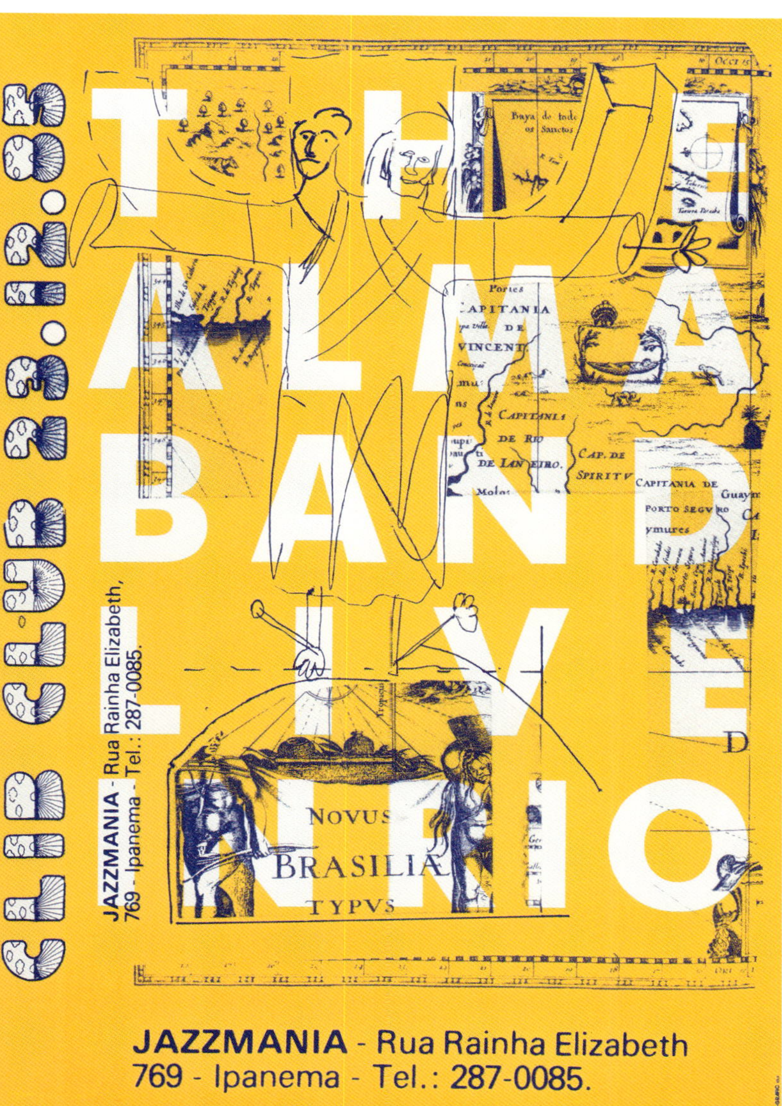
THE
ALMA
BAND
LIVE
NRIO
NOVUS
BRASILIA
TYPVS
JAZZMANIA - Rua Rainha Elizabeth,
769 - Ipanema - Tel.: 287-0085.
JAZZMANIA - Rua Rainha Elizabeth
769 - Ipanema - Tel.: 287-0085.

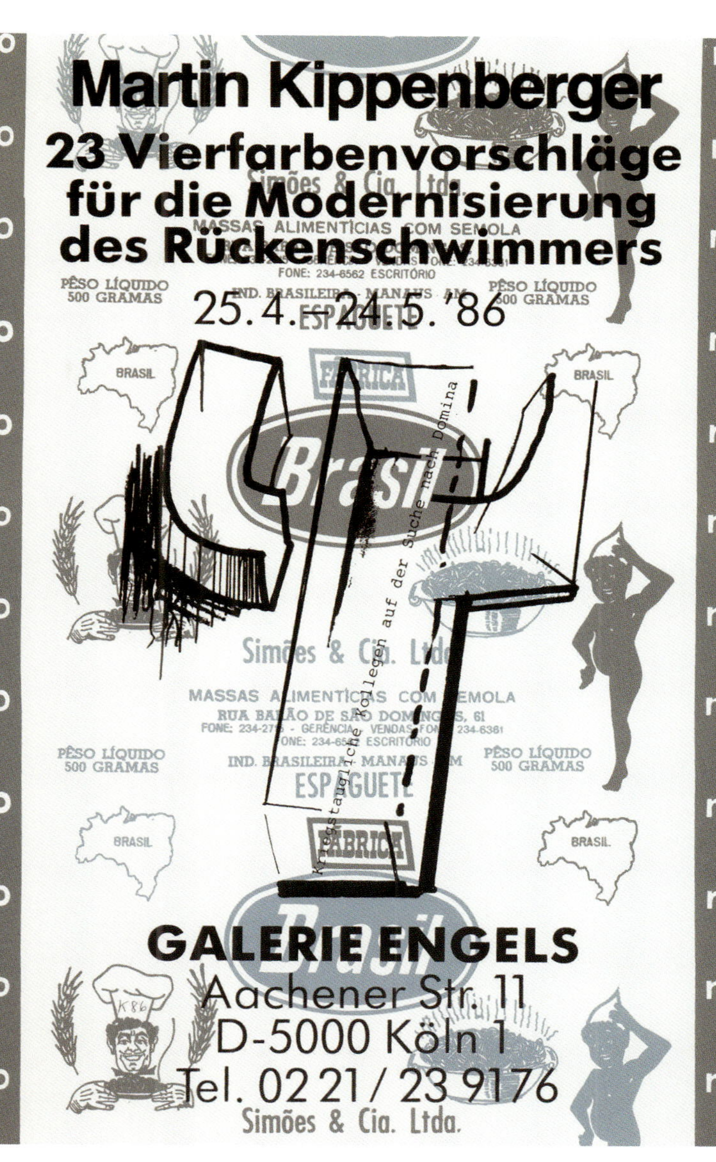
Martin Kippenberger
23 Vierfarbenvorschläge
für die Modernisierung
des Rückenschwimmers
25.4.–24.5.'86
Simões & Cia. Ltda.
MASSAS ALIMENTICIAS COM SEMOLA
PÊSO LÍQUIDO
500 GRAMAS
BRASIL
Brasil
GALERIE ENGELS
Aachener Str. 11
D-5000 Köln 1
Tel. 02 21 / 23 91 76
Simões & Cia. Ltda.

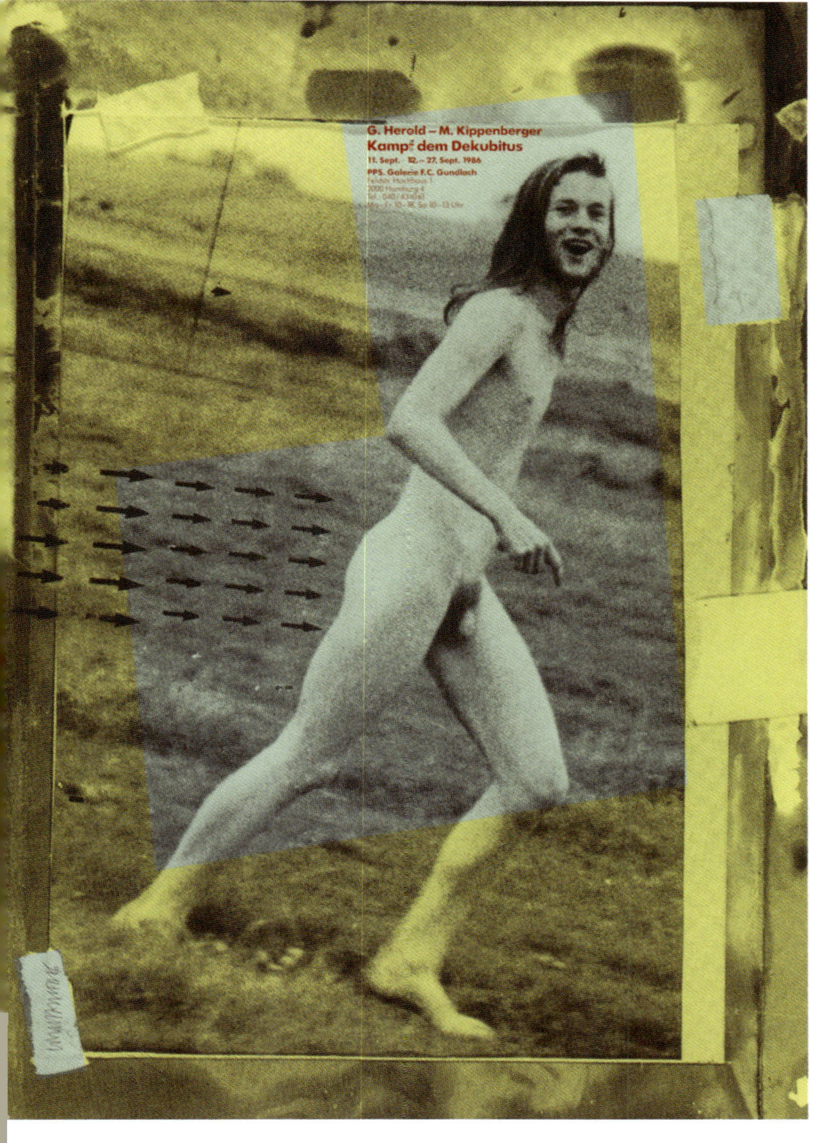
G. Herold – M. Kippenberger
Kampf dem Dekubitus
11. Sept. 12. – 27. Sept. 1986
PPS. Galerie F.C. Gundlach

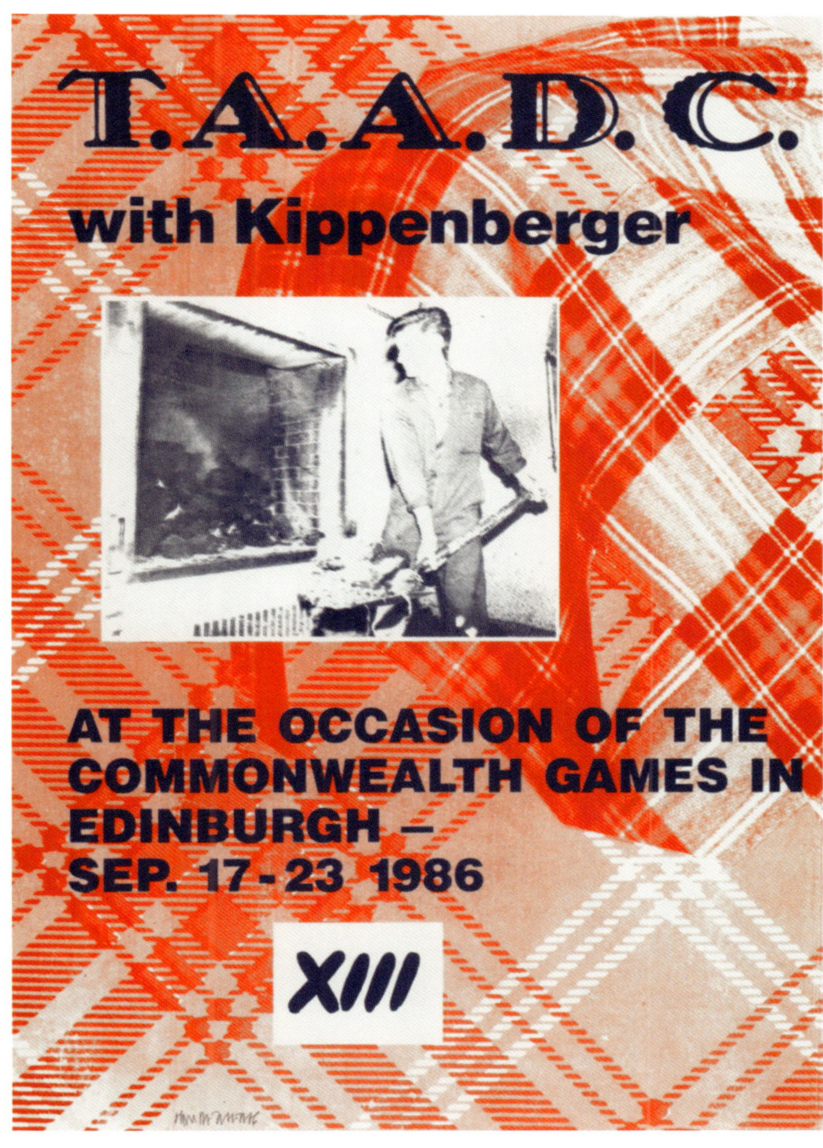
T.A.A.D.C.
with Kippenberger
AT THE OCCASION OF THE
COMMONWEALTH GAMES IN
EDINBURGH –
SEP. 17-23 1986
XIII

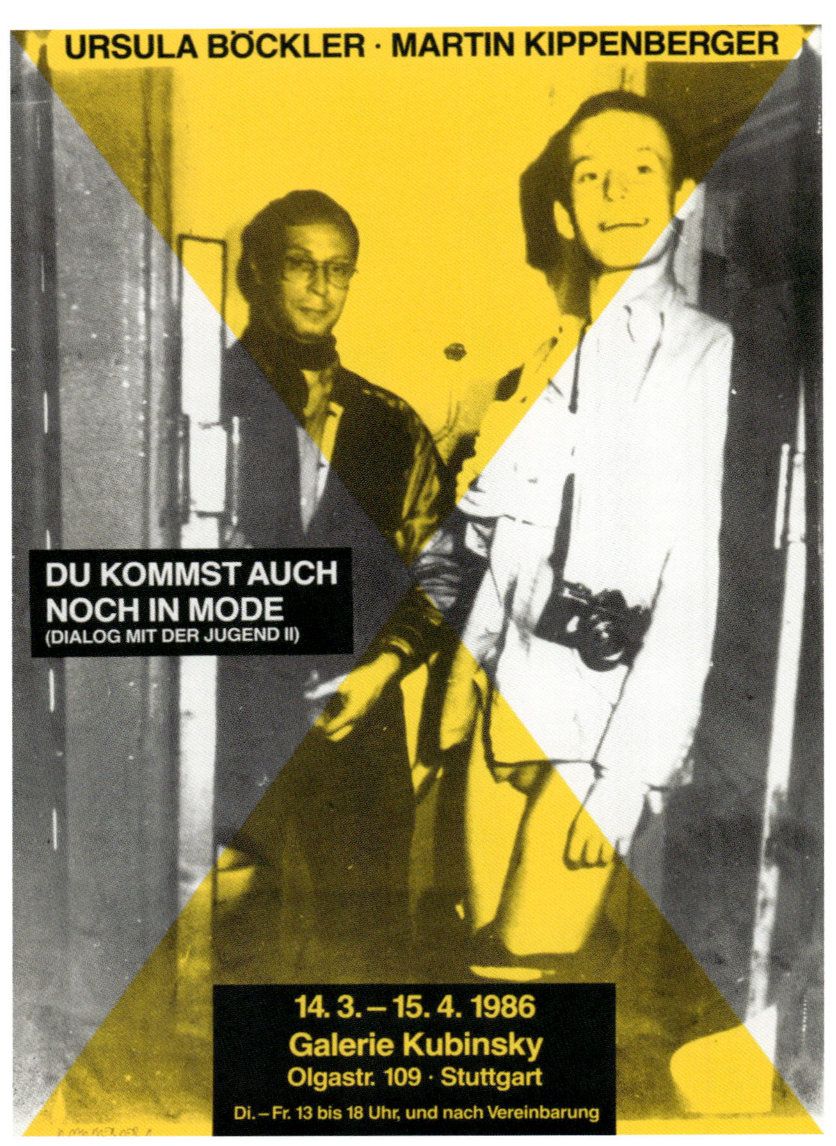
URSULA BÖCKLER · MARTIN KIPPENBERGER
DU KOMMST AUCH NOCH IN MODE
(DIALOG MIT DER JUGEND II)
14. 3. – 15. 4. 1986
Galerie Kubinsky
Olgastr. 109 · Stuttgart
Di. – Fr. 13 bis 18 Uhr, und nach Vereinbarung

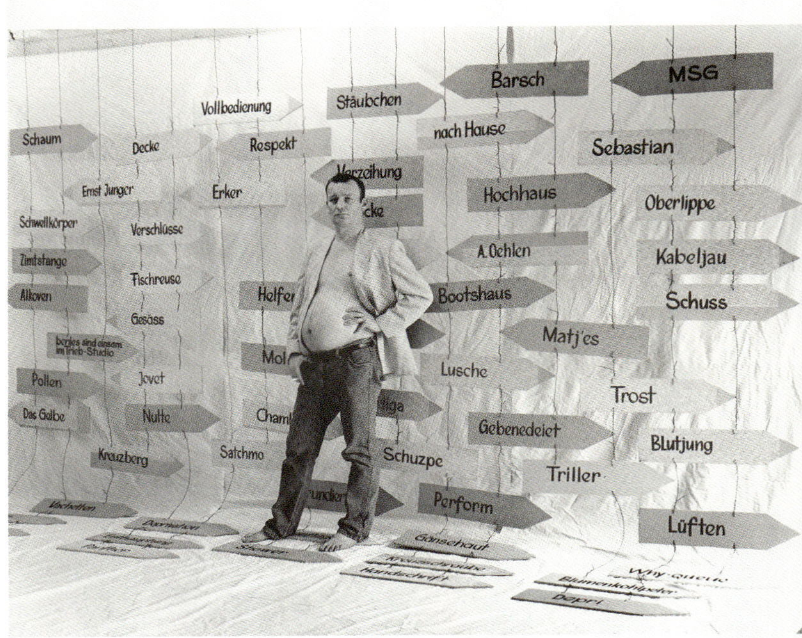
Martin Kippenberger
Vollbedienung
Stäubchen
Barsch
MSG
Schaum
Decke
Respekt
nach Hause
Sebastian
Hochhaus
Oberlippe
Verschlüsse
Kabeljau
Bootshaus
Schuss
Matj'es
Lusche
Trost
Gebenedeiet
Blutjung
Schuzpe
Triller
Perform
Lüften
Einfach geht der Applaus zugrunde
Galerie Grässlin-Erhardt · Frankfurt
September – Oktober 1987

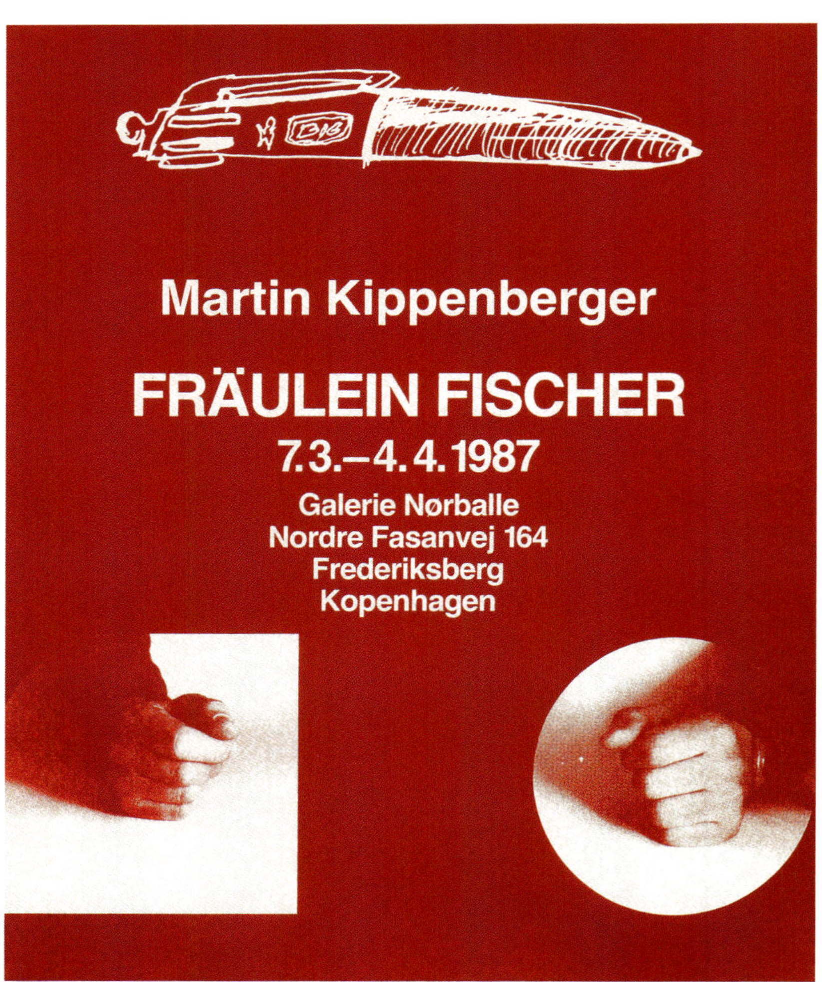
Martin Kippenberger
FRÄULEIN FISCHER
7.3.–4.4.1987
Galerie Nørballe
Nordre Fasanvej 164
Frederiksberg
Kopenhagen

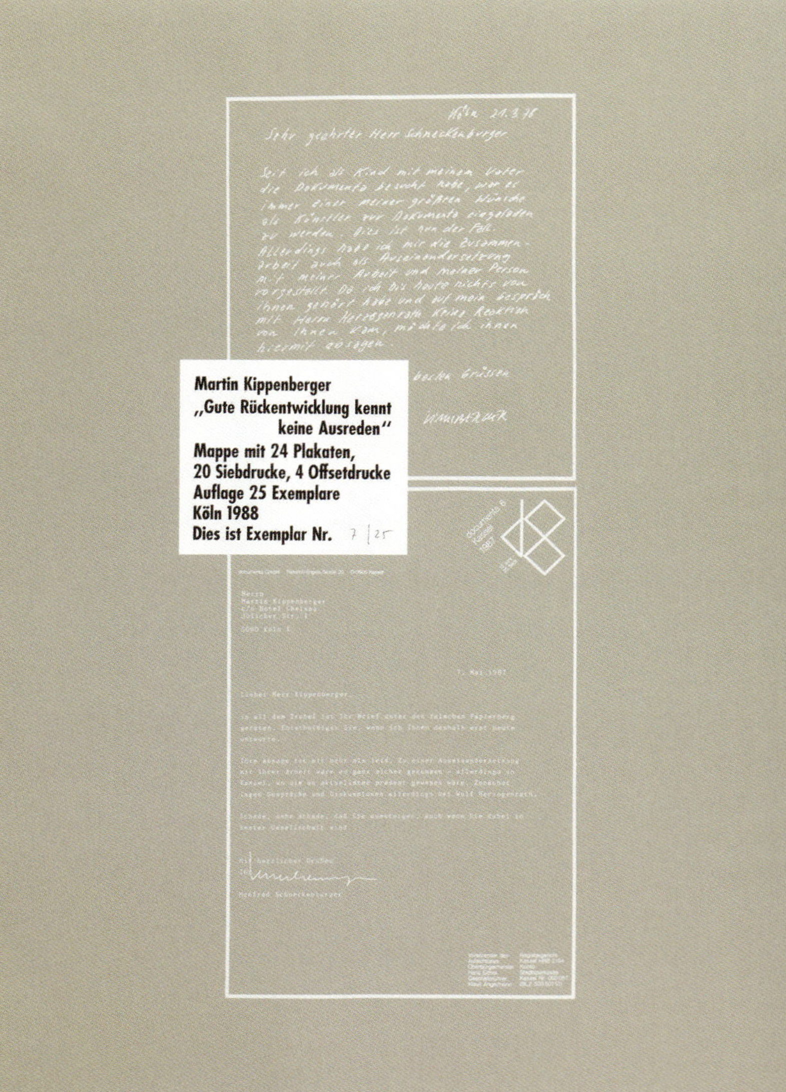
Martin Kippenberger
„Gute Rückentwicklung kennt keine Ausreden"
Mappe mit 24 Plakaten,
20 Siebdrucke, 4 Offsetdrucke
Auflage 25 Exemplare
Köln 1988
Dies ist Exemplar Nr. 7/25

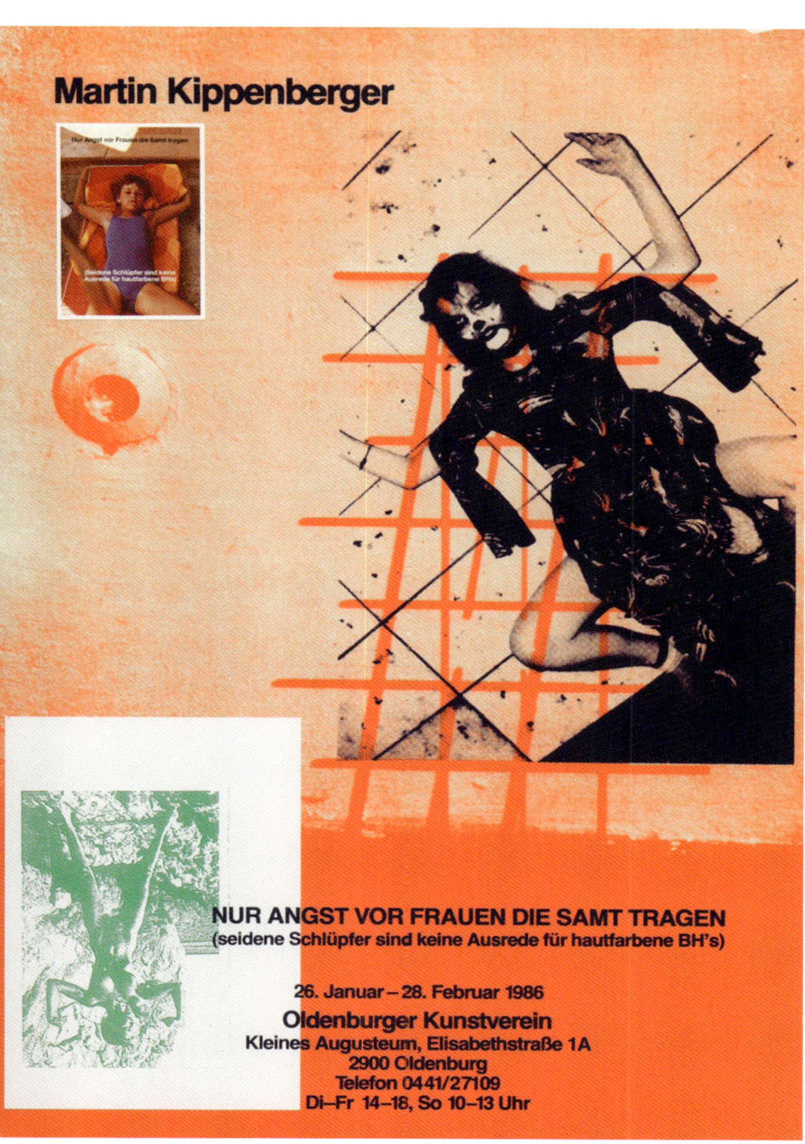

Martin Kippenberger
NUR ANGST VOR FRAUEN DIE SAMT TRAGEN
(seidene Schlüpfer sind keine Ausrede für hautfarbene BH's)
26. Januar – 28. Februar 1986
Oldenburger Kunstverein
Kleines Augusteum, Elisabethstraße 1A
2900 Oldenburg
Telefon 0441/27109
Di–Fr 14–18, So 10–13 Uhr

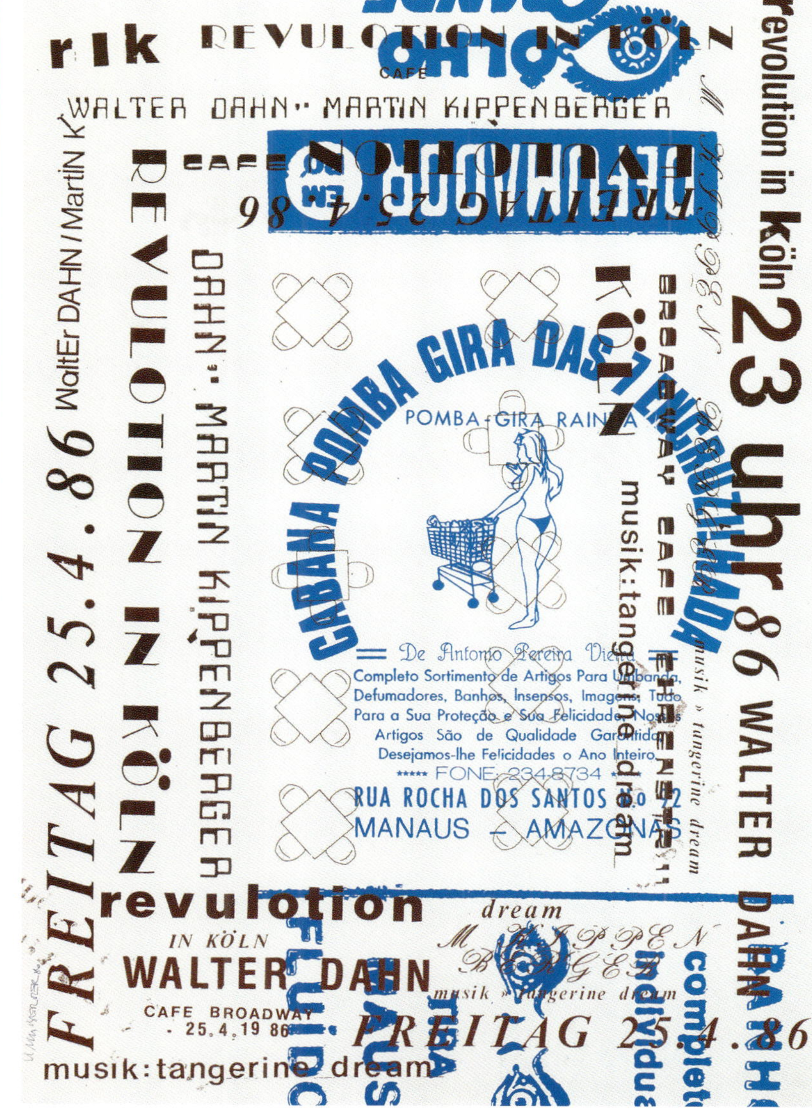

REVULOTION IN KÖLN
WALTER DAHN · MARTIN KIPPENBERGER
revolution in Köln
23 uhr
FREITAG 25.4.86
WaltEr DAHN / MartIN K
REVULOTION IN KÖLN
DAHN · MARTIN KIPPENBERGER
CABANA POMBA GIRA DAS 7 ENCRUZILHADA
POMBA-GIRA RAINHA
De Antonio Pereira Vieira
Completo Sortimento de Artigos Para Umbanda, Defumadores, Banhos, Insensos, Imagens, Tudo Para a Sua Proteção e Sua Felicidade. Nossos Artigos São de Qualidade Garantida. Desejamos-lhe Felicidades o Ano Inteiro.
FONE 234-8734
RUA ROCHA DOS SANTOS No 12
MANAUS – AMAZONAS
musik:tangerine dream
BROADWAY CAFE
WALTER DAHN
revulotion
IN KÖLN
WALTER DAHN
CAFE BROADWAY
25.4.19 86
FREITAG 25.4.86
musik:tangerine dream

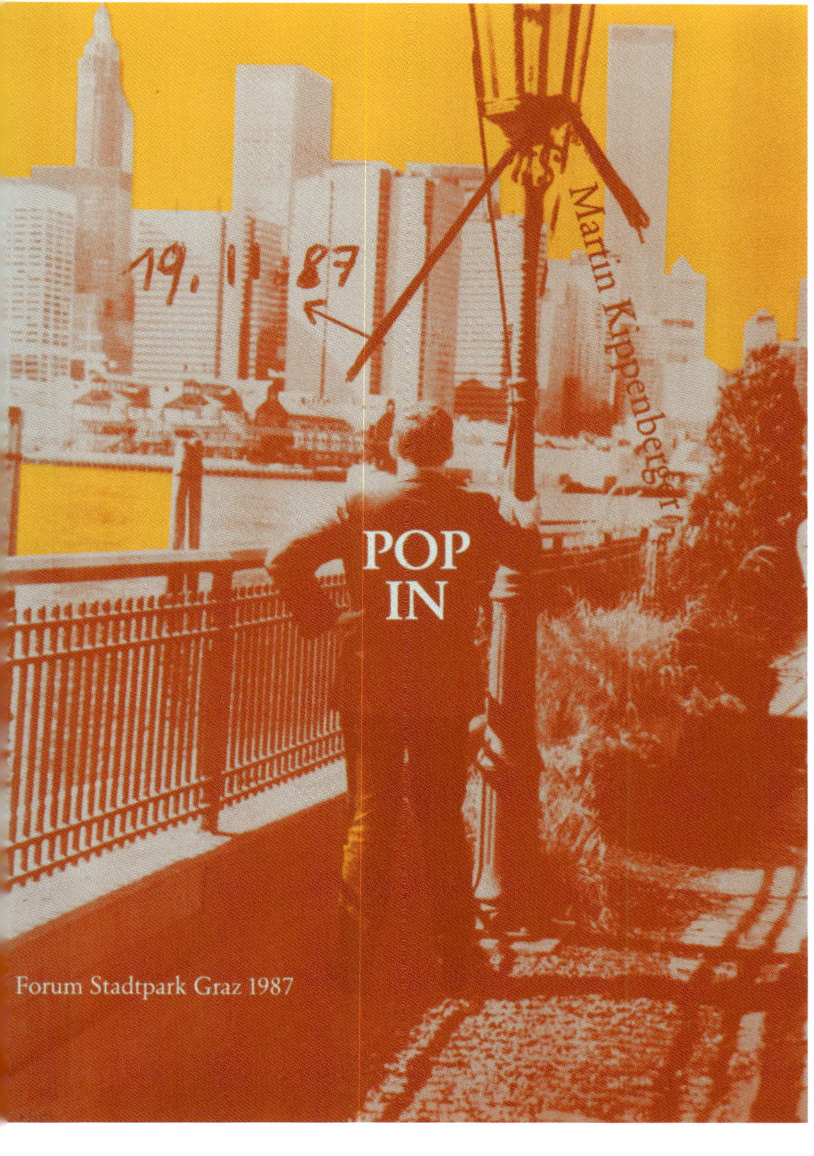

19. 1. 87
Martin Kippenberger
POP IN
Forum Stadtpark Graz 1987

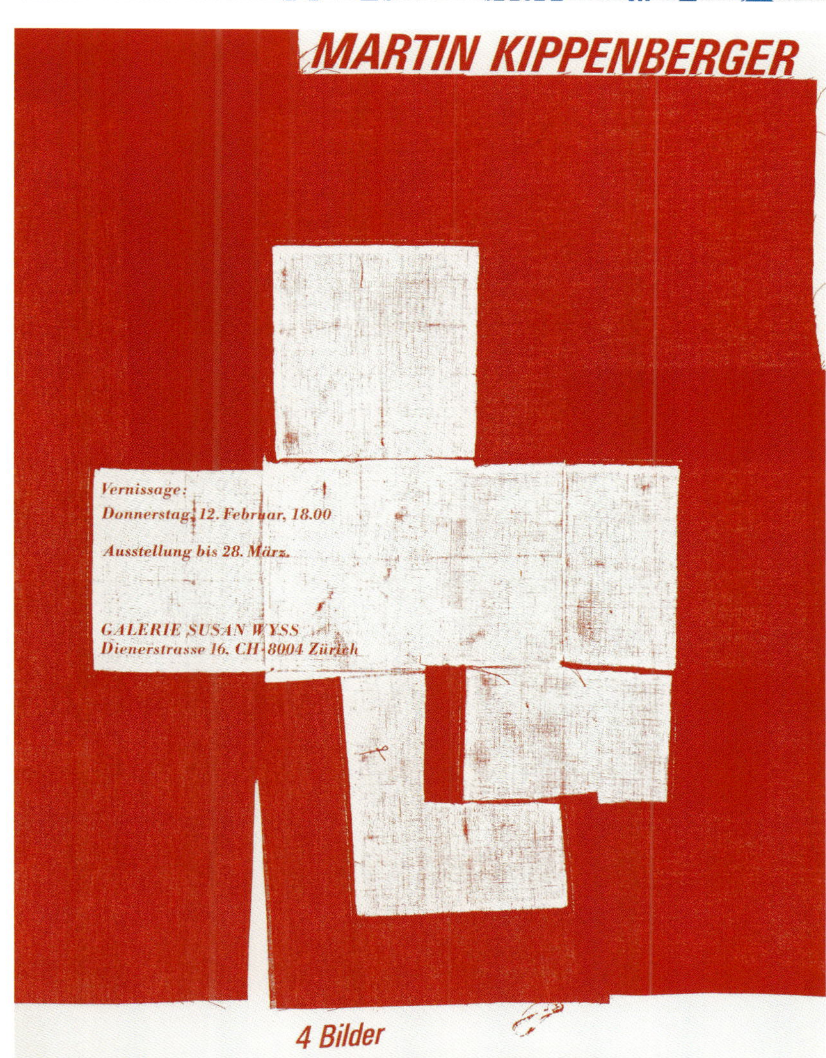

MARTIN KIPPENBERGER
Vernissage:
Donnerstag, 12. Februar, 18.00
Ausstellung bis 28. März.
GALERIE SUSAN WYSS
Dienerstrasse 16, CH-8004 Zürich
4 Bilder
unter Einfluss von Windrichtungen
1 Kiste

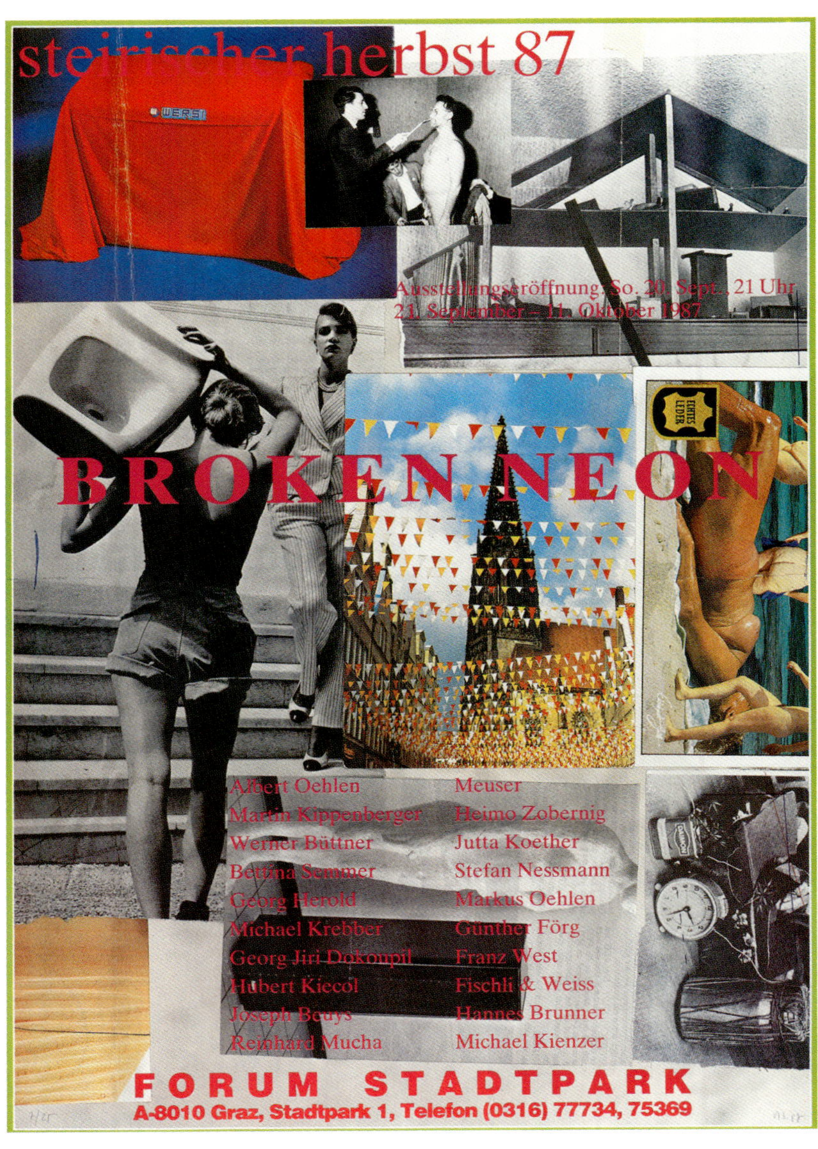
steirischer herbst 87
Ausstellungseröffnung: So. 20. Sept., 21 Uhr
21. September – 11. Oktober 1987
BROKEN NEON
Albert Oehlen
Martin Kippenberger
Werner Büttner
Bettina Semmer
Georg Herold
Michael Krebber
Georg Jiri Dokoupil
Hubert Kiecol
Joseph Beuys
Reinhard Mucha
Meuser
Heimo Zobernig
Jutta Koether
Stefan Nessmann
Markus Oehlen
Günther Förg
Franz West
Fischli & Weiss
Hannes Brunner
Michael Kienzer
FORUM STADTPARK
A-8010 Graz, Stadtpark 1, Telefon (0316) 77734, 75369

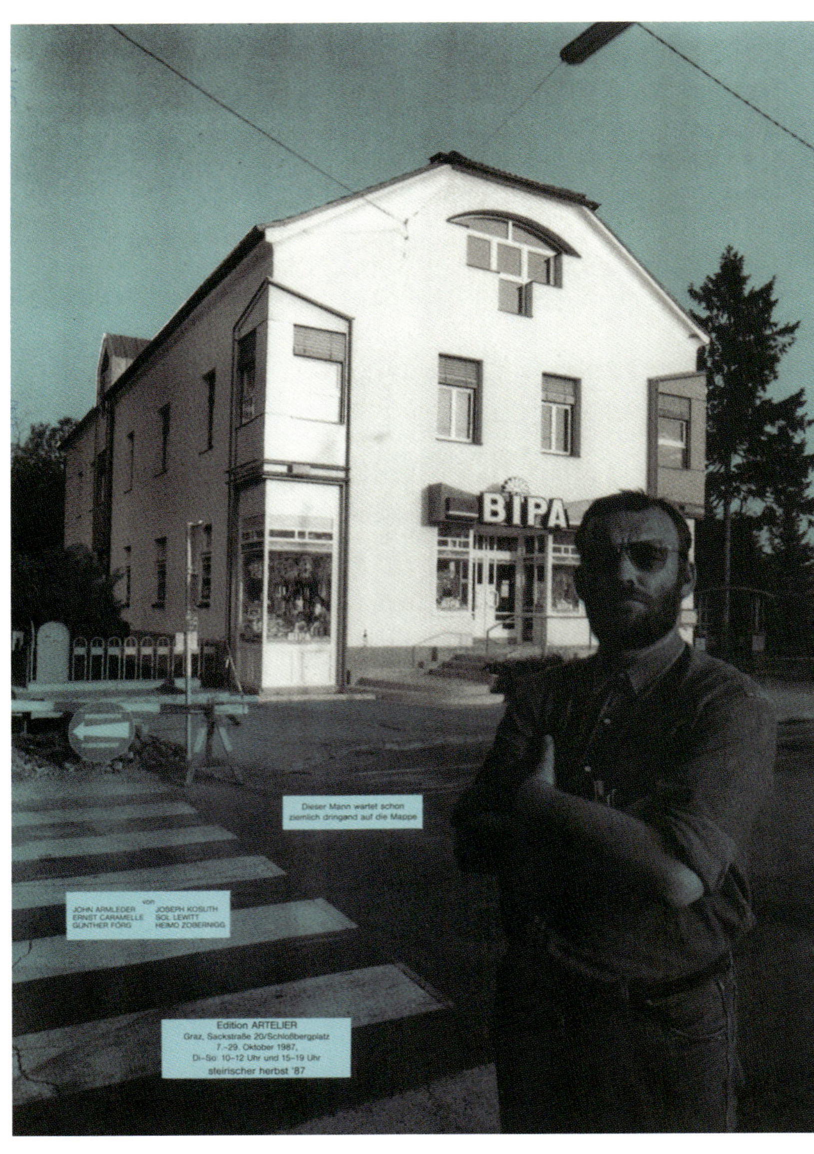
BIPA
Dieser Mann wartet schon ziemlich dringend auf die Mappe
von
JOHN ARMLEDER
ERNST CARAMELLE
GÜNTHER FÖRG
JOSEPH KOSUTH
SOL LEWITT
HEIMO ZOBERNIGG
Edition ARTELIER
Graz, Sackstraße 20/Schloßbergplatz
7.–29. Oktober 1987,
Di–So: 10–12 Uhr und 15–19 Uhr
steirischer herbst '87

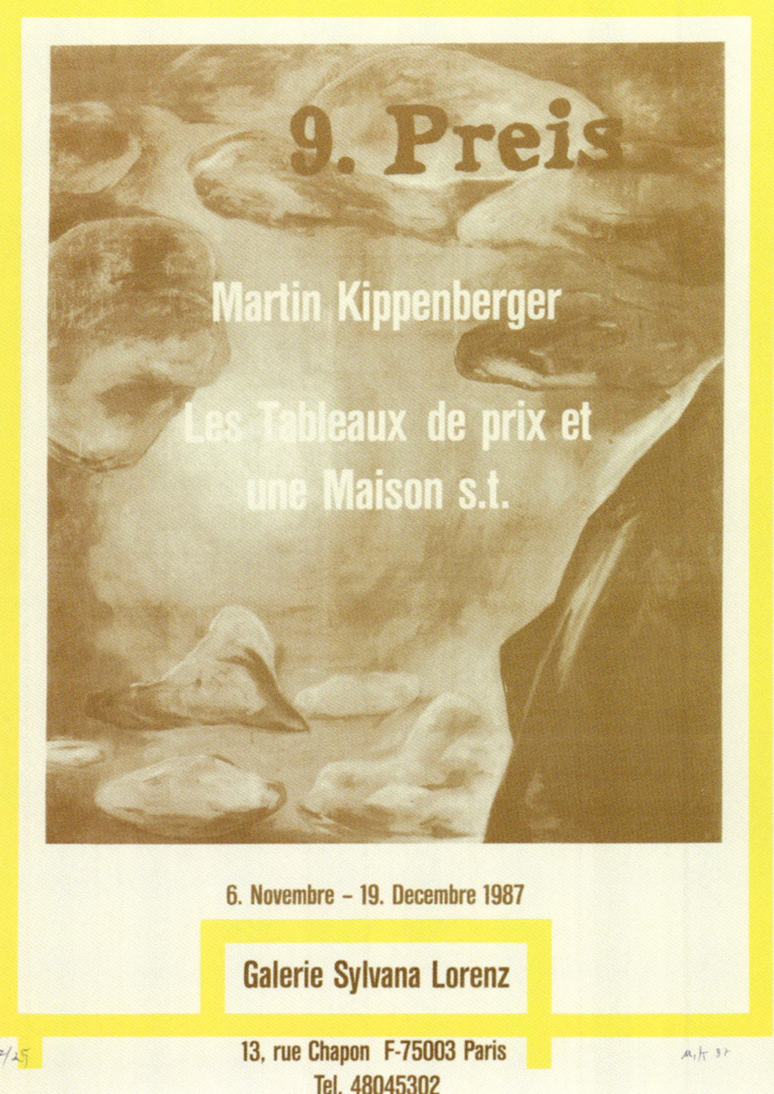
9. Preis
Martin Kippenberger
Les Tableaux de prix et une Maison s.t.
6. Novembre – 19. Decembre 1987
Galerie Sylvana Lorenz
13, rue Chapon F-75003 Paris
Tel. 48045302

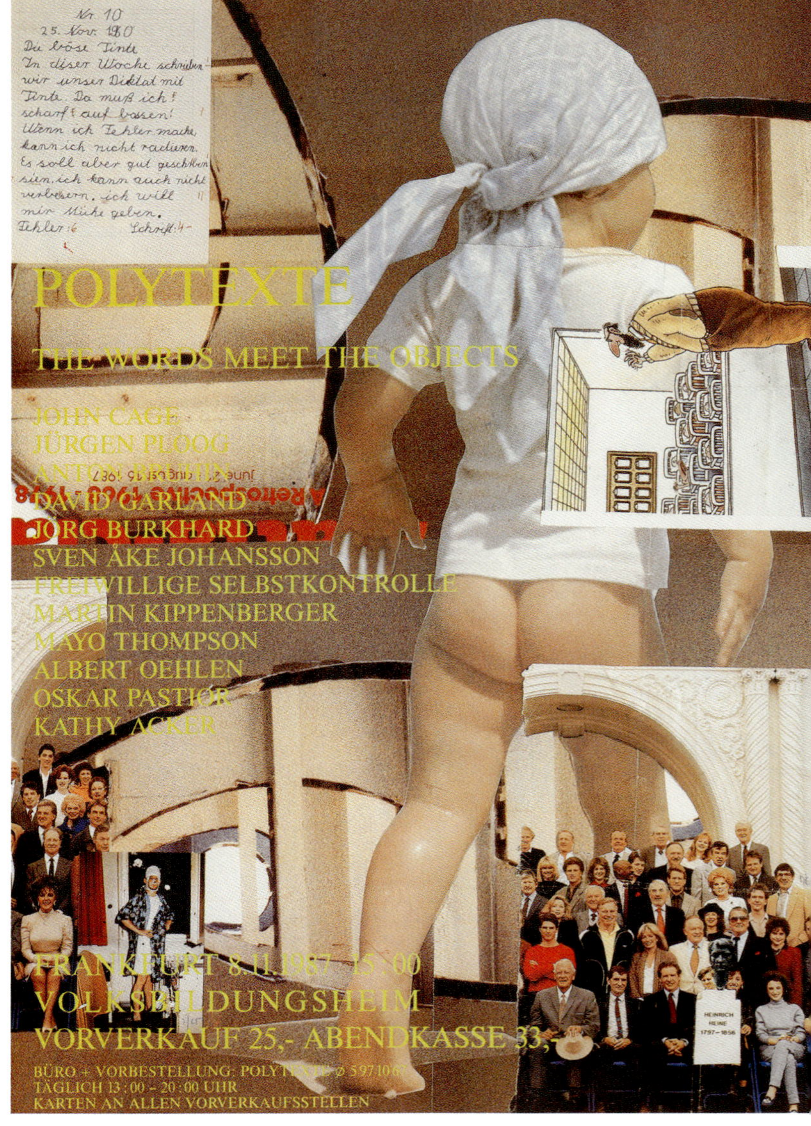
POLYTEXTE
THE WORDS MEET THE OBJECTS
JOHN CAGE
JÜRGEN PLOOG
ANTON BRUHN
DAVID GARLAND
JÖRG BURKHARD
SVEN ÅKE JOHANSSON
FREIWILLIGE SELBSTKONTROLLE
MARTIN KIPPENBERGER
MAYO THOMPSON
ALBERT OEHLEN
OSKAR PASTIOR
KATHY ACKER
FRANKFURT 8.11.1987 15:00
VOLKSBILDUNGSHEIM
VORVERKAUF 25,- ABENDKASSE 33,-
BÜRO + VORBESTELLUNG: POLYTEXTE ø 5 97 10
TÄGLICH 13:00 – 20:00 UHR
KARTEN AN ALLEN VORVERKAUFSSTELLEN

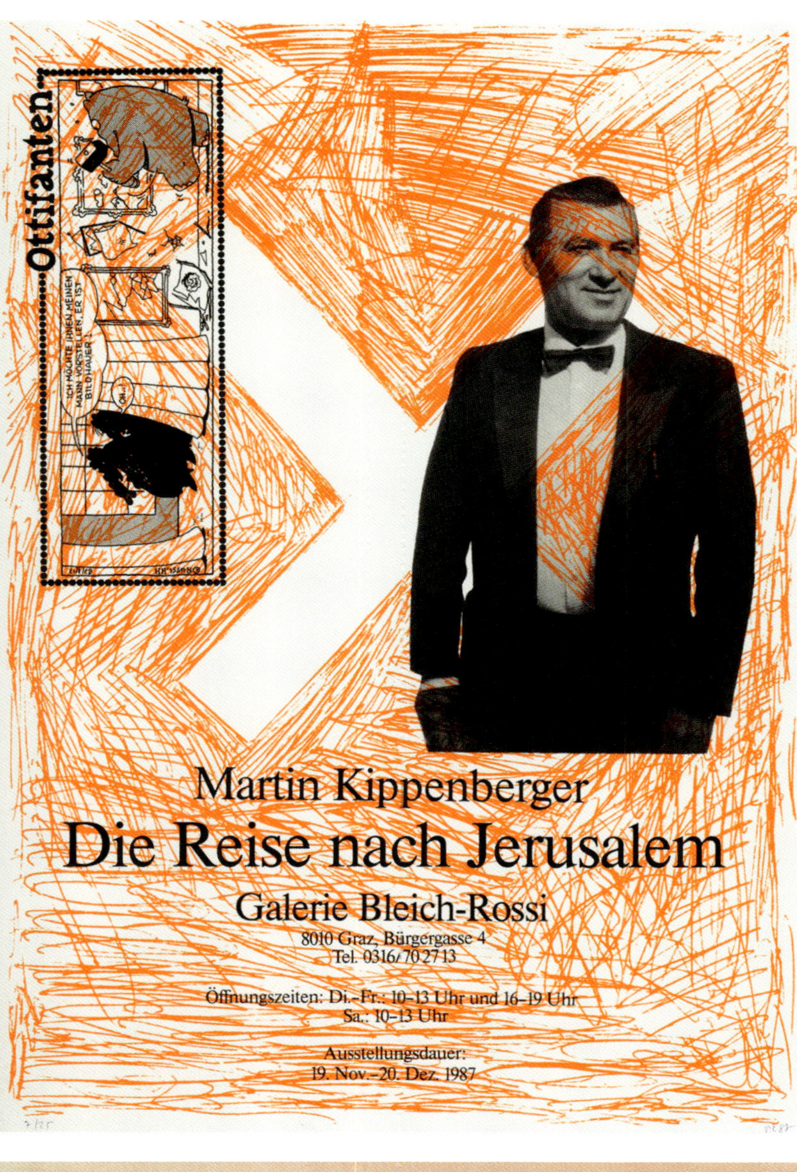
Ottifanten
Martin Kippenberger
Die Reise nach Jerusalem
Galerie Bleich-Rossi
8010 Graz, Bürgergasse 4
Tel. 0316/70 27 13
Öffnungszeiten: Di.–Fr.: 10–13 Uhr und 16–19 Uhr
Sa.: 10–13 Uhr
Ausstellungsdauer:
19. Nov.–20. Dez. 1987

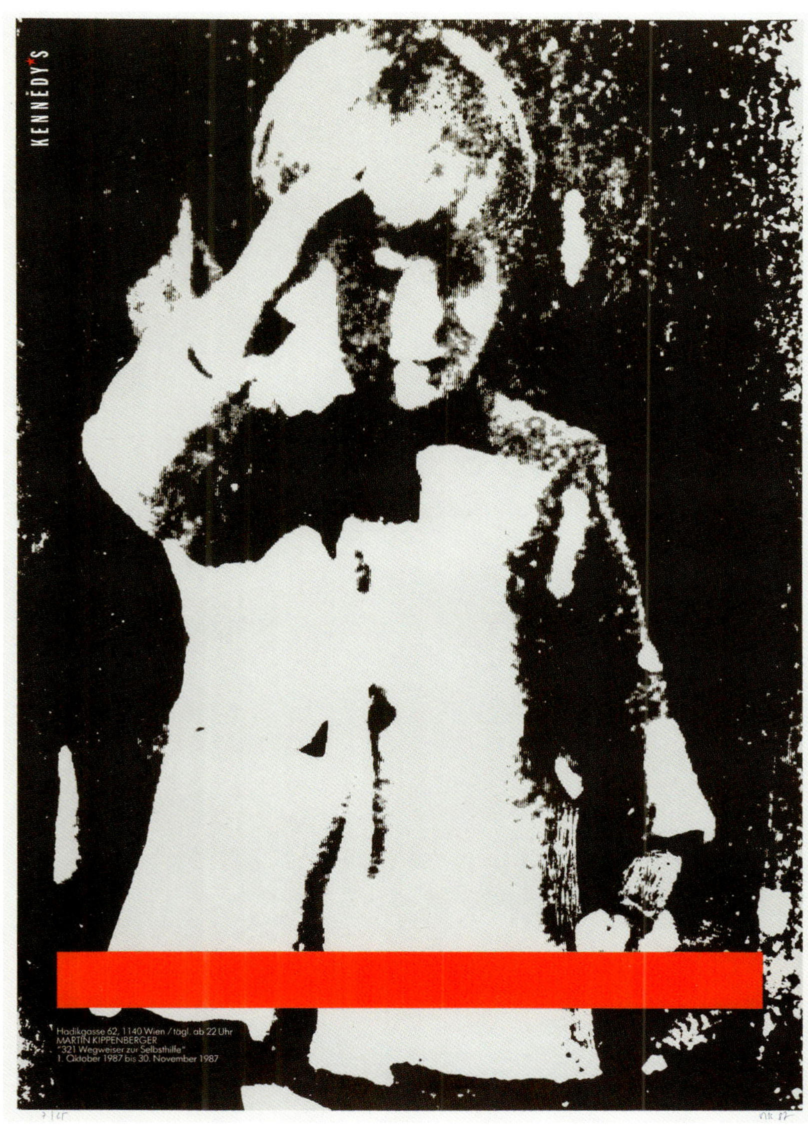
KENNEDY'S
Hadikgasse 62, 1140 Wien / tägl. ab 22 Uhr
MARTIN KIPPENBERGER
"321 Wegweiser zur Selbsthilfe"
1. Oktober 1987 bis 30. November 1987

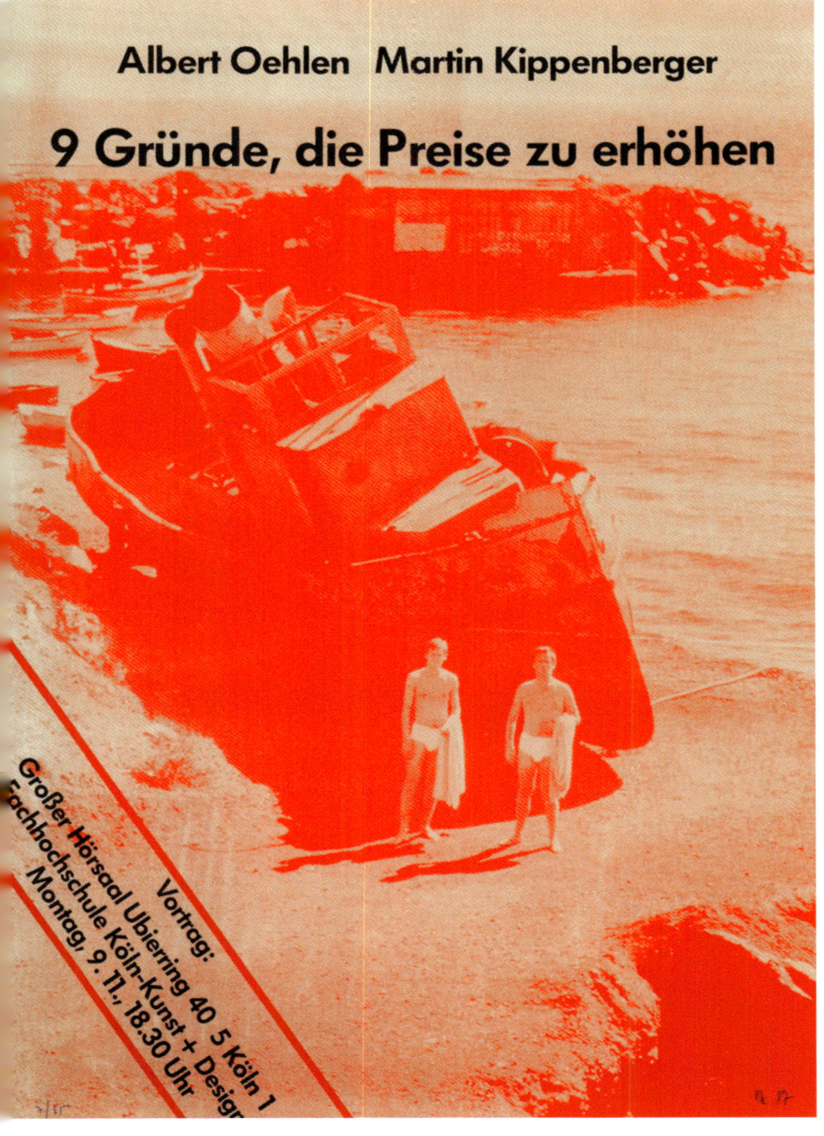
Albert Oehlen Martin Kippenberger
9 Gründe, die Preise zu erhöhen
Vortrag:
Großer Hörsaal Ubierring 40 5 Köln 1
Fachhochschule Köln-Kunst + Design
Montag, 9. 11., 18.30 Uhr

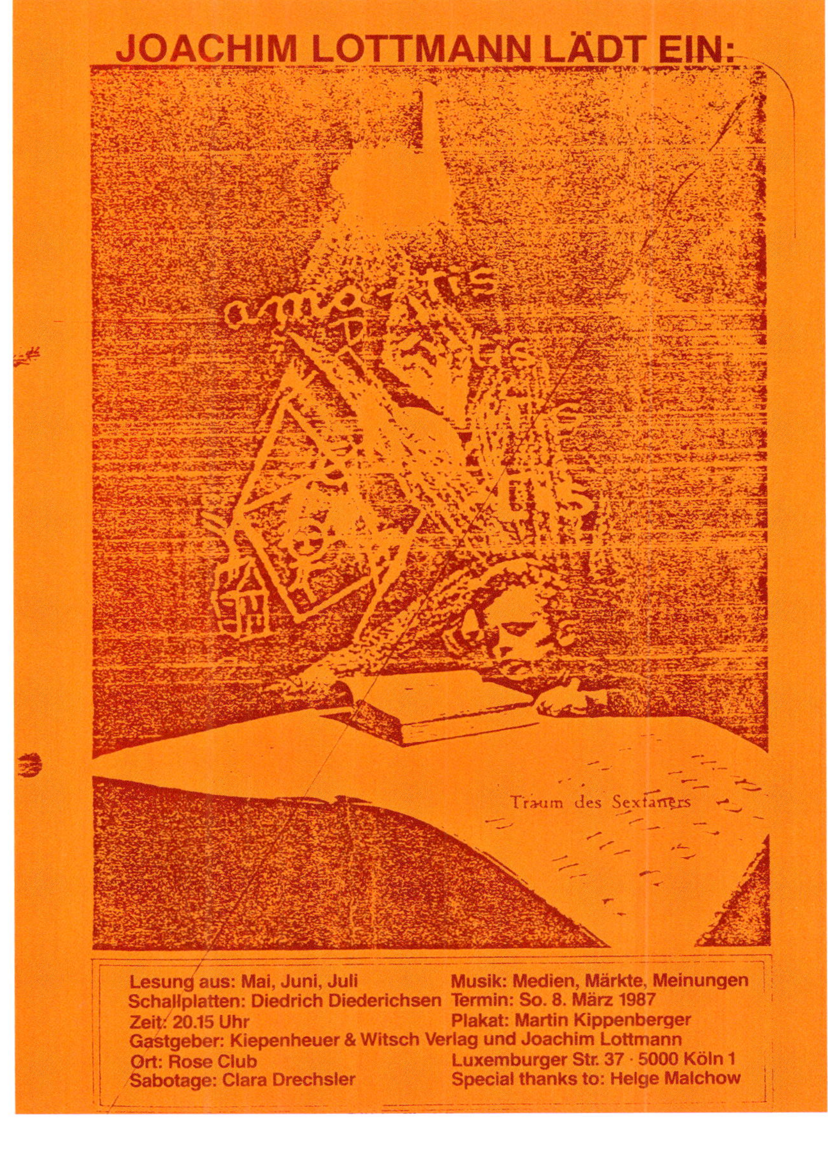
JOACHIM LOTTMANN LÄDT EIN:
Traum des Sextaners
Lesung aus: Mai, Juni, Juli
Musik: Medien, Märkte, Meinungen
Schallplatten: Diedrich Diederichsen
Termin: So. 8. März 1987
Zeit: 20.15 Uhr
Plakat: Martin Kippenberger
Gastgeber: Kiepenheuer & Witsch Verlag und Joachim Lottmann
Ort: Rose Club
Luxemburger Str. 37 · 5000 Köln 1
Sabotage: Clara Drechsler
Special thanks to: Helge Malchow

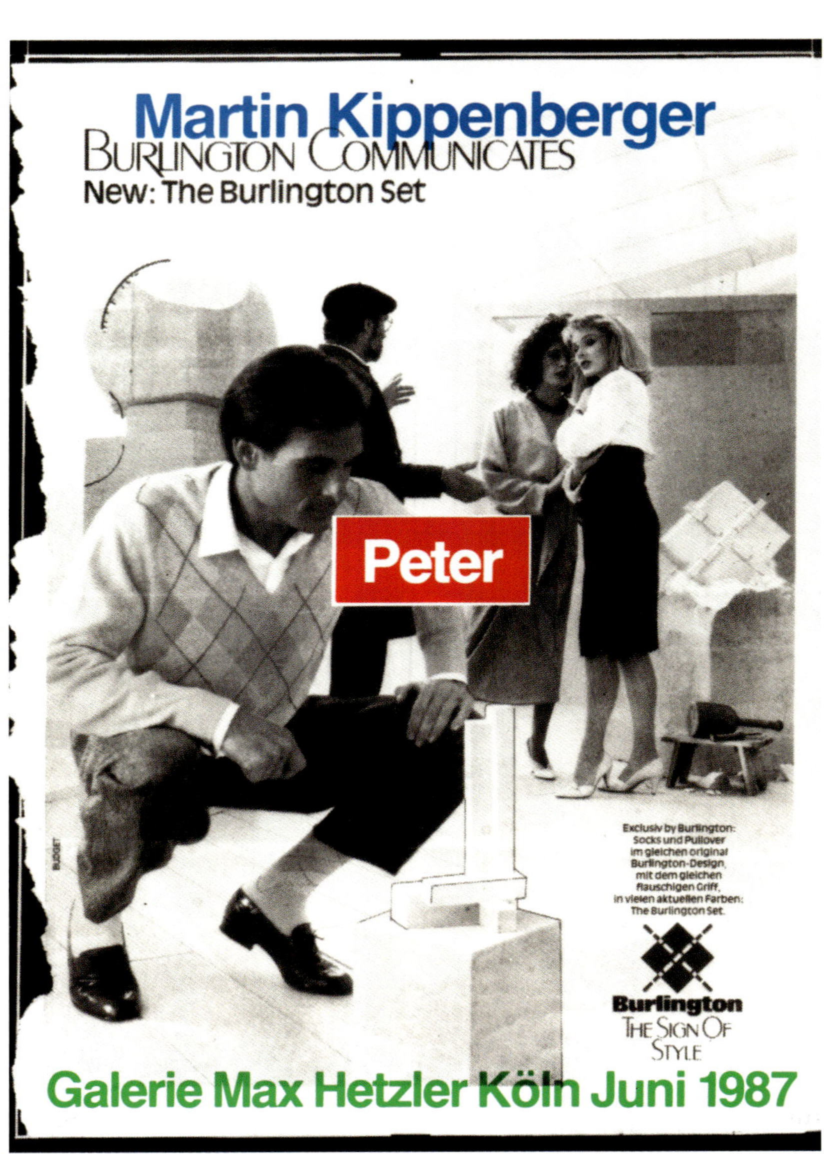
Martin Kippenberger
Burlington Communicates
New: The Burlington Set
Peter
Exclusiv by Burlington: Socks und Pullover im gleichen original Burlington-Design, mit dem gleichen flauschigen Griff, in vielen aktuellen Farben: The Burlington Set.
Burlington
The Sign Of Style
Galerie Max Hetzler Köln Juni 1987

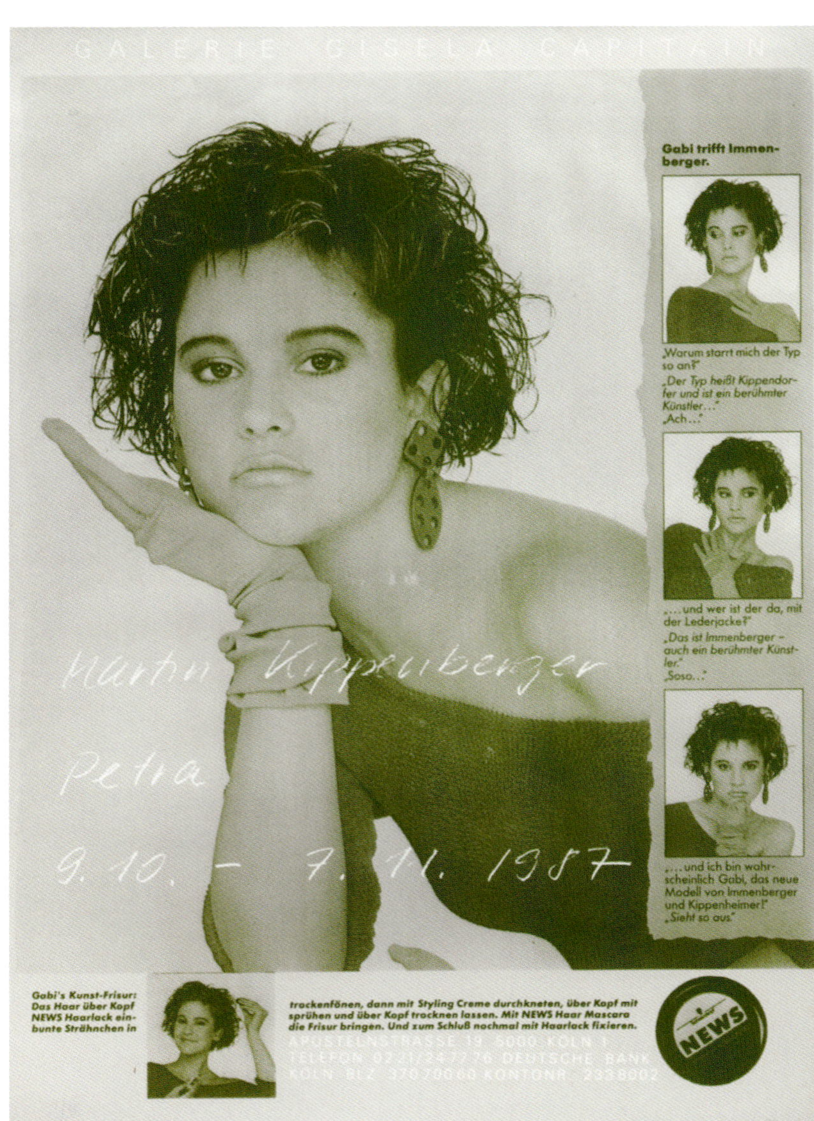
GALERIE GISELA CAPITAIN
Gabi trifft Immenberger.
„Warum starrt mich der Typ so an?"
„Der Typ heißt Kippendorfer und ist ein berühmter Künstler…"
„Ach…"
„…und wer ist der da, mit der Lederjacke?"
„Das ist Immenberger – auch ein berühmter Künstler."
„Soso…"
„…und ich bin wahrscheinlich Gabi, das neue Modell von Immenberger und Kippenheimer!"
„Sieht so aus."
Martin Kippenberger
Petra
9. 10. – 7. 11. 1987
Gabi's Kunst-Frisur: Das Haar über Kopf trockenfönen, dann mit Styling Creme durchkneten, über Kopf mit NEWS Haarlack einsprühen und über Kopf trocknen lassen. Mit NEWS Haar Mascara bunte Strähnchen in die Frisur bringen. Und zum Schluß nochmal mit Haarlack fixieren.
NEWS

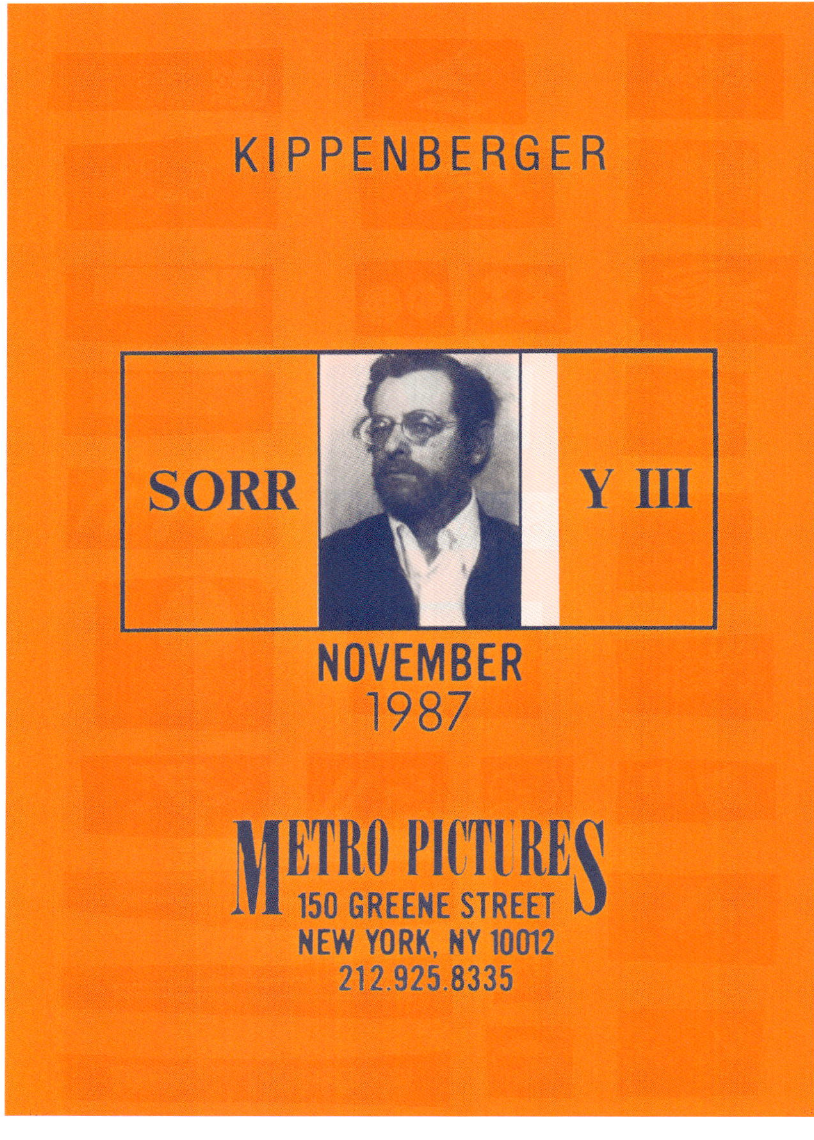
KIPPENBERGER
SORR Y III
NOVEMBER
1987
METRO PICTURES
150 GREENE STREET
NEW YORK, NY 10012
212.925.8335

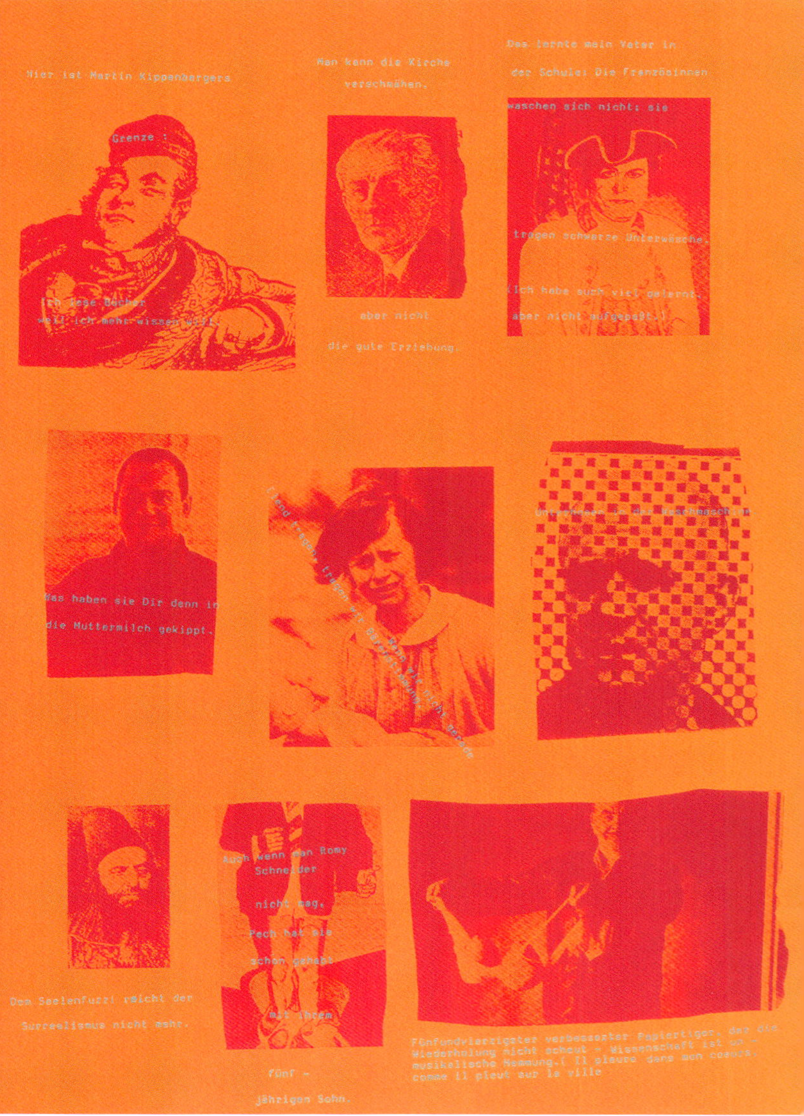
Hier ist Martin Kippenbergers
Grenze :
Ich lese Bücher
weil ich mehr wissen will.
Man kann die Kirche
verschmähen,
aber nicht
die gute Erziehung.
Das lernte mein Vater in
der Schule: Die Französinnen
waschen sich nicht: sie
tragen schwarze Unterwäsche.
(Ich habe auch viel gelernt,
aber nicht aufgepaßt.)
Was haben sie Dir denn in
die Muttermilch gekippt.
Unternehmen in der Waschmaschine.
Auch wenn man Romy
Schneider
nicht mag.
Pech hat sie
schon gehabt
mit ihrem
fünf –
jährigen Sohn.
Dem Seelenfuzzi reicht der
Surrealismus nicht mehr.
Fünfundvierzigster verbesserter Papiertiger, der die
Wiederholung nicht scheut – Wissenschaft ist un –
musikalische Hemmung.(Il pleure dans mon coeurs,
comme il pleut sur la ville

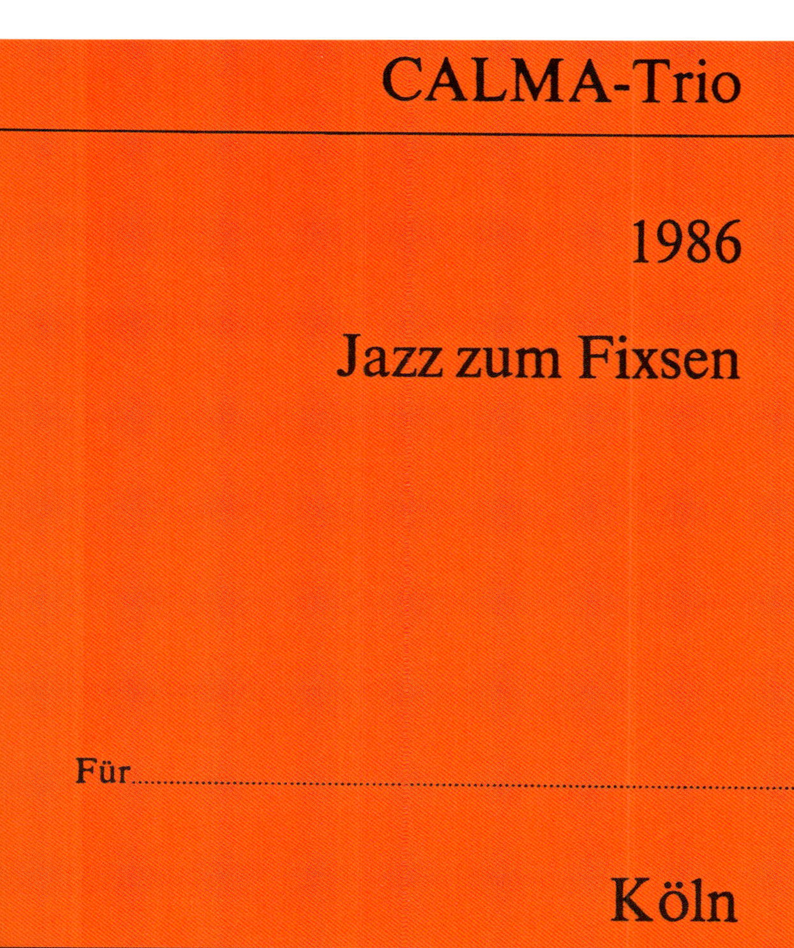
CALMA-Trio
1986
Jazz zum Fixsen
Für
Köln
NEUSCHWANSTEIN
Mittelstraße 12-14
in Zusammenarbeit mit
Grässlin-Ehrhardt
MITTWOCH
11. 3. 1987
22.00 Uhr

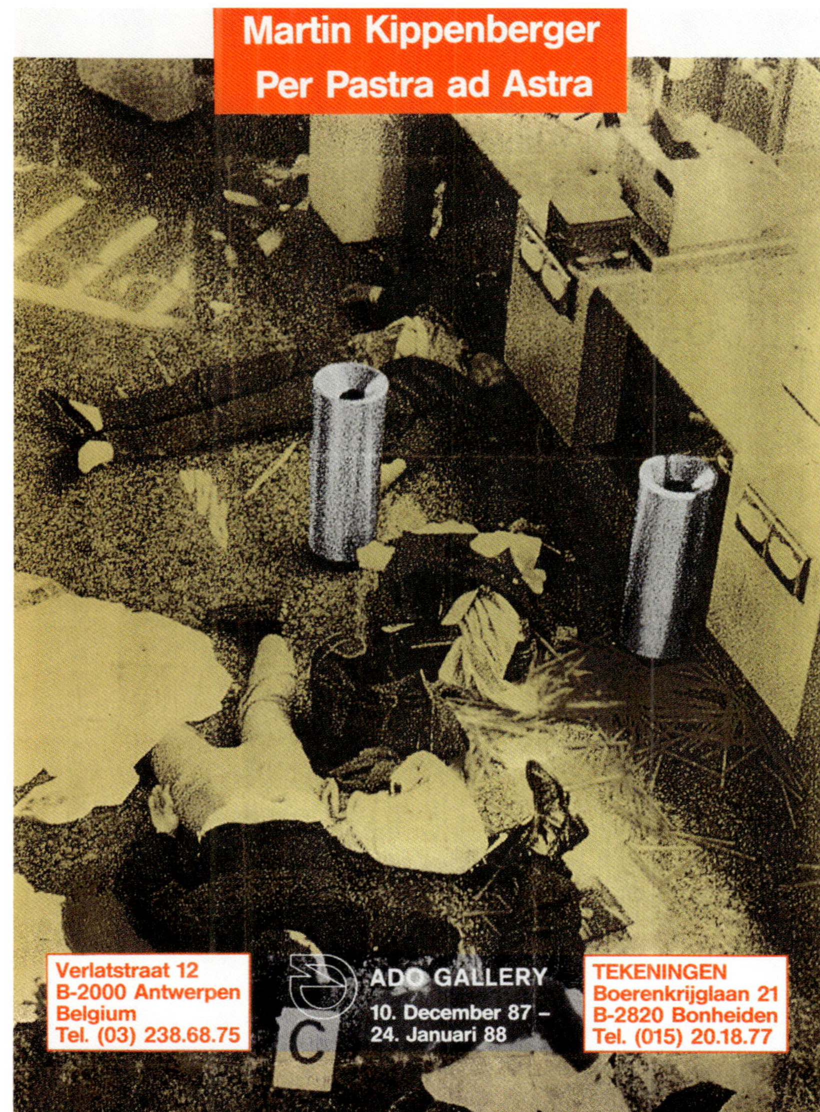
Martin Kippenberger
Per Pastra ad Astra
Verlatstraat 12
B-2000 Antwerpen
Belgium
Tel. (03) 238.68.75
ADO GALLERY
10. December 87 –
24. Januari 88
TEKENINGEN
Boerenkrijglaan 21
B-2820 Bonheiden
Tel. (015) 20.18.77

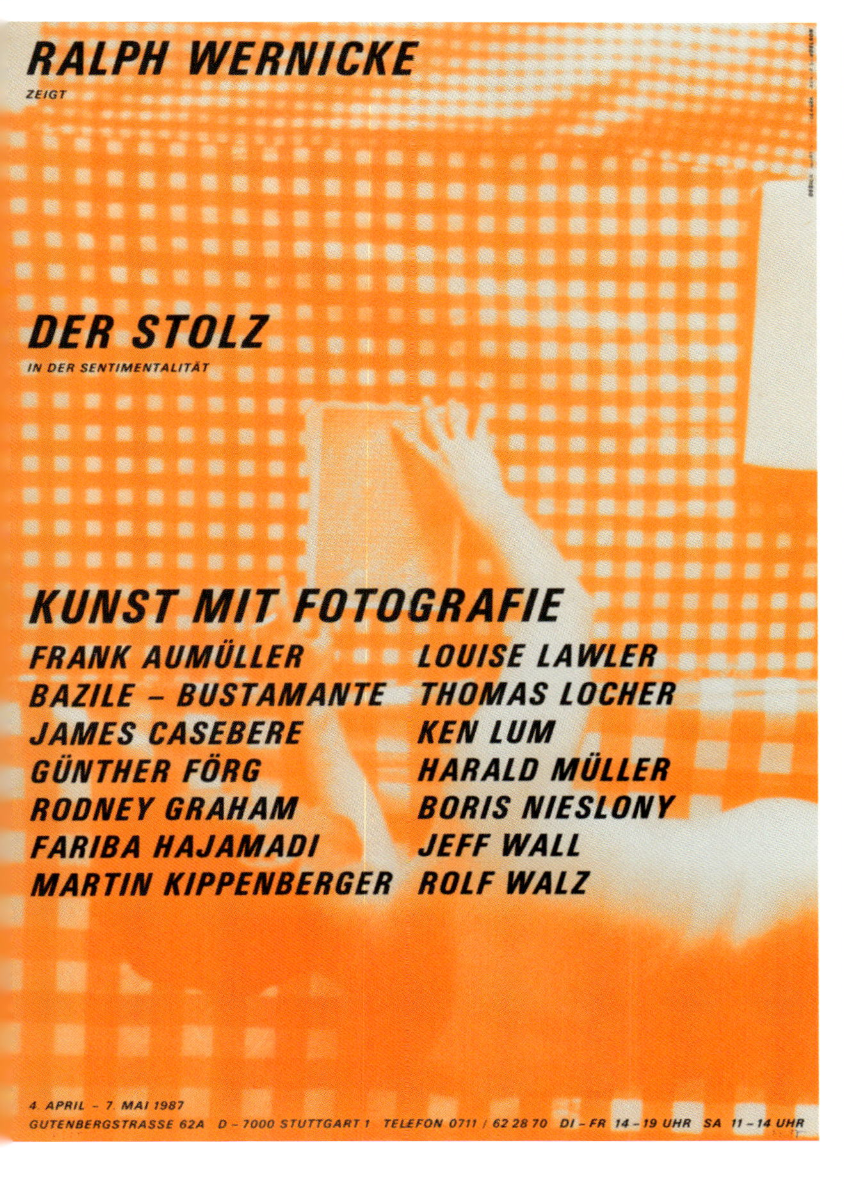
RALPH WERNICKE
ZEIGT
DER STOLZ
IN DER SENTIMENTALITÄT
KUNST MIT FOTOGRAFIE
FRANK AUMÜLLER
BAZILE – BUSTAMANTE
JAMES CASEBERE
GÜNTHER FÖRG
RODNEY GRAHAM
FARIBA HAJAMADI
MARTIN KIPPENBERGER
LOUISE LAWLER
THOMAS LOCHER
KEN LUM
HARALD MÜLLER
BORIS NIESLONY
JEFF WALL
ROLF WALZ
4. APRIL – 7. MAI 1987
GUTENBERGSTRASSE 62A D – 7000 STUTTGART 1 TELEFON 0711 / 62 28 70 DI – FR 14 – 19 UHR SA 11 – 14 UHR

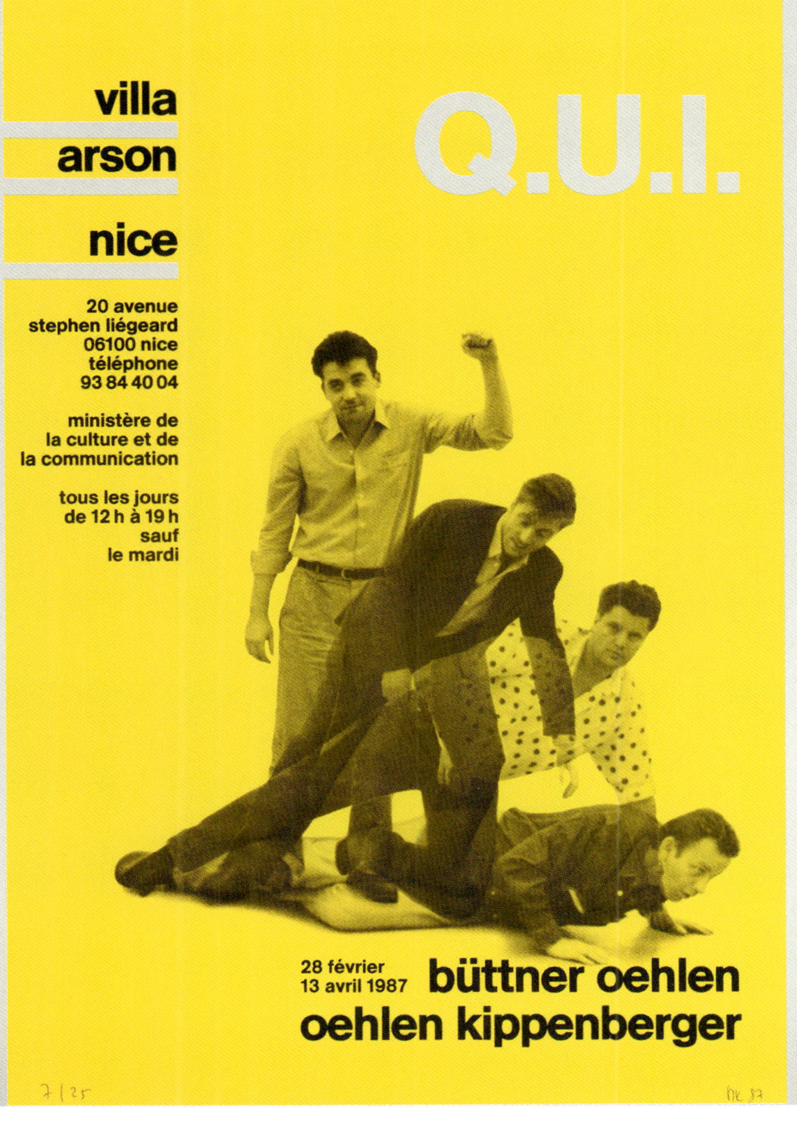
villa
arson
nice
Q.U.I.
20 avenue
stephen liégeard
06100 nice
téléphone
93 84 40 04
ministère de
la culture et de
la communication
tous les jours
de 12 h à 19 h
sauf
le mardi
28 février
13 avril 1987
büttner oehlen
oehlen kippenberger

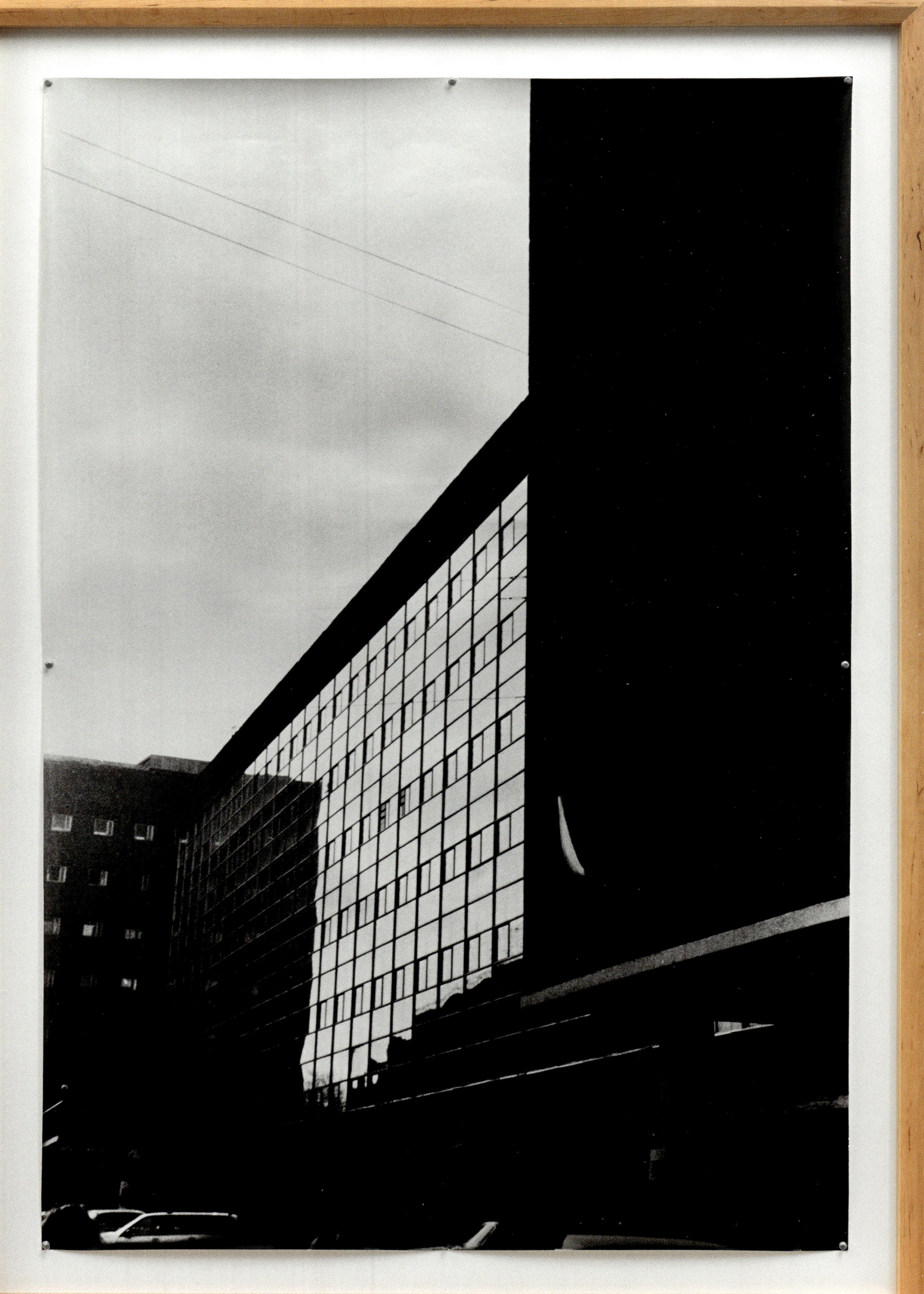

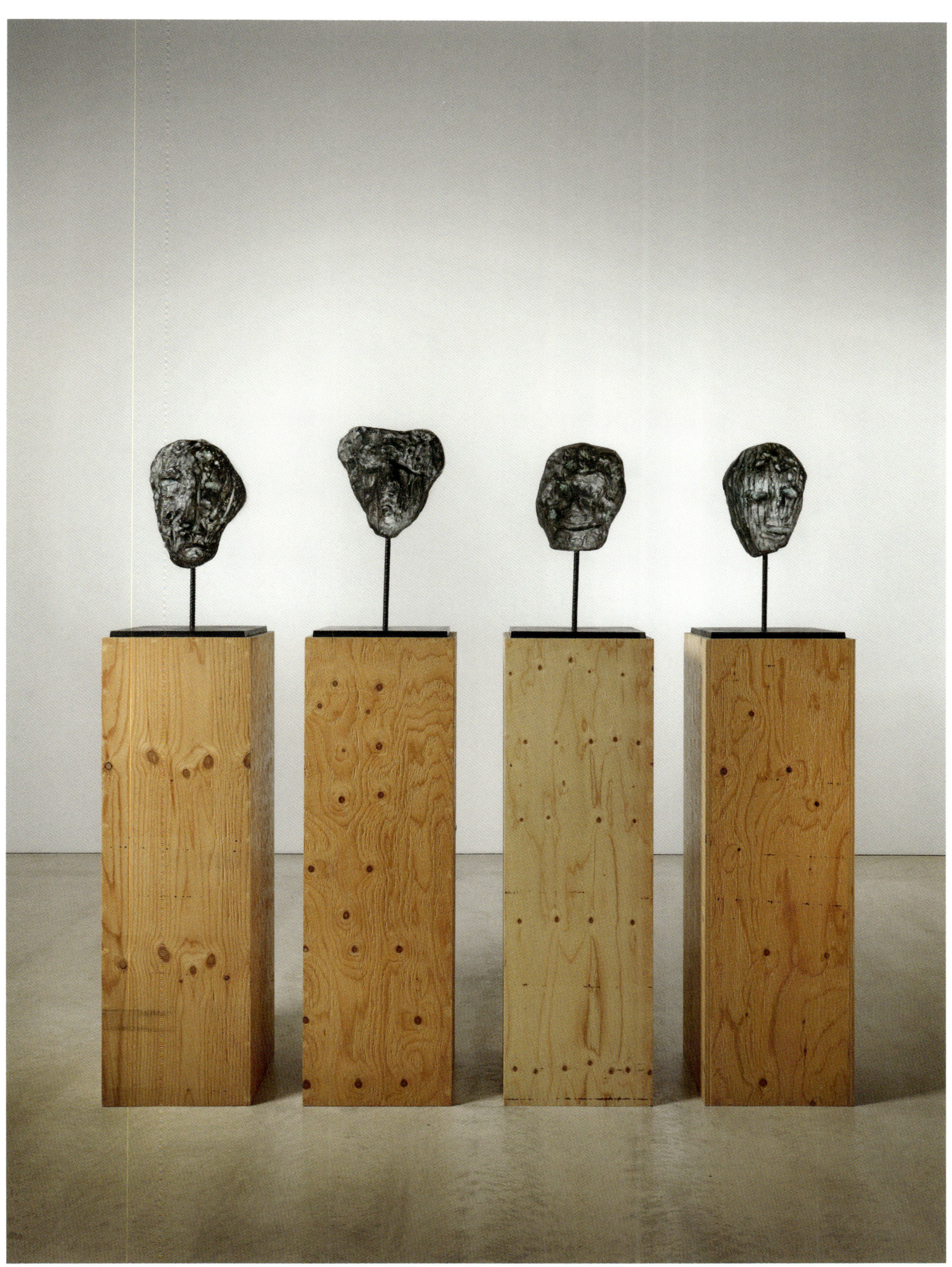

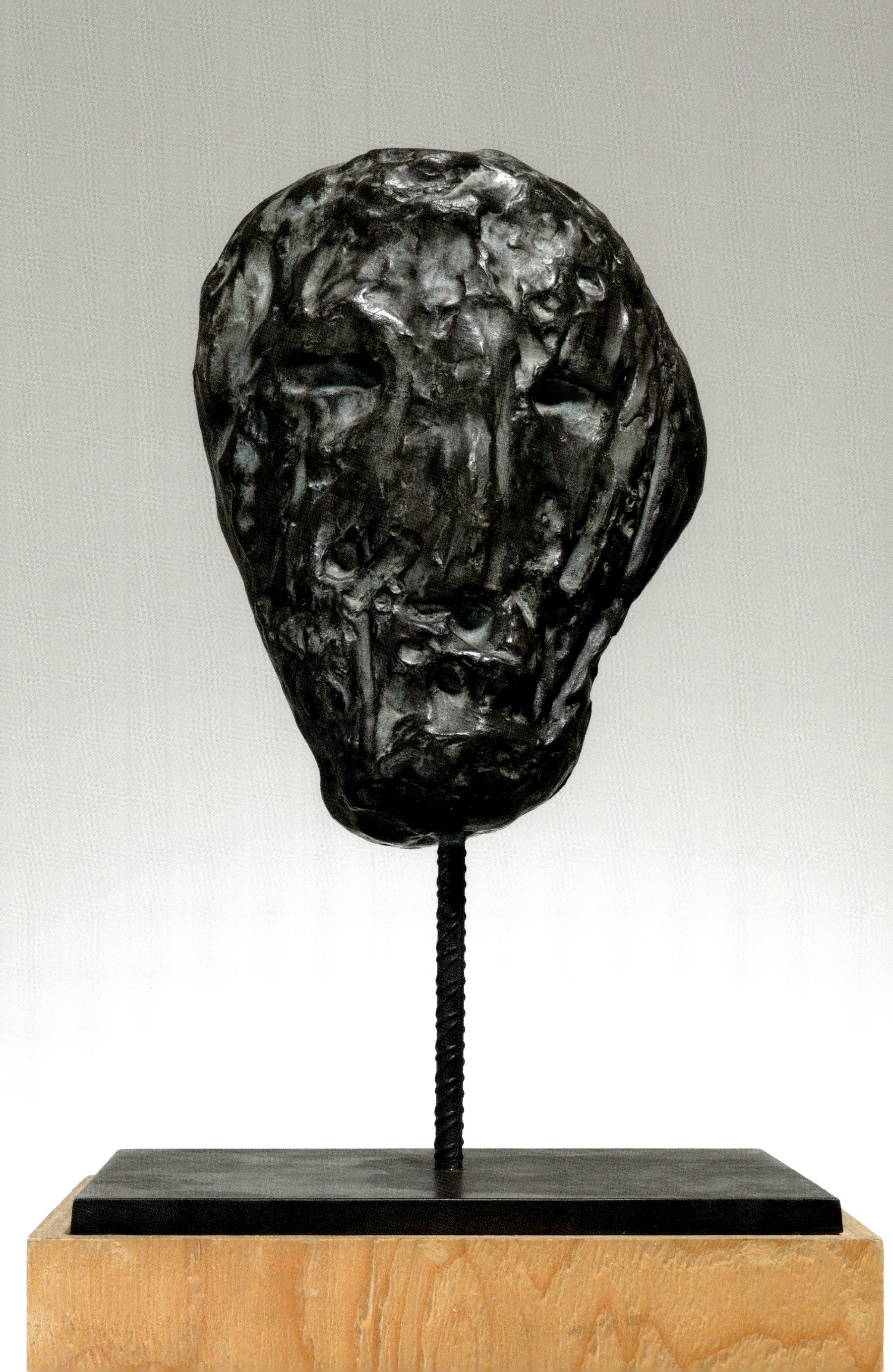

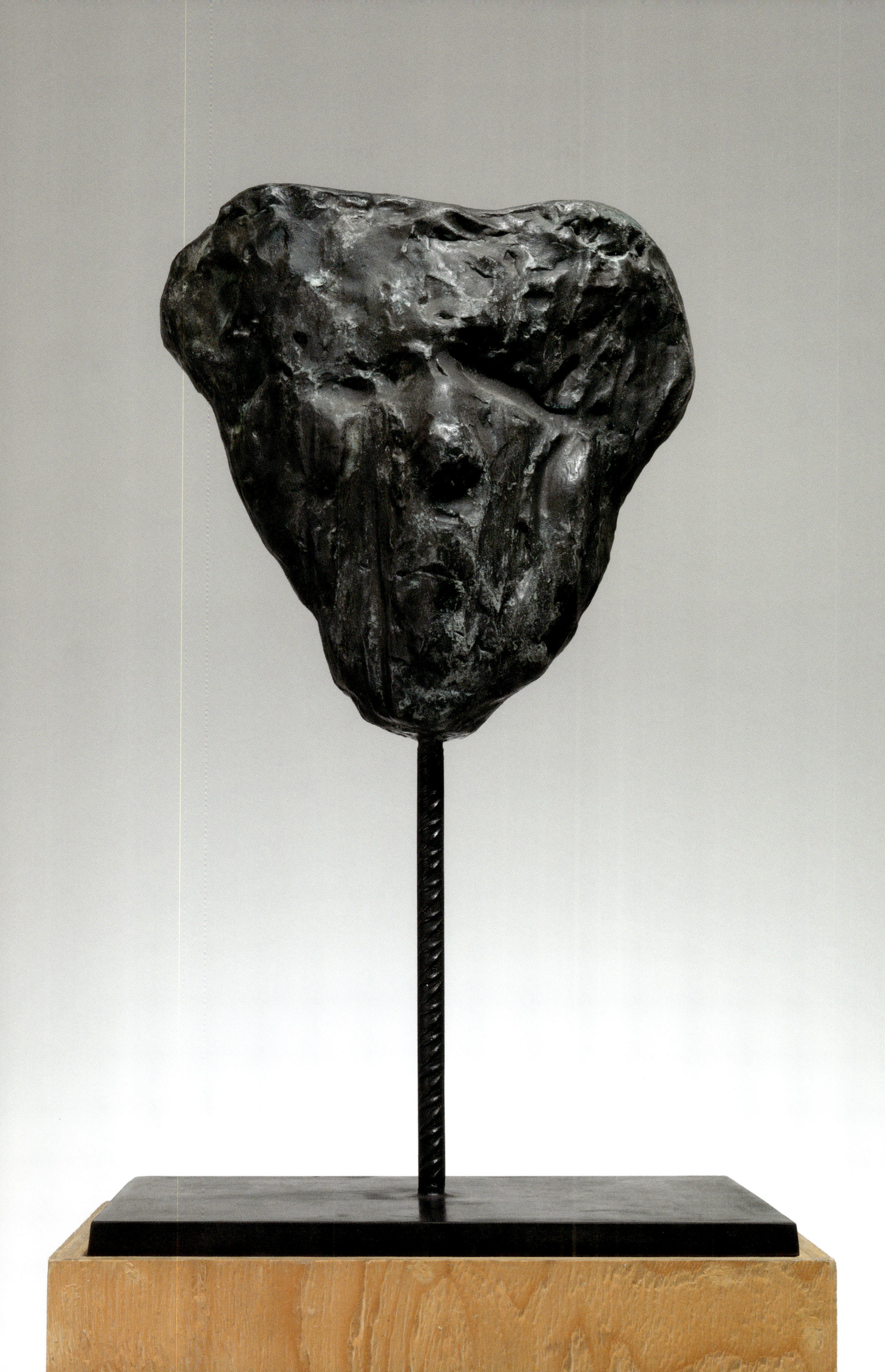

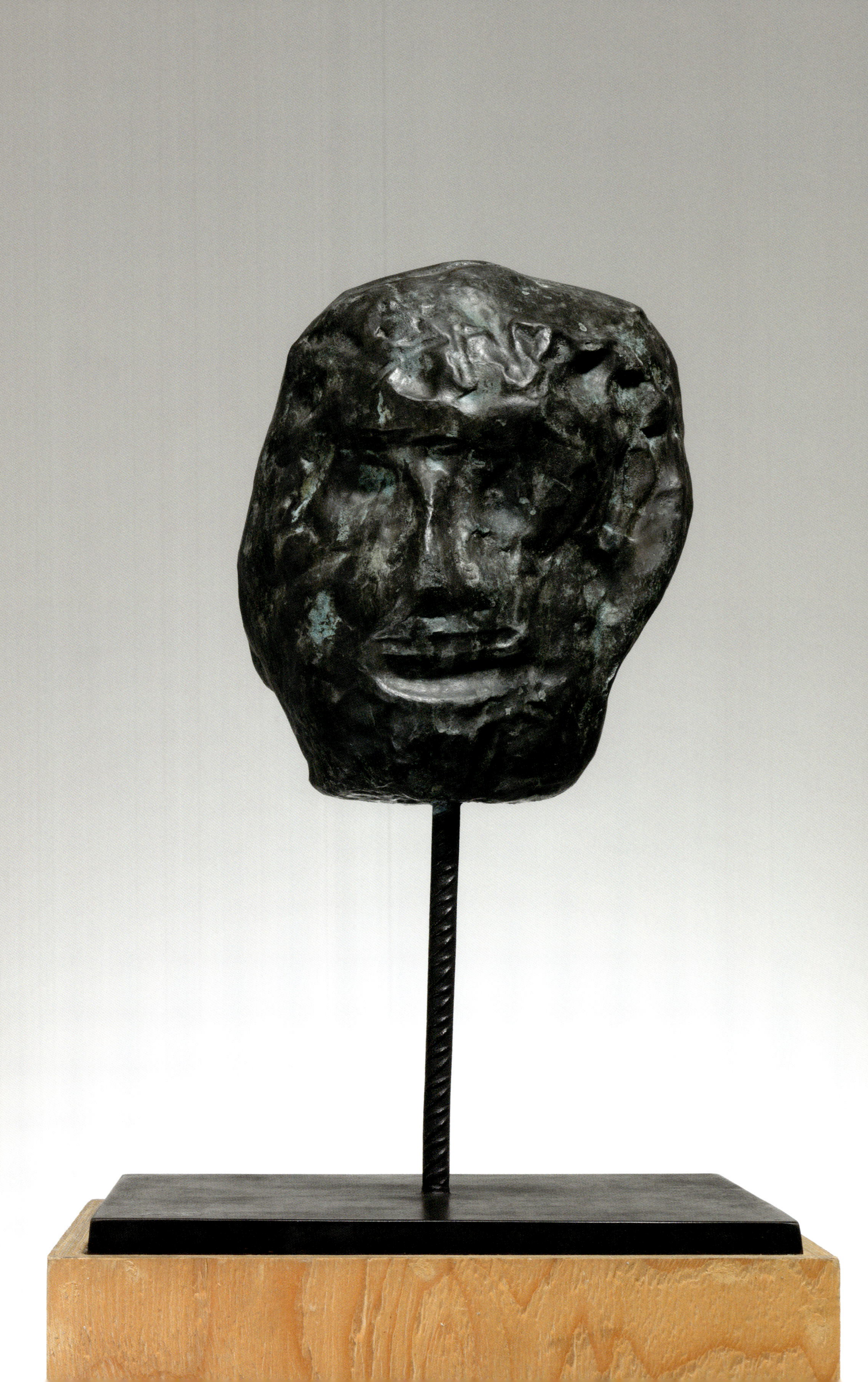

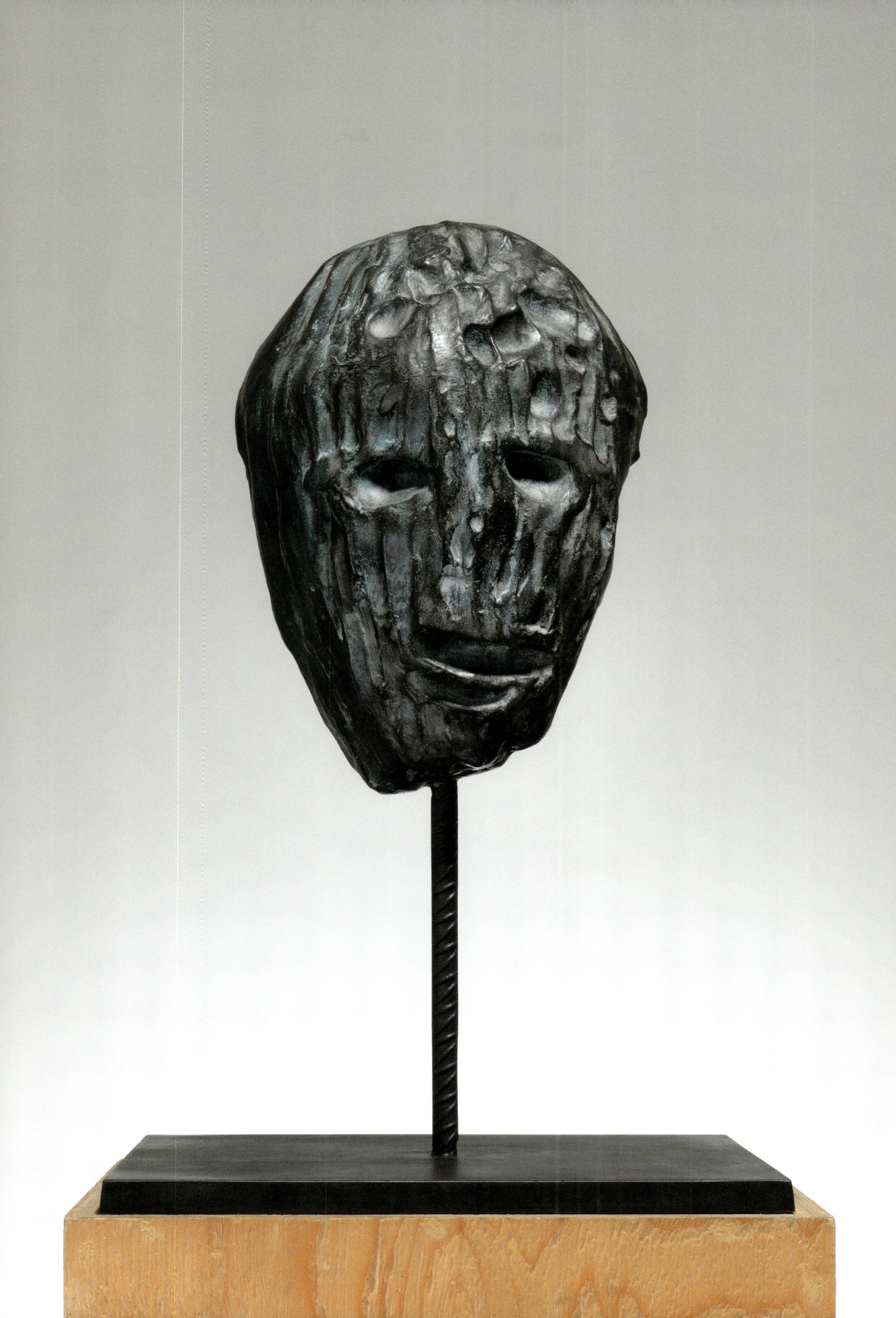

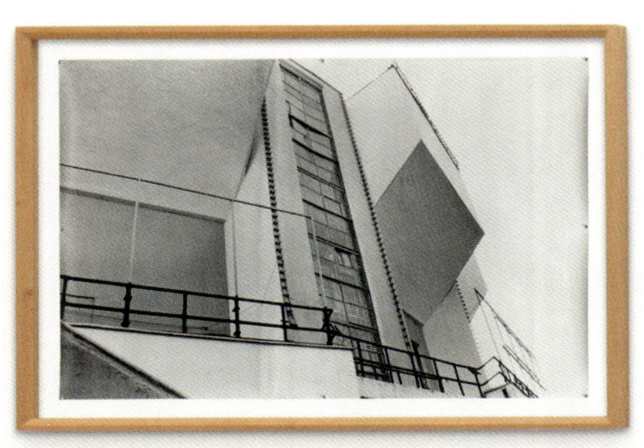
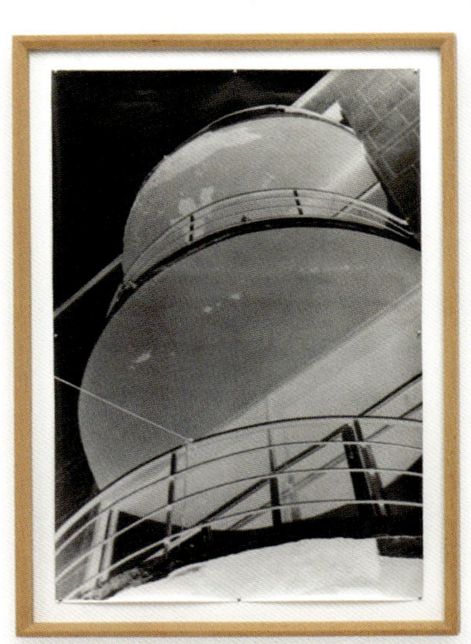

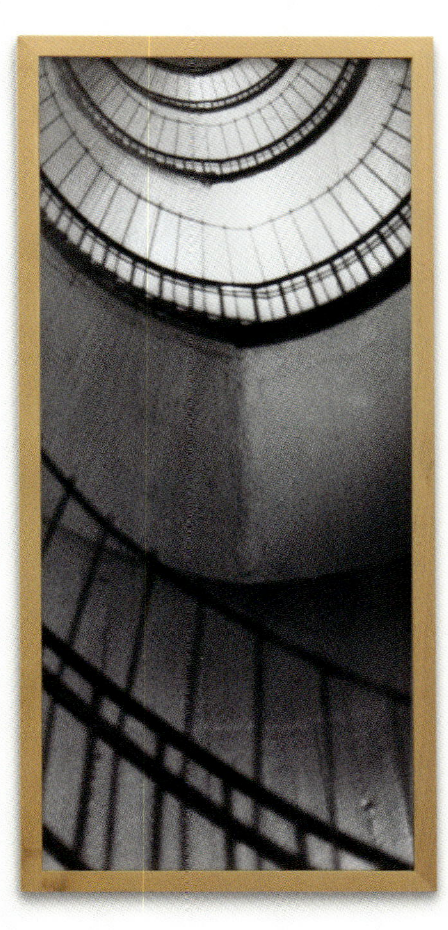

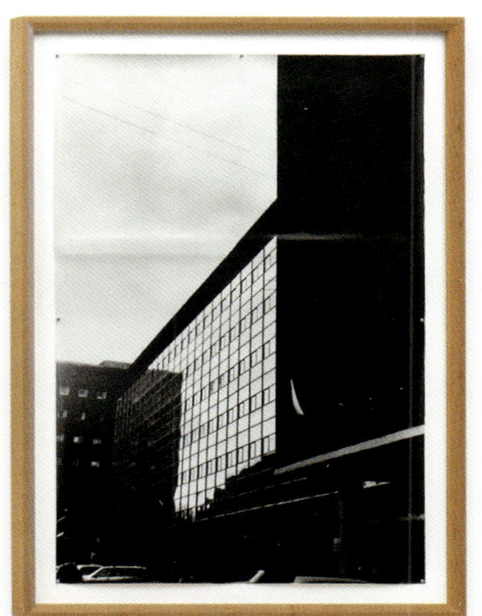

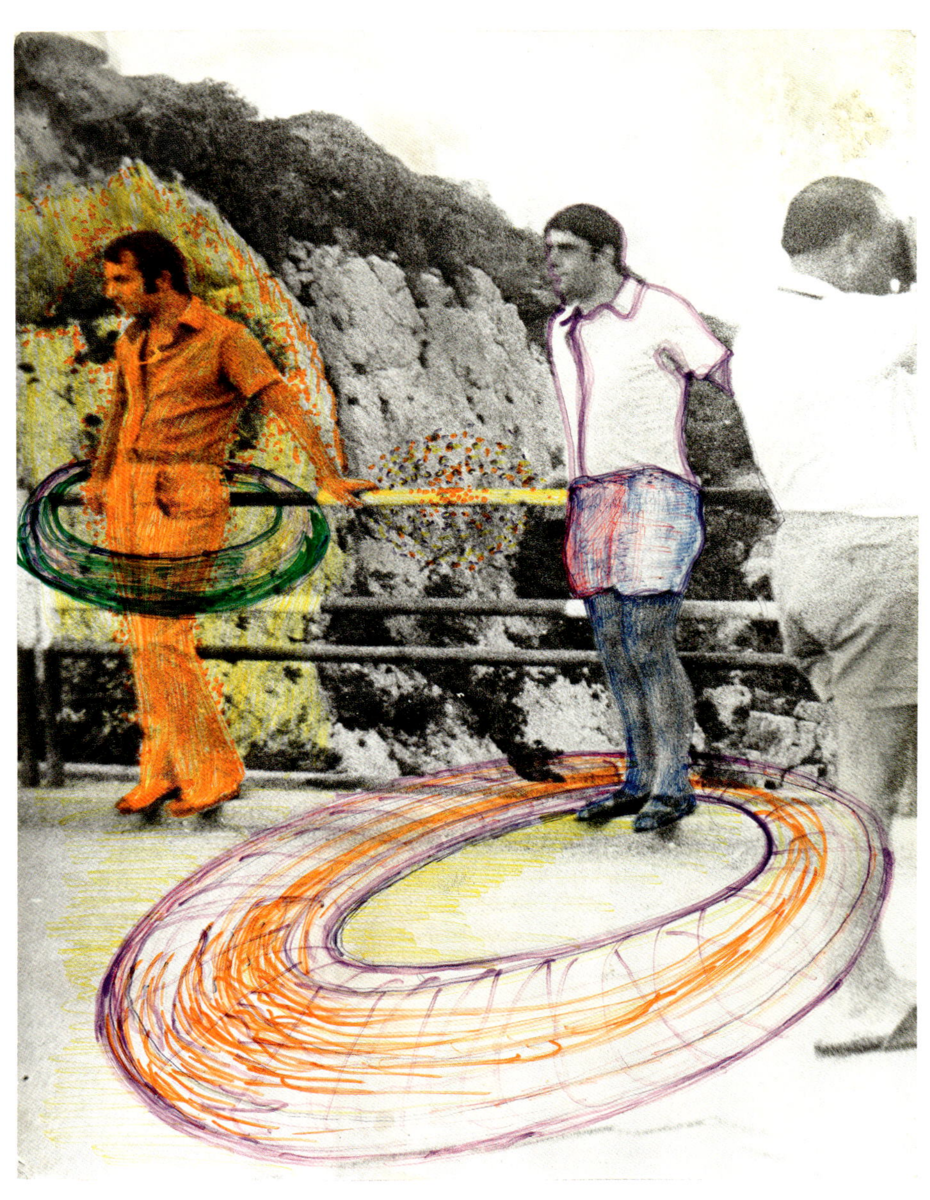

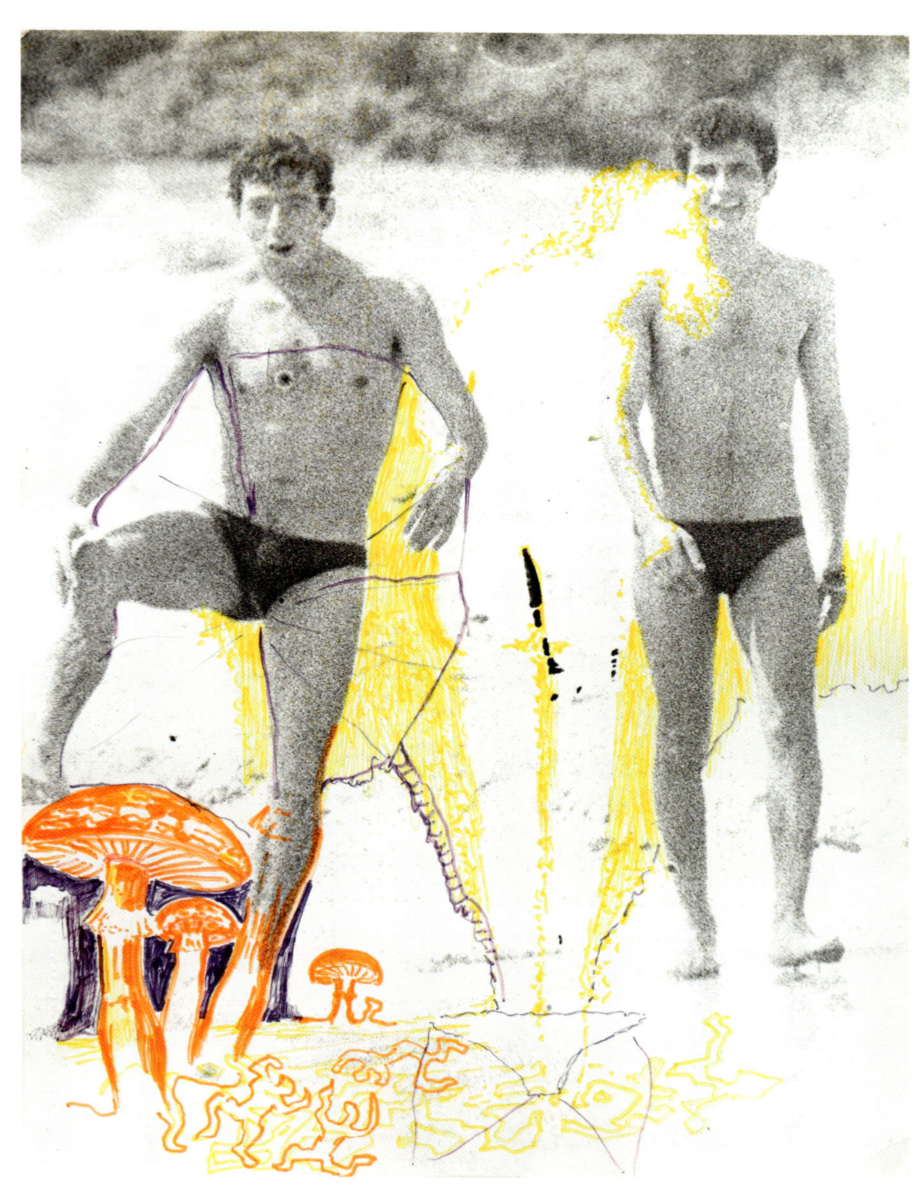

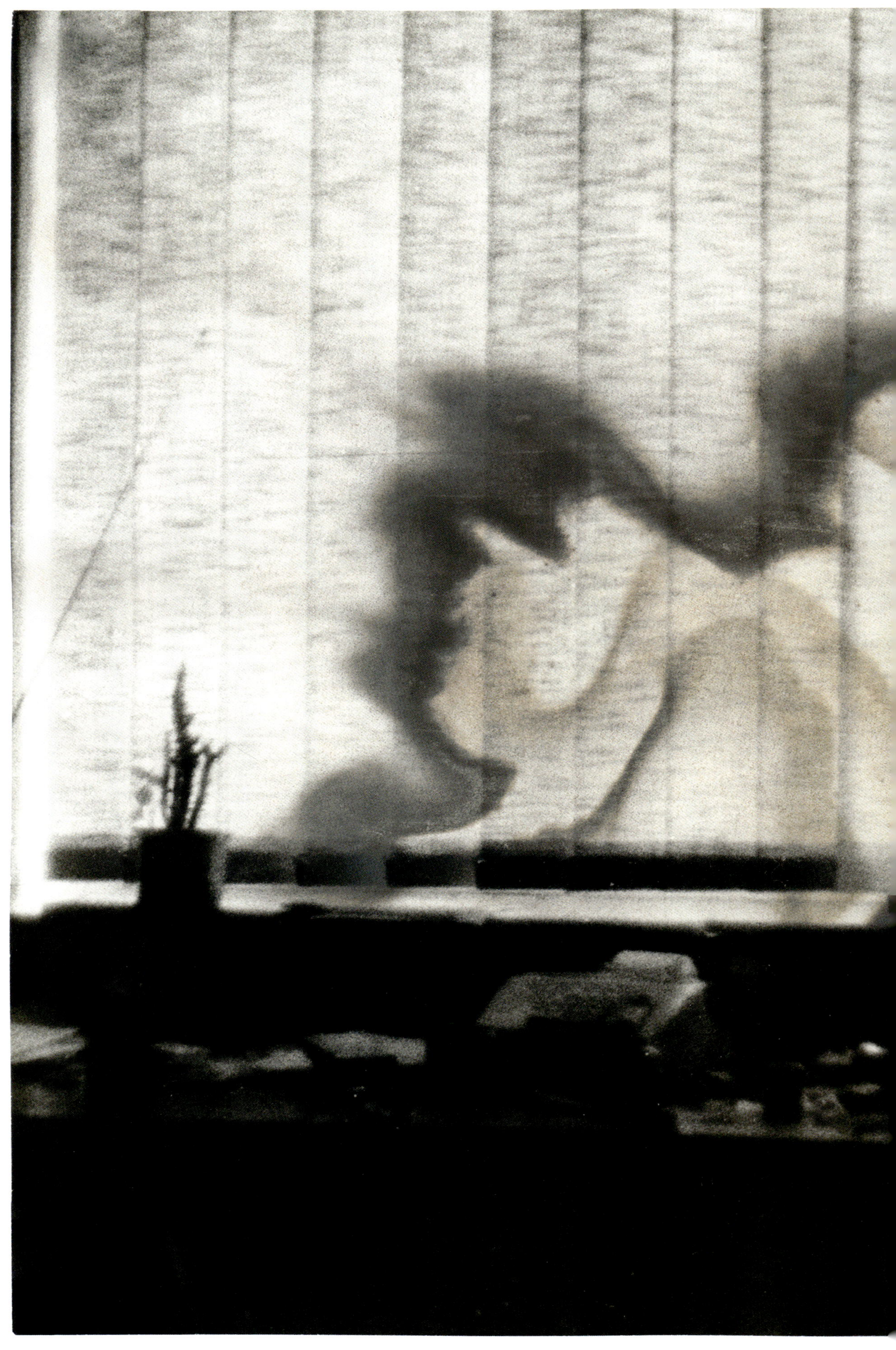

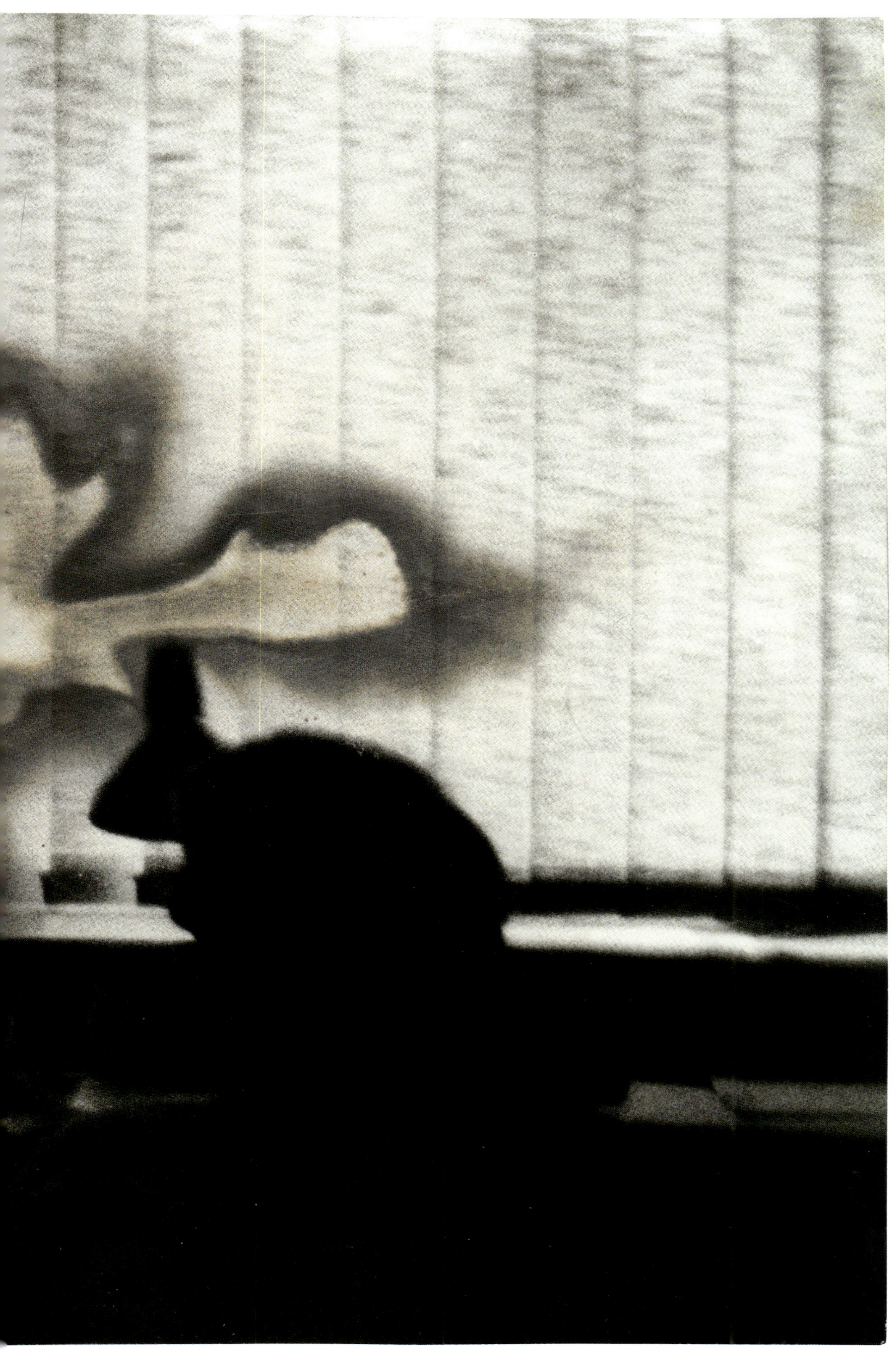

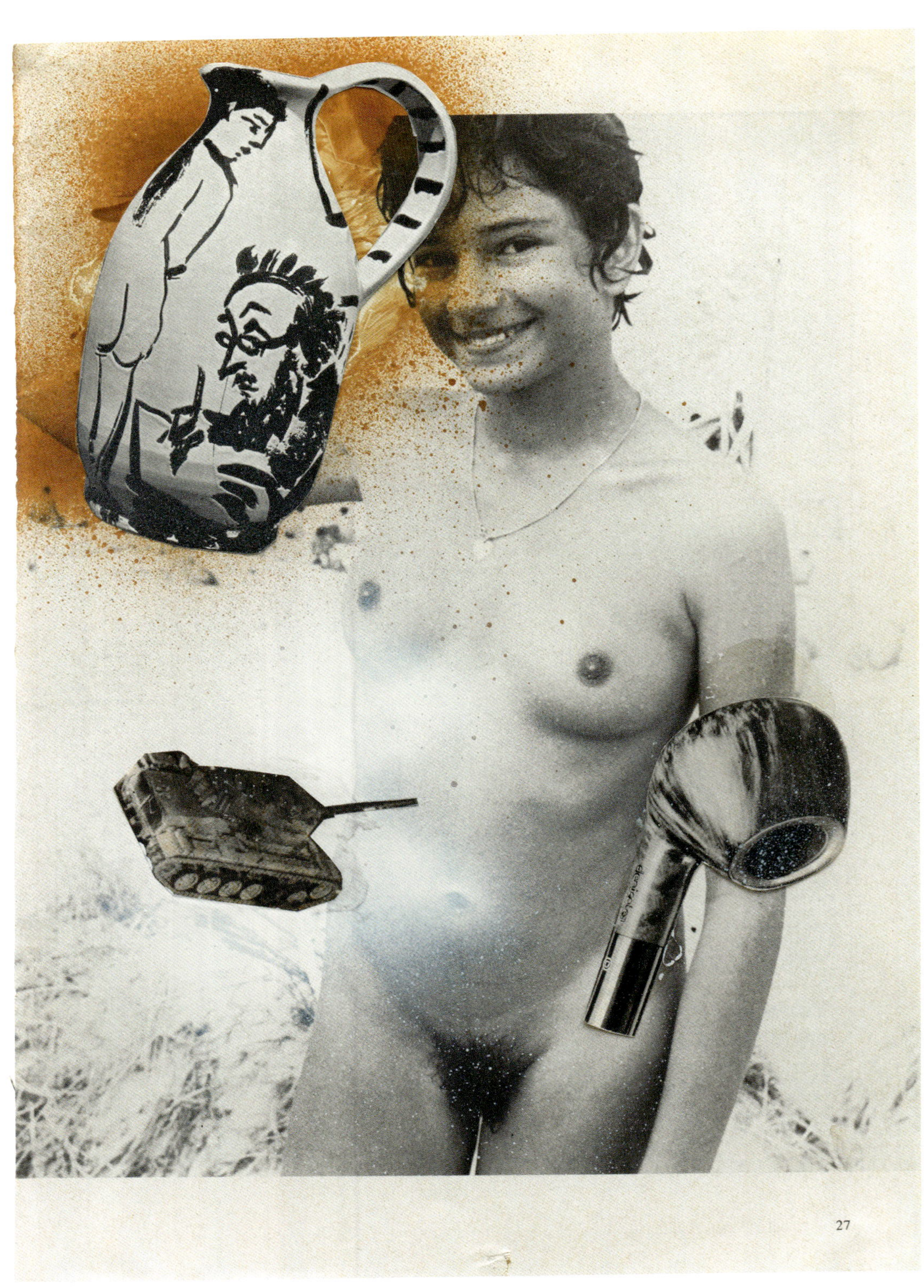

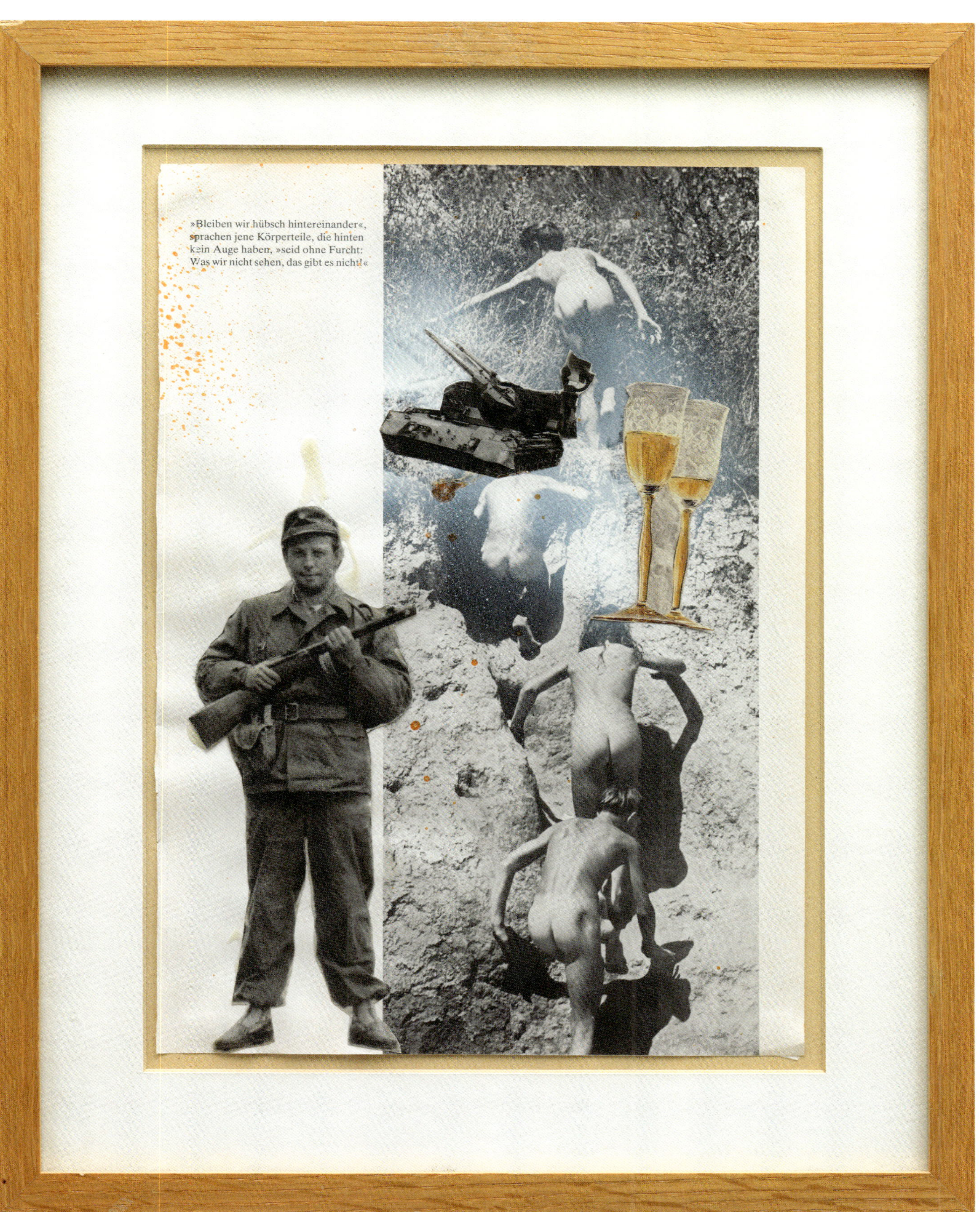
»Bleiben wir hübsch hintereinander«,
sprachen jene Körperteile, die hinten
kein Auge haben, »seid ohne Furcht:
Was wir nicht sehen, das gibt es nicht!«

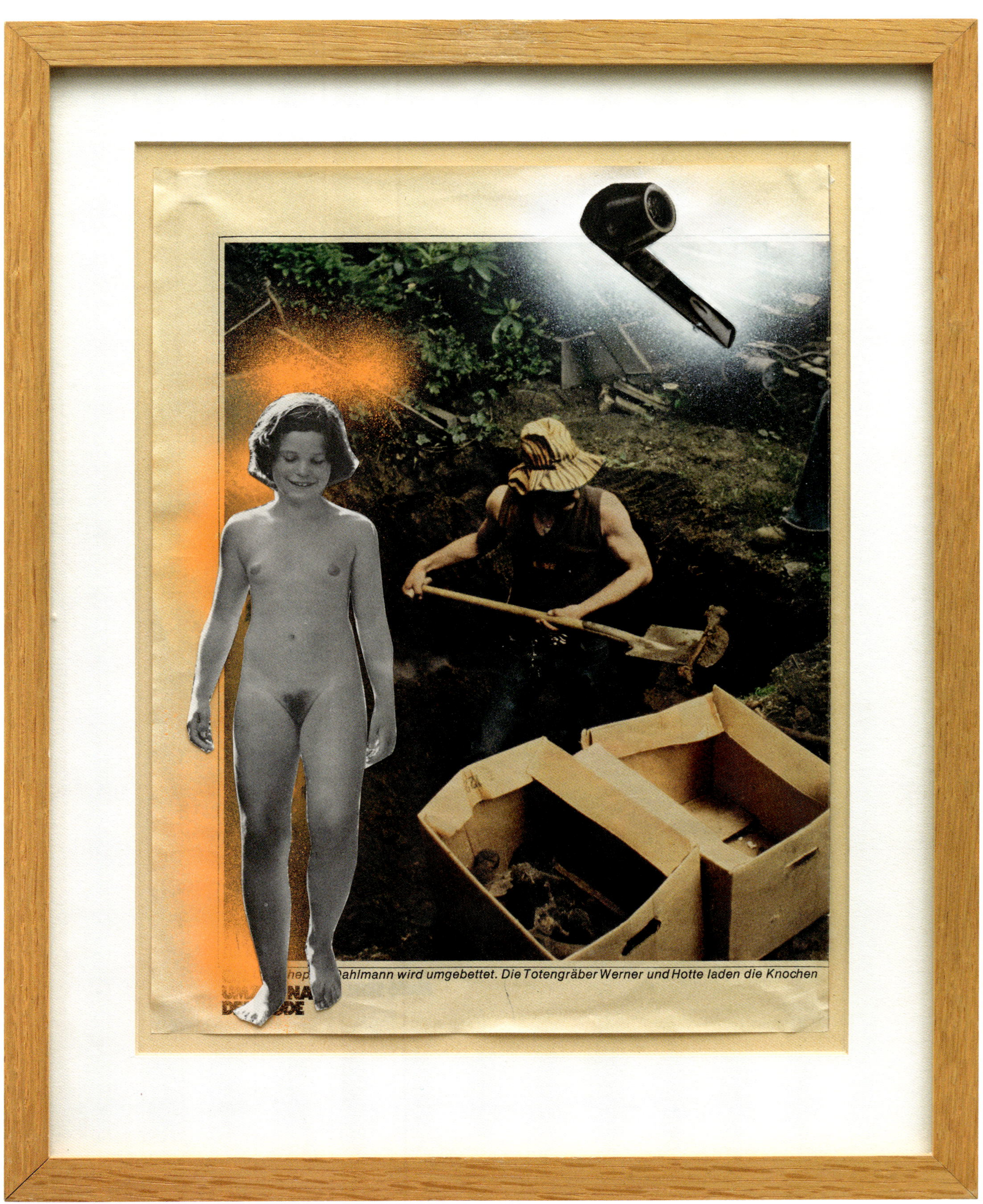
ahlmann wird umgebettet. Die Totengräber Werner und Hotte laden die Knochen

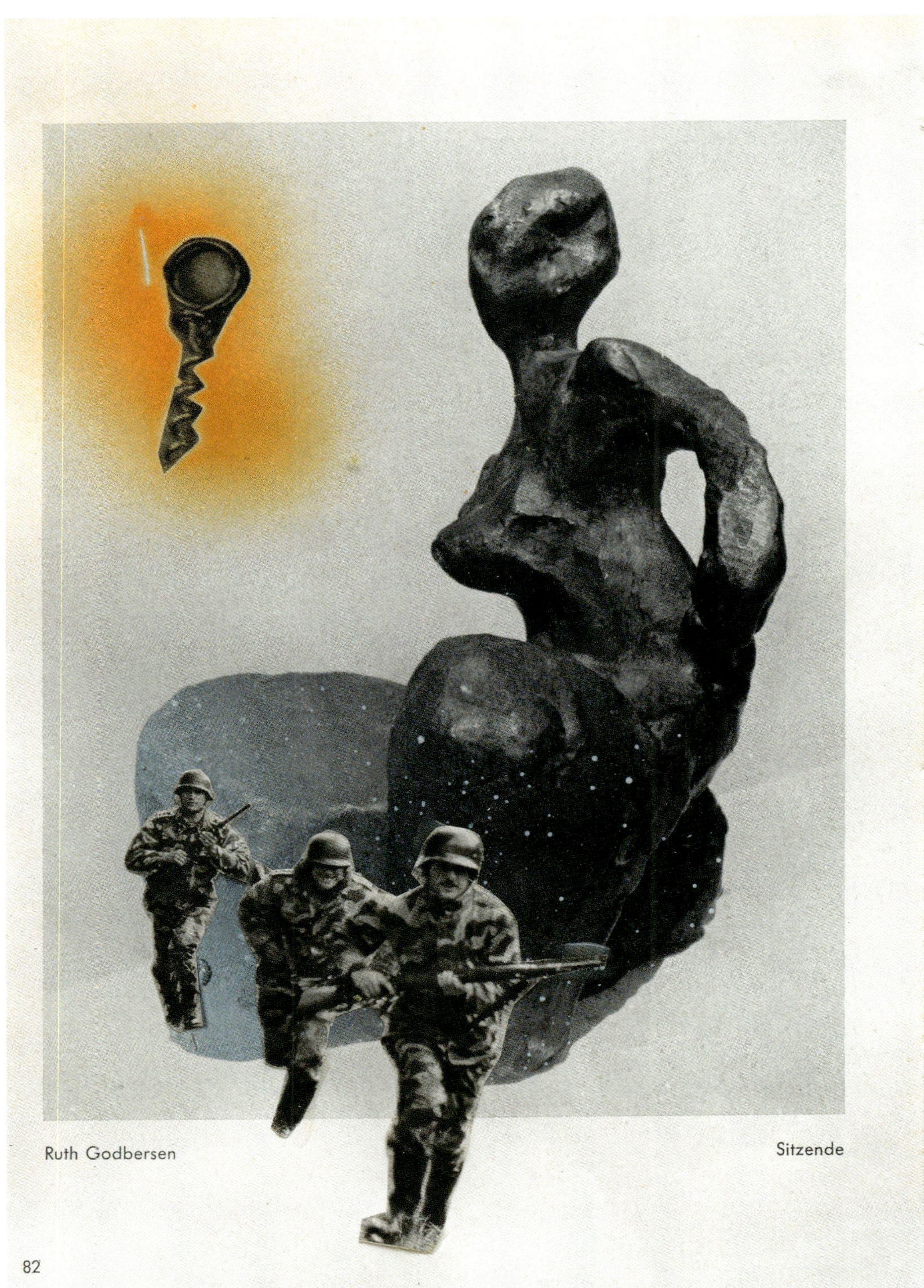

Ruth Godbersen

Sitzende

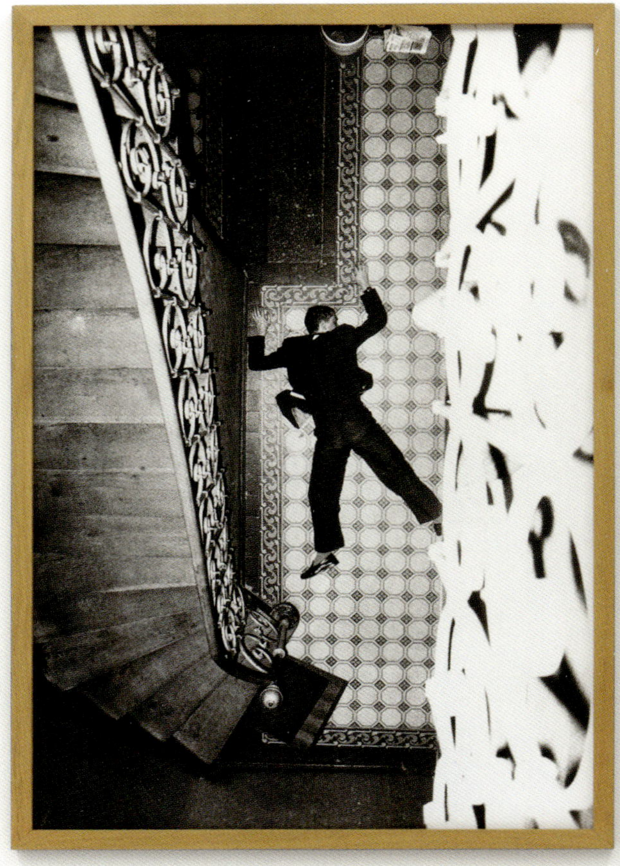

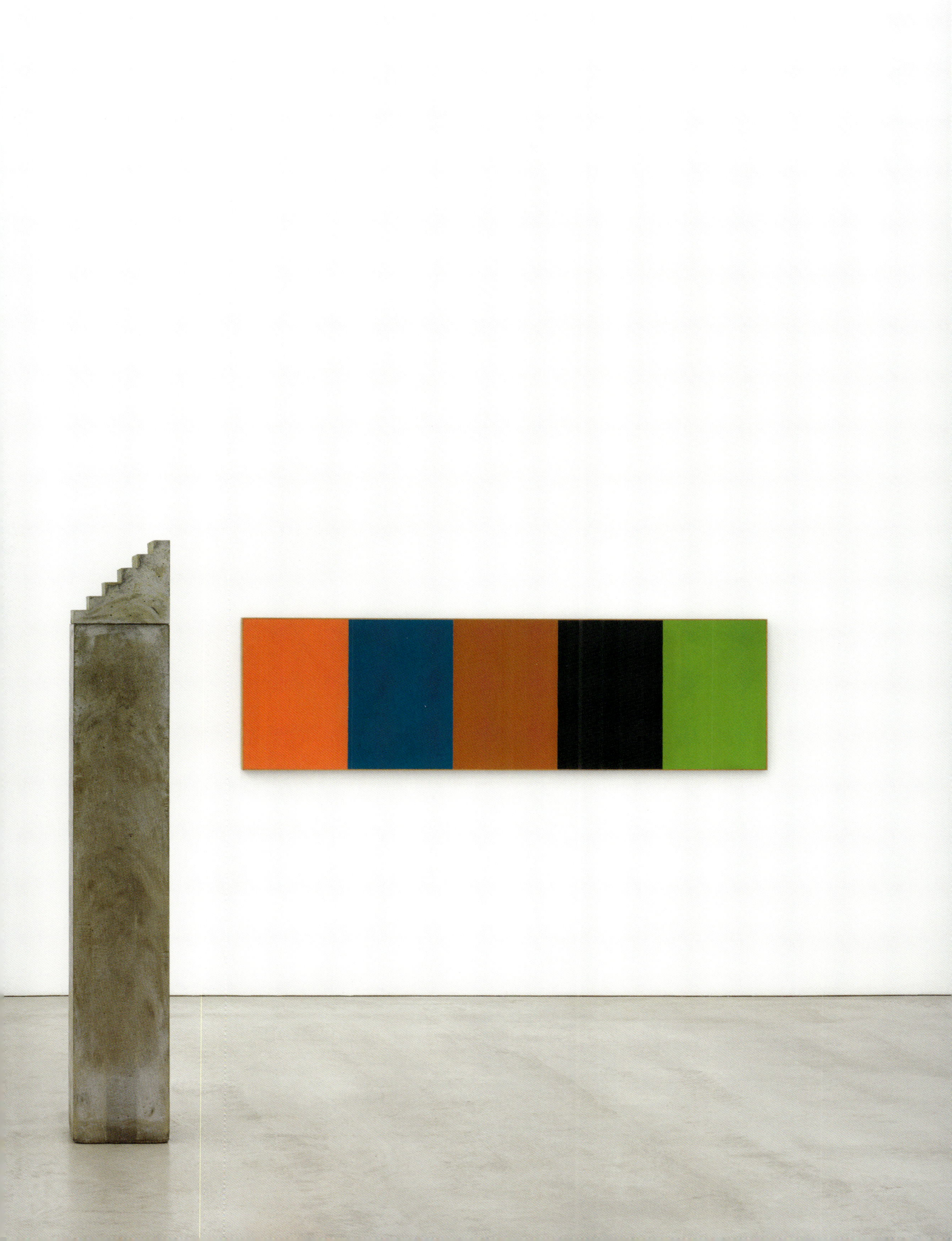

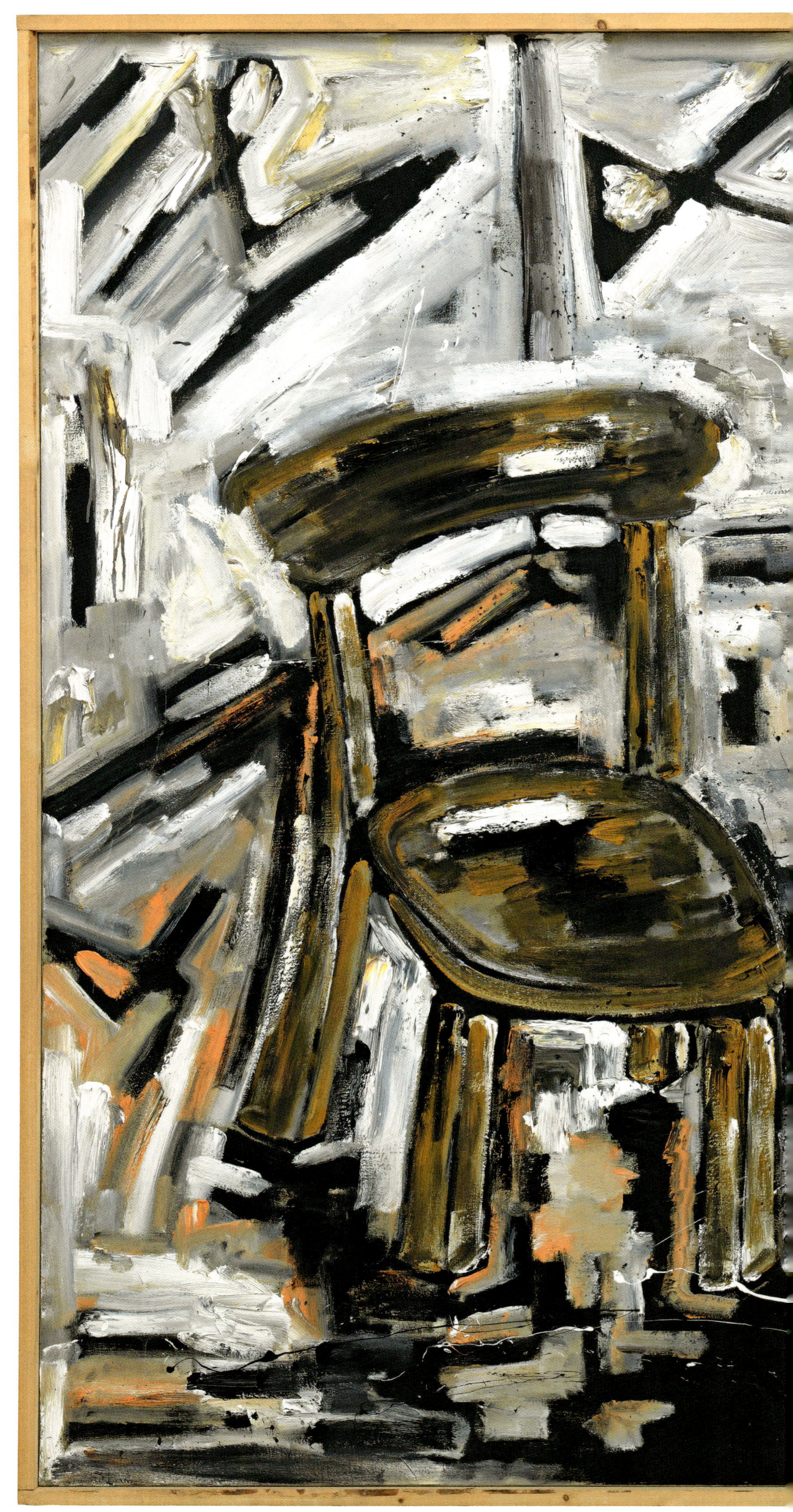

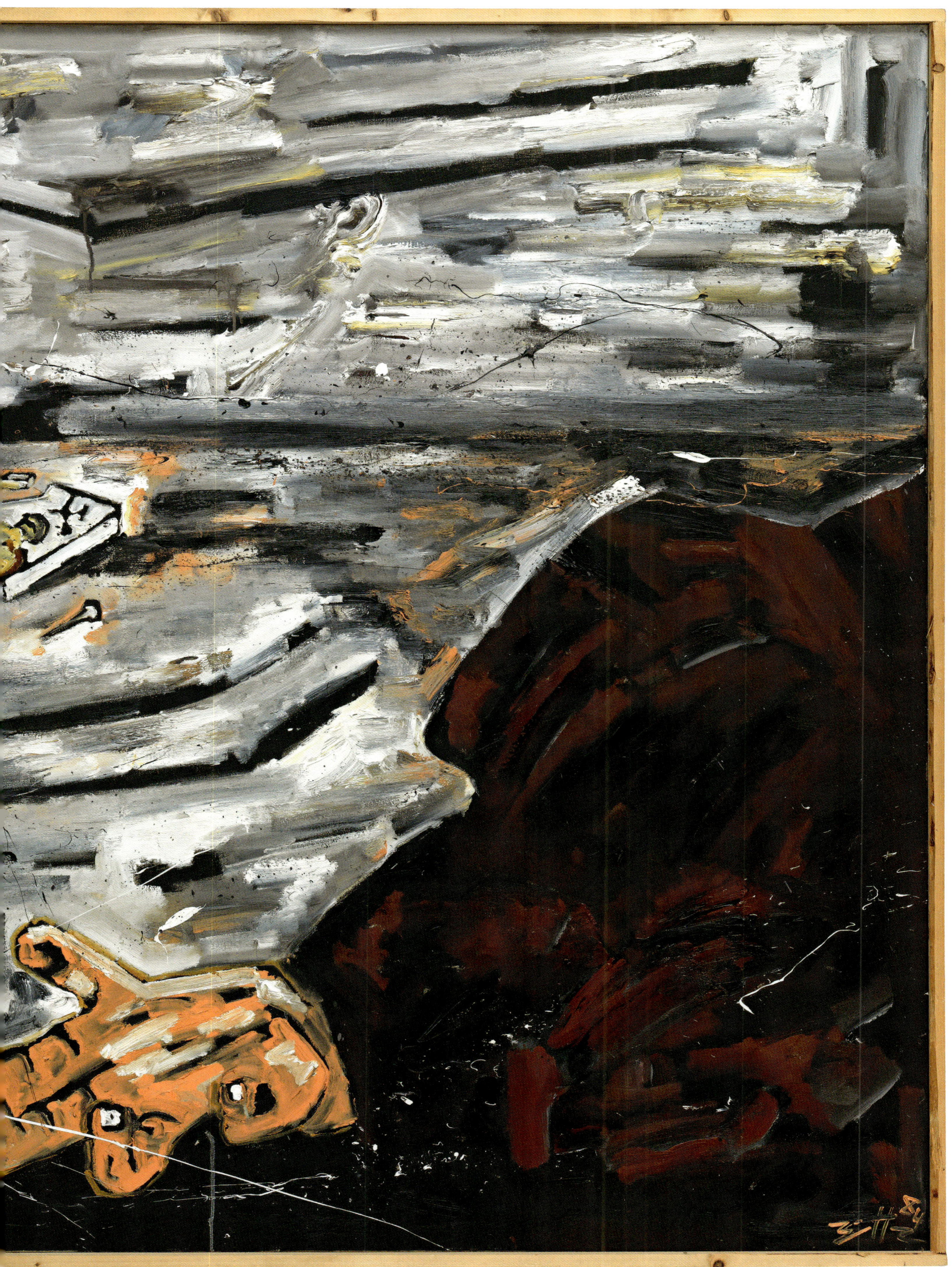

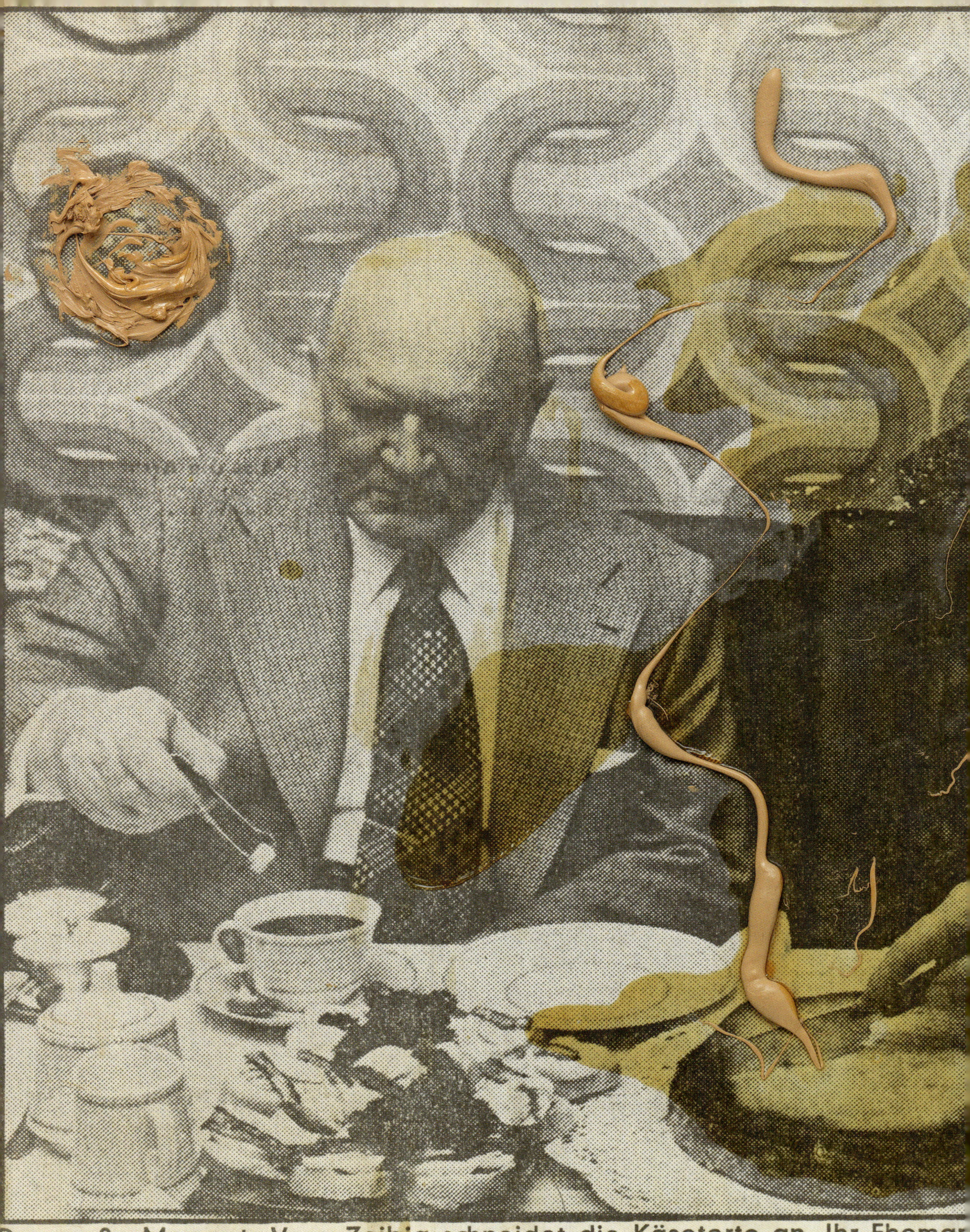

Der große Moment: Vera Zeibig schneidet die Käsetorte an. Ihr Ehemar
Kaffeetasse. Mildred Scheel sitzt lachend auf dem schwarzen Kunstlec
Sardellenfilets garniert sind.

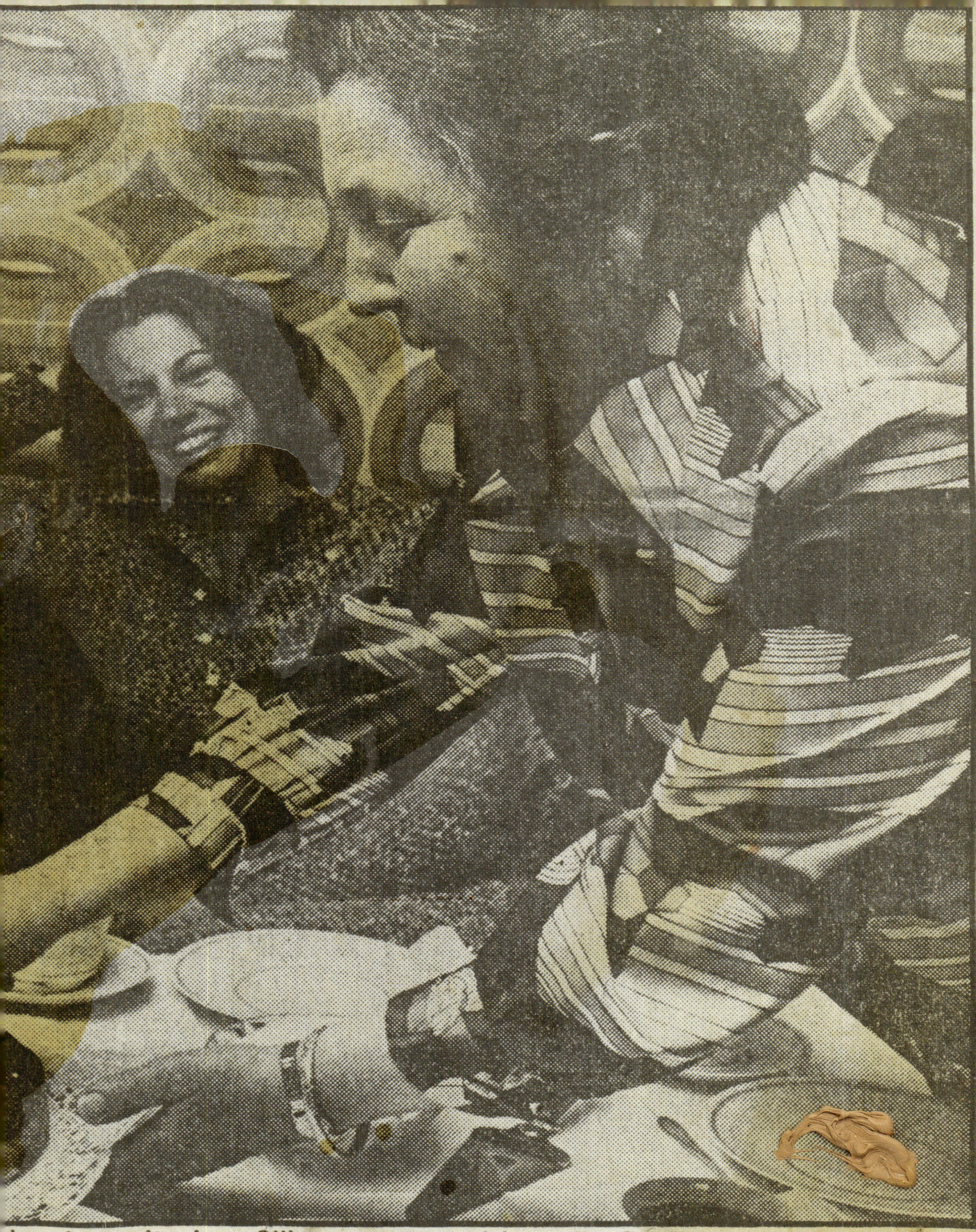

lanciert mit einer Silberzange vorsichtig ein Stückchen Würfelzucker zu
a. Auf dem Tisch steht außerdem eine Platte mit Eischnittchen, die mit

Fotos: TEUFERT/SCHULZE-VORBERG

Was wir nicht sehen, das gibt es nicht

In Berlin stehen Teile der Kunstsammlung des Fotografen F. C. Gundlach zum Verkauf. Darunter sind Arbeiten von Kippenberger, Polke und anderen, die in der Kunst mit Fotografien arbeiteten.

Wer in Hamburg aufgewachsen ist, erinnert sich an den Hochbunker, der nicht weit von der Reeperbahn und der Elbe entfernt einsam auf dem Heiligengeistfeld steht. In diesem Bunker residierte früher die Firma PPS: Man konnte Kameras dort kaufen und Fotomaterial und Filme zum Entwickeln bringen, manchmal waren dort auch Fotografien ausgestellt. Als Kind lief man andächtig erstaunt hinein in diesen Betonbauch wie in einen riesigen Wal und entdeckte die heute untergegangene Welt der analogen Fotografie und der Dunkelkammern: das mechanische Klicken einer Spiegelreflexkamera, die Boxen mit dem Fotopapier, den Geruch von Entwicklerbad.

Der Mann hinter PPS kam ursprünglich aus Hessen, aber war schon damals eine Hamburger Institution: F. C. Gundlach, geboren 1926 im nordhessischen Heinebach, Fotograf, Sammler und Gründungsdirektor des Hauses der Fotografie in den Hamburger Deichtorhallen, ist einer der bedeutendsten Modefotografen der Nachkriegszeit. Viele seiner Werbeaufnahmen erzählen mehr über die Träume, den Ton, die Atmosphäre einer Zeit als etliche Dokumentarfotografien.

Schon in diesen Modeaufnahmen findet man den Nachhall der bildenden Kunst seiner Zeit. Auf vielen seiner Werbebilder lösen sich die Models mitsamt der Mode, die sie tragen, in einer bunten Pop-Art-Komposition auf, und in seinen besten Momenten schaffte Gundlach es, sogar die ägyptischen Pyramiden so aus- [illegible] als handle es sich um ein brandneues Werk der Land Art. Aber das Interesse des Fotografen an der bildenden Kunst seiner Zeit beschränkte sich nicht darauf, als Fotograf die Formen und Tonlagen der Gegenwartskunst für Werbezwecke kunstvoll zu plündern. Er betrieb selbst eine Galerie, in der er Künstler zeigte, die Fotografien in ihrer Arbeit verwendeten.

Und er lud Künstler in seine Galerie zu Ausstellungen ein und dazu, sich mit Fotografie zu beschäftigen, was von denen oft mit freundlichem Spott quittiert wurde: „Das Medium der Fotografie ist berechtigt, Denkanstöße zu geben", erklärte der Maler Albert Oehlen, und dieses malerfürstliche Bonmot diente erst als Titel zweier Ausstellungen in den achtziger Jahren – und jetzt als Titel einer Schau in Berlin, in der Gundlach, der im kommenden Jahr neunzig Jahre alt wird, Teile seiner über Jahrzehnte gewachsenen Kunstsammlung nicht nur zeigt, sondern auch verkaufen will, um damit seine Stiftung zu finanzieren. Zu sehen sind die Werke in der Berliner Galerie Contemporary Fine Arts (CFA), in ihren Räumen Am Kupfergraben, wo man zu Preisen auf Wunsch des Sammlers nichts sagen will und nur erwähnt, dass die Kollektion nicht einzeln abverkauft, sondern im Großen und Ganzen als Block erhalten werden soll.

Was sieht man also hier? Der Schwerpunkt von Gundlachs Sammlung liegt auf dem Einsatz von Fotografie in der Kunst – in Werken von Günther Förg und Sigmar Polke, Martin Kippenberger und Albert Oehlen, Georg Herold und Werner Büttner. Obwohl Gundlach auch Förgs Bronzeköpfe und Bleibilder, ein paar von Kippenbergers hinreißenden Hotelbriefpapierbildern und Hubert Kiecols Betonstele besitzt, die heute wieder so neu aussieht, als stamme sie von einem blutjungen Post-Minimal-Künstler aus dem Dunstkreis von Tatiana Trouvé, ist dies vor allem eine Sammlung, die zeigt, wie Fotografie als Ausgangspunkt bildnerischer Prozesse eingesetzt wird. Wie sie als durchschlagendes Palimpsest die heroischen Gesten reiner Malerei bricht. Wie sie, einmal auf dem OP-Tisch der bildenden Kunst gelandet, dort das Surreale einer ganzen Gesellschaft offenbart.

Nicht die kunsthistorisch wichtigste, sicher aber die lustigste Arbeit in dieser Ausstellung ist Martin Kippenbergers „Großer Moment", ein auf Gemäldeformat vergrößerter und malerisch bearbeiteter Zeitungsausschnitt, der dem ersten Anschein nach aus einer dem Wahnsinn anheimgefallenen Loriot-Republik stammen muss. Man sieht hier das Foto von drei eigenartig aussehenden Herrschaften beim Kaffeetrinken, darunter steht eine Bildzeile, die sich wie ein in seiner detailversessenen Beschreibung all dessen, was man ohnehin sieht, paranoides Gedicht über die Bundesrepublik der bleiernen Zeit liest: „Der große Moment", steht da unter dem Bild, „Vera Zeibig schneidet die Käsetorte an. Ihr Ehemann balanciert mit einer Silberzange vorsichtig ein Stückchen Würfelzucker zur Kaffeetasse. Mildred Scheel sitzt lachend auf dem schwarzen Kunstledersofa. Auf dem Tisch steht außerdem eine Platte mit Eischnittchen, die mit Sardellenfilets garniert sind." Auf das Format eines kleinen Historiengemäldes vergrößert, wird der Zeitungsausschnitt zum Gesellschaftsporträt. Dies, liebe Freunde, ist die Bundesrepublik: Käsetorte. Vorsicht. Kunstleder. Silberzange. Eischnittchen, lechzend: die BRD als Haiku. Die Ausstellung zeigt auch die Emanzipation und den Bedeutungswandel der Fotografie vom reinen Abbildungsmedium zu einem künstlerischen Erkenntniswerkzeug nach 1945. Von Polke sind übermalte Silbergelatinebilder von 1972 und spätere Fotografien – „Hundezwinger" von 1978 und „Lamellenfenster" von 1984 – zu sehen, von Kippenberger C-Prints und von Albert Oehlen die „Ewige Feile"-Collagen und seine „Farbenlehre", die man zu den exzentrischen und bedeutenden Werken dieser Malergeneration zählen kann: Man erkennt drei Gebäude in Primärfarben. Aber warum stehen über den Eingängen, als habe jemand den expressiven Malgestus mit bürokratischer Gewissenhaftigkeit kaputtmachen wollen, die Worte „Freiheit – Liberty", „Auferstehung" und „Feuer" auf ins Bild geklebten Briefkastenschildchen?

In einem Moment, in dem die achtziger Jahre in großen kunst- und kulturgeschichtlichen Ausstellungen kanonisiert werden, ist diese Ausstellung aber auch ein Ort, an dem der Ton und der neodadaeske Humor einer inzwischen fern wirkenden Epoche wieder auftaucht. Allein die Titel der Werke lesen sich wie ein anarchisches Gedicht: „We don't have Problems with the Rolling Stones, because I buy there guitars" / „Wer will, dass sein Essen gut wird, muss seine eigene Seele kontrollieren" / „Dafür gab's kein Stipendium" (Büttner) / „Schade, dass nicht alle Photographen große Klasse sind" (Kippenberger). Worauf man nur das antworten kann, was auf einer anderen Fotocollage von Albert Oehlen steht: „Bleiben wir hübsch hintereinander, sprachen jene Körperteile, die hinten kein Auge haben, seid ohne Furcht: Was wir nicht sehen, das gibt es nicht." Weder Eischnittchen noch Silberzangen im Käsekuchen. (Bis zum 1. August. Ein Katalog erscheint im Hirmer Verlag.)

NIKLAS MAAK

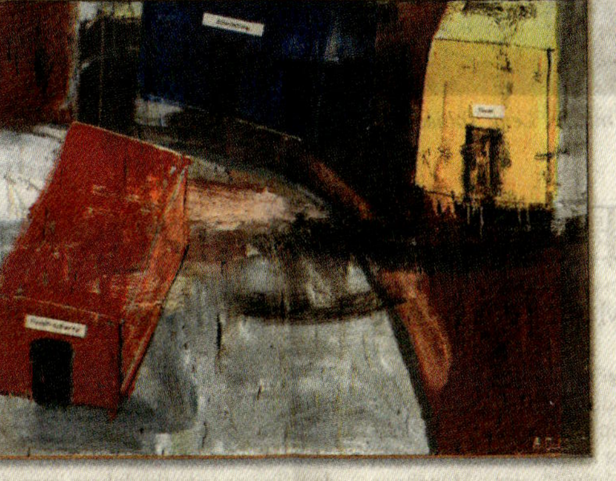

Martin Kippenberger befindet: „Schade das nicht alle Photographen große klasse sind", auf seinem 62,5 mal 52,5 Zentimeter großen C-Print von 1986 (oben links). – Die „Stahlsäule" von Meuser aus dem Jahr 1985 ragt 205 Zentimeter in die Höhe (oben rechts). – Albert Oehlens „Farbenlehre" von 1984 vereinigt rote „Freiheit – Liberty" mit blauer „Auferstehung" und gelbem „Feuer" auf 140 mal 200 Zentimetern Leinwand.

Fotos Contemporary Fine Arts

Artcurial eröffnet in München

Es zählt der French Touch

PARIS, Anfang Juli

Ende vergangenen Jahres konnte das französische Auktionshaus Artcurial einen neuen Rekord melden. Mit 192 Millionen Euro Umsatz drückte es den internationalen Spitzenreiter Christie's vom zweiten auf den dritten Platz des französischen Auktionsmarkts und positionierte sich damit direkt hinter Sotheby's. Auch die Halbjahrsergebnisse für 2015 sind vielversprechend und überrunden weit das Vergleichssemester 2014. Der Expansionskurs der erst 2002 gegründeten Aktiengesellschaft – zu deren Hauptaktionären die Industriellenfamilie Dassault gehört, die nicht zuletzt Militärflugzeuge herstellt – trägt seine Früchte: Im Jahr 2012 öffnete eine Repräsentanz in Brüssel, es folgten Mailand und Wien. Jede neue Filiale macht Artcurial über die französischen Grenzen hinaus bekannter, vergrößert den Kundenstamm und gewinnt für die Pariser Auktionen zusätzliche Objekte.

Für den Deutschfranzosen Martin Guesnet, als Europa-Direktor für die jüngsten Erfolge mitverantwortlich, ist die Eröffnung einer Repräsentanz in Deutschland ein besonders ehrgeiziger Schritt. Deutschland gehört zu den wichtigsten Märkten Europas, und zum ersten Mal lässt sich ein französisches Haus jenseits des Rheins nieder. Guesnet weiß, dass die Mitbewerber zahlreich, vor allem auch traditionsreich sind. Er setzt jedoch auf den French Touch, als Unterscheidungsmerkmal – und darauf, dass die französische Firma umsatzstärker ist als jedes deutsche Auktionshaus. Die Wahl zwischen den Standorten Düsseldorf und München fiel auf die bayerische Hauptstadt nicht zuletzt, weil Artcurial den gebürtigen Münchner und gut vernetzten Kunstexperten Moritz Freiherr von der Heydte als Direktor gewinnen konnte, der seine Marktkenntnisse bei Sotheby's in London und dann bei der Münchner Kunsthandlung Röbbig gesammelt hat. Von der Heydtes vorrangiges Ziel ist es, den Namen Artcurial in Deutschland bekannt zu machen – und so Marktanteile zu gewinnen: Unter anderem Vorbesichtigungen für Pariser Auktionen sollen die Münchner Filiale in der Nähe des Odeonsplatzes, die genaue Adresse wird noch nicht genannt, zu

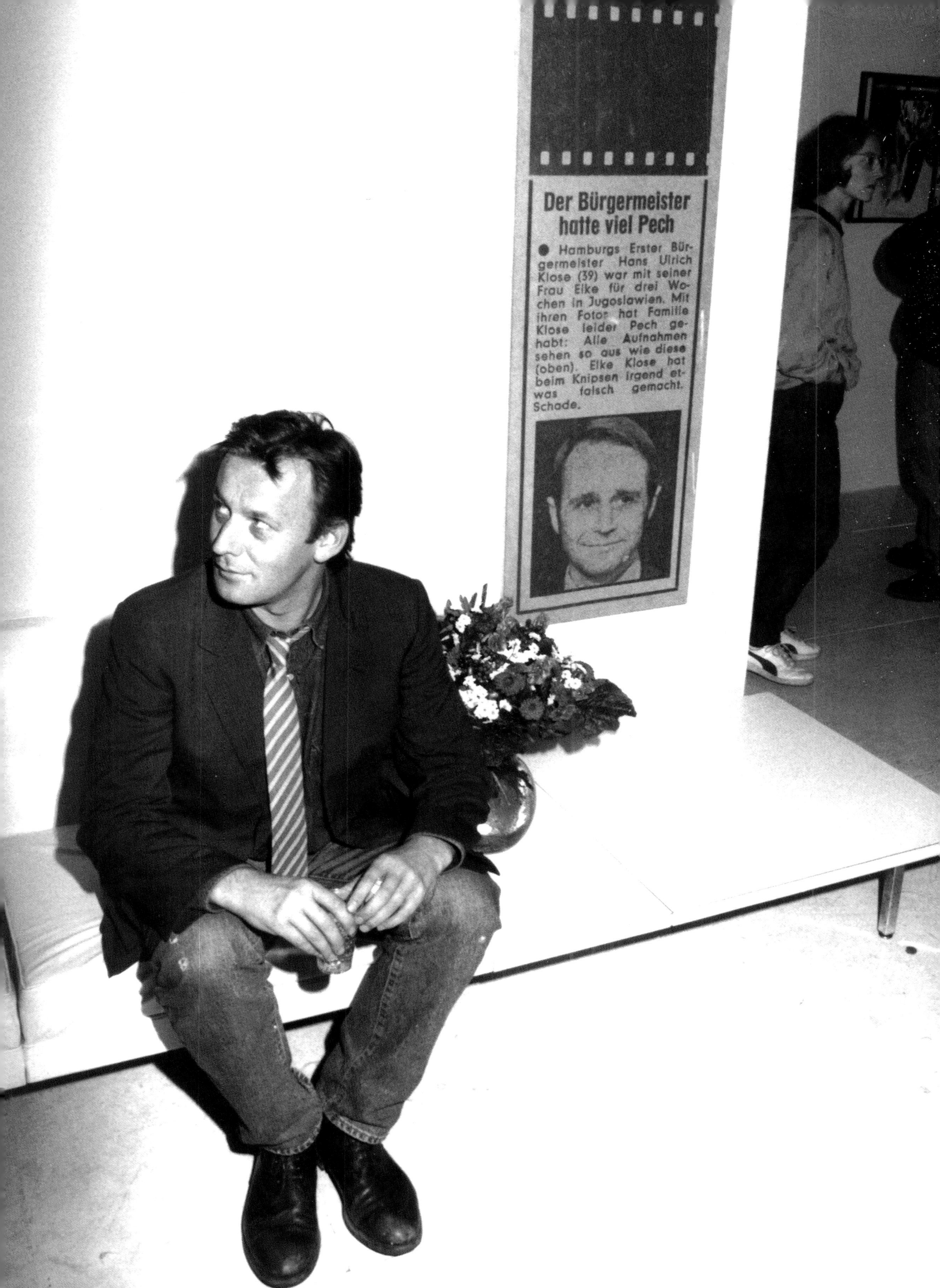
Der Bürgermeister hatte viel Pech
Hamburgs Erster Bürgermeister Hans Ulrich Klose (39) war mit seiner Frau Elke für drei Wochen in Jugoslawien. Mit ihren Fotos hat Familie Klose leider Pech gehabt: Alle Aufnahmen sehen so aus wie diese (oben). Elke Klose hat beim Knipsen irgend etwas falsch gemacht. Schade.

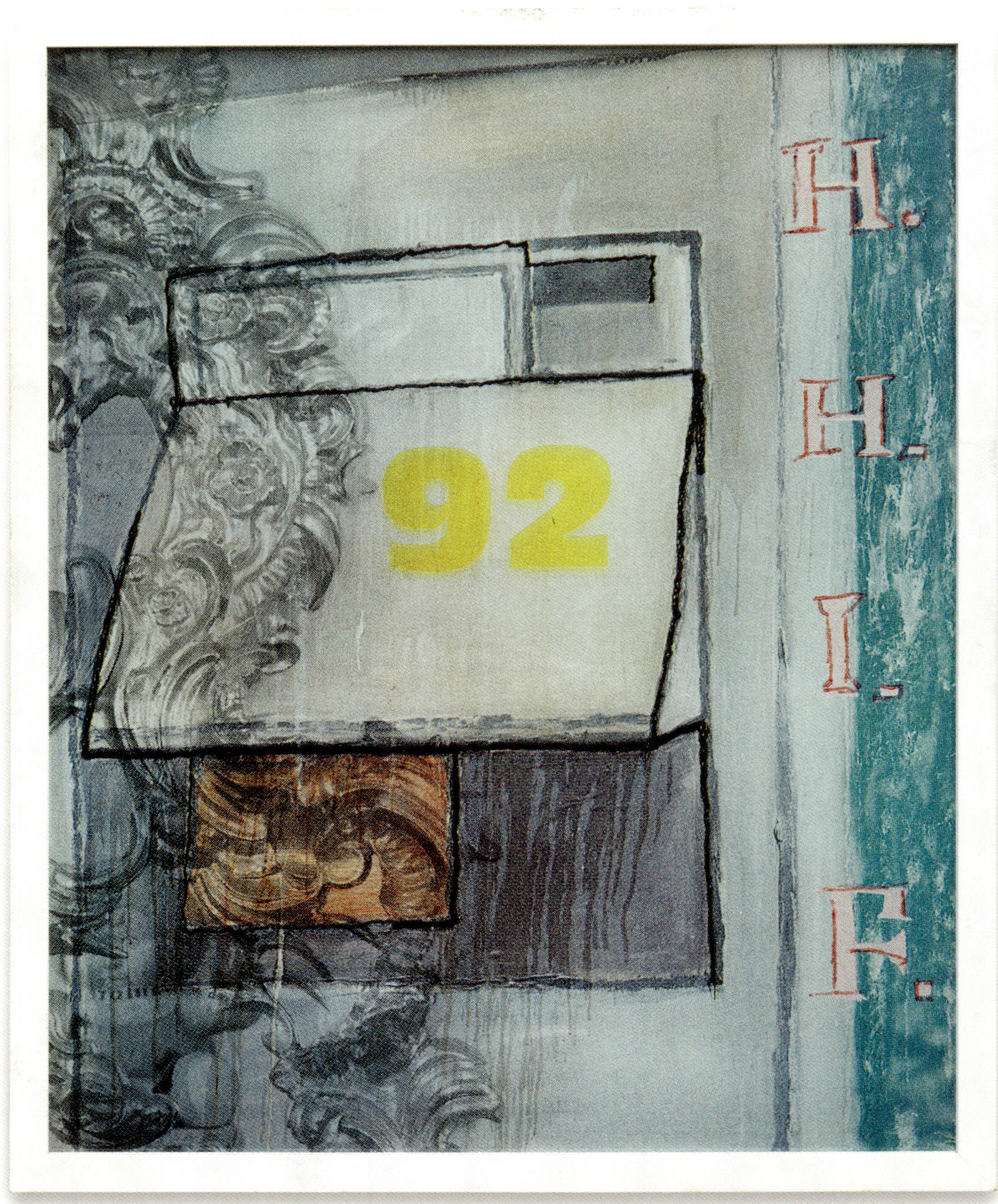
92
H.
H.
I.
F.

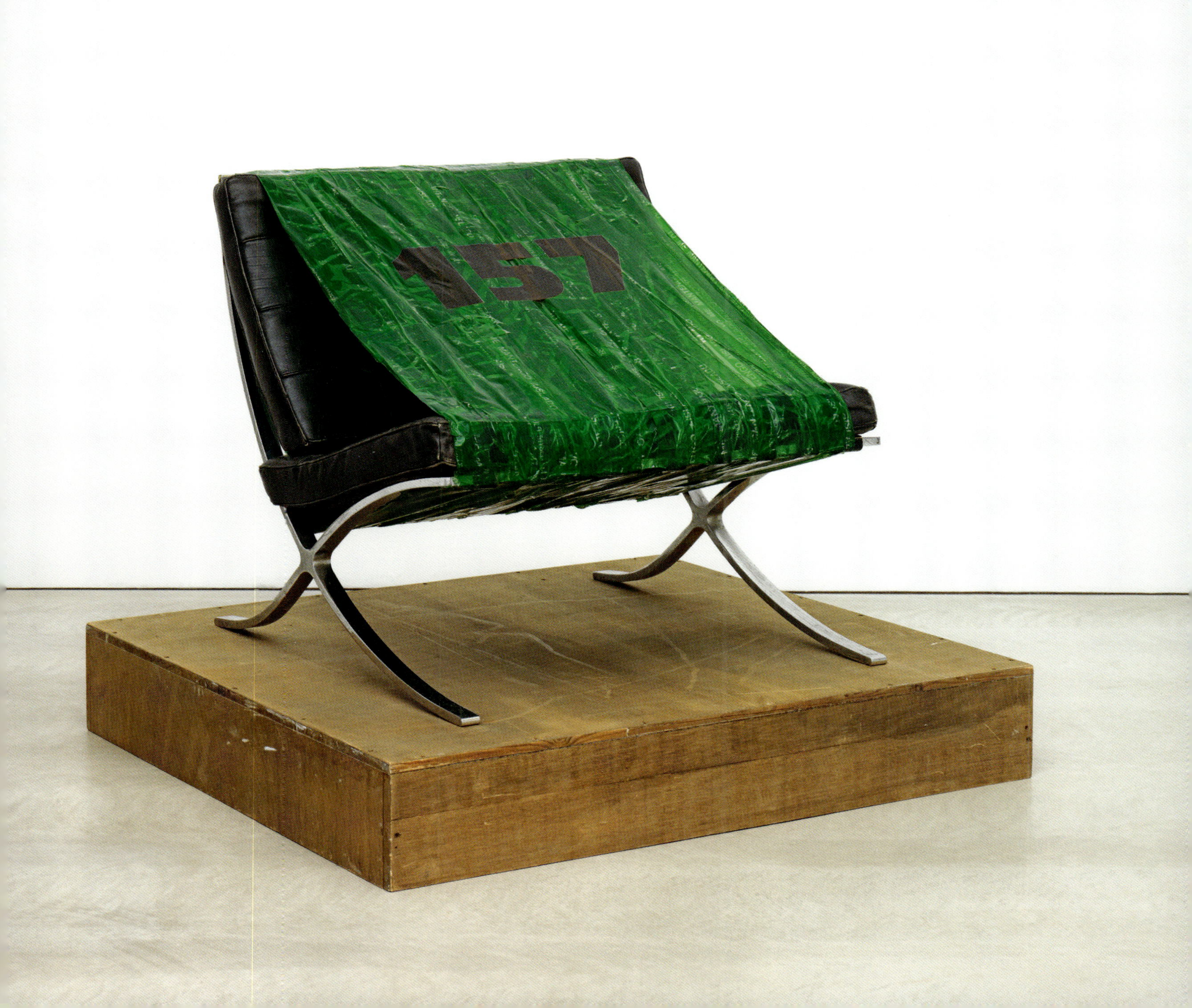
157

Der Bürgermeister hatte viel Pech

● Hamburgs Erster Bürgermeister Hans Ulrich Klose (39) war mit seiner Frau Elke für drei Wochen in Jugoslawien. Mit ihren Fotos hat Familie Klose leider Pech gehabt: Alle Aufnahmen sehen so aus wie diese (oben). Elke Klose hat beim Knipsen irgend etwas falsch gemacht. Schade.

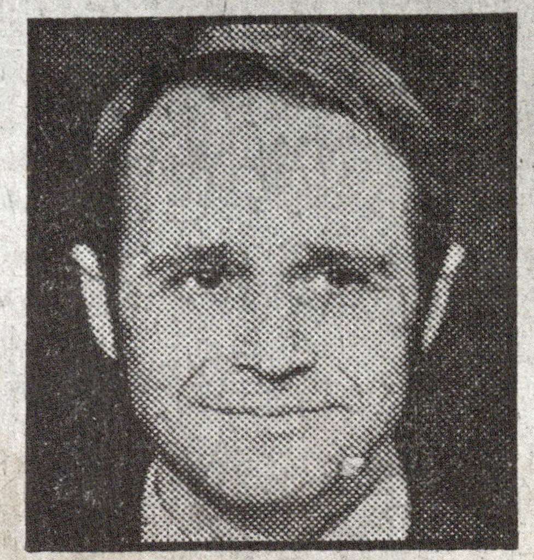

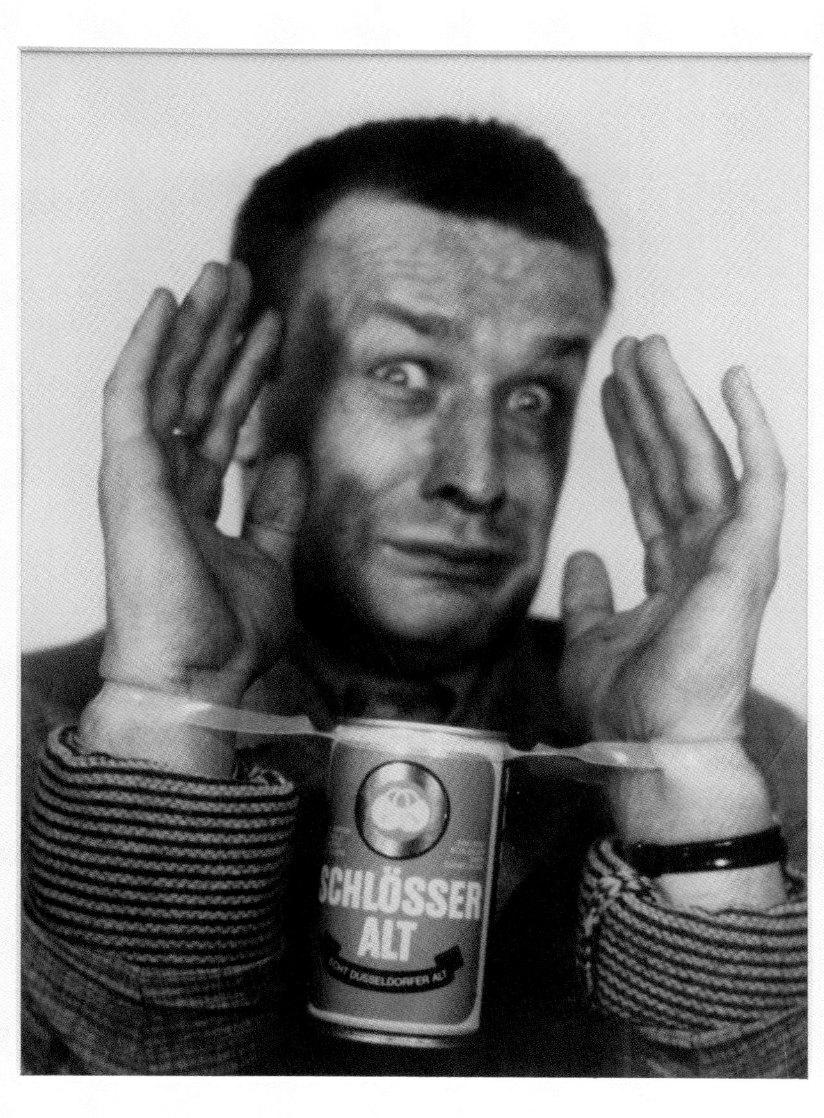
SCHLÖSSER
ALT

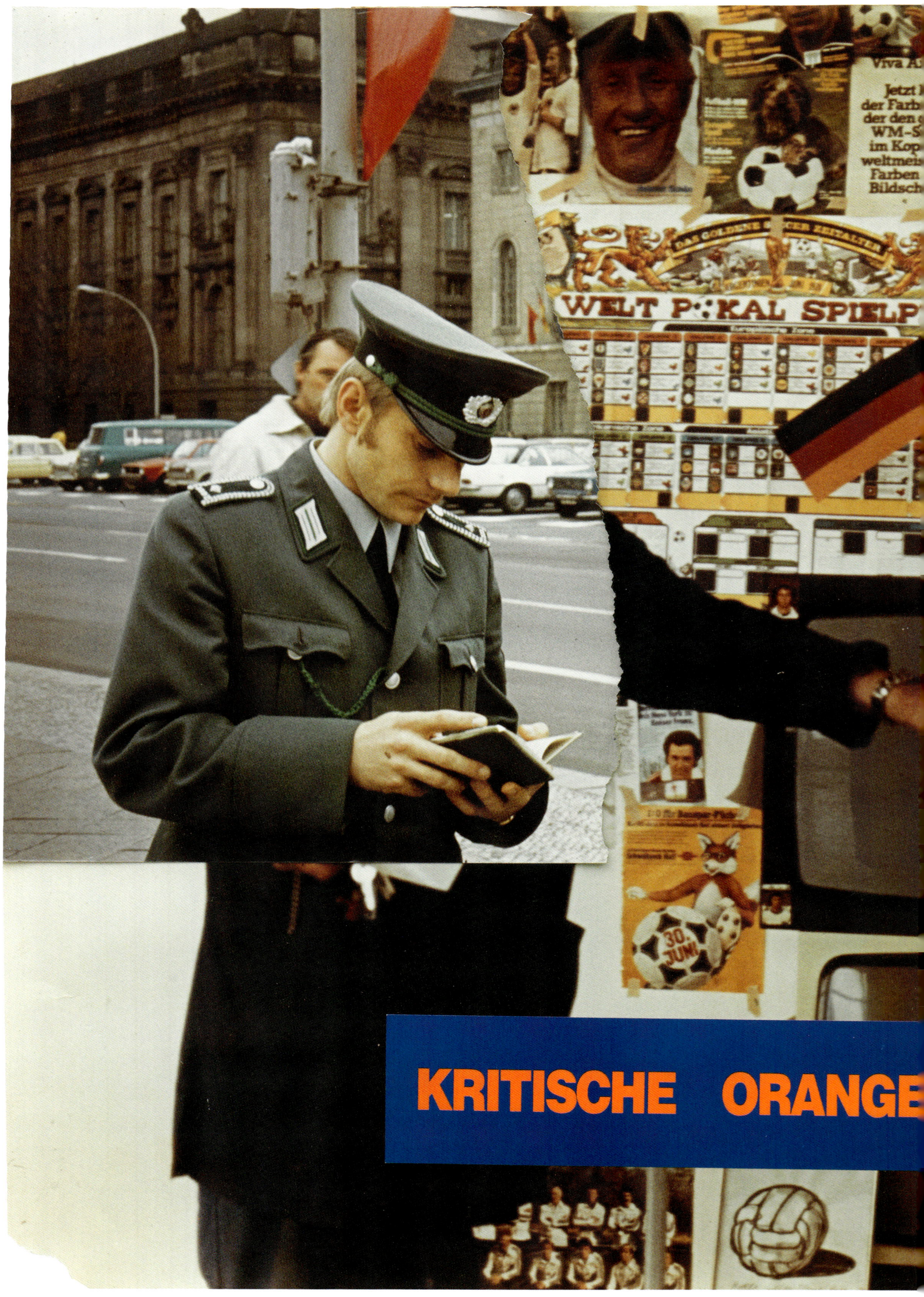
30.
JUNI
KRITISCHE ORANGE

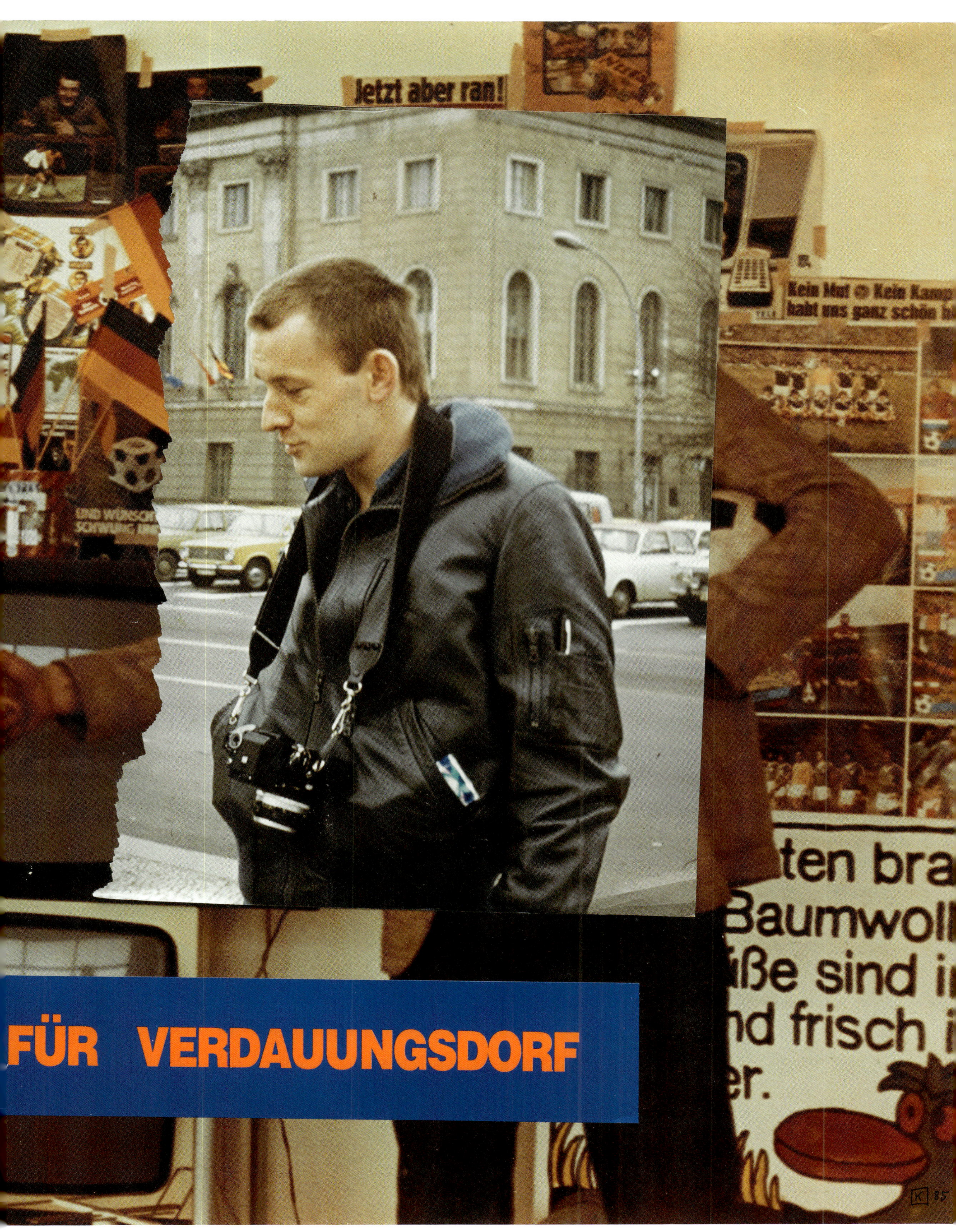

Jetzt aber ran!
FÜR VERDAUUNGSDORF

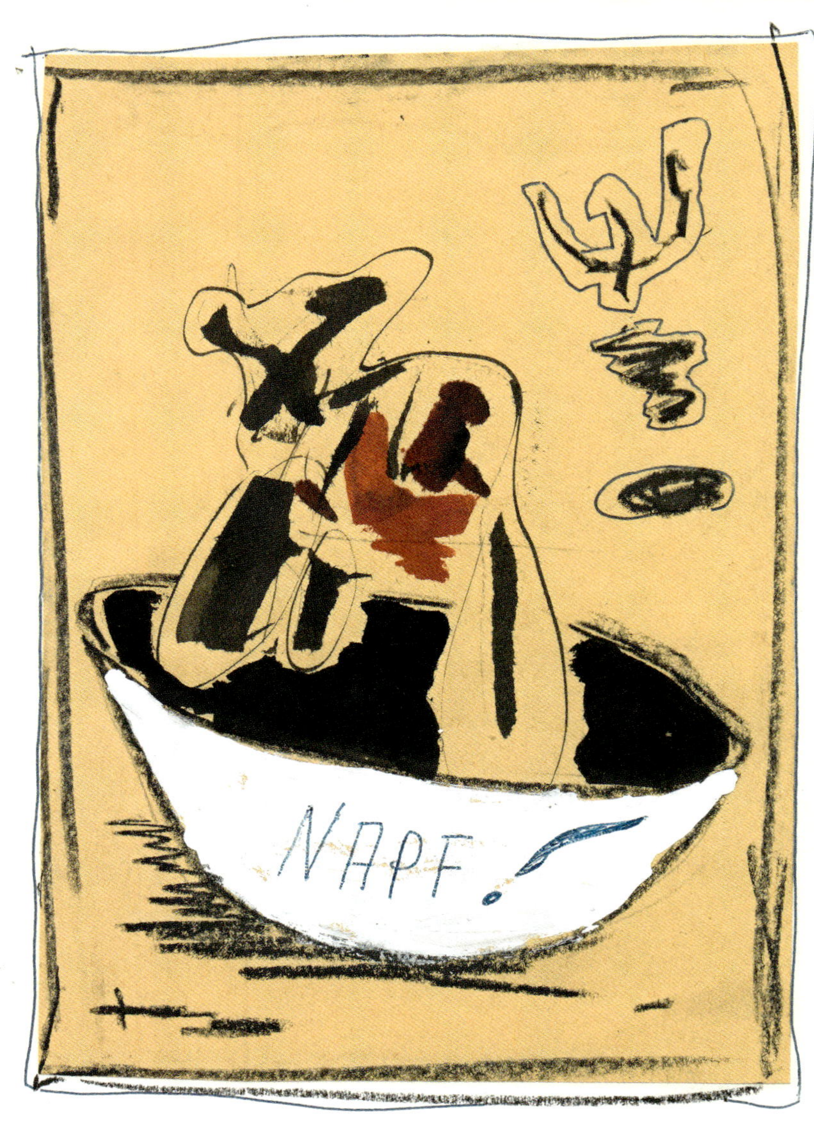

WER WILL, DAß SEIN ESSEN GUT WIRD,
MUß SEINE EIGENE SEELE KONTROLLIEREN

Wiederholung der Information kompensiert den darüberliegenden Lärm

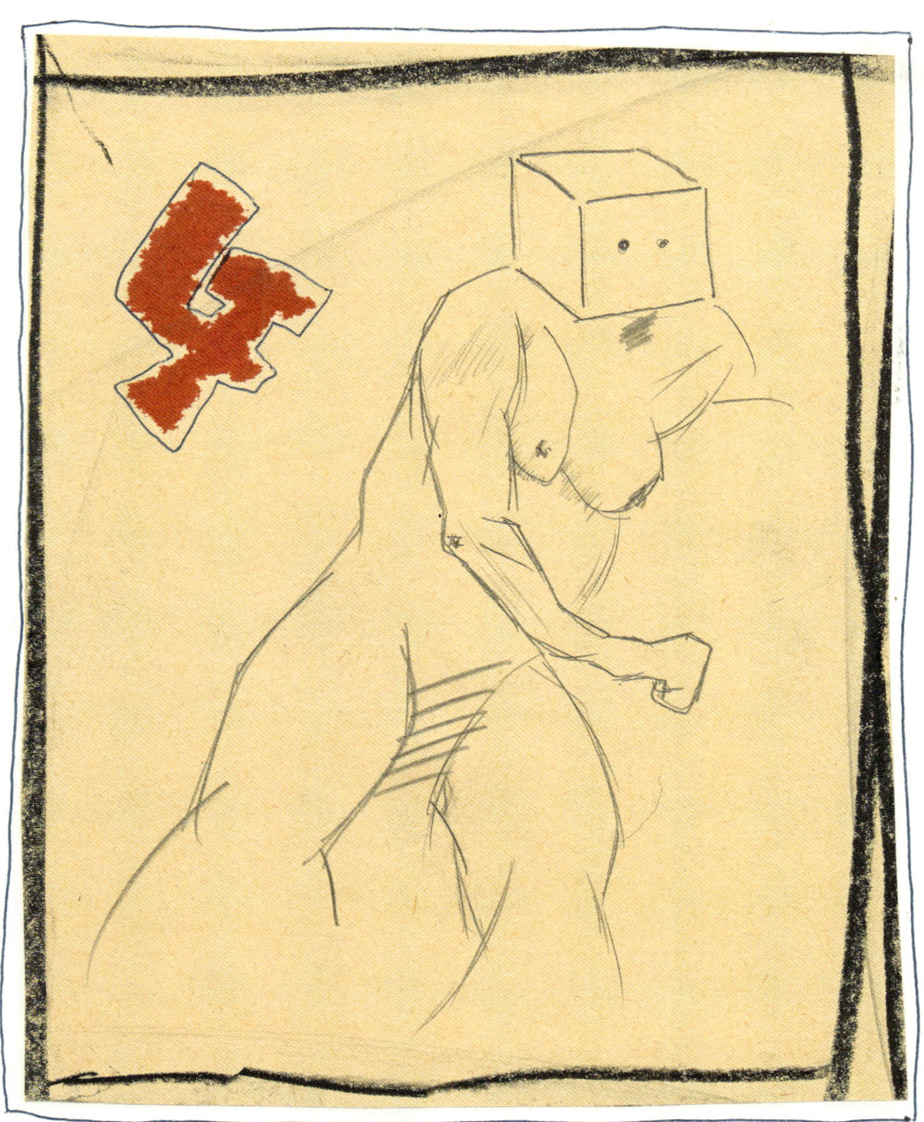

NOCHMALS VORWÄRTS IM SINNE DER ARBEITERKLASSE!

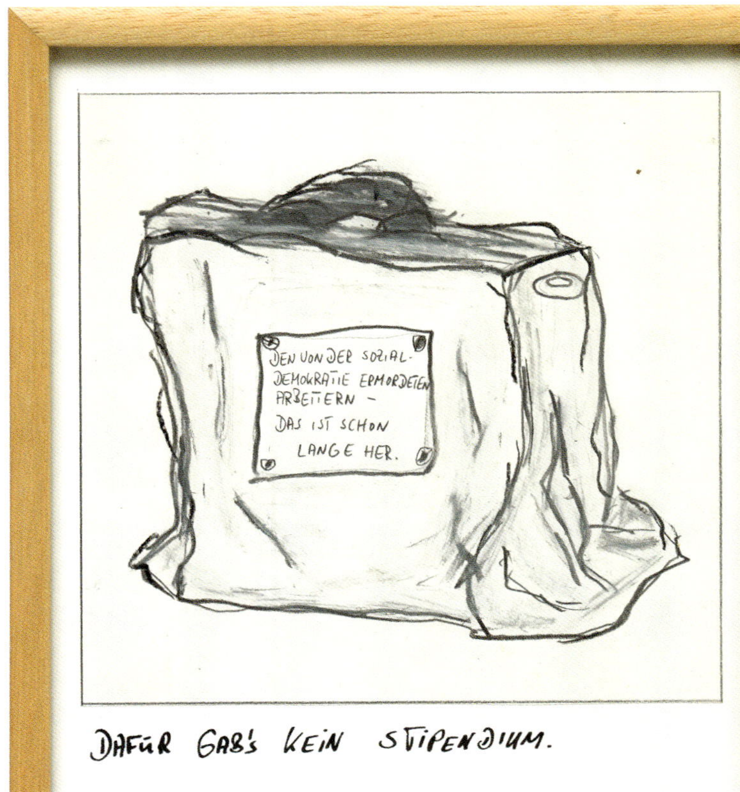

DAFÜR GAB'S KEIN STIPENDIUM.

Desastres de la Democracia

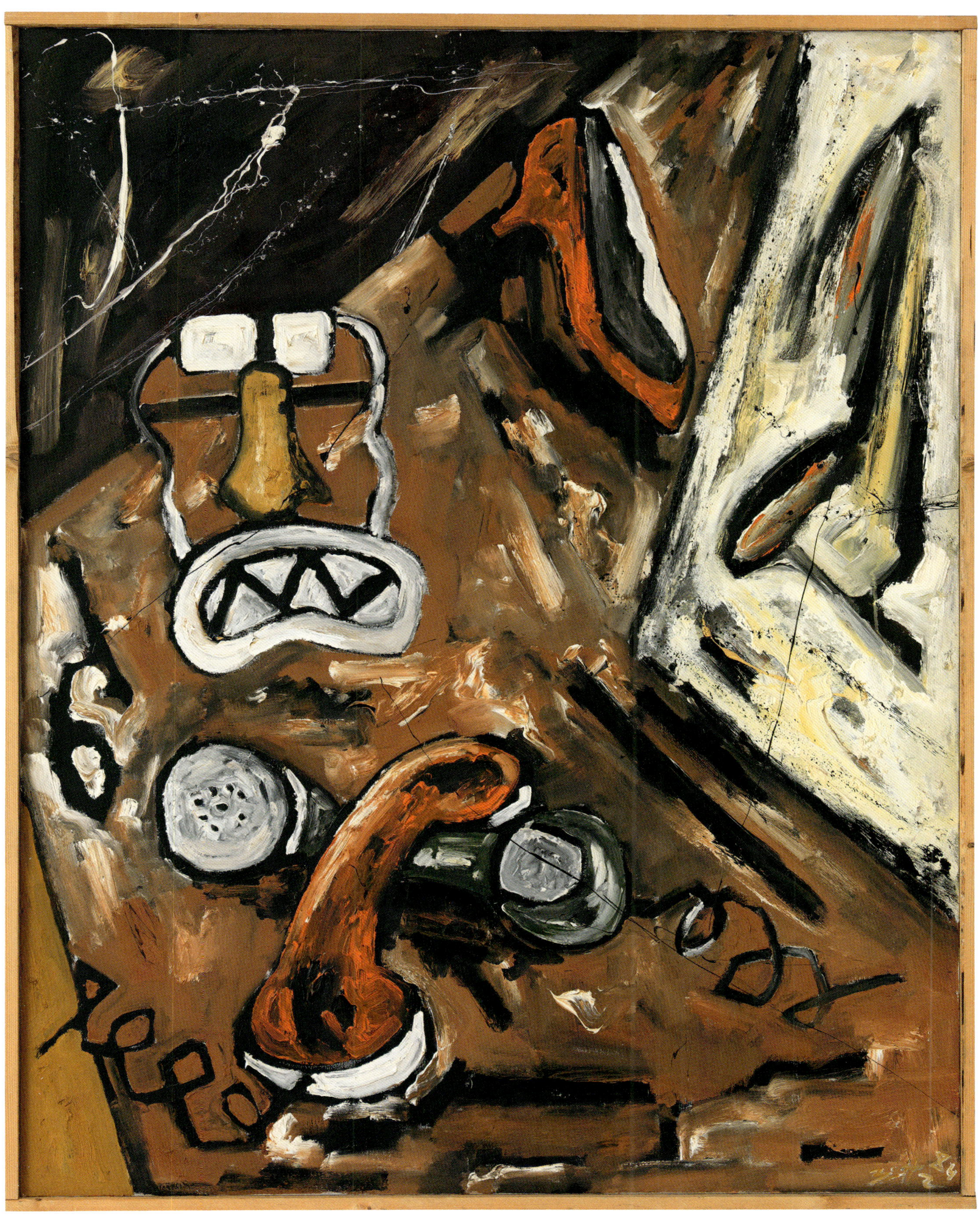

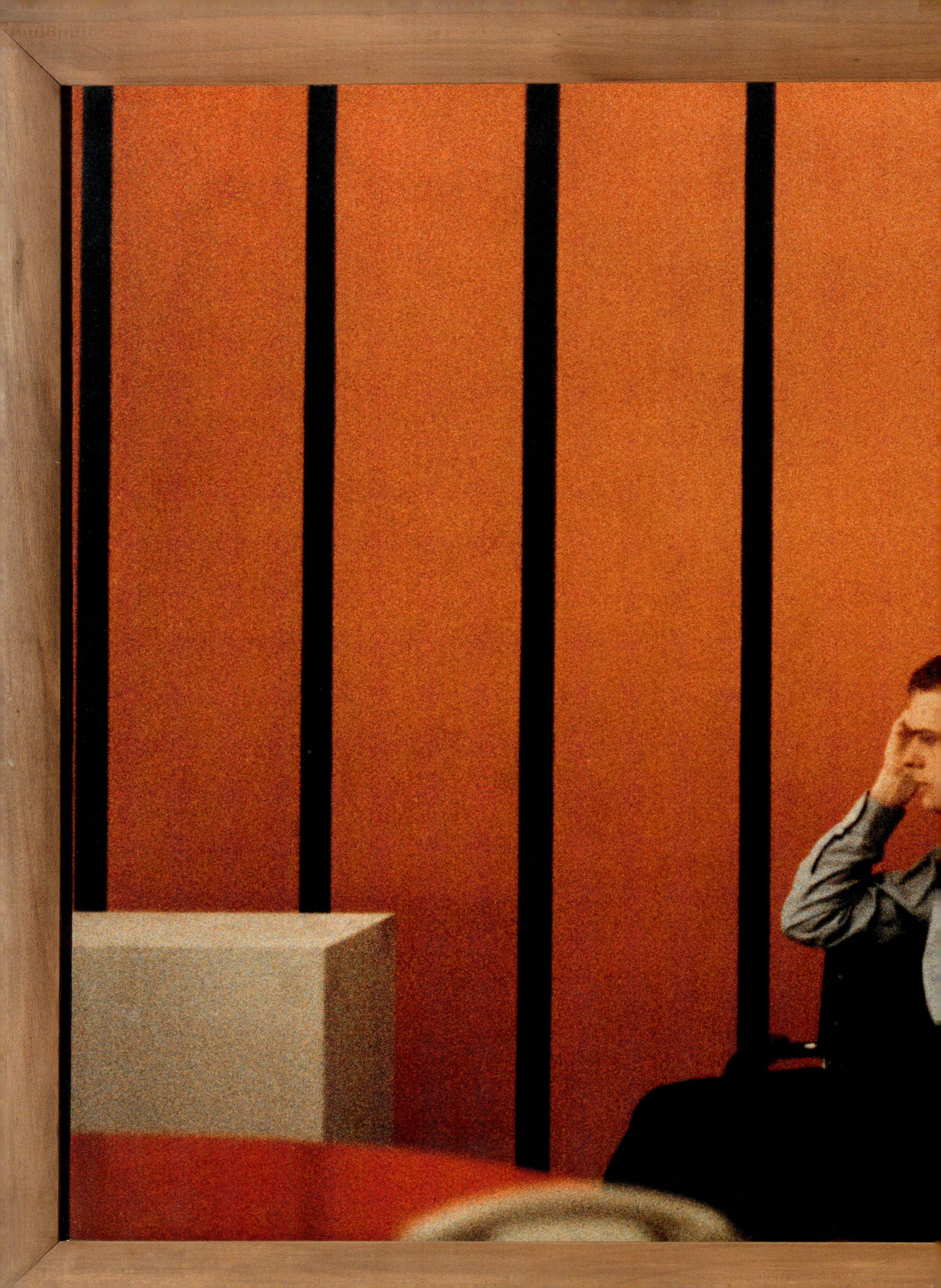

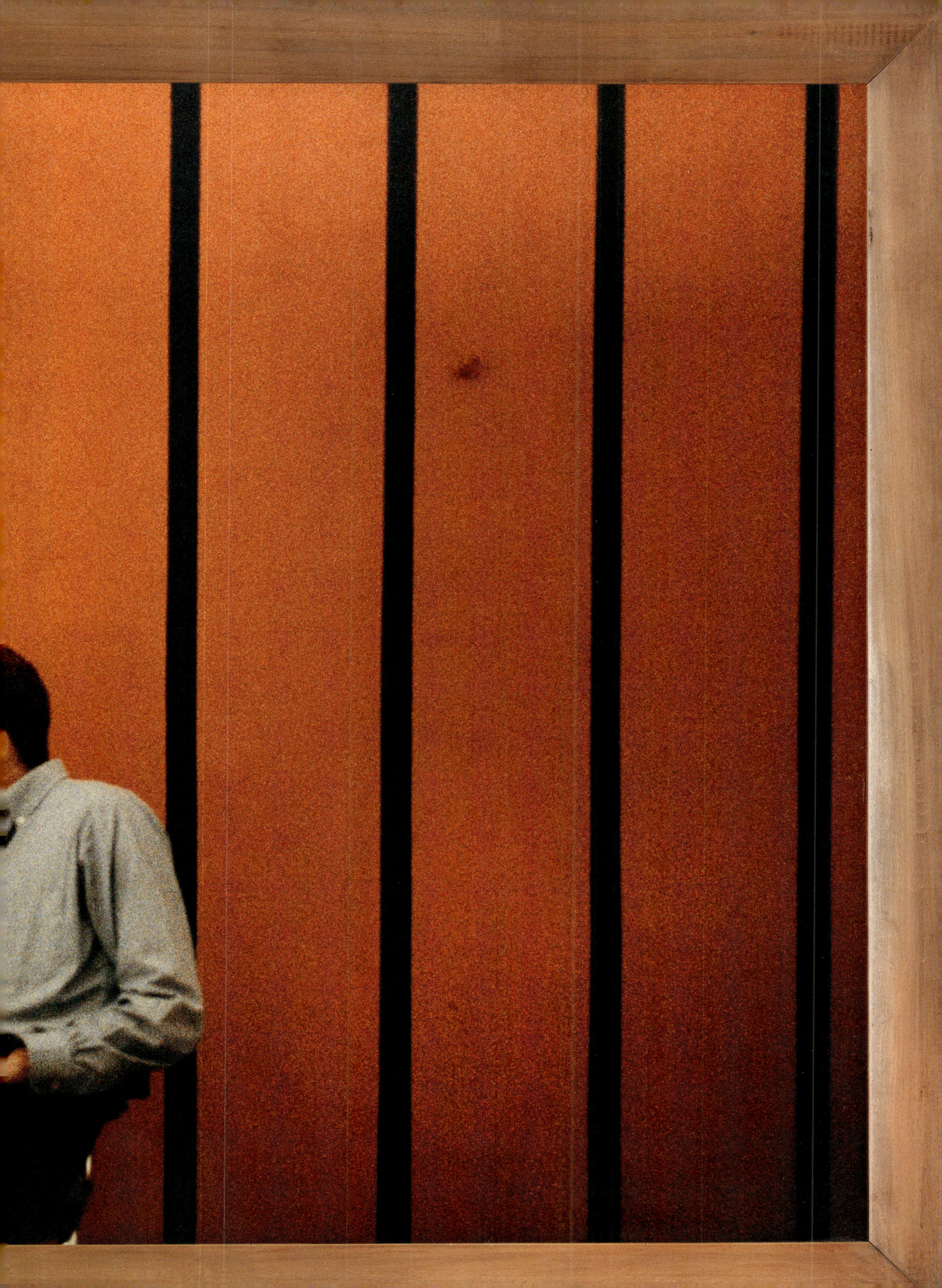

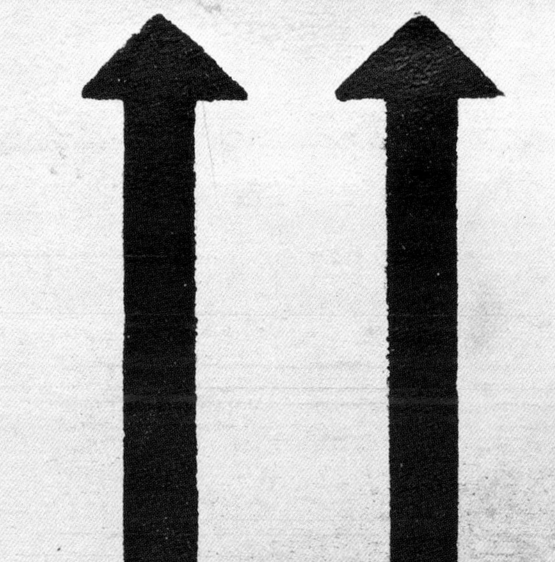
THIS SIDE UP

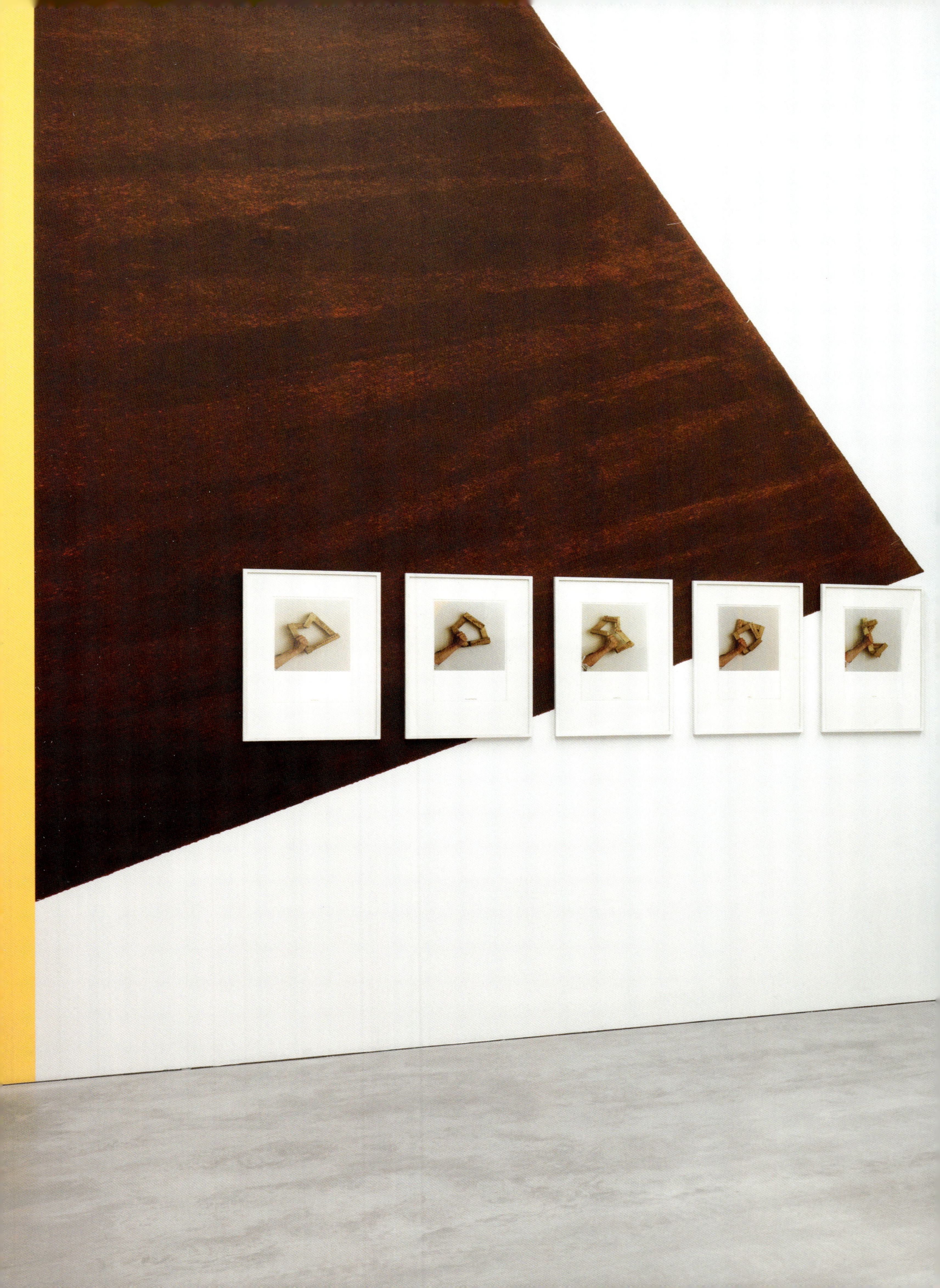

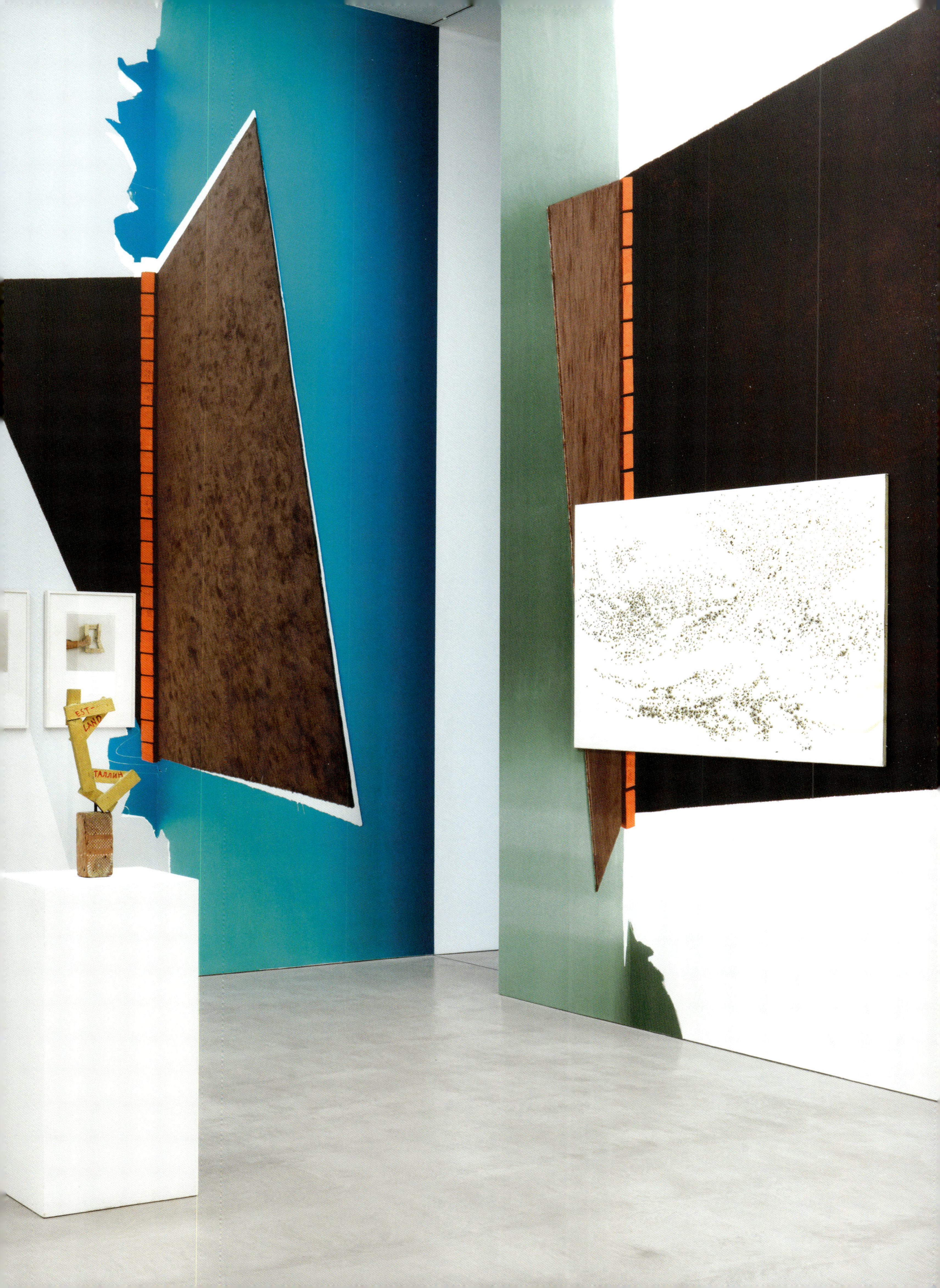
EST-
LAND
ТАЛЛИН

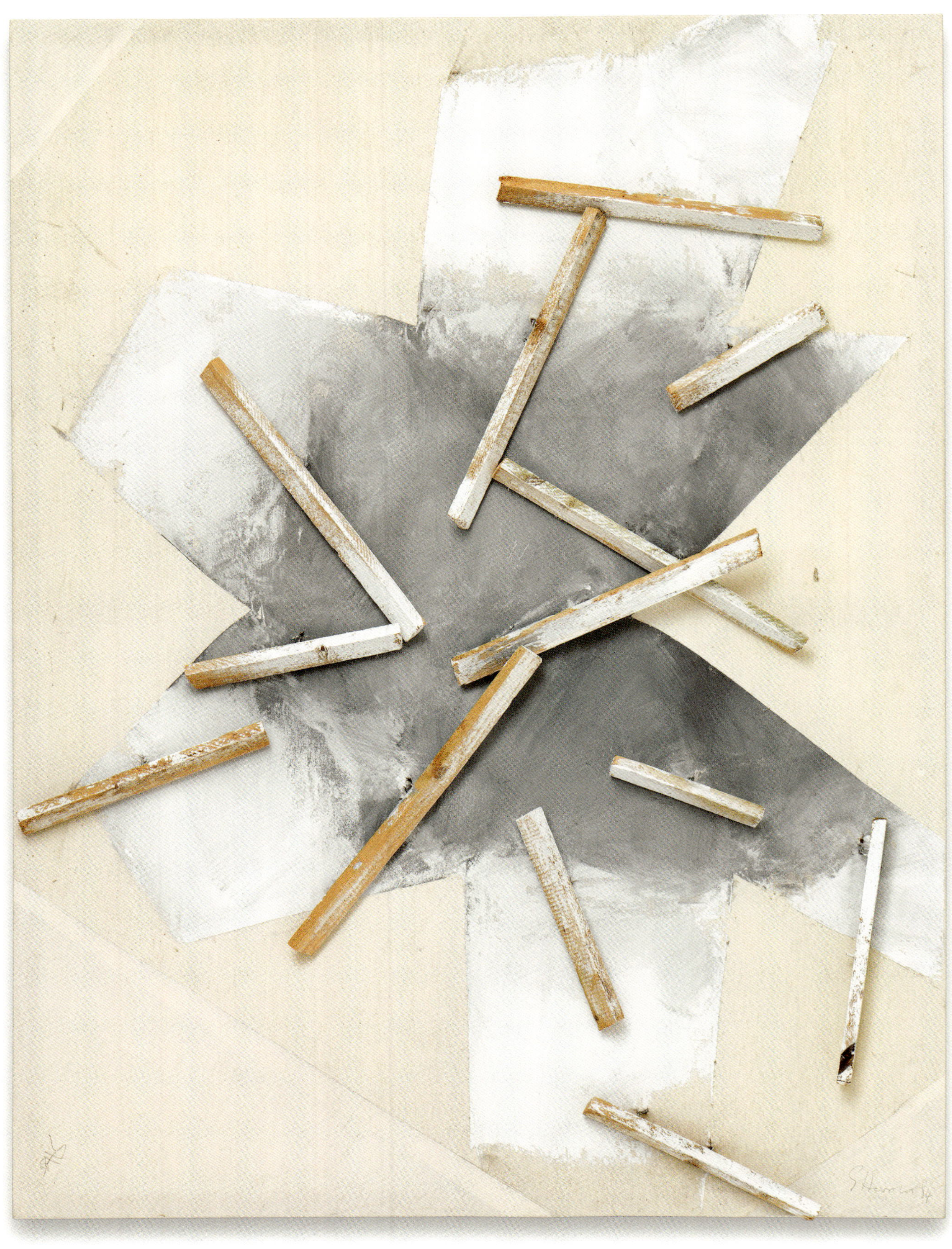

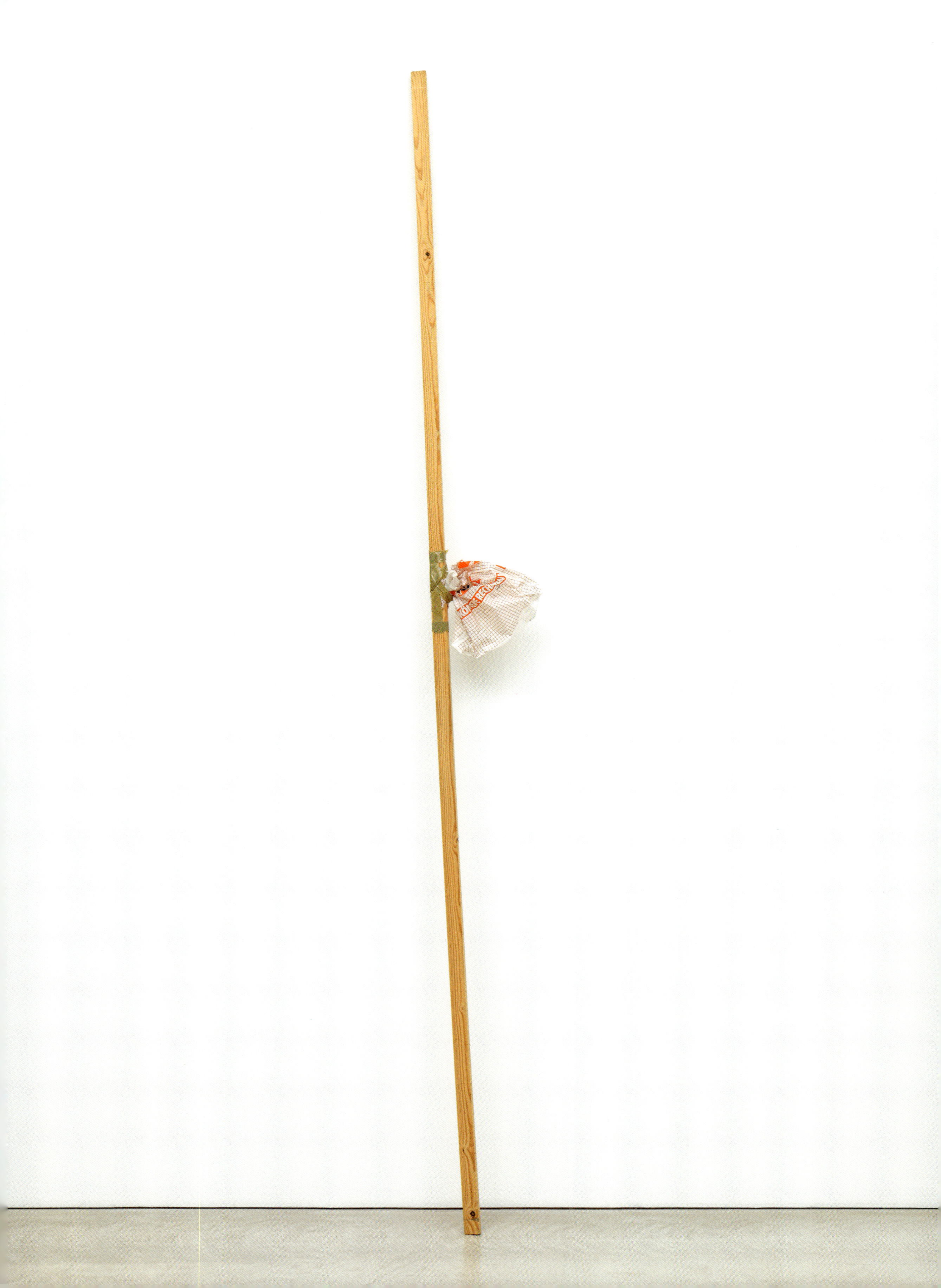

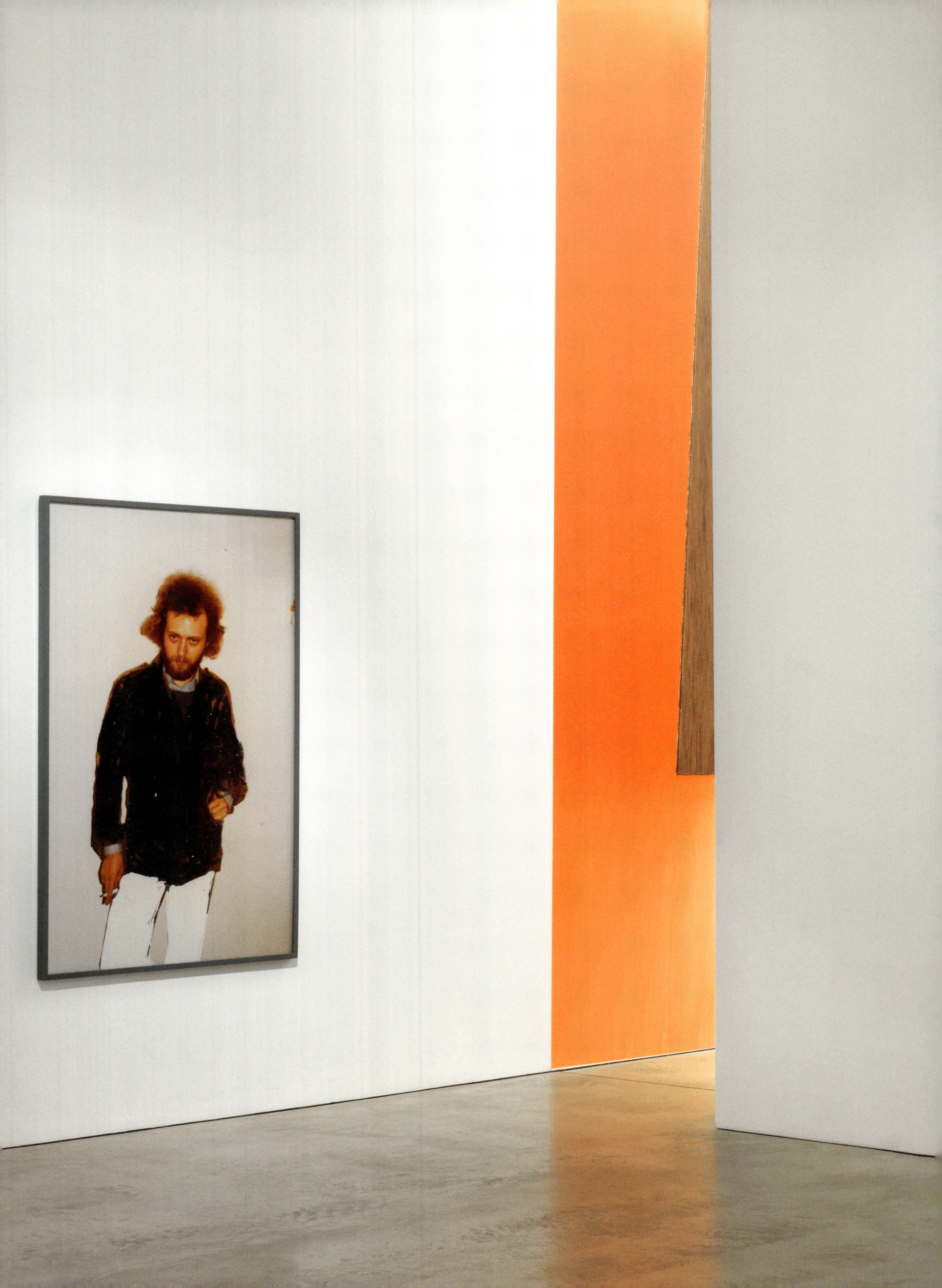

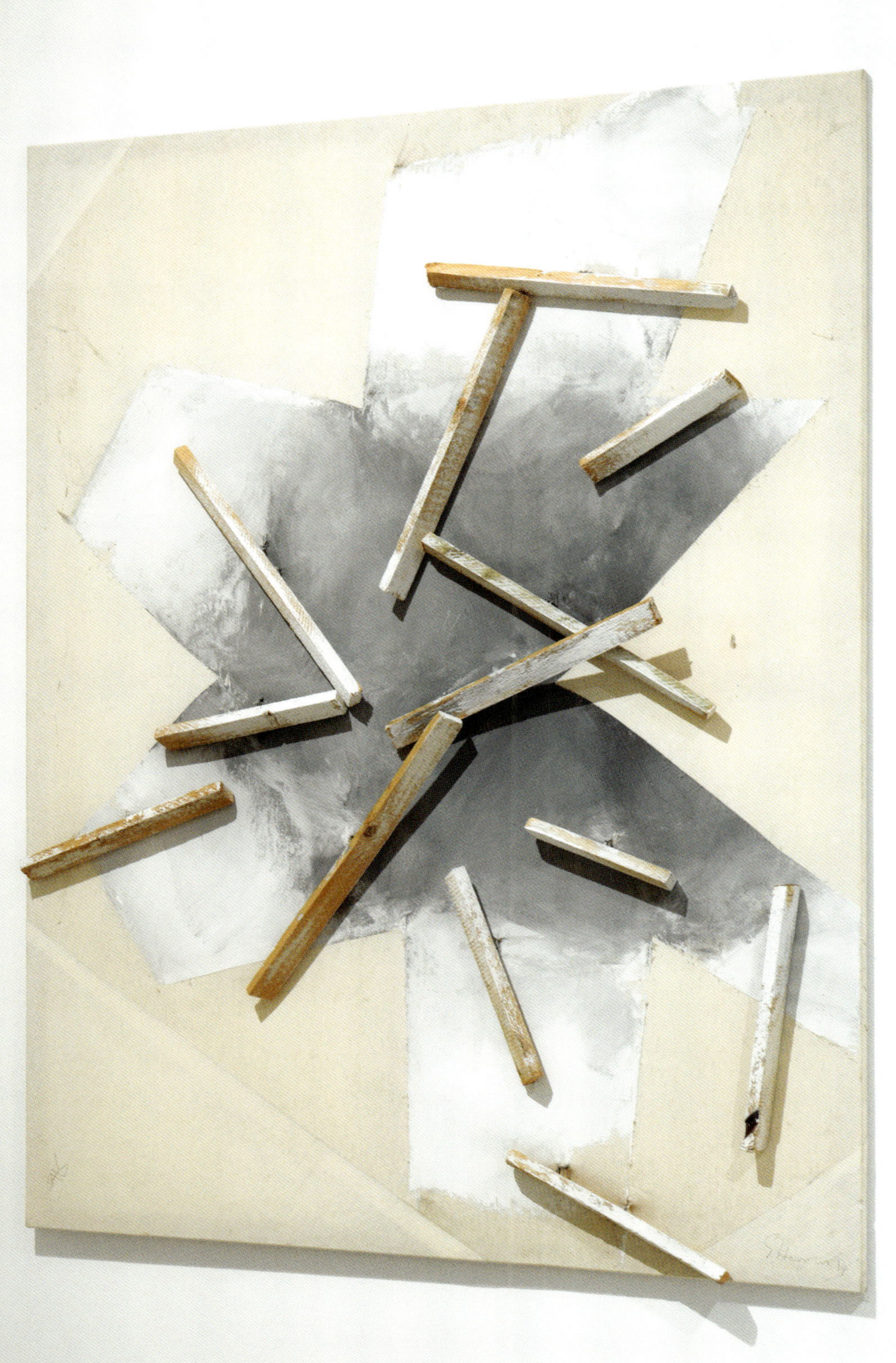

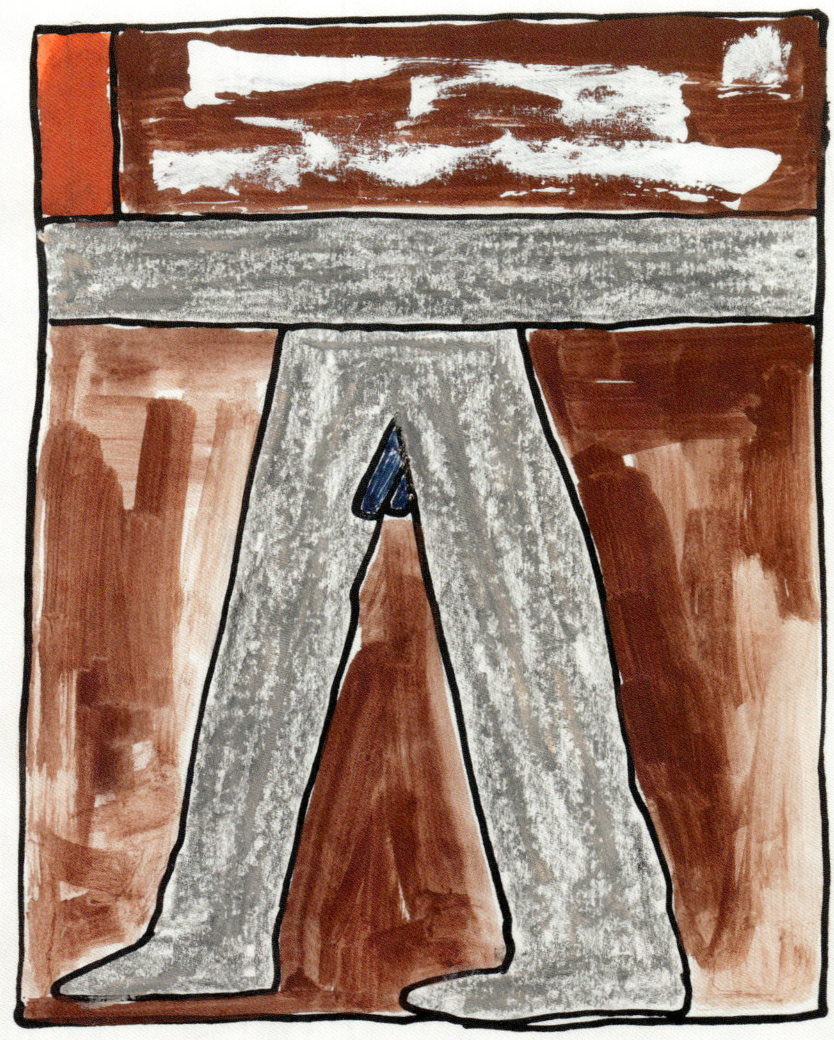
AN 10% DER HÄNDE KLEBT BLUT,
AM REST KLEBT SCH...

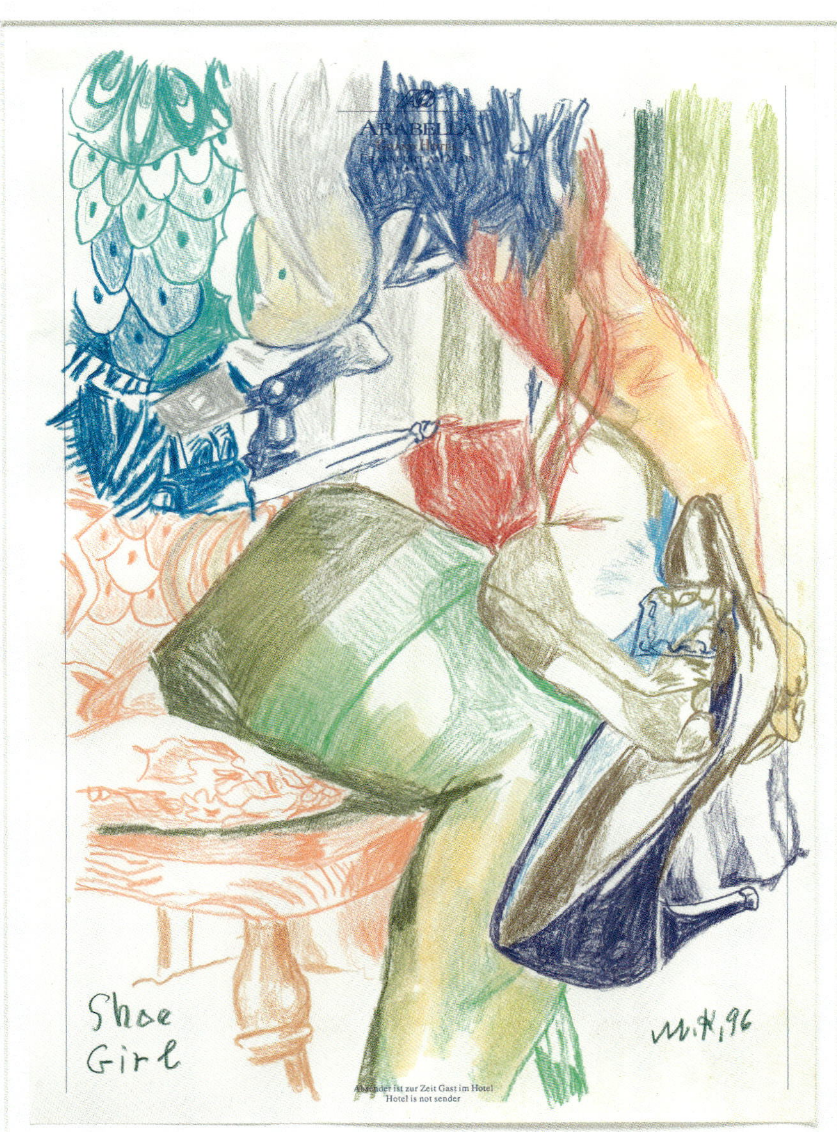
ARABELLA
Shoe Girl
Absender ist zur Zeit Gast im Hotel
Hotel is not sender

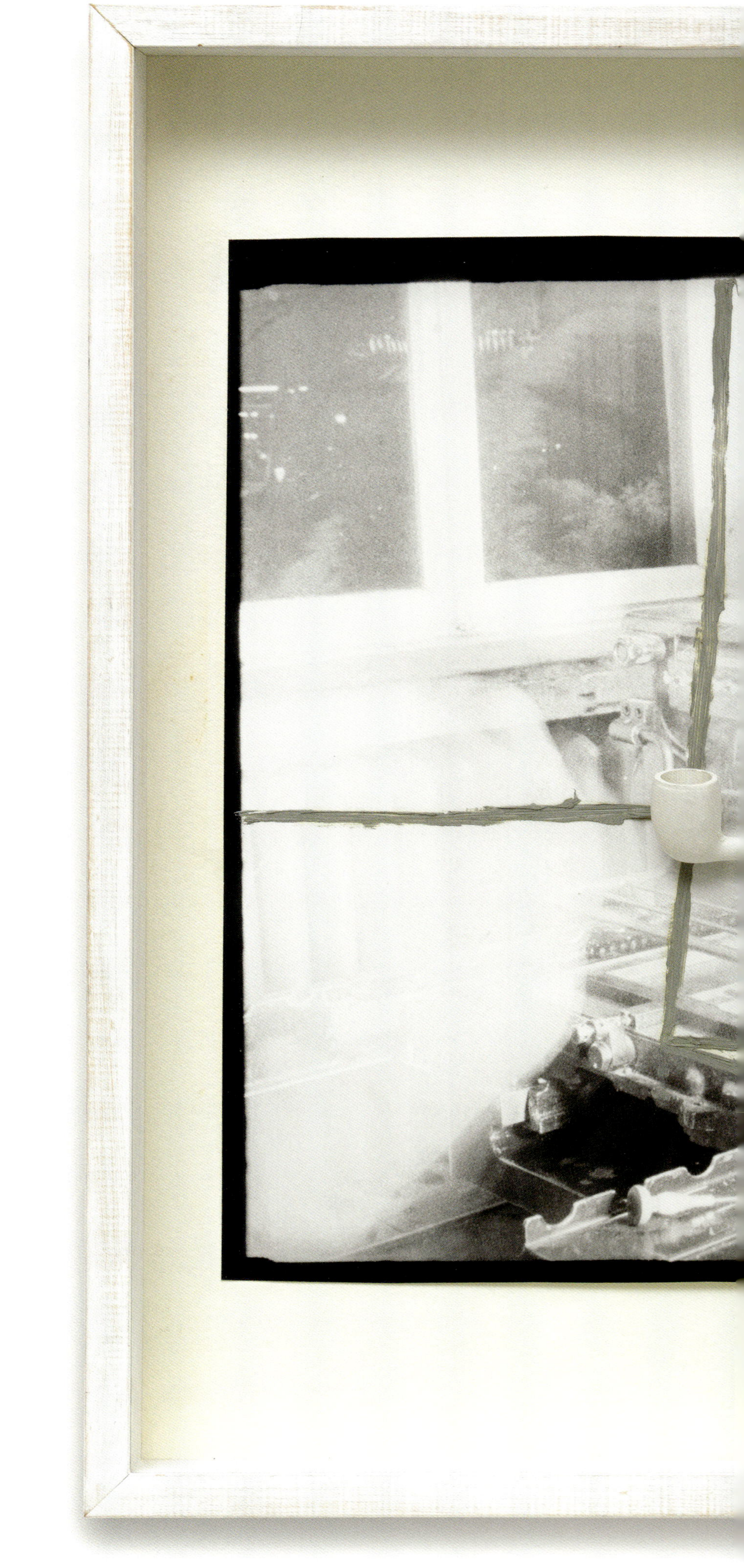

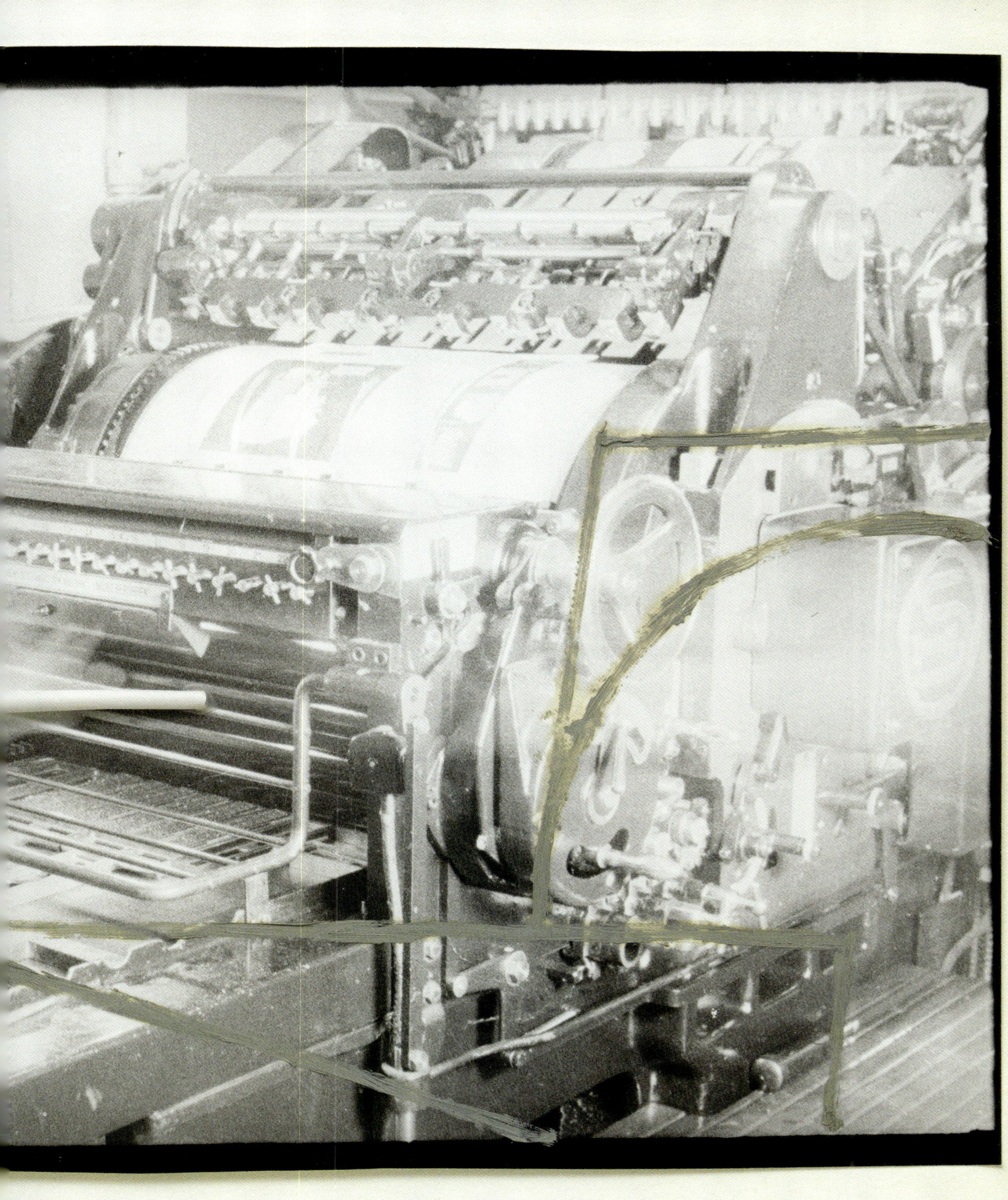

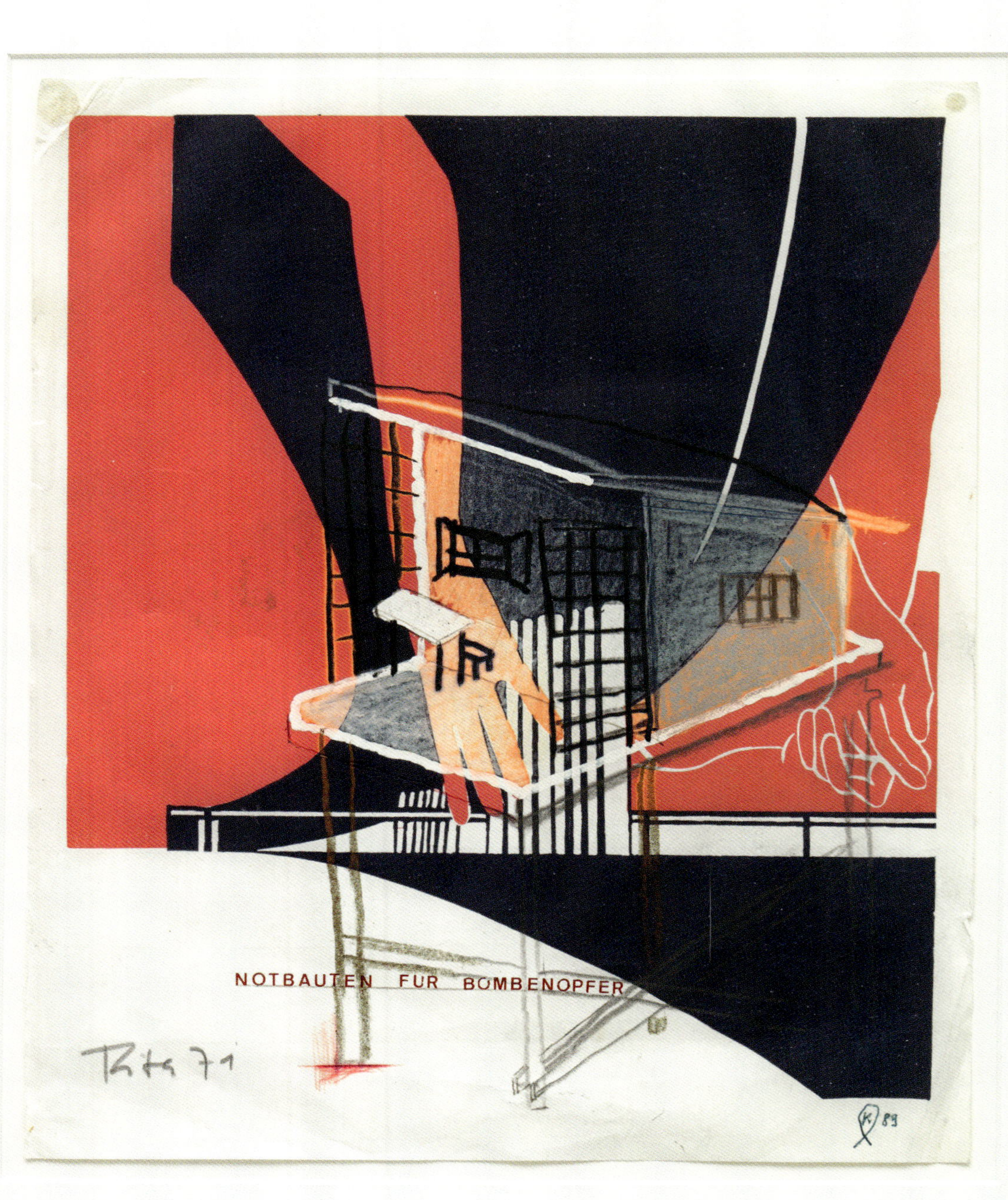
NOTBAUTEN FUR BOMBENOPFER
Rita 71

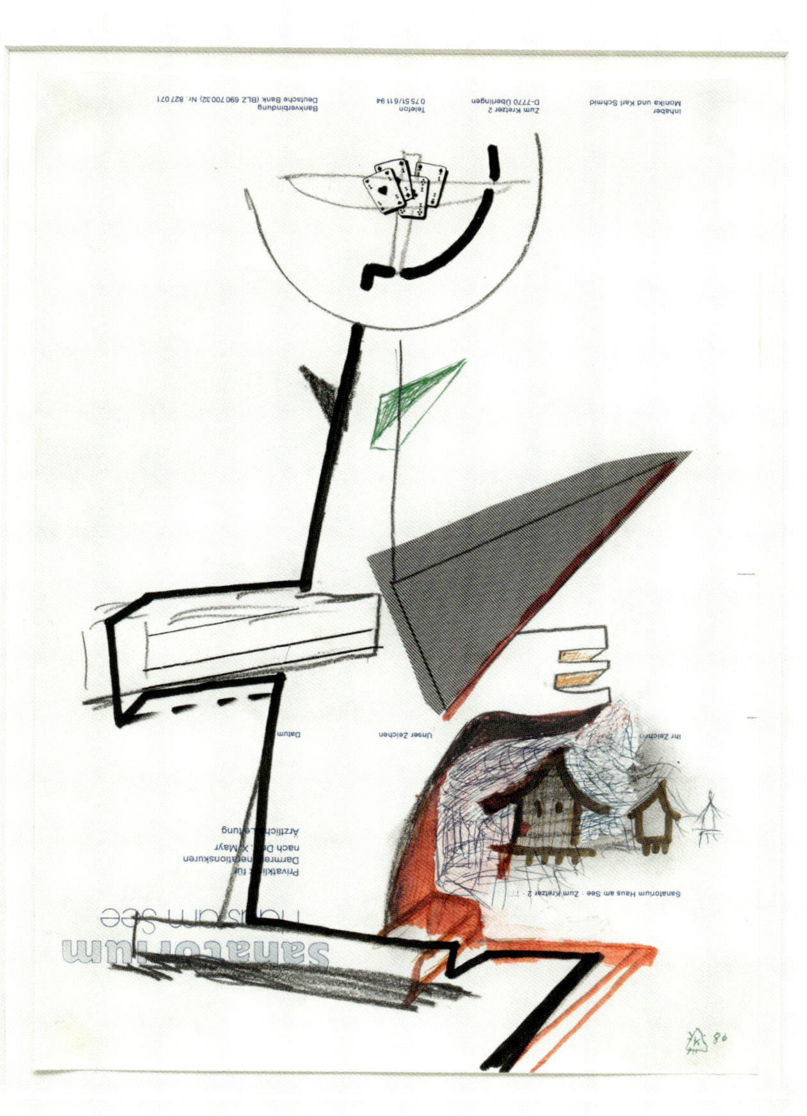

CHATEAU DE MARÇAY

37500 CHINON . VAL DE LOIRE

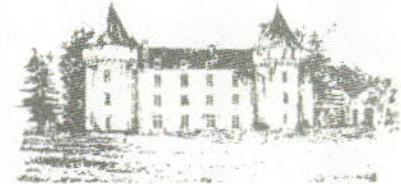

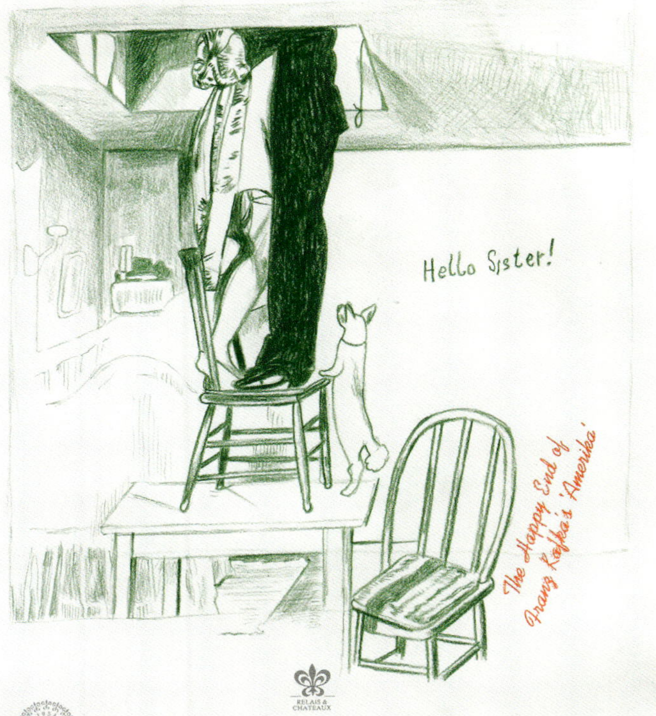

RELAIS & CHATEAUX

40 ANS

Tél. 47 93 03 47 - Fax 47 93 45 33 - Télex 751475

M.K.95

S.A. AU CAPITAL DE 1.500.000 F. - SIEGE SOCIAL à MARÇAY - R.C. Tours B 704.801.356

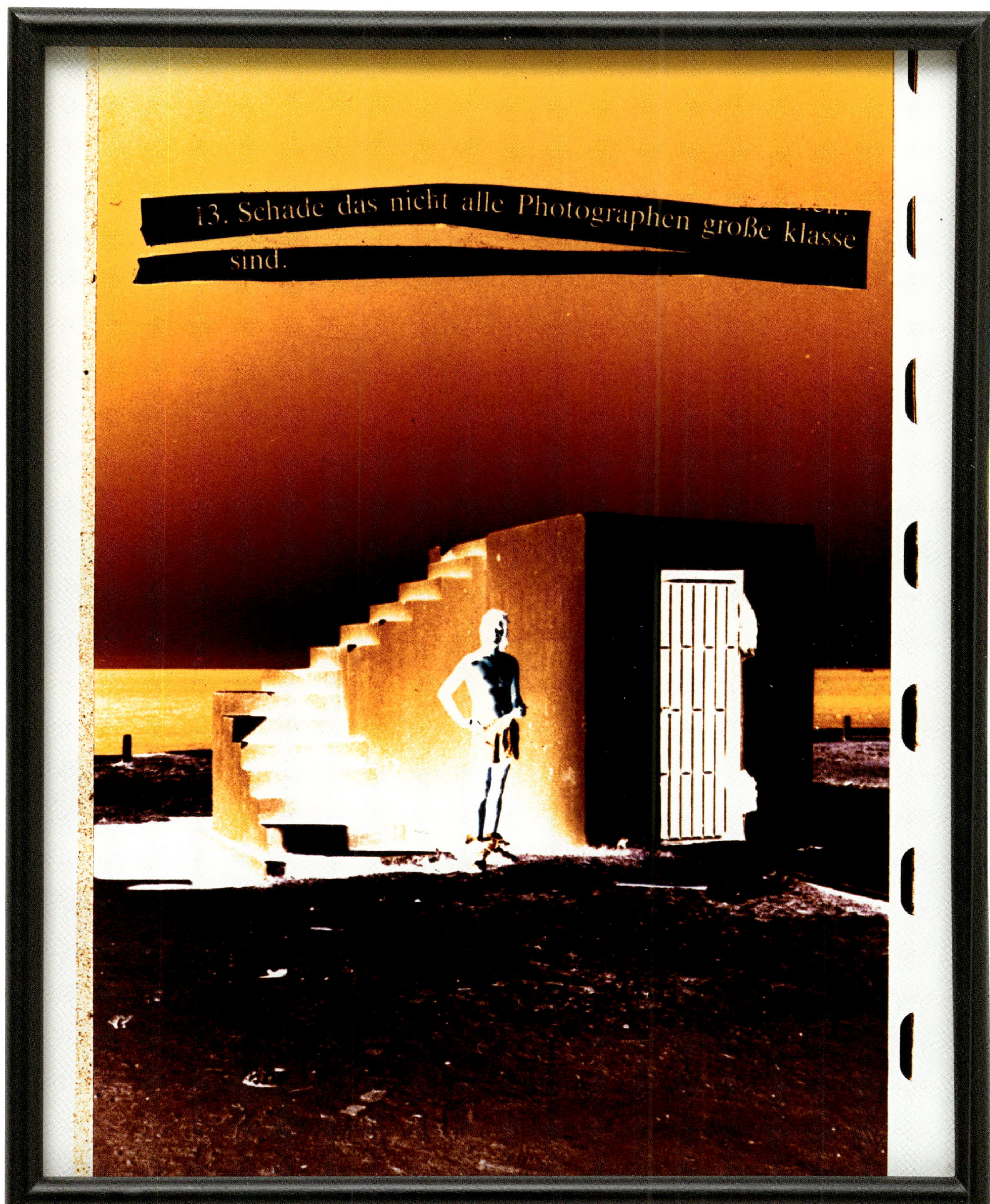
13. Schade das nicht alle Photographen große klasse
sind.

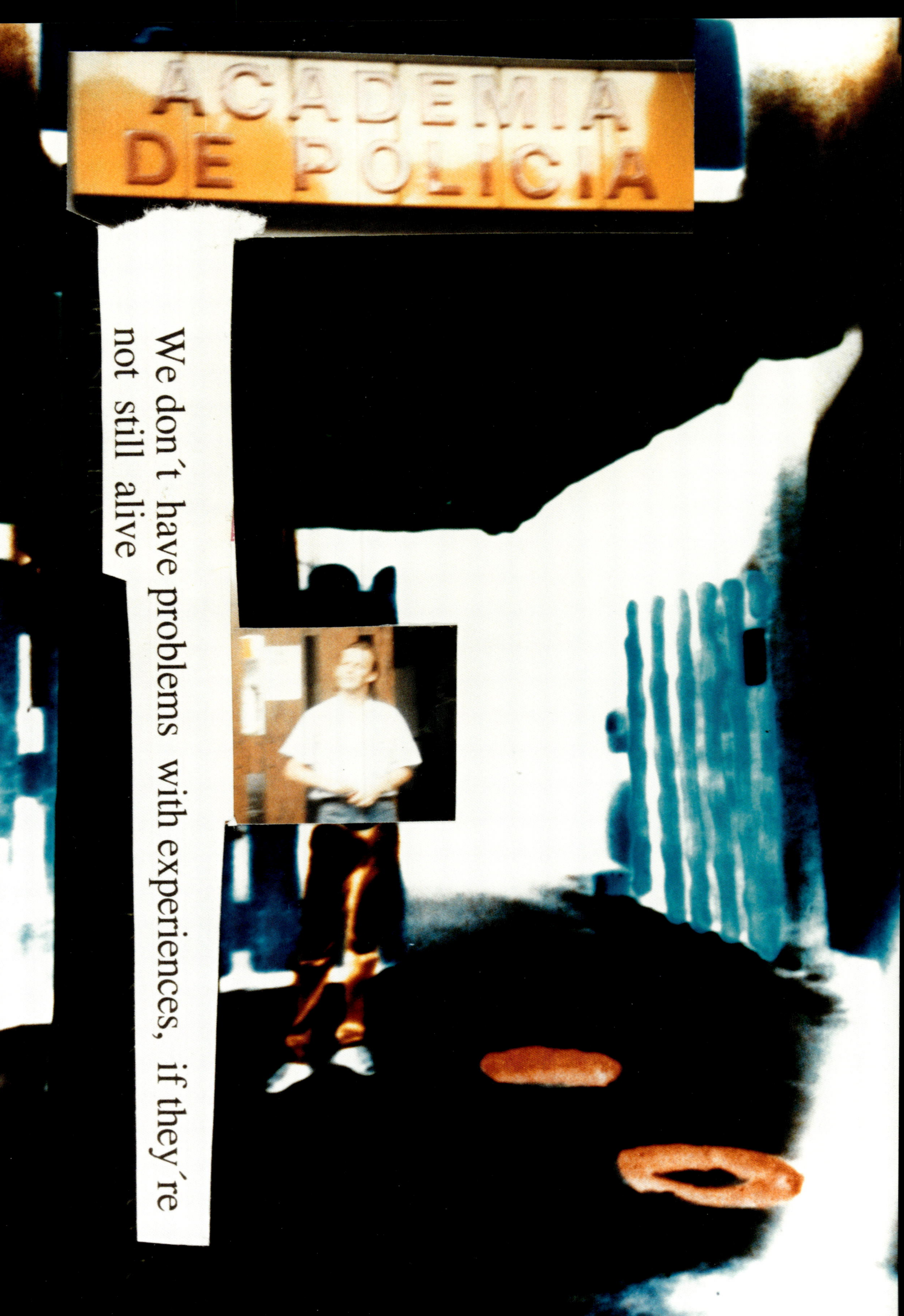
ACADEMIA
DE POLICIA
We don´t have problems with experiences, if they´re
not still alive

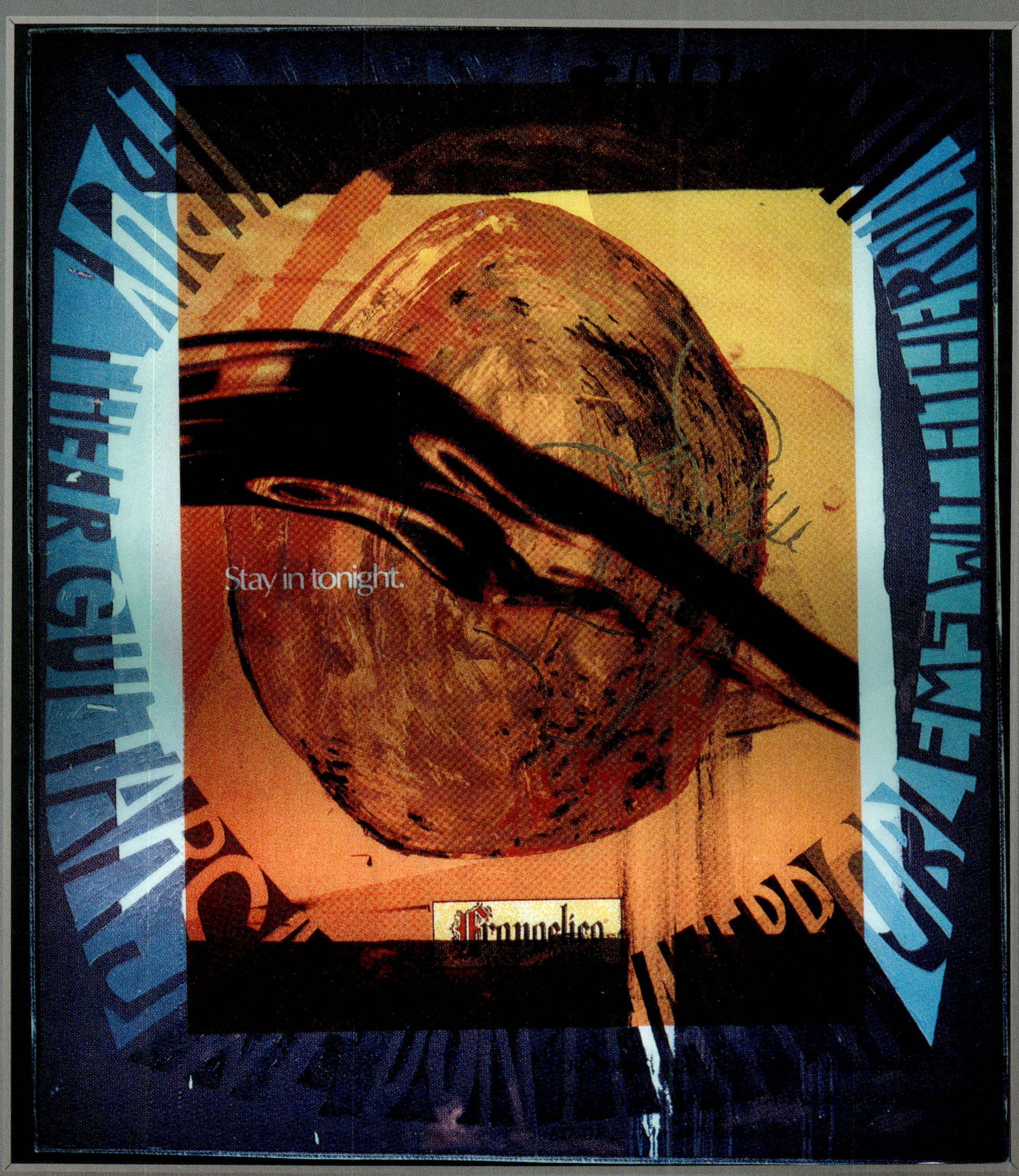
Stay in tonight.

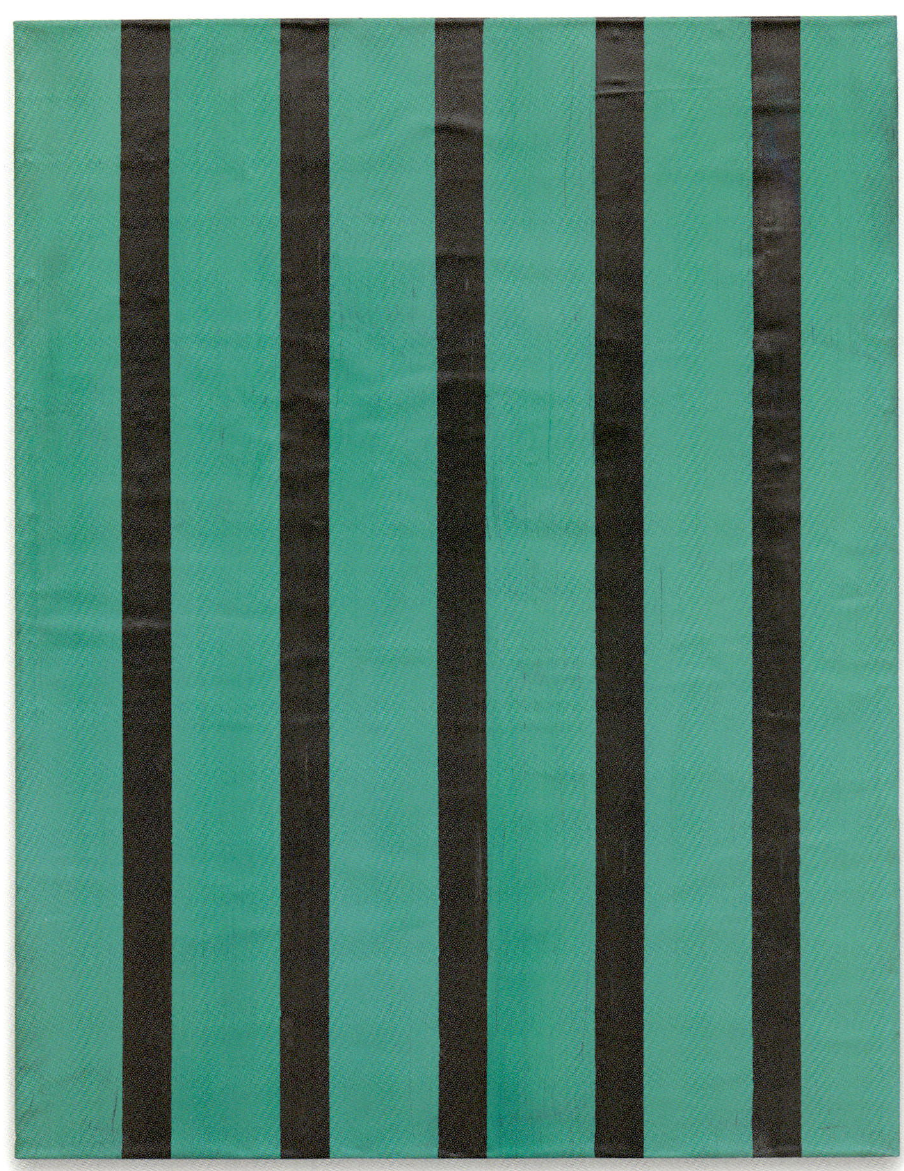

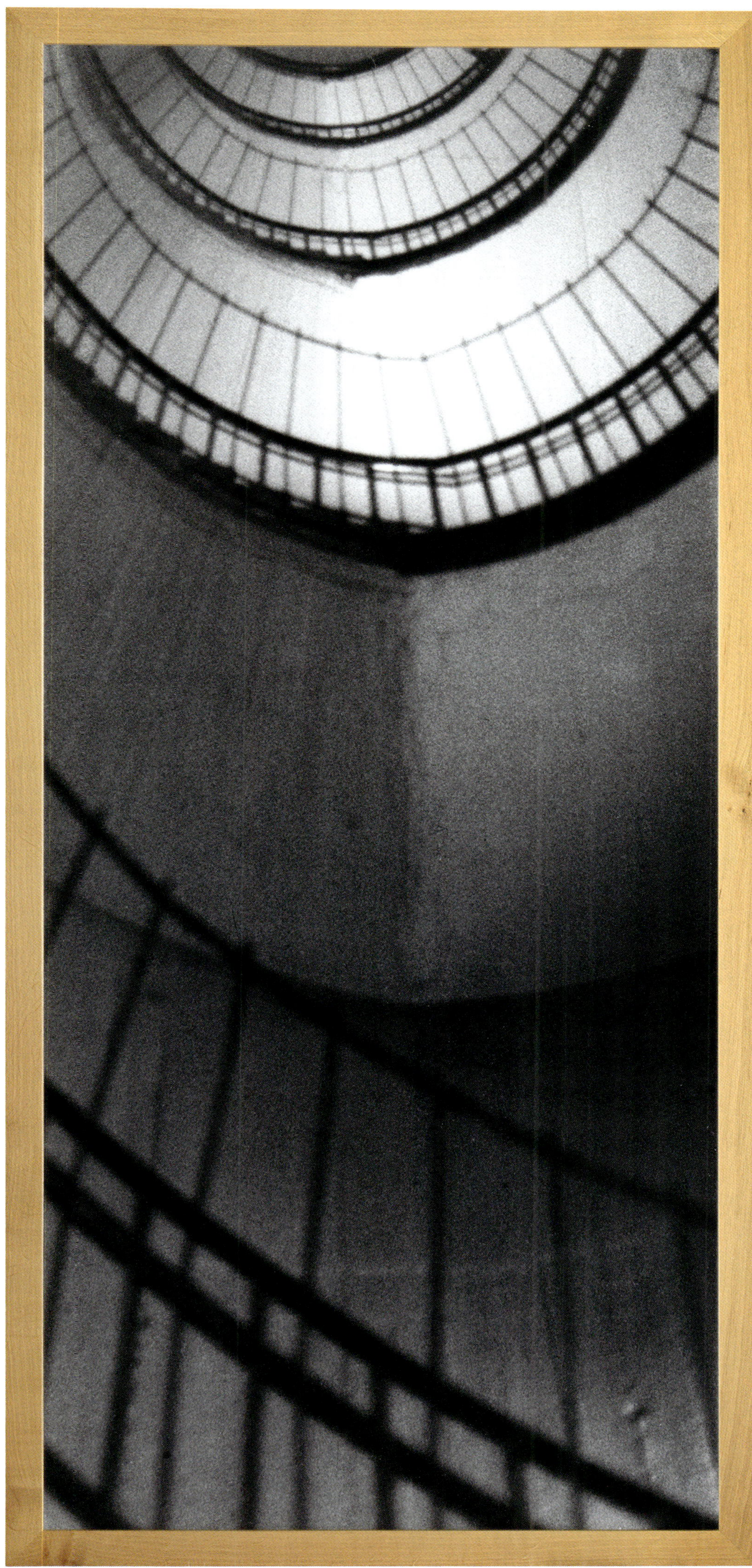

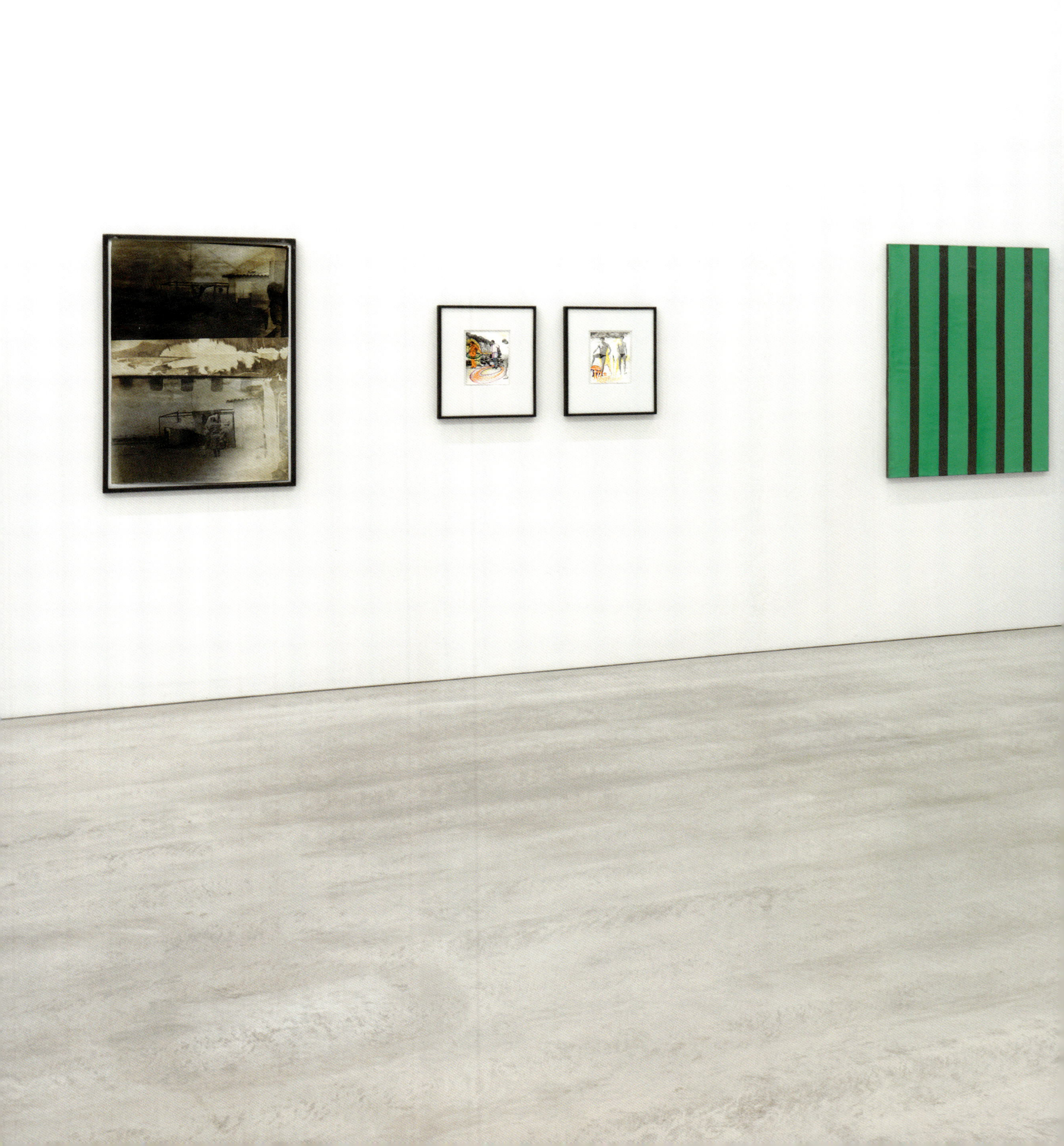

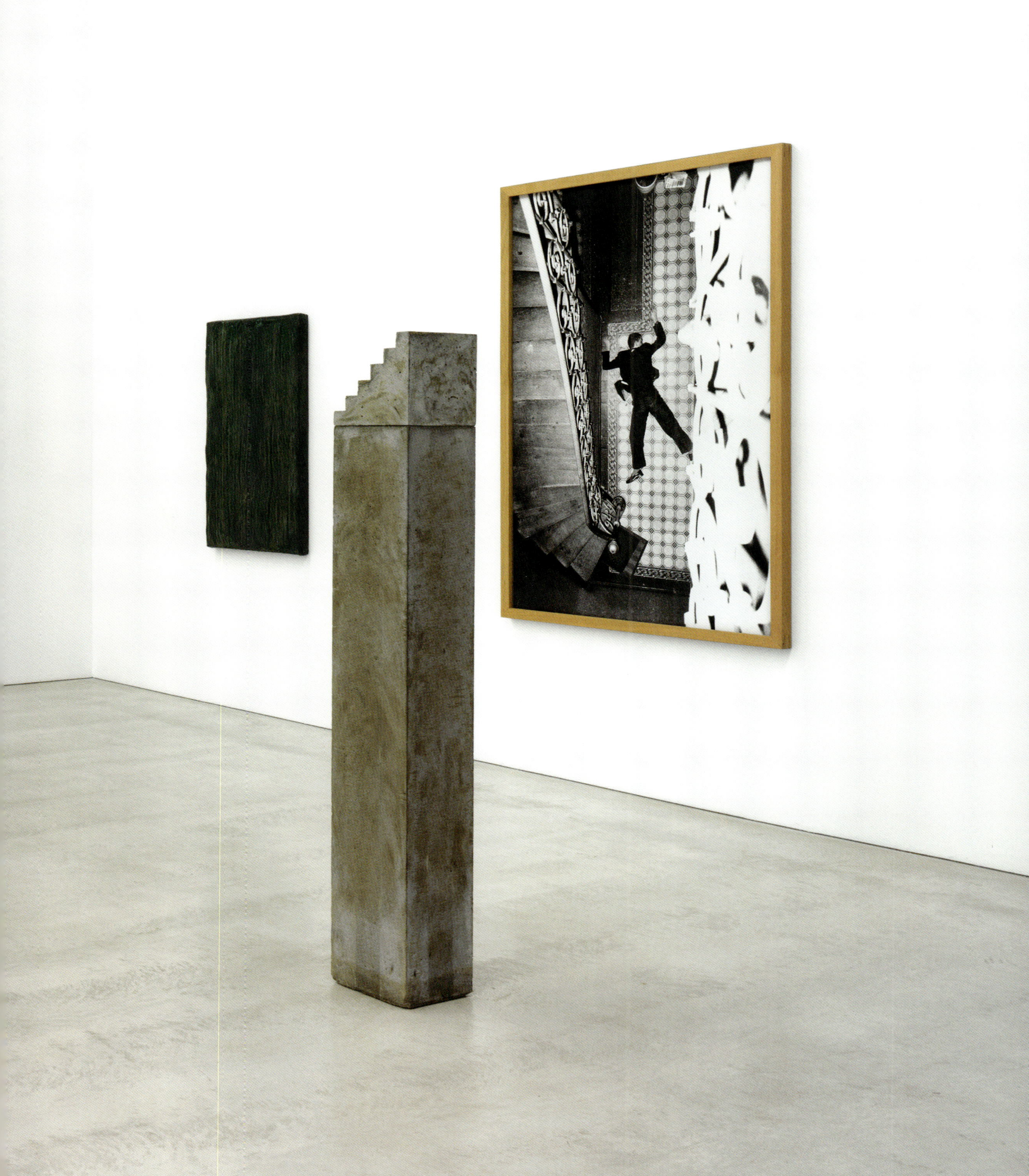

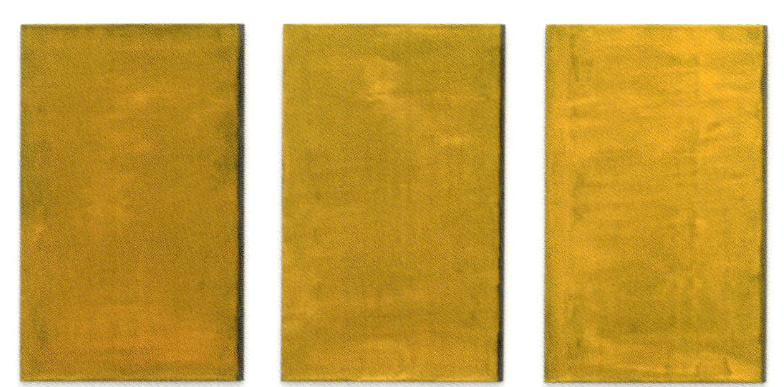

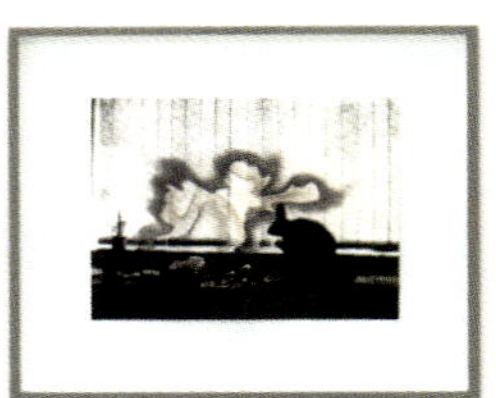

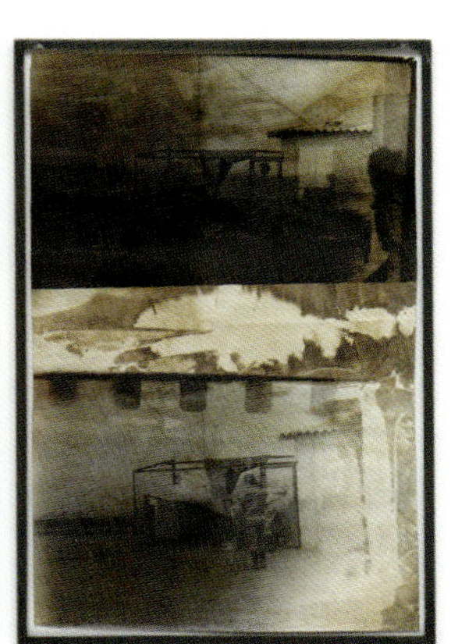

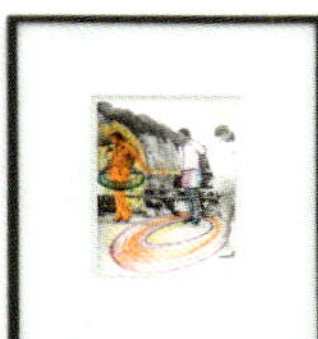

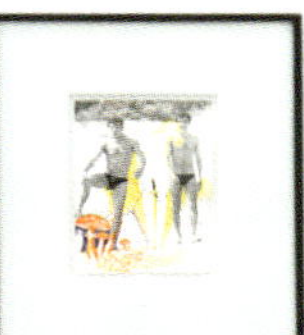

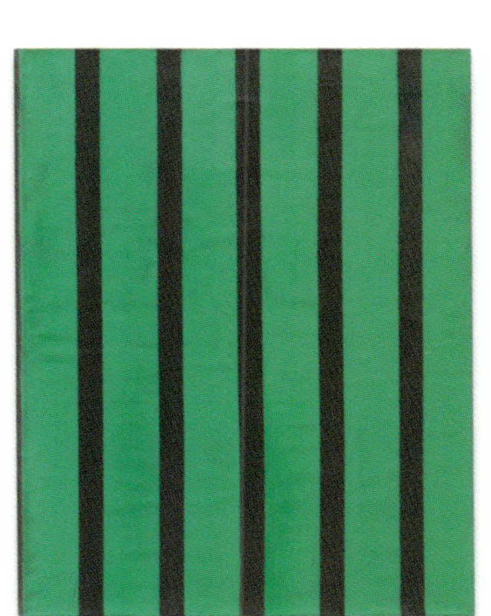

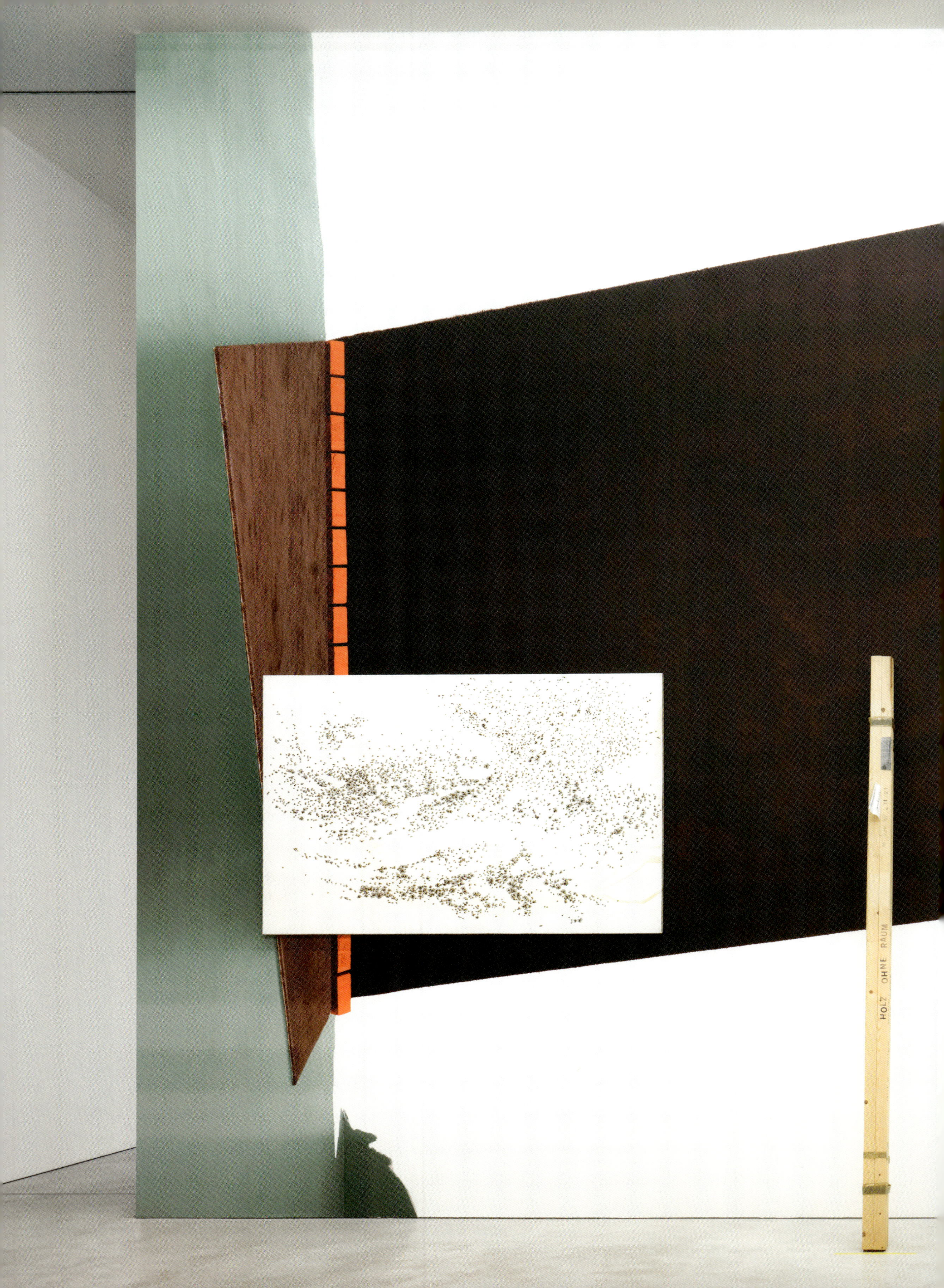
HOLZ OHNE RAUM

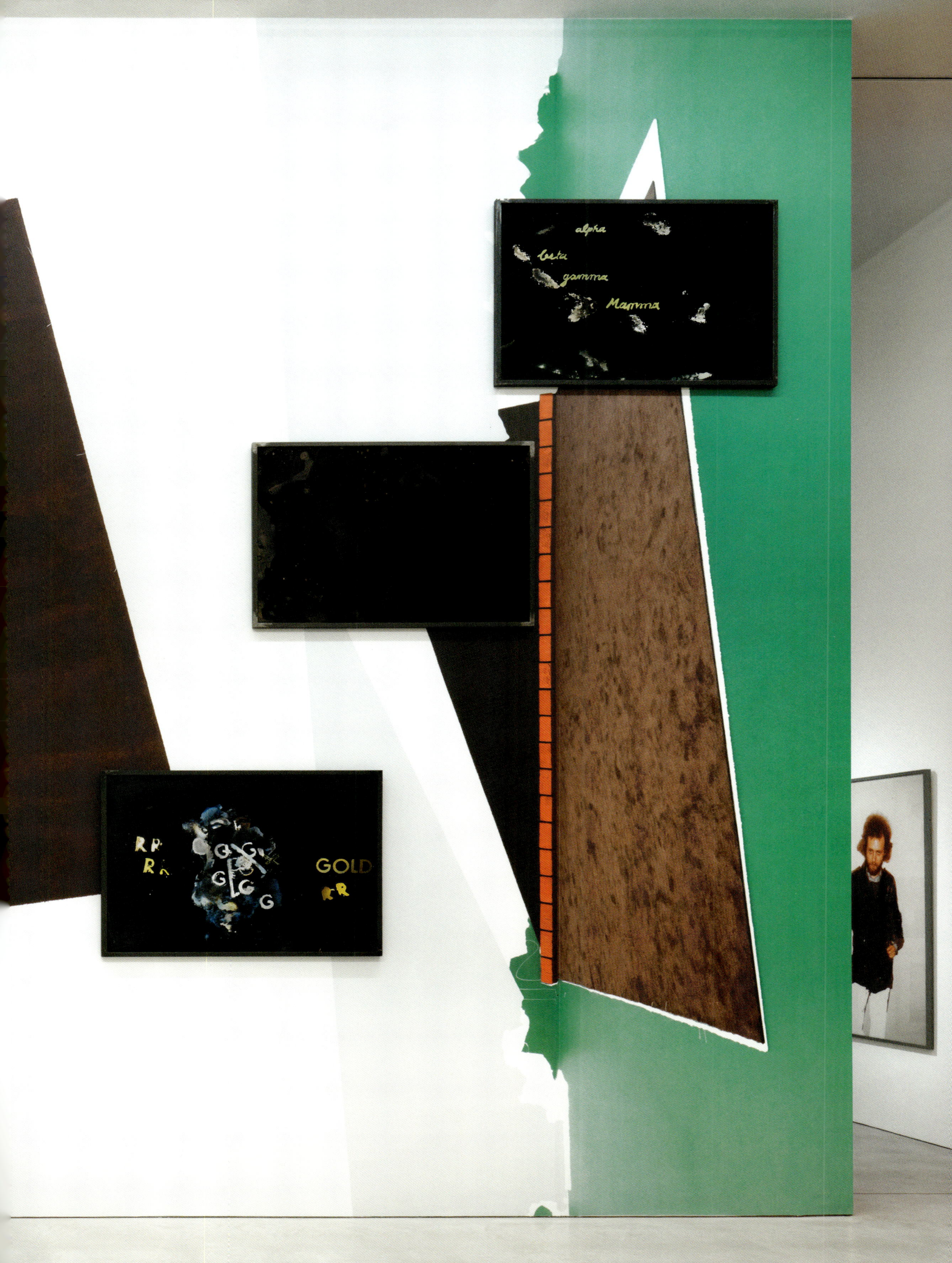
alpha
beta
gamma
Mamma
GOLD

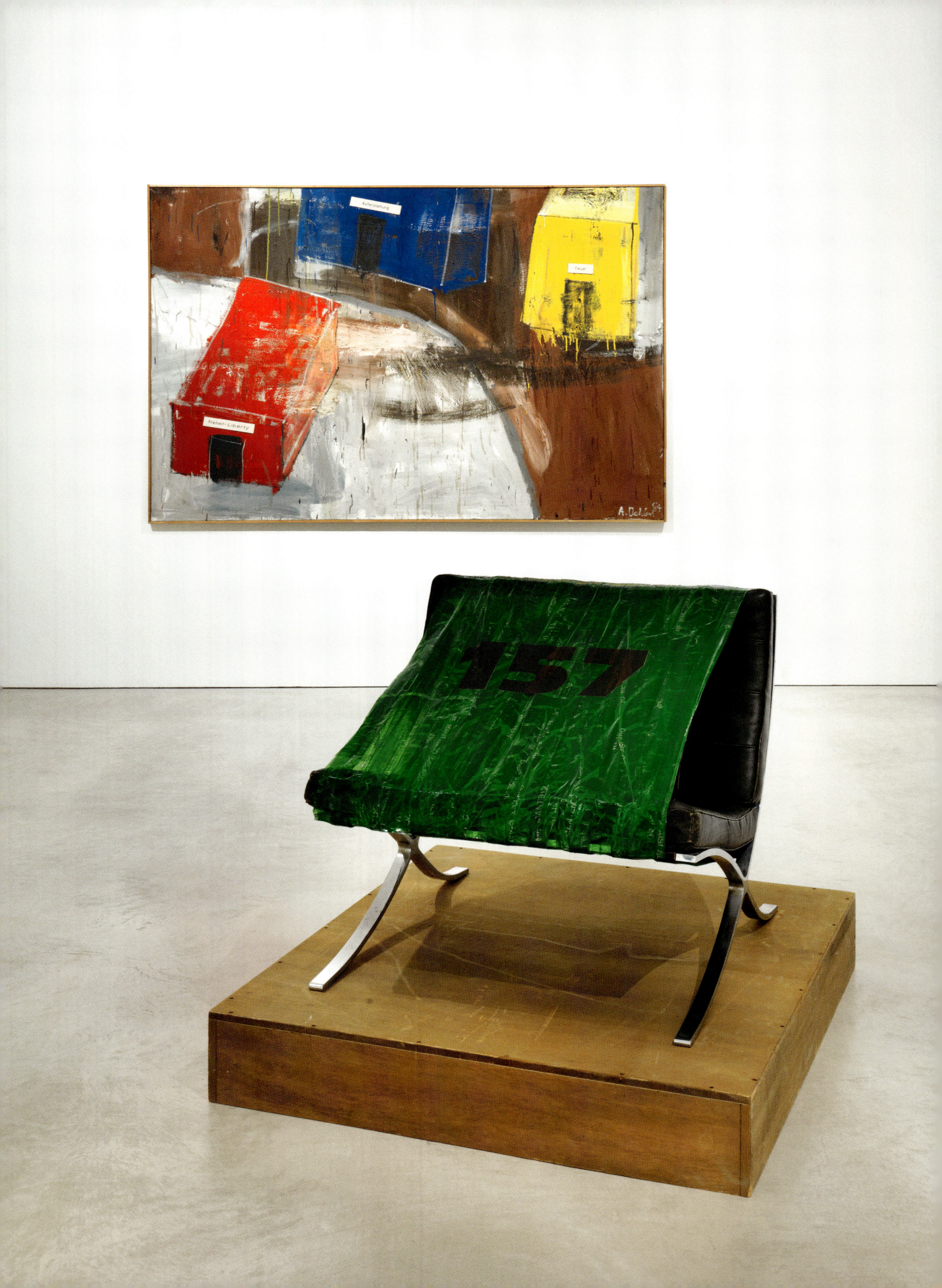

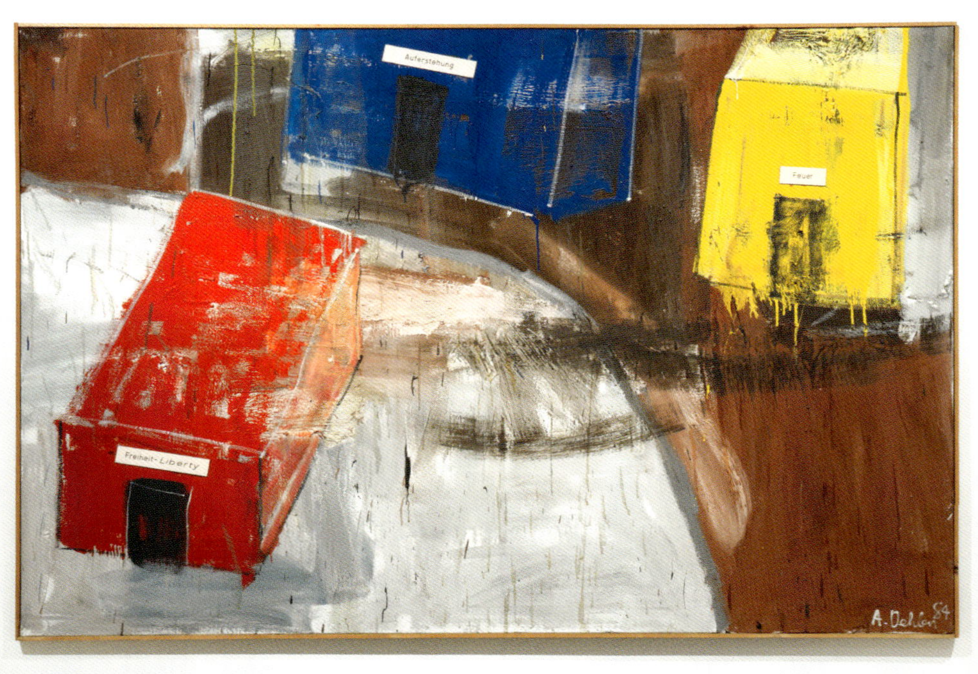
Auferstehung
Feuer
Freiheit - Liberty

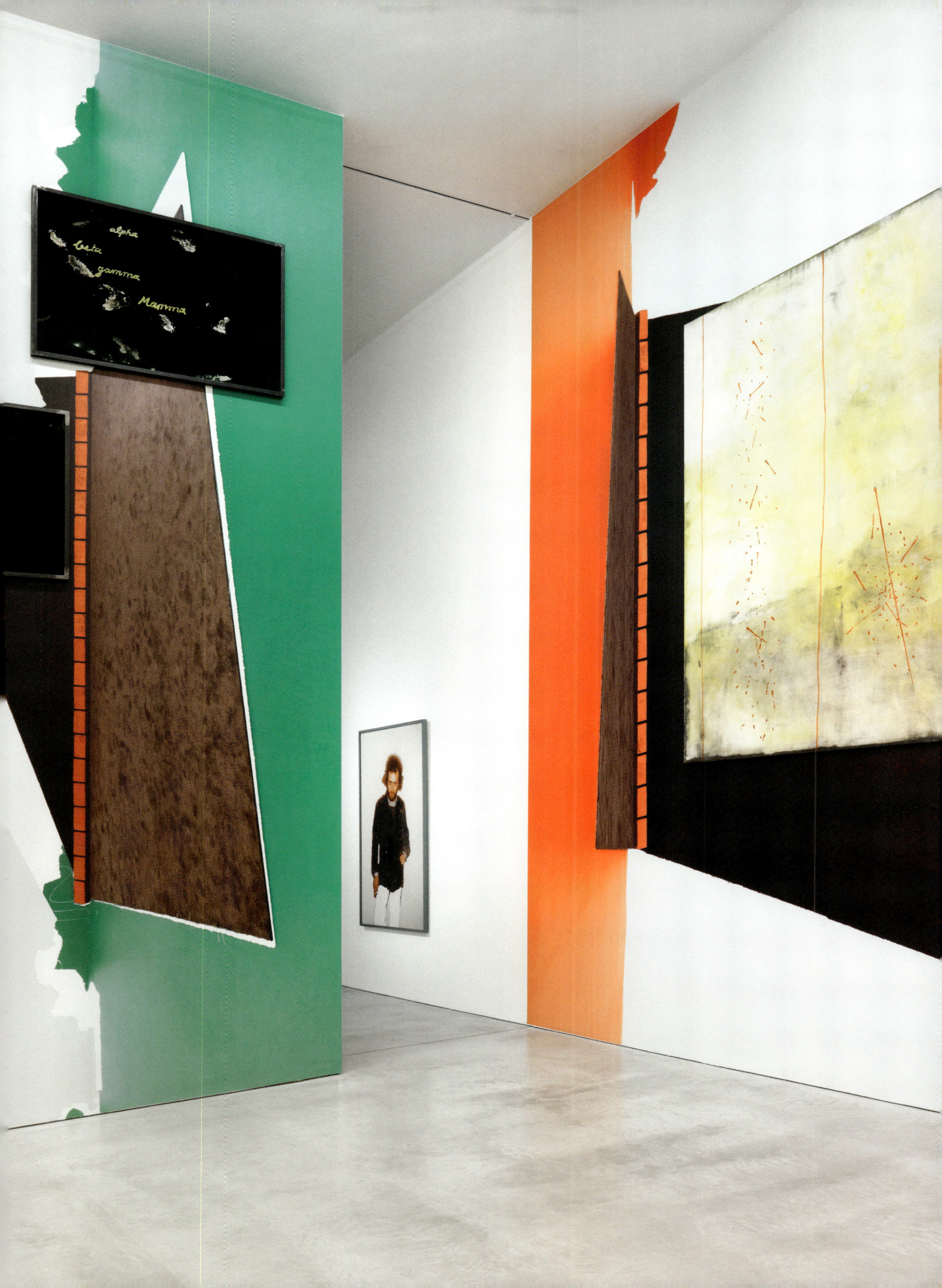
alpha
beta
gamma
Mamma

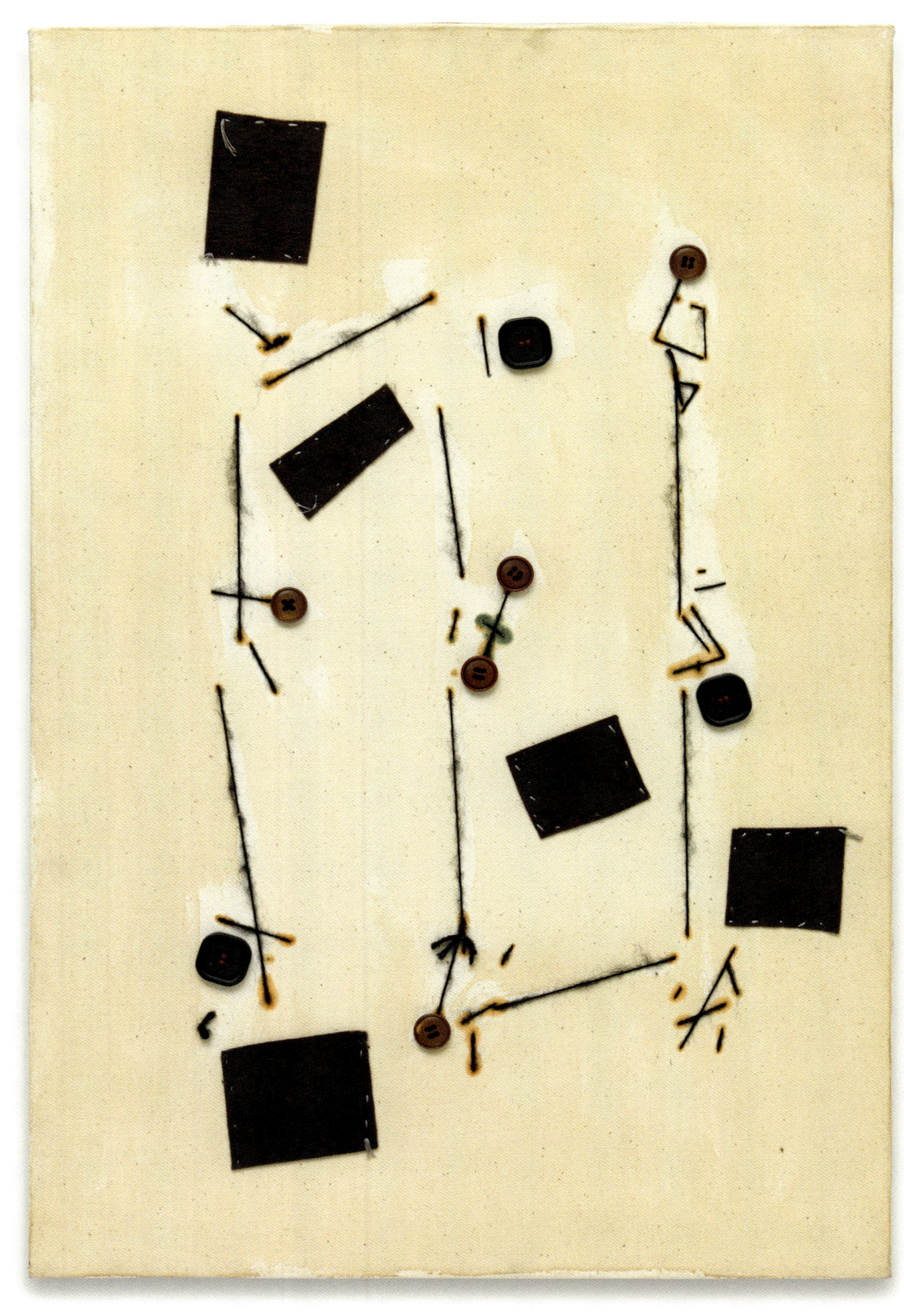

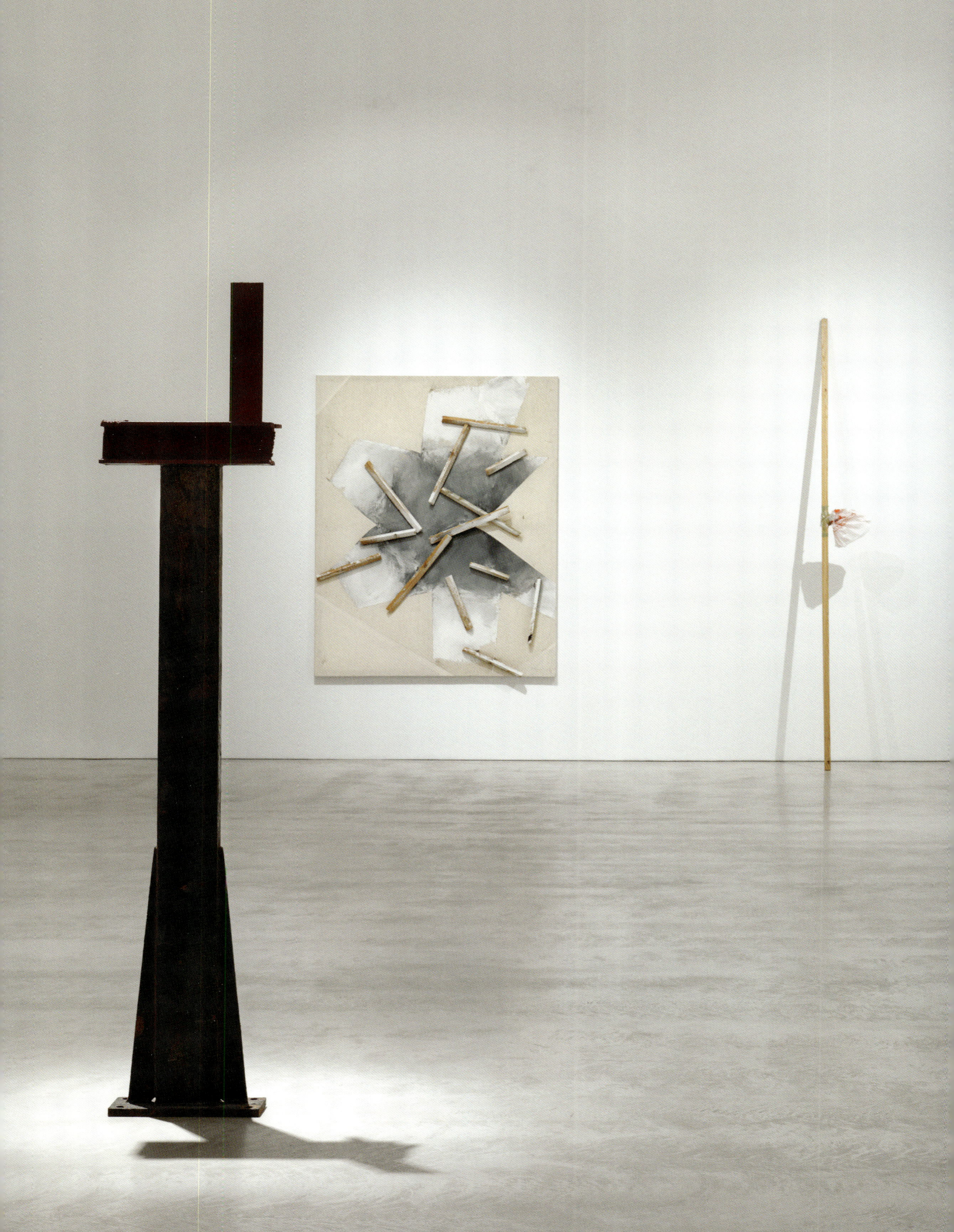

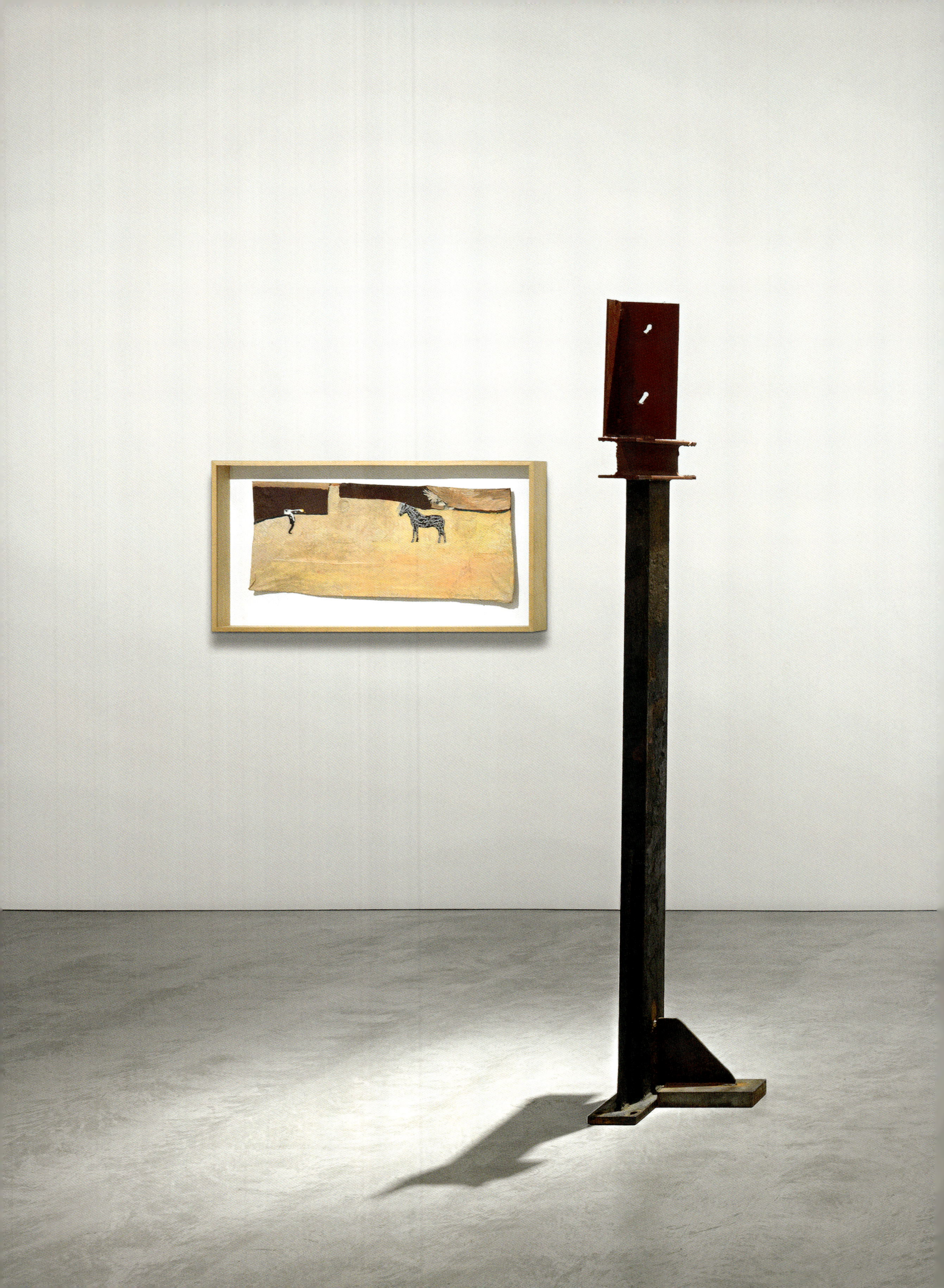

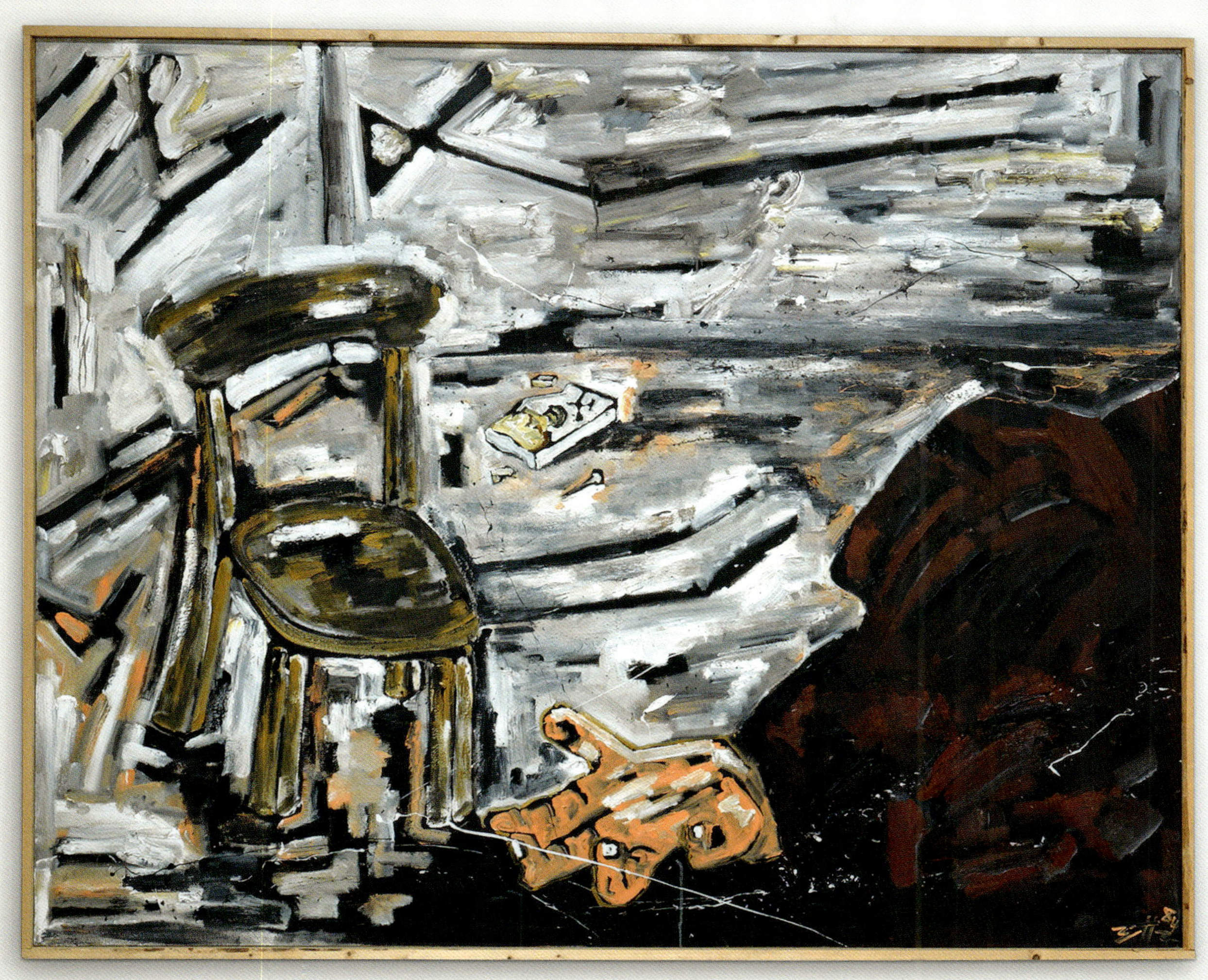

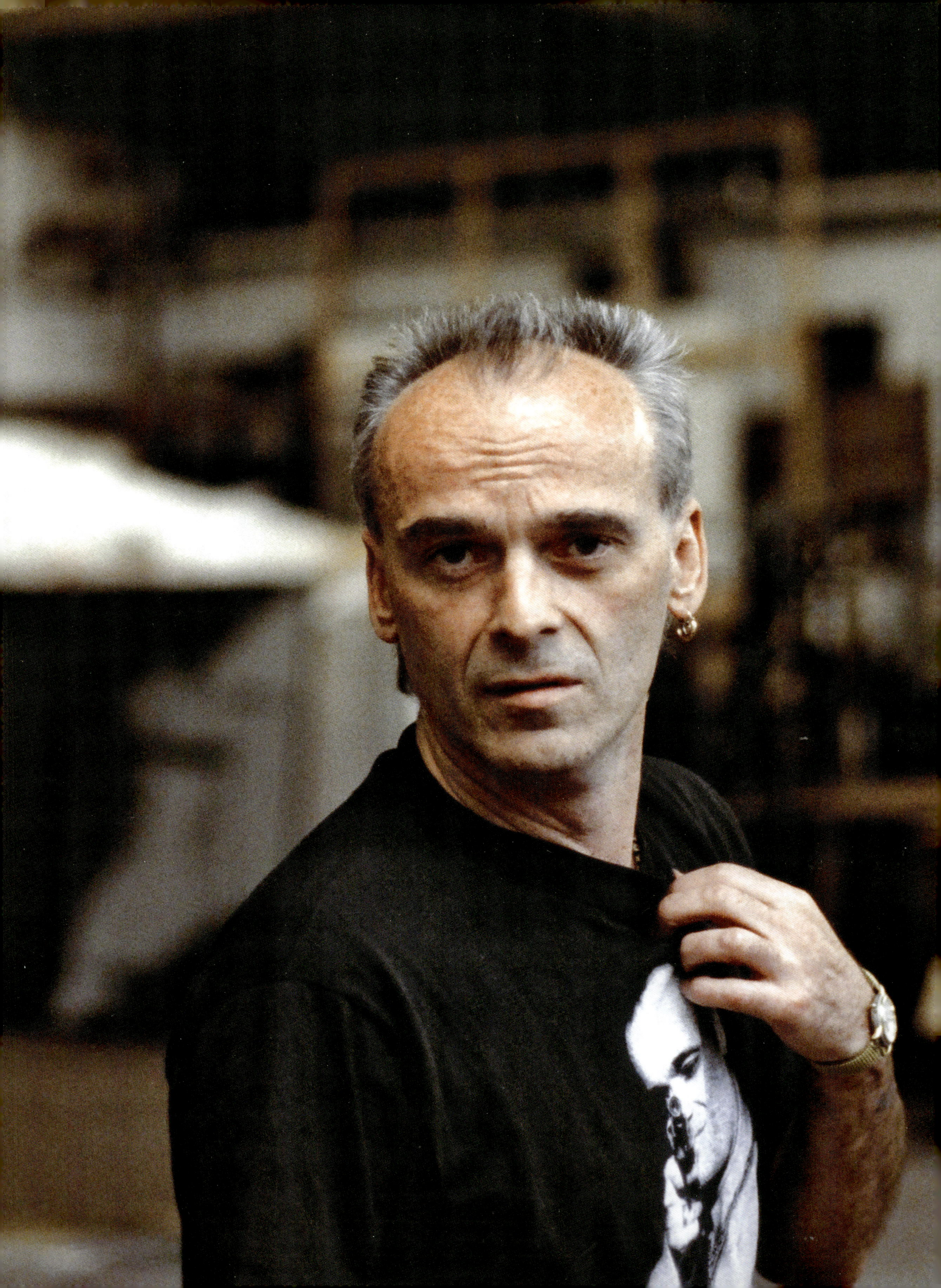

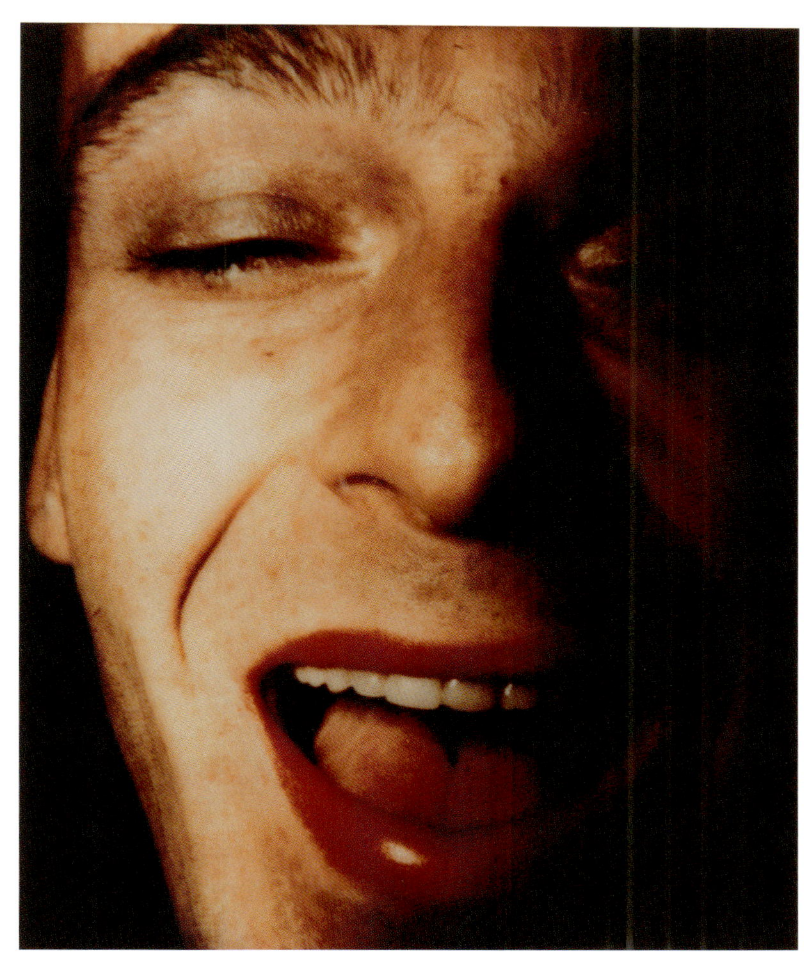

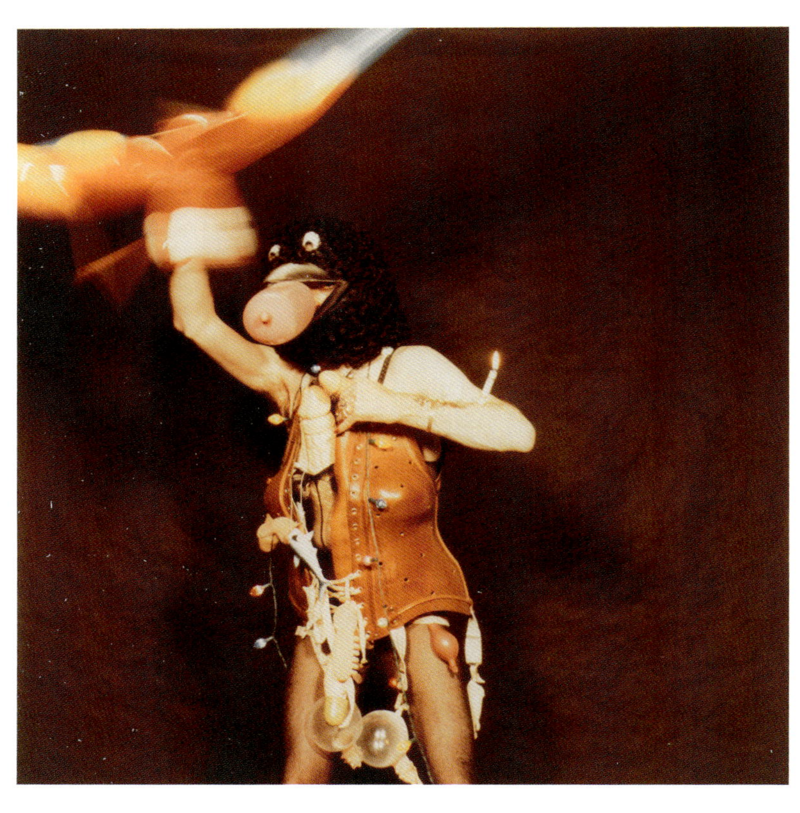

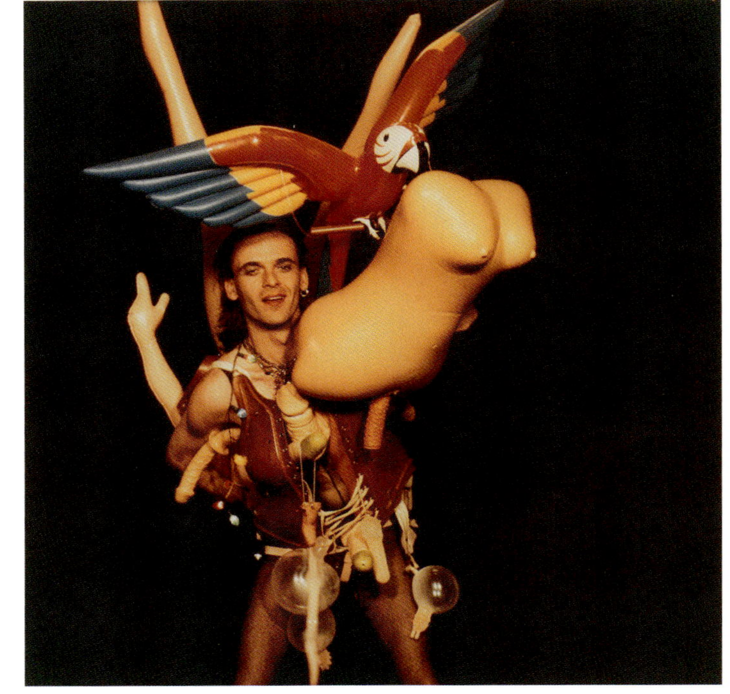

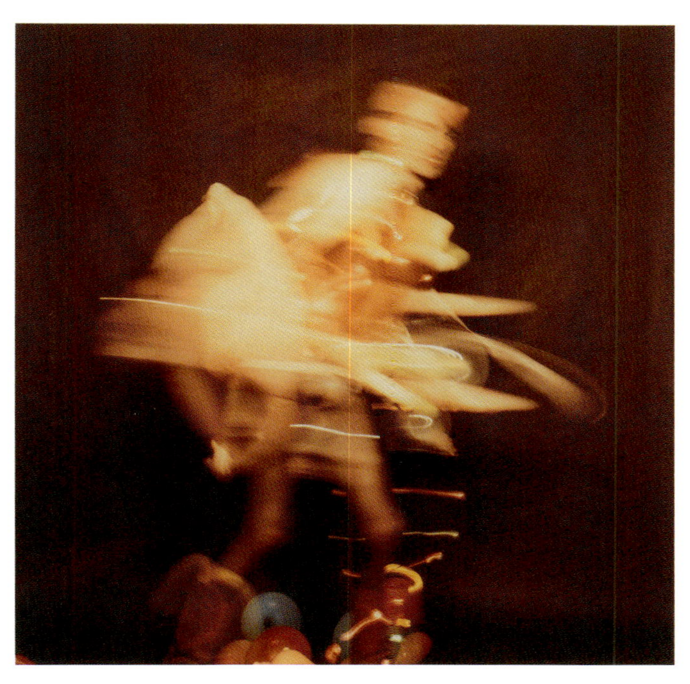

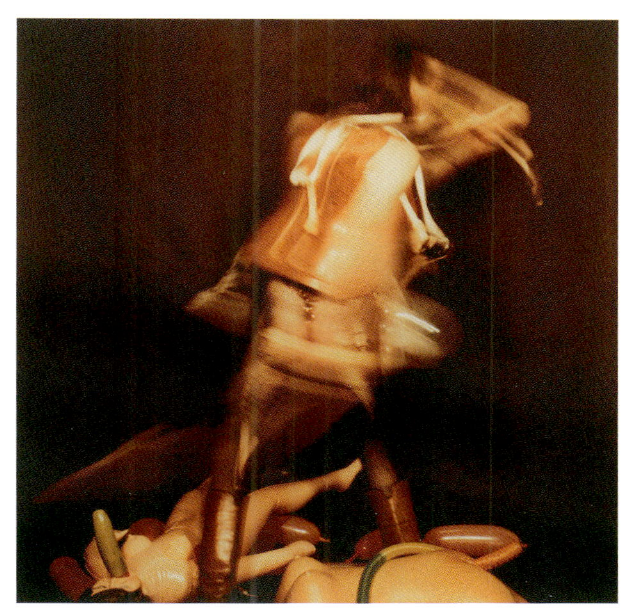

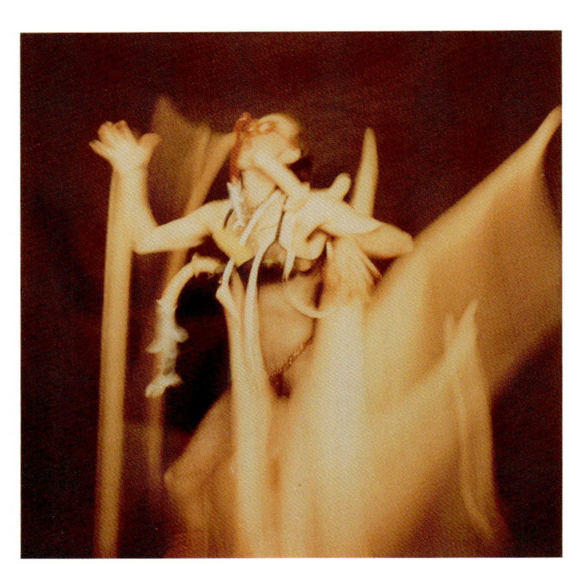
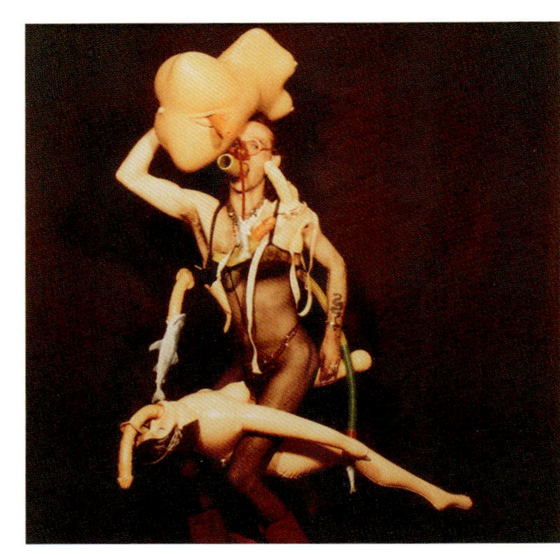
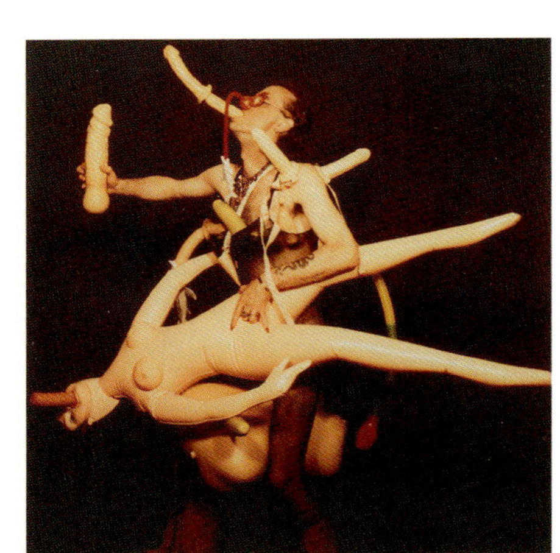

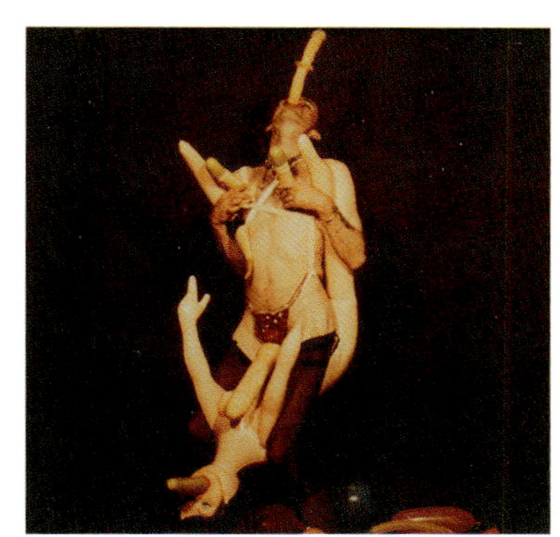
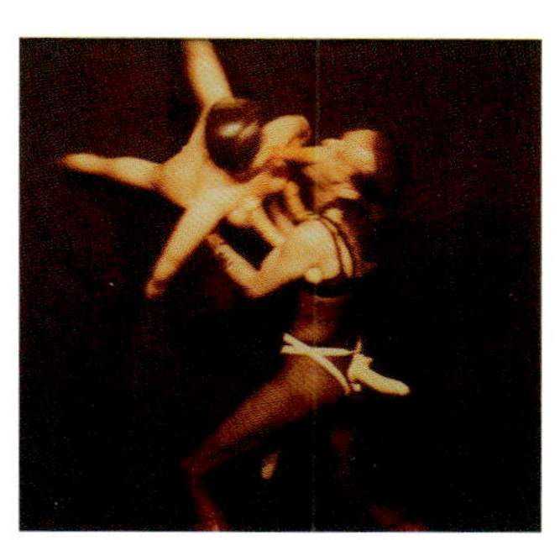
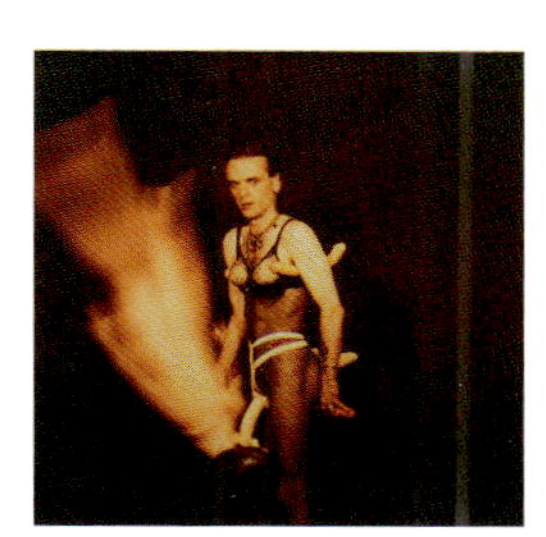
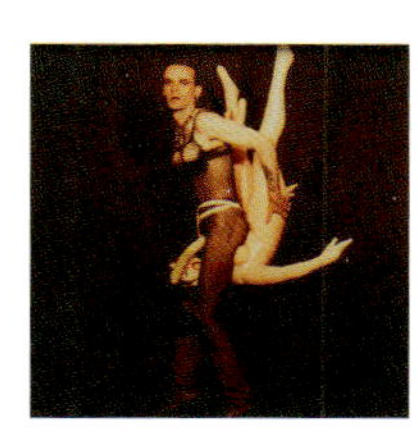
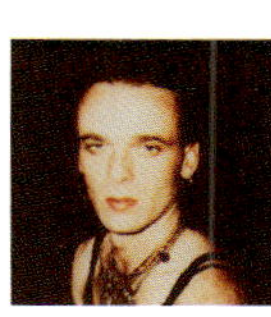

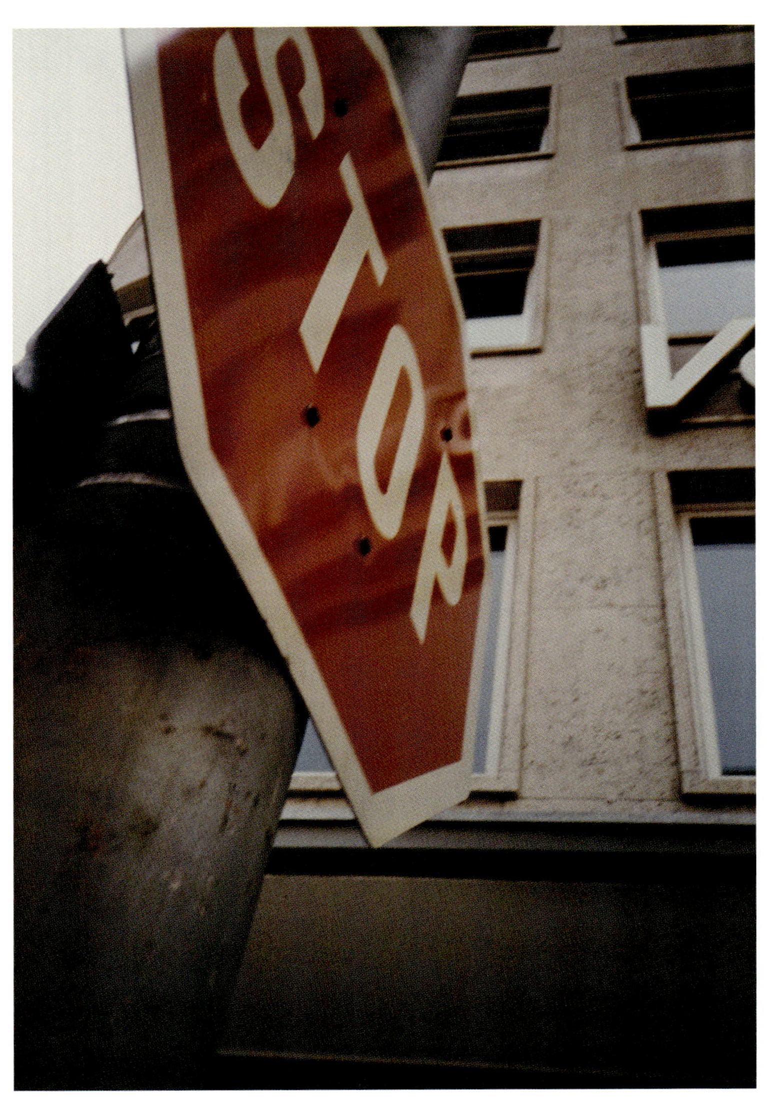
STOP

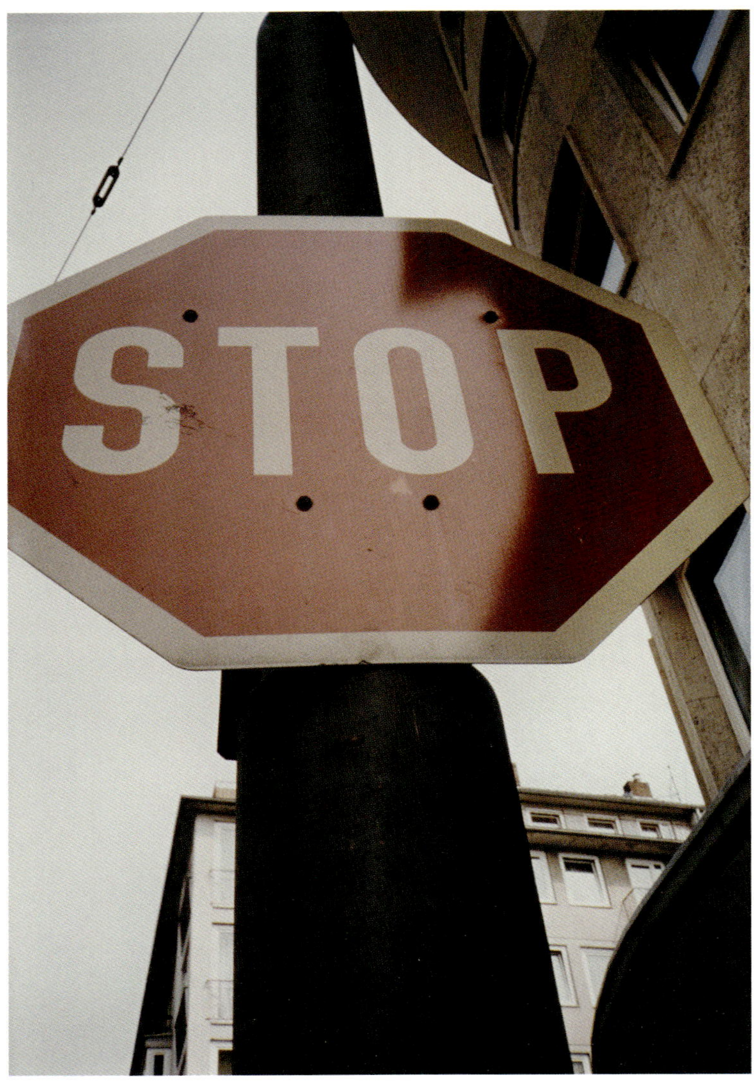
STOP

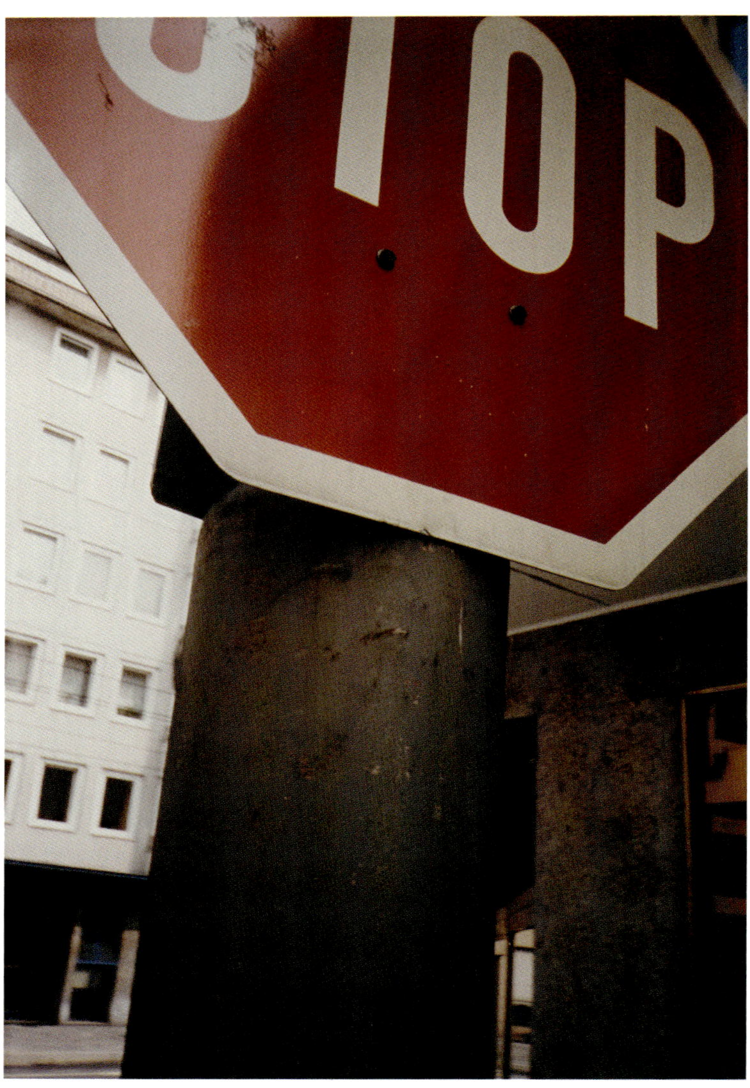

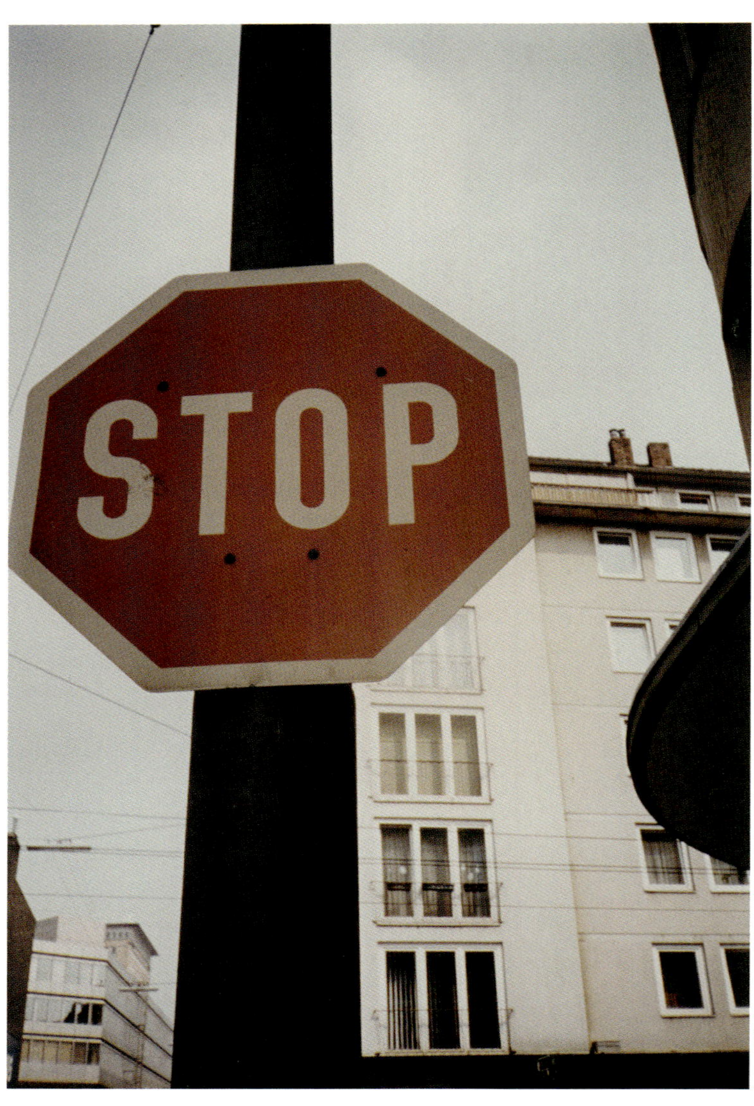
STOP

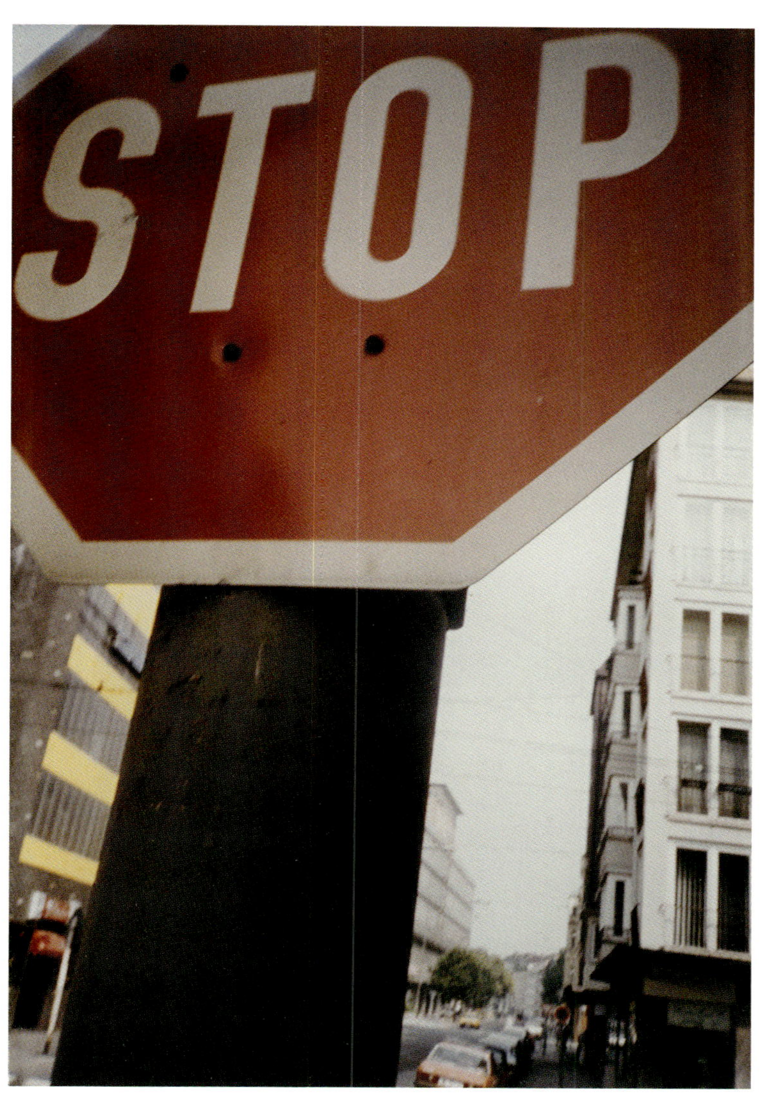
STOP

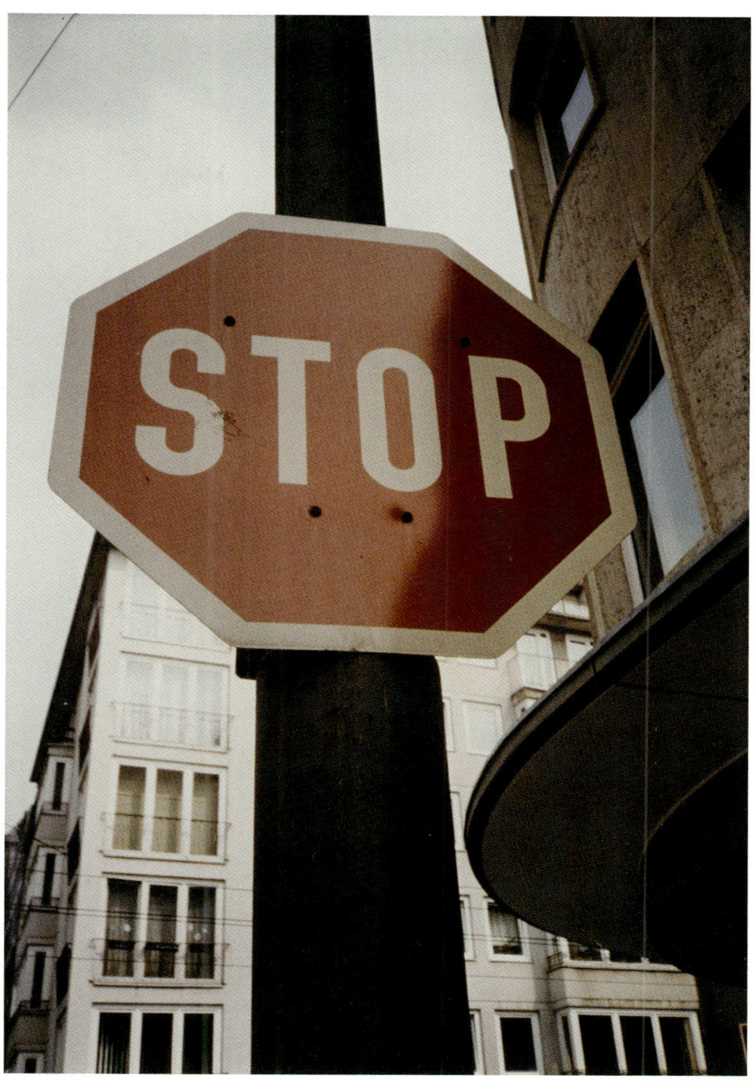
STOP

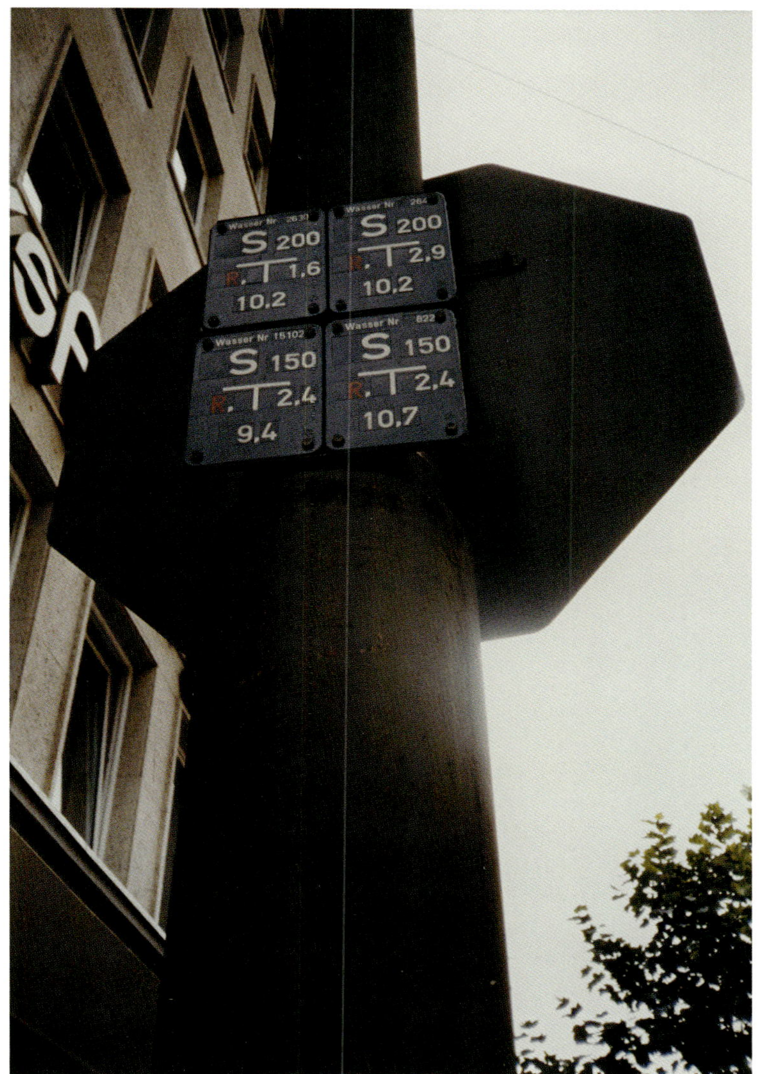
S 200
1,6
10,2
S 200
2,9
10,2
S 150
2,4
9,4
S 150
2,4
10,7

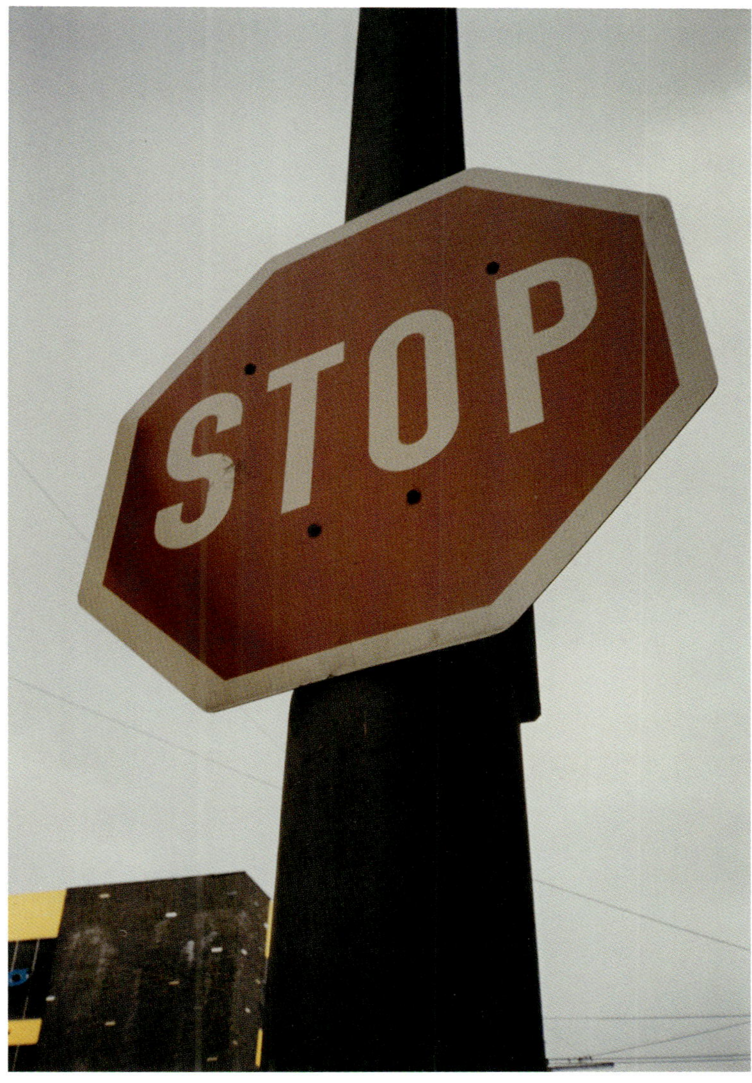
STOP

Werkverzeichnis /
List of works

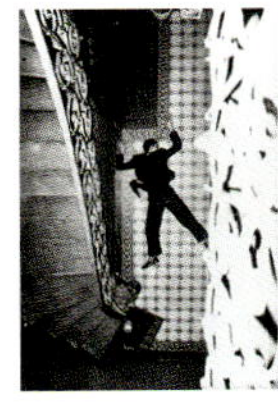

Frontispiz / *Frontispiece*
Günther Förg
„Sturz II“, 1984
Schwarz-Weiß-Fotografie / *black-and-white photography*
180 x 120 cm / *70 ¾ x 47 ¼ in*
Unikat / *unique copy*

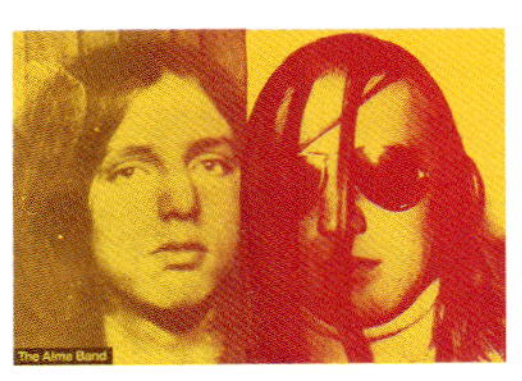

4/5
Martin Kippenberger
„The Alma Band, 1987“ (Gute Rückentwicklung kennt keine Ausrede), 1988
Druck / *print*
84,9 x 60 cm / *33 ½ x 23 ⅔ in*
Ed. 7 / 25

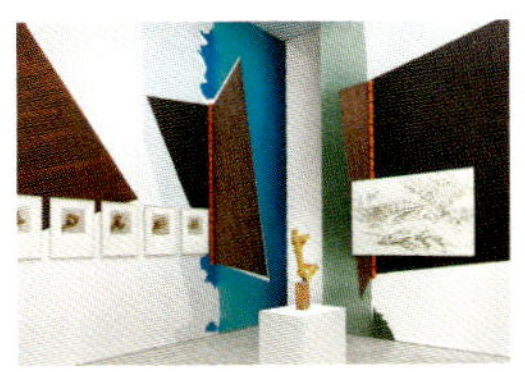

8/9
Installationsansicht
Installation view
Georg Herold
„Museumsinsel für Gundlach“, 1985–2015
CFA, Berlin 2015

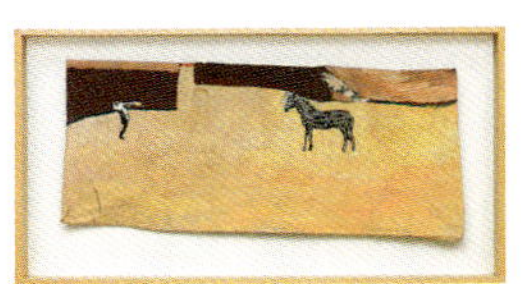

10/11
Franz West
„Also“, 1984
Papiermaché / *paper mâché*
62 x 114,5 x 10,3 cm / *24 1½ x 45 x 4 in*

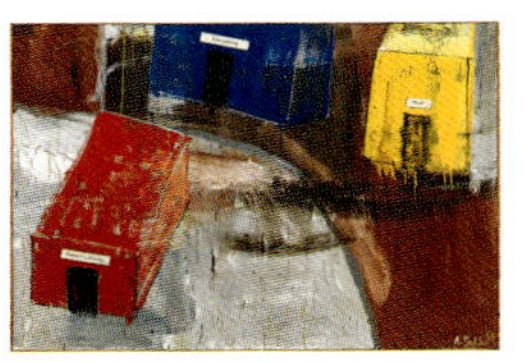

14/15
Albert Oehlen
„Farbenlehre“, 1984
Öl und Kunststoff auf Leinwand / *oil and plastic on canvas*
140 x 200 cm / *55 x 78 ¾ in*

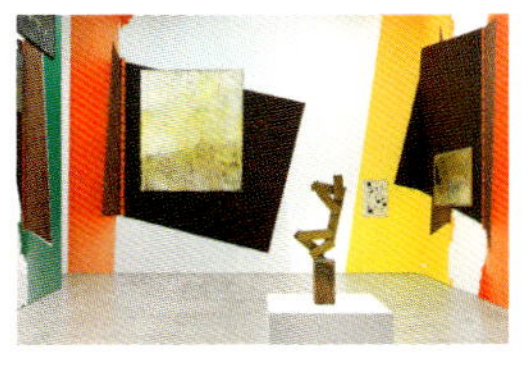

16/17
Installationsansicht
Installation view
Georg Herold
„Museumsinsel für Gundlach“, 1985–2015

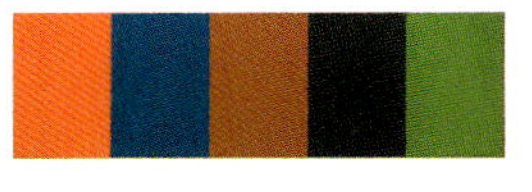

20/21
Günther Förg
„Ohne Titel“, 1986
Öl und Acryl auf Holz / *oil and acrylic on wood*
60 x 200 cm / *23 ⅔ x 78 ¾ in*

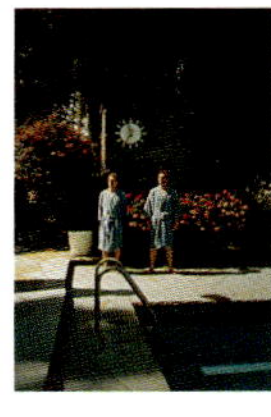

23
Martin Kippenberger
„Die Gebrüder Oehlen“, 1985
Fotografie / *photography*
152 x 102 cm / *59 ¾ x 40 ¼ in*

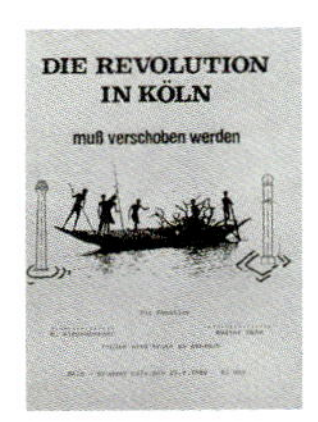

24
Martin Kippenberger
„Die Revolution in Köln muss verschoben werden, 1986“, (O.T. MANIAC), 1987
Siebdruck / *silk screen*
84,5 x 60 cm / *33 ¼ x 23 ⅔ in*
Ed. 7 / 25

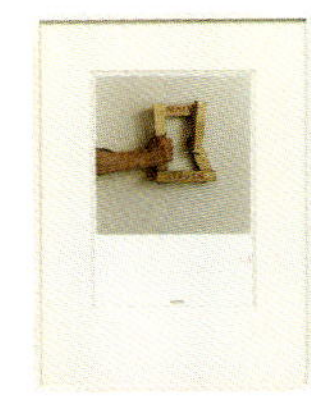

34
Georg Herold
„Tallin (7 Flüsse, Memel)“, 1985
C-Print / *C-print*
44,7 x 29,8 cm / *17 ⅔ x 11 ¾ in*

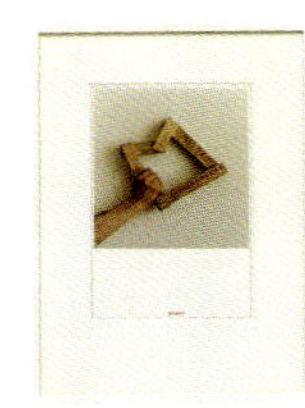

„Tallin (7 Flüsse, Moldau)“, 1985
C-Print / *C-print*
44,7 x 29,8 cm / *17 ⅔ x 11 ¾ in*

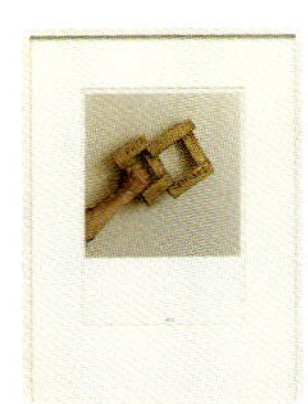

„Tallin (7 Flüsse, Riga)“, 1985
C-Print / *C-print*
44,7 x 29,8 cm / *17 ⅔ x 11 ¾ in*

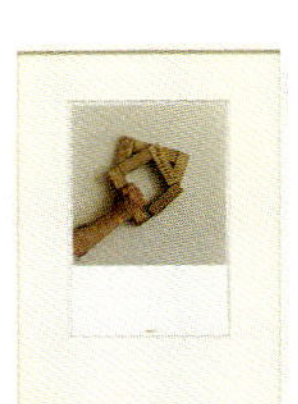

„Tallin (7 Flüsse, Brest)“, 1985
C-Print / *C-print*
44,7 x 29,8 cm / *17 ⅔ x 11 ¾ in*

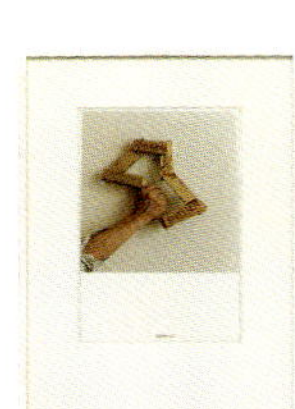

„Tallin (7 Flüsse, Karelien)“, 1985
C-Print / *C-print*
44,7 x 29,8 cm / *17 ⅔ x 11 ¾ in*

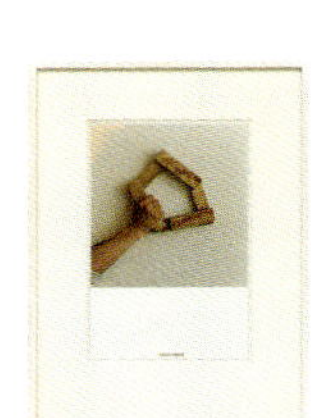

„Tallin (7 Flüsse, Kaliningrad)“, 1985
C-Print / *C-print*
44,7 x 29,8 cm / *17 ⅔ x 11 ¾ in*

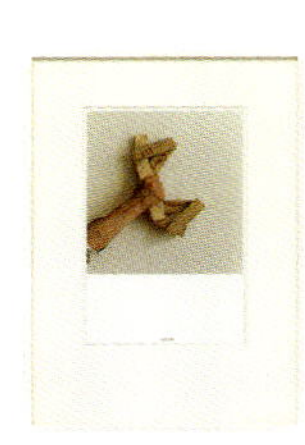

„Tallin (7 Flüsse, Tallin)“, 1985
C-Print / *C-print*
44,7 x 29,8 cm / *17 ⅔ x 11 ¾ in*

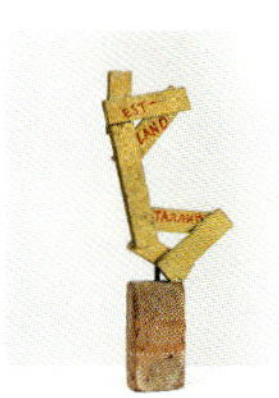

35
Georg Herold
„Estland-Tallin“, 1985
Ziegelstein, Holz / *brick, wood*
60 x 20 x 6,5 cm / *23 ⅔ x 7 ¾ x 2 ½ in*

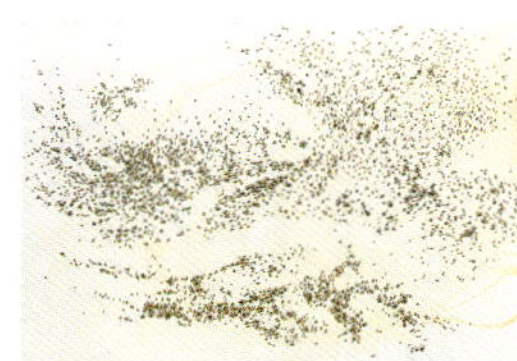

36/37
Georg Herold
„Kaviarbild“, ca. 1989
Kaviar und Tinte auf Leinwand / *caviar and ink on canvas*
120 x 169,5 cm / *47 ¼ x 66 ¾*

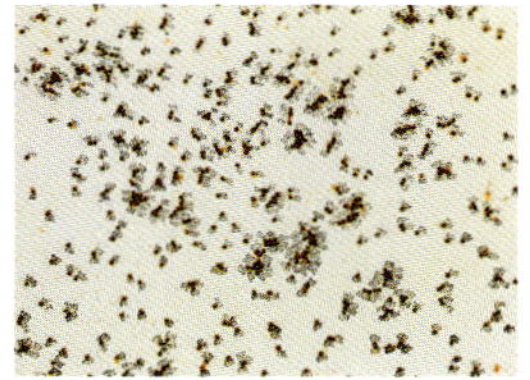

38/39
Georg Herold
„Kaviarbild“ (Detail), ca. 1989
Kaviar und Tinte auf Leinwand / *caviar and ink on canvas*
120 x 169,5 cm / *47 ¼ x 66 ¾*

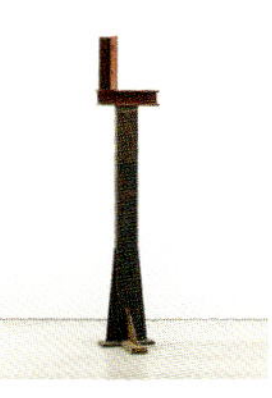

41
Meuser
„Stahlsäule“, 1985
Stahl / *steel*
205 x 40 x 30 cm / *80 ⅔ x 15 ¾ x 11 ¾ in*

44/45
Günther Förg
„Ohne Titel“, 1986
Acryl auf Blei auf Holz, 3-teilig / *acrylic on lead on wood, 3 panels*
90 x 52,5 cm / *35 ½ x 20 ⅔ in*

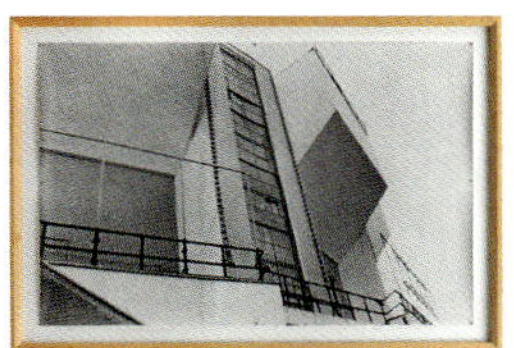

46/47
Günther Förg
„Rusakov Club“, 1986
Schwarz-Weiß-Fotografie auf Barythpapier / *black-and-white photography on barythpaper*
100 x 150 cm / *39 ⅓ x 59 in*
Unikat / *unique copy*

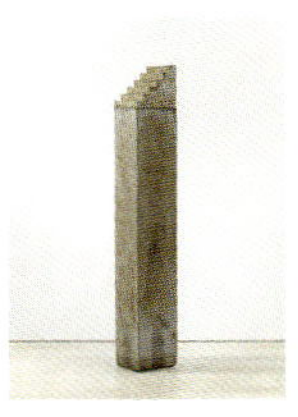

48
Hubert Kiecol
„Betonstele mit Treppe“, 1987
Beton / *concrete*
160 x 26 x 26 cm
63 x 10 ¼ x 10 ¼ in

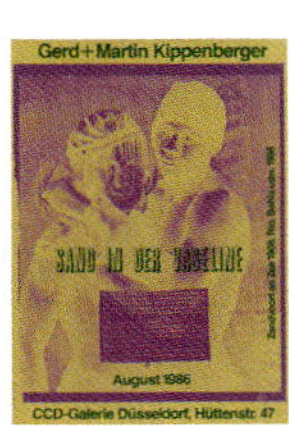

51
Martin Kippenberger
„Sand in der Vaseline, 1986“ (O.T. MANIAC), 1987
Druck / *print*
84 x 59 cm / *33 x 23 ¼ in*
Ed. 7/25

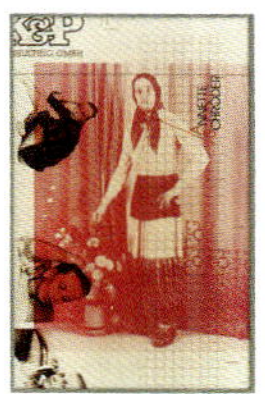

52
Martin Kippenberger
„Martin Kippenbergers geistige Putzfrau“, 1985
C-Print / *C-print*
160 x 100 cm / *63 x 39 ⅓ in*

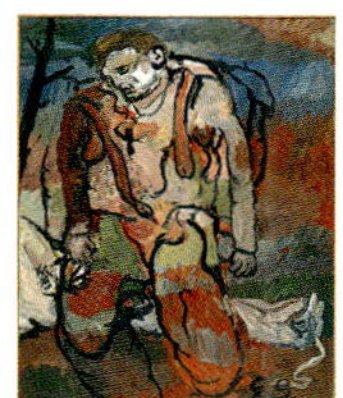

55
Georg Baselitz
„Ornamentale“, 1966
Öl auf Leinwand / *oil on canvas*
162 x 130 cm / *63 ¾ x 51 ¼ in*

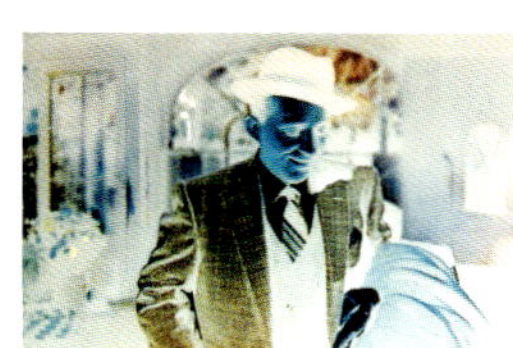

56
Richard Hamilton
„I'm dreaming of a white Christmas“, 1967
Dye Transfer / *dye transfer photo*

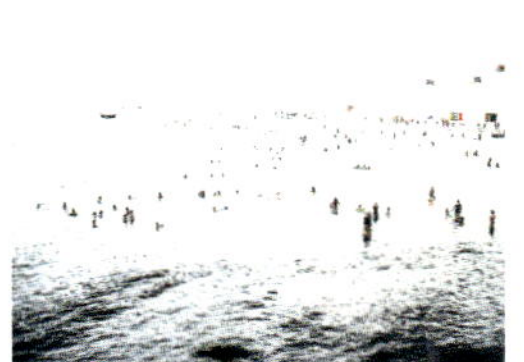

57
Richard Hamilton
„Bathers“, 1967
Dye Transfer / *dye transfer photo*

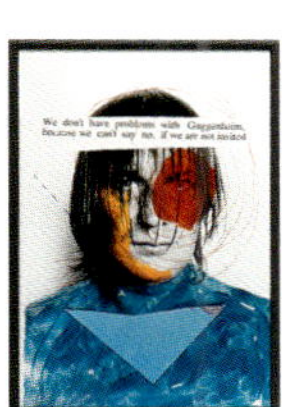

65
Martin Kippenberger
„We don't have problems with Guggenheim, because we can't say no, if we are not invited“, 1986
C-Print / *C-print*
104 x 72 cm / *41 x 28 ⅓ in*

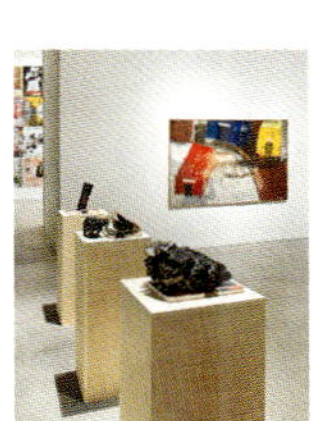

66
Installationsansicht
Installation view
v.l.n.r. / *left to right:* Martin Kippenberger und / *and* Albert Oehlen
CFA, Berlin 2015

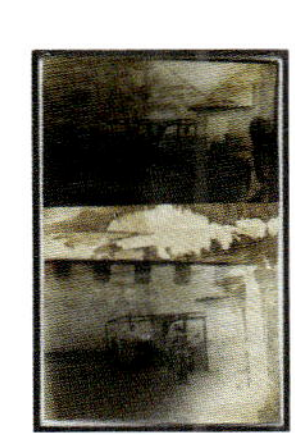

69
Sigmar Polke
„Ohne Titel“, 1978
Fotografie / *photography*
104 x 65 cm / *41 x 25 ⅔ in*
Unikat / *unique copy*

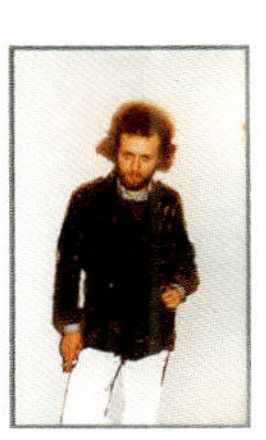

70
Albert Oehlen
„Portrait rothaariger Mann“, 1985
C-Print / *C-print*
162 x 100 cm / *63 ¾ x 39 ⅓ in*

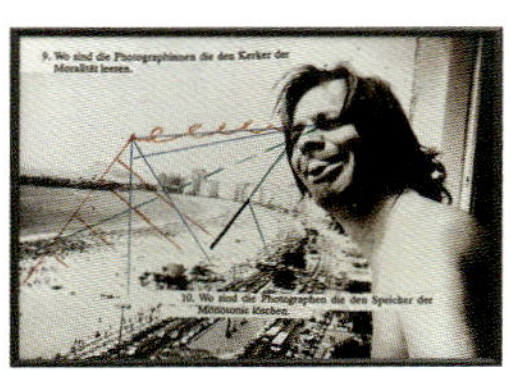

74/75
Martin Kippenberger
„9. Wo sind die Photographinnen, die den Kerker der Moralität leeren. 10. Wo sind die Photographen die den Speicher der Monotonie löschen", 1986
C-Print / *C-print*
100,5 x 143,5 cm / *39 ½ x 56 ½ in*

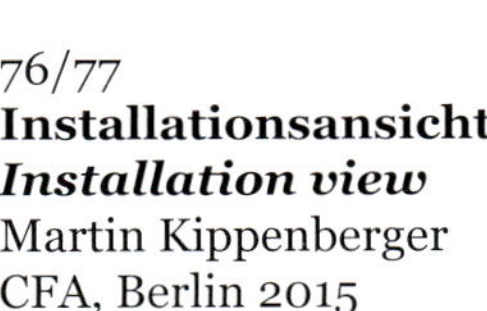

76/77
Installationsansicht
Installation view
Martin Kippenberger
CFA, Berlin 2015

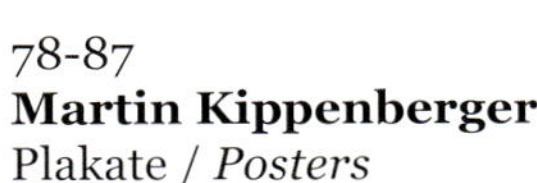

78-87
Martin Kippenberger
Plakate / *Posters*

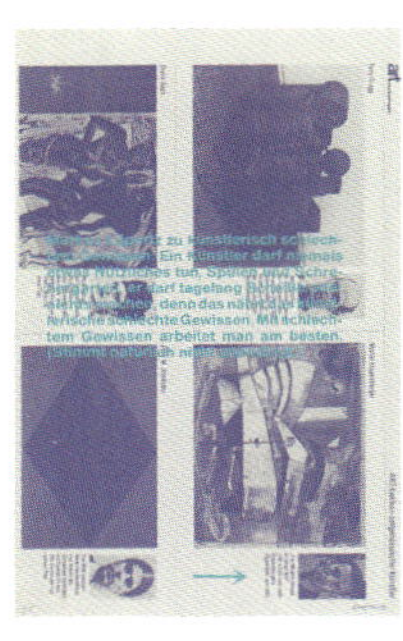

Martin Kippenberger
„Markus Lüpertz zu künstlerisch schlechtem Gewissen: Ein Künstler darf niemals etwas Nützliches tun, Spülen und Schrebergarten, er darf tagelang Scheiße oder nichts machen, denn das nährt das künstlerische schlechte Gewissen. Mit schlechtem Gewissen arbeitet man am besten. (Stimmt natürlich nicht unbedingt)", 1987, Köln / *Cologne*
(Gute Rückentwicklung kennt keine Ausreden)
Siebdruck /*silk screen*
88 x 54,8 cm / *34 ⅔ x 21 ⅔ in*
Ed. 7/25

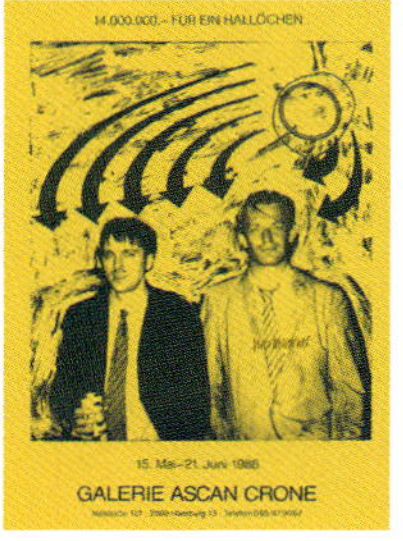

Martin Kippenberger
„14.000.000.- Für Ein Hallöchen", 1986
Martin Kippenberger / Albert Oehlen
Galerie Ascan Crone,
Hamburg
(O.T. Maniac)
Offset
60 x 41,7 cm / *23 ½ x 16 ½ in*
Ed. 7/25

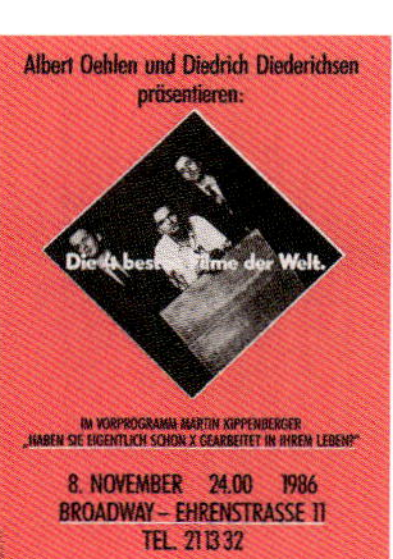

Martin Kippenberger
„Albert Oehlen und Diedrich Diederichsen präsentieren: Die 4 besten Filme der Welt", 1986
(O.T. MANIAC)
Siebdruck / *silk screen*
84 x 59 cm / *33 x 23 ¼ in*
Ed. 7/25

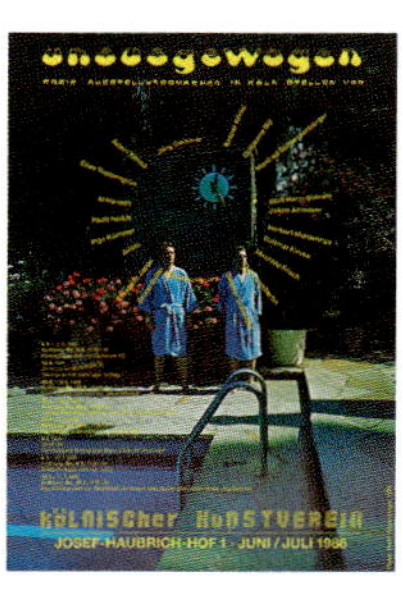

Martin Kippenberger
„Unausgewogen", 1986
Kölnischer Kunstverein
(O.T. Maniac)
Offset
83,5 x 59,2 cm / *33 x 23 ⅔ in*
Ed. 7/25

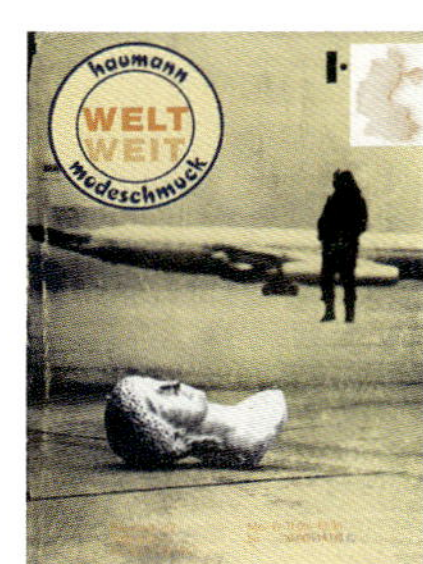

Martin Kippenberger
„Plakat für Weltweit / Haumann Modeschmuck", 1987
Köln / *Cologne*
(O.T. Maniac)
Siebdruck / *silk screen*
83,5 x 59,2 cm / *32 ¾ x 23 ¼ in*
Ed. 7/25

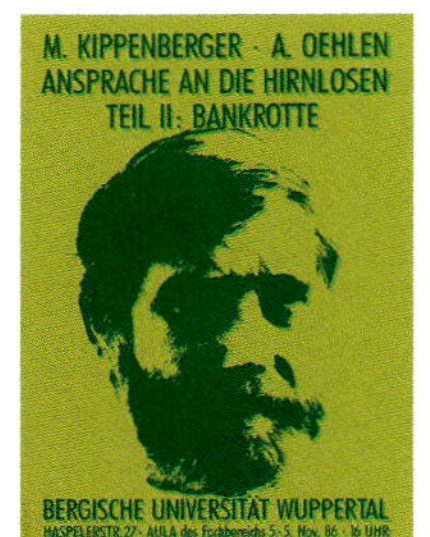

Martin Kippenberger
„Ansprache an die Hirnlosen Teil II: Bankrotte", 1986
Martin Kippenberger/ Albert Oehlen
Bergische Universität Wuppertal
(O.T. Maniac)
Siebdruck /*silk screen*
83,7 x 59,2 cm / *33 x 23 ¼ in*
Ed. 7/25

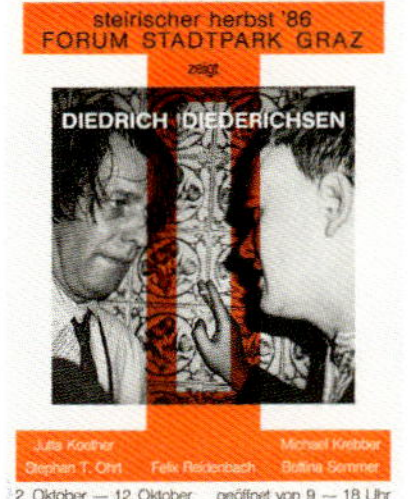

Martin Kippenberger
„Steirischer Herbst `86
Diedrich Diederichsen", 1986
Forum Stadtpark, Graz
(O.T. Maniac)
Offset
84 x 59,8 cm / *33 x 23 ⅔ in*
Ed. 7/25

Martin Kippenberger
„Die Perspektivenscheisse", 1986
Gerald Just, Hannover
(O.T. Maniac)
Siebdruck / *silk screen*
84,3 x 59,3 cm / *33 ¼ x 23 ½ in*
Ed. 7/25

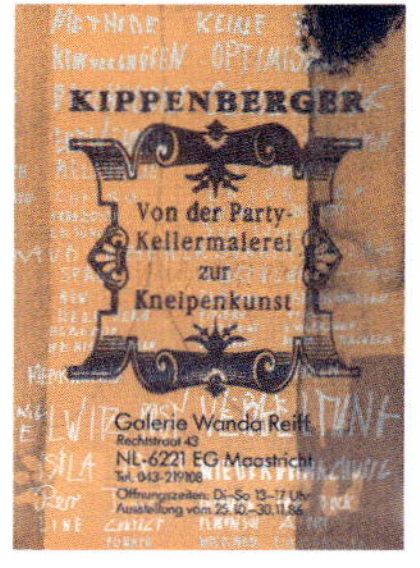

Martin Kippenberger
„Von der Partykellermalerei zur Kneipenkunst", 1986
Galerie Wanda Reiff, Maastricht
(O.T. Maniac)
Siebdruck / *silk screen*
84,2 x 59 cm / *33 ¼ x 23 ½ in*
Ed. 7/25

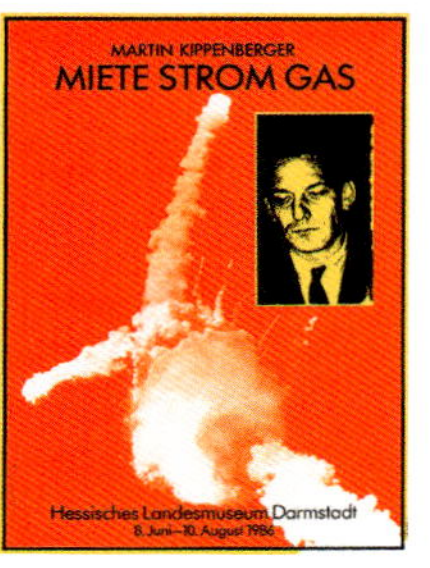

Martin Kippenberger
„Miete Strom Gas", 1986
Hessisches Landesmuseum, Darmstadt
(O.T. Maniac)
Siebdruck / *silk screen*
83 x 59,3 cm / *32 ⅔ x 23 ½ in*
Ed. 7/25

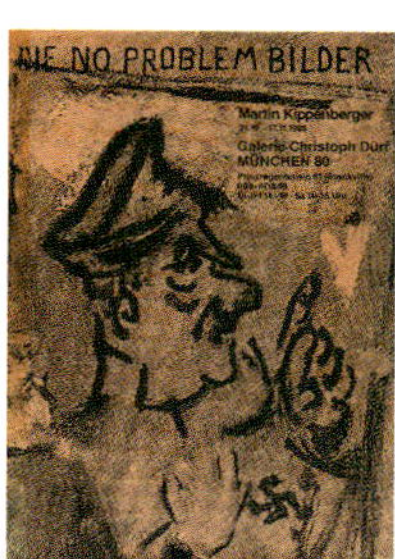

Martin Kippenberger
„Die No Problem Bilder“, 1986
Galerie Christoph Dürr, München / *Munich*
(O.T. Maniac)
Siebdruck / *silk screen*
85 x 59,2 cm / *33 x 23 ½ in*
Ed. 7/25

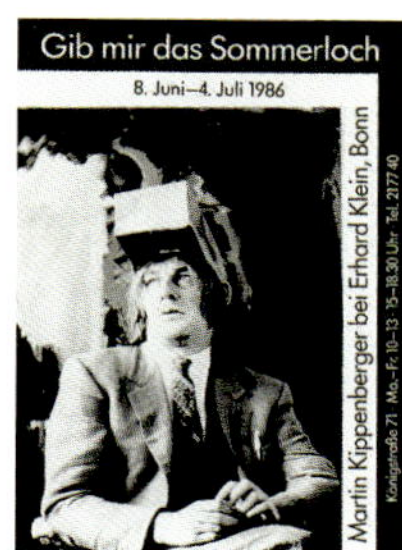

Martin Kippenberger
„Gib mir das Sommerloch“, 1986
Galerie Klein, Bonn
(O.T. Maniac)
Siebdruck / *silk screen*
83,8 x 59,5 cm / *33 x 23 ½ in*
Ed. 7/25

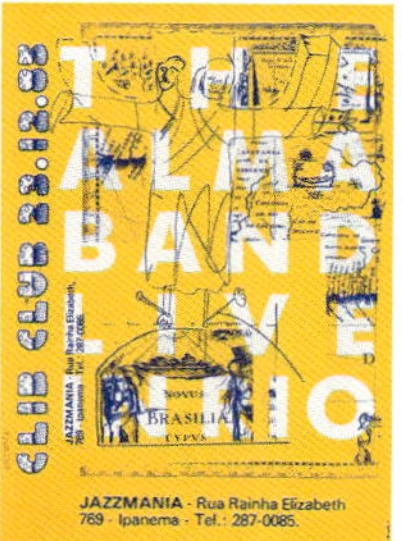

Martin Kippenberger
„The Alma Band Live in Rio“, 1985
Jazzmania, Ipanema
(O.T. Maniac)
Siebdruck / *silk screen*
84 x 60 cm / *33 x 23 ⅔ in*
Ed. 7/25

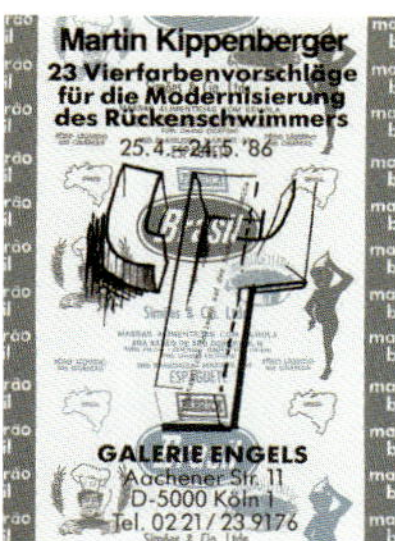

Martin Kippenberger
„23 Vierfarbenvorschläge für die Verbesserung des Rückenschwimmens“, 1986
Galerie Engels, Köln / *Cologne*
(O.T. Maniac)
Siebdruck / *silk screen*
83,7 x 59,5 cm / *33 x 23 ½ in*
Ed. 7/25

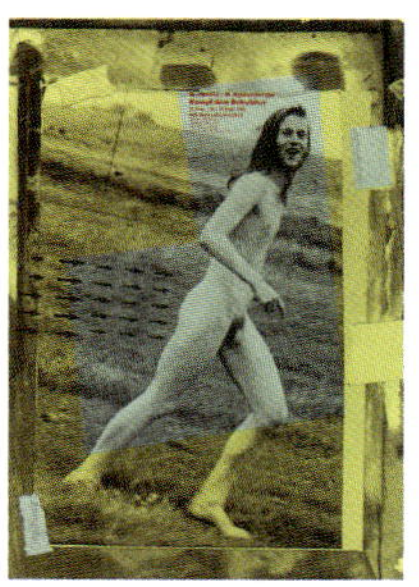

Martin Kippenberger
„Kampf dem Dekubitus“, 1986
Georg Herold/ Martin Kippenberger
PPS Galerie F.C. Gundlach, Hamburg
(O.T. Maniac)
Siebdruck / *silk screen*
83,7 x 59,3 cm / *33 x 23 ½ in*
Ed. 7/25

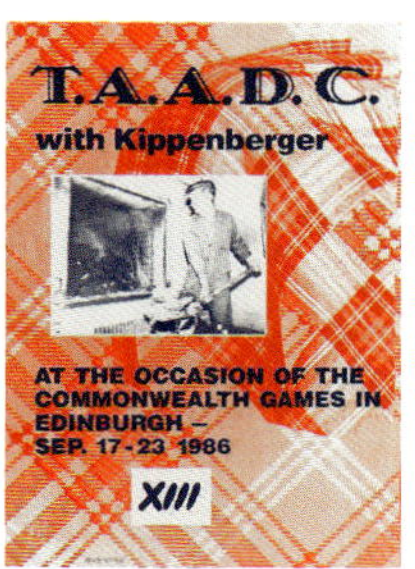

Martin Kippenberger
„T.A.A.D.C.“, 1986
Edinburgh
(O.T. Maniac)
Siebdruck / *silk screen*
83,7 x 60 cm / *33 x 23 ⅔ in*
Ed. 7/25

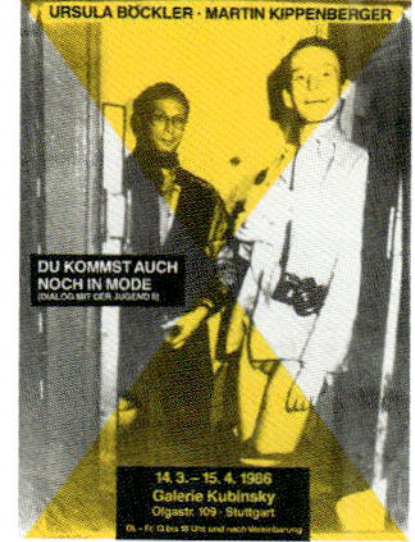

Martin Kippenberger
„Du kommst auch noch in Mode (Dialog mit der Jugend II)“, 1986
Martin Kippenberger/ Ursula Böckler
Galerie Kubinski, Stuttgart
(O.T. Maniac)
Siebdruck / *silk screen*
83,5 x 58,5 cm / *32 ⅔ x 23 ¼ in*
Ed. 7/25

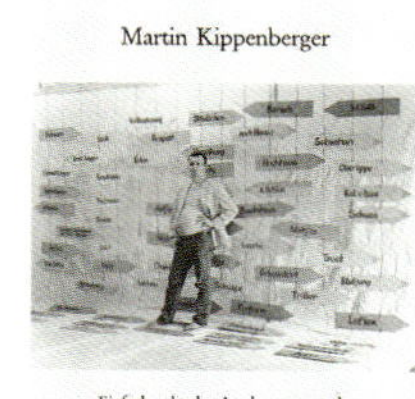

Martin Kippenberger
„Einfach geht der Applaus zugrunde“, 1987
Galerie Grässlin-Erhardt, Frankfurt
(Gute Rückentwicklung kennt keine Ausreden)
Offset, beidseitig bedruckt / *double-sided printing*
97,8 x 68,6 cm / *38 ½ x 27 in*
Ed. 7/25

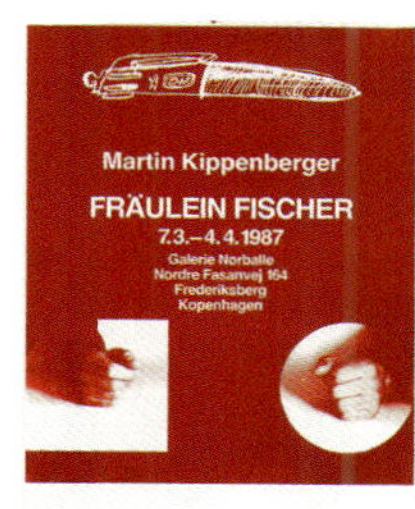

Martin Kippenberger
„Fräulein Fischer“, 1987
Galerie Nørballe, Kopenhagen / Copenhagen
(Gute Rückentwicklung kennt keine Ausreden)
Siebdruck / *silk screen*
85,3 x 61 cm / *33 ½ x 24 in*
Ed. 7/25

Martin Kippenberger
„Gute Rückentwicklung kennt keine Ausrede“, 1987
(Gute Rückentwicklung kennt keine Ausreden)
Druck / *print*
100 x 70 cm / *39 ⅓ x 27 ½ in*
Ed. 7/25

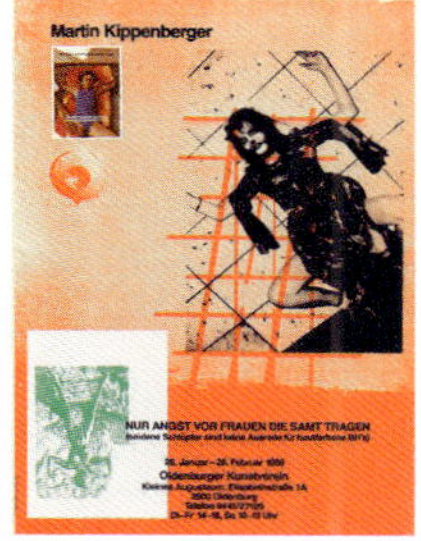

Martin Kippenberger
„Nur Angst vor Frauen die Samt tragen (seidene Schlüpfer sind keine Ausrede für hautfarbene BH’s)“, 1986
Oldenburger Kunstverein
(O.T. Maniac)
Siebdruck, aufgeklebte Einladungskarte, Kopie überdruckt / *silk screen, glued invitation card, overprinted copy*
85,5 x 60,6 cm / *33 ¾ x 23 ¾ cm*
Ed. 7/25

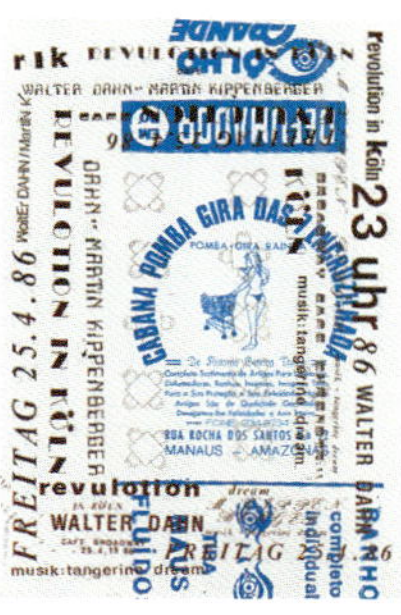

Martin Kippenberger
„Revolution in Köln“, 1986
Martin Kippenberger/ Walter Dahn
Broadway Café, Köln / *Cologne*
(O.T. Maniac)
Siebdruck / *silk screen*
87,7 x 60,1 cm / *34 ⅔ x 23 ⅔ in*
Ed. 7/25

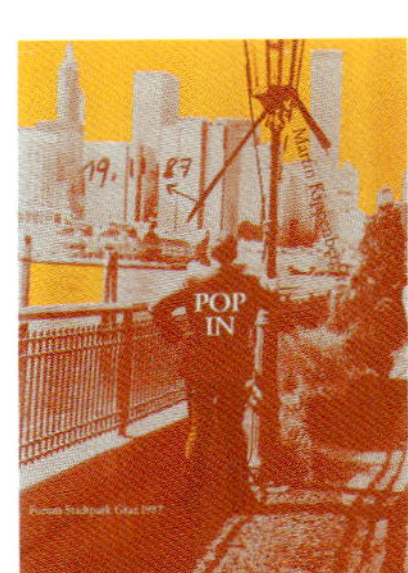

Martin Kippenberger
„Pop In“, 1987
Forum Stadtpark, Graz
(Gute Rückentwicklung kennt keine Ausreden)
Druck / *print*
83,7 x 59 cm / *33 x 23 ¼ in*
Ed. 7/25

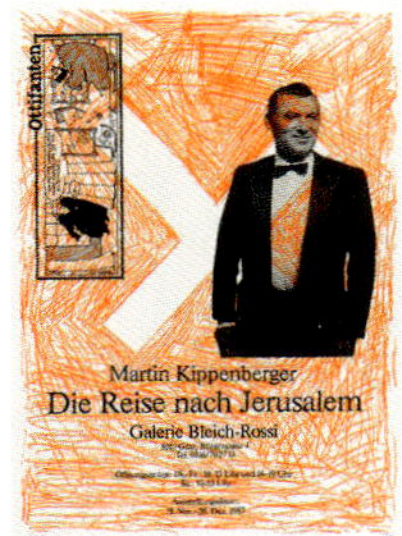

Martin Kippenberger
„Die Reise nach Jerusalem“, 1987
Galerie Bleich-Rossi, Graz
(Gute Rückentwicklung kennt keine Ausreden)
Siebdruck / *silk screen*
88 x 61,8 cm / *34 ⅔ x 24 ½ in*
Ed. 7/25

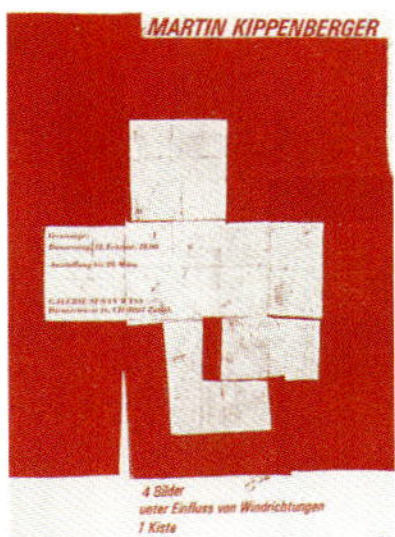

Martin Kippenberger
„4 Bilder unter Einfluss von Windrichtungen – 1 Kiste“, 1987
Galerie Susan Wyss, Zürich / Zurich
(Gute Rückentwicklung kennt keine Ausreden)
Siebdruck / *silk screen*
84 x 58,8 cm / *33 x 23 ¼ in*
Ed. 7/25

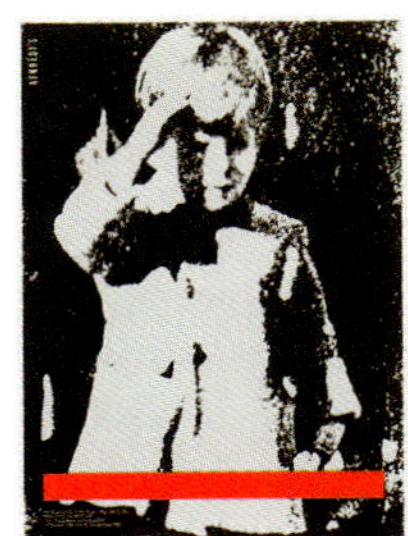

Martin Kippenberger
„Kennedy's“, 1987
Wien / *Vienna*
(Gute Rückentwicklung kennt keine Ausreden)
Siebdruck / *silk screen*
83,5 x 58,7 cm / *32 ¾ x 24 ⅔ in*
Ed. 7/25

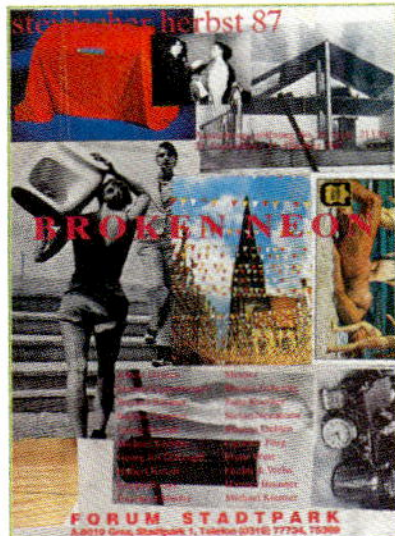

Martin Kippenberger
„Broken Neon“, 1987
Forum Stadtpark, Graz
(Gute Rückentwicklung kennt keine Ausreden)
Offset
84 x 59 cm / *33 x 23 ⅓ in*
Ed. 7/25

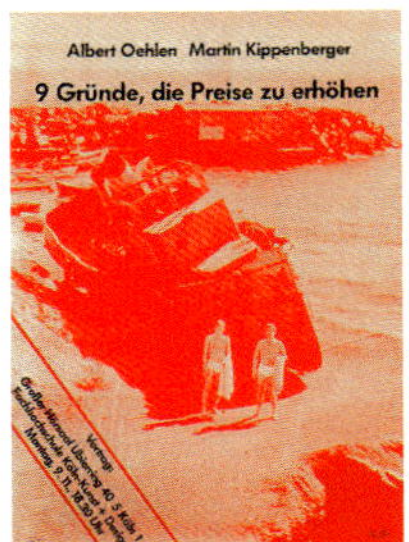

Martin Kippenberger
„9 Gründe, die Preise zu erhöhen“, 1987
Martin Kippenberger/ Albert Oehlen
Fachhochschule, Köln / *Cologne*
(Gute Rückentwicklung kennt keine Ausreden)
Siebdruck / *silk screen*
82,7 x 58,3 cm / *32 ⅔ x 23 in*
Ed. 7/25

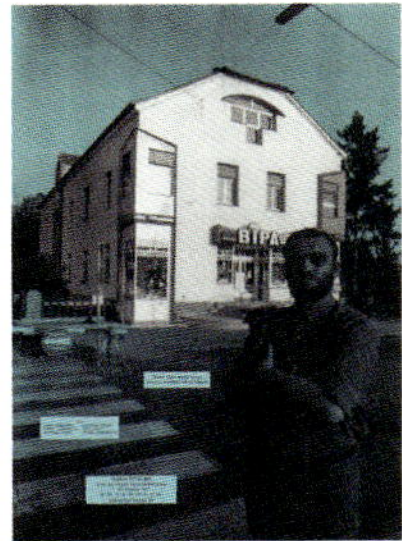

Martin Kippenberger
„Dieser Mann wartet schon ziemlich dringend auf seine Mappe“, 1987
Edition Artelier, Graz
(Gute Rückentwicklung kennt keine Ausreden)
Siebdruck / *silk screen*
88 x 62,2 cm / *33 ¾ x 23 ⅔ in*
Ed. 7/25

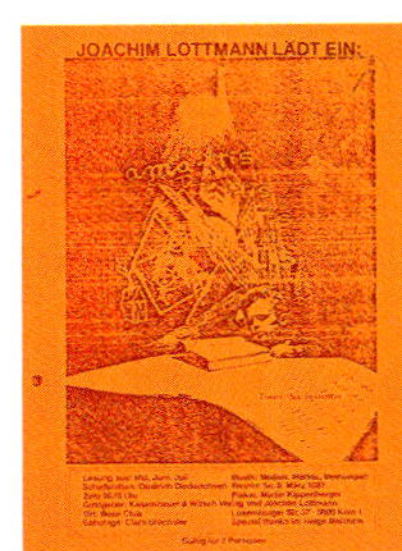

Martin Kippenberger
„Traum des Sextaners“, 1987
Einladung für Joachim Lottmann, Köln / *Cologne*
(Gute Rückentwicklung kennt keine Ausreden)
Siebdruck / *silk screen*
85,8 x 61 cm / *33 ¾ x 24 in*
Ed. 7/25

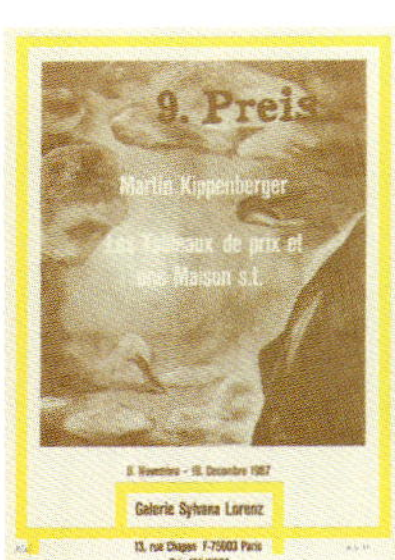

Martin Kippenberger
„Les Tableaux de prix et une Maison s.t.“, 1987
Galerie Sylvana Lorenz, Paris
(Gute Rückentwicklung kennt keine Ausreden)
Siebdruck / *silk screen*
85,8 x 61 cm / *33 ¾ x 24 in*
Ed. 7/25

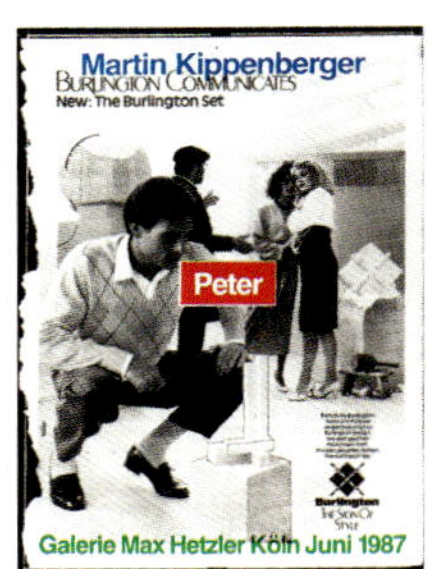

Martin Kippenberger
„Peter“, 1987
Galerie Max Hetzler, Köln / *Cologne*
(Gute Rückentwicklung kennt keine Ausreden)
Siebdruck / *silk screen*
82,6 x 60,2 cm / *32 ½ x 24 in*
Ed. 7/25

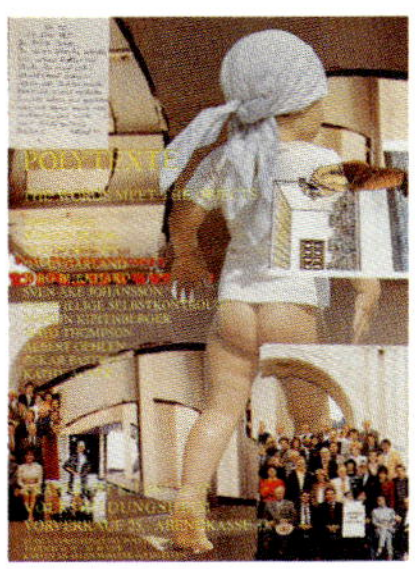

Martin Kippenberger
„Polytexte – The Words Meet The Objects“, 1987
Volksbildungsheim Frankfurt, Frankfurt am Main
(Gute Rückentwicklung kennt keine Ausreden)
Offset
83,4 x 60,2 cm / *32 ¾ x 23 ⅔ in*
Ed. 7/25

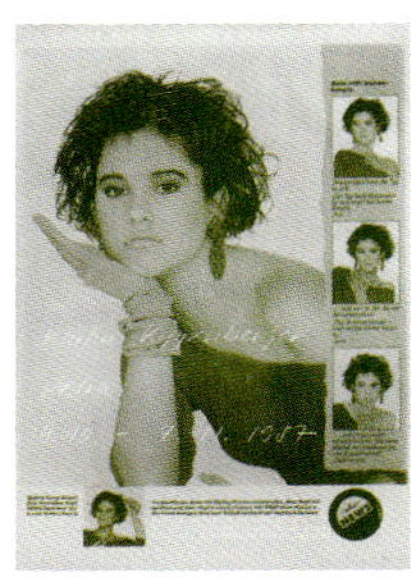

Martin Kippenberger
„Petra“, 1987
Galerie Gisela Capitain, Köln / *Cologne*
(Gute Rückentwicklung kennt keine Ausreden)
Siebdruck / *silk screen*
86 x 60,8 cm / *33 ¾ x 24 in*
Ed. 7/25

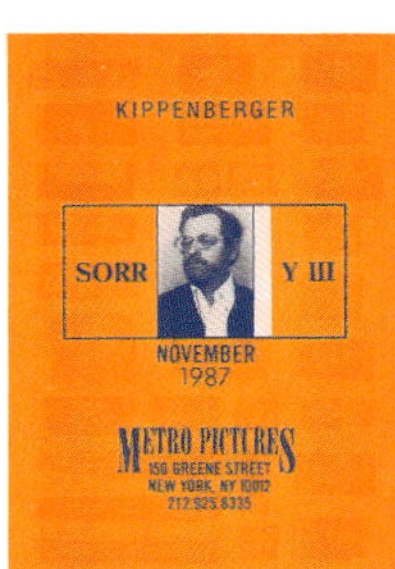

Martin Kippenberger
„Sorry III", 1987
Metro Pictures, New York
(Gute Rückentwicklung kennt keine Ausreden)
Siebdruck / *silk screen*
86 x 60,8 cm / *33 ¾ x 24 in*
Ed. 7/25

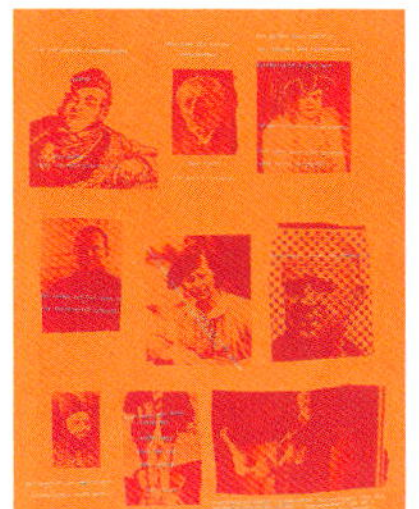

Martin Kippenberger
„Pictures of Lilly and brothers and sisters", 1987
Artleier Graz
(Gute Rückentwicklung kennt keine Ausreden)
Siebdruck / *silk screen*
85,6 x 60,8 cm / *33 ¾ x 23 ¾ in*
Ed. 7/25

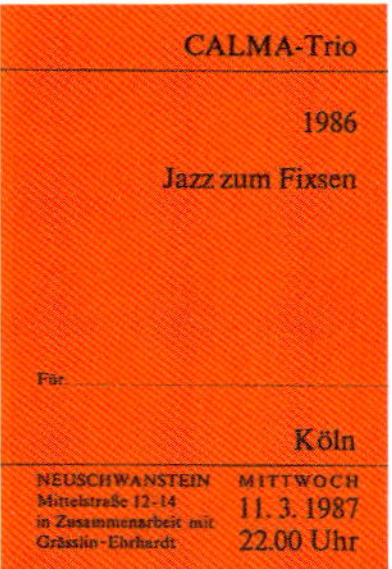

Martin Kippenberger
„CALMA-Trio – Jazz zum Fixsen", 1987
Köln / *Cologne*
(Gute Rückentwicklung kennt keine Ausreden)
Siebdruck / *silk screen*
83,6 x 53,8 cm / *33 x 21 ¼ in*
Ed. 7/25

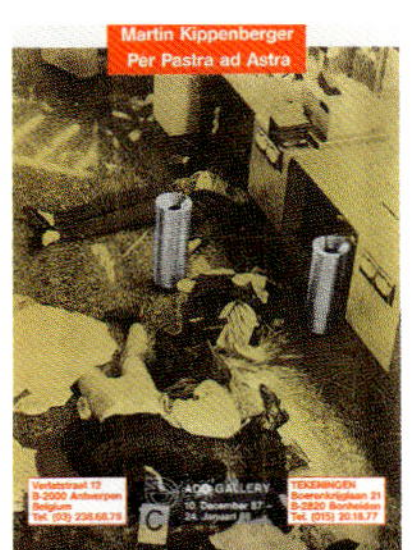

Martin Kippenberger
„Per Pastra ad Astra", 1987/88
Ado Gallery, Antwerpen / *Antwerp*
(Gute Rückentwicklung kennt keine Ausreden)
Siebdruck / *silk screen*
83,7 x 58,8 cm / *33 x 23 ¼ in*
Ed. 7/25

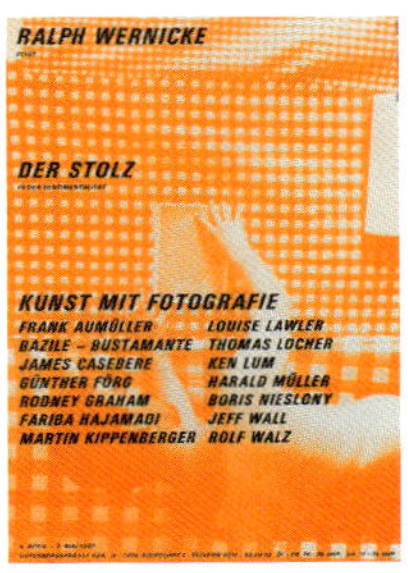

Martin Kippenberger
„Der Stolz in der Sentimentalität", 1987
Entwurf Avner Sundelson
Galerie Ralph Wernicke, Stuttgart
(Gute Rückentwicklung kennt keine Ausreden)
Siebdruck / *silk screen*
83,8 x 59,2 cm / *33 x 23 ½ in*
Ed. 7/25

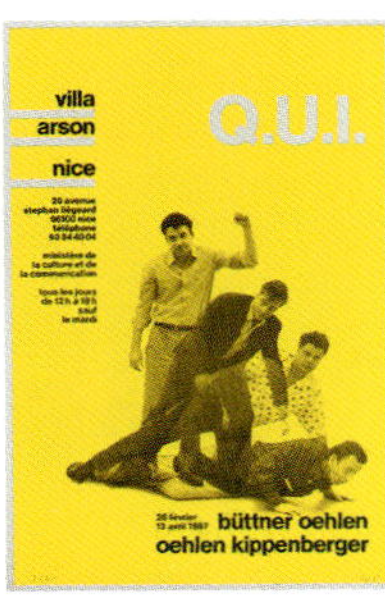

Martin Kippenberger
„Q.U.I.", 1987
Büttner, Oehlen, Oehlen, Kippenberger
Villa Arson, Nizza / *Nice*
(Gute Rückentwicklung kennt keine Ausreden)
Offset
60 x 40 cm / *23 ½ x 15 ¾ in*
Ed. 7/25

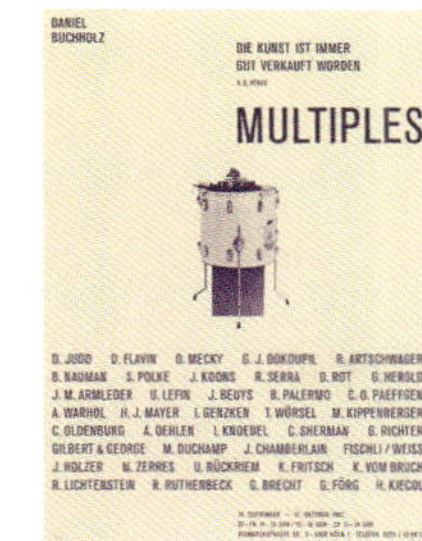

Nicht in der Ausstellung / *Not in the exhibition:*

Martin Kippenberger
„Multiples – Die Kunst ist immer gut verkauft worden
(A. R. Penck)", 1987
Entwurf Avner Sundelson
Galerie Daniel Buchholz, Köln / *Cologne*
(Gute Rückentwicklung kennt keine Ausreden)
Siebdruck / *silk screen*
83,8 x 59,4 cm / *33 x 23 ½ in*
Ed. 7/25

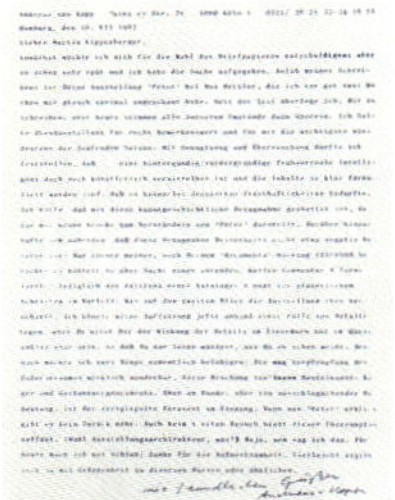

Martin Kippenberger
„Peter 2", 1987
Galerie Peter Pakesch, Wien / *Vienna*
(Gute Rückentwicklung kennt keine Ausreden)
Siebdruck / *silk screen*
93,1 x 64 cm / *36 ½ x 25 in*
Ed. 7/25

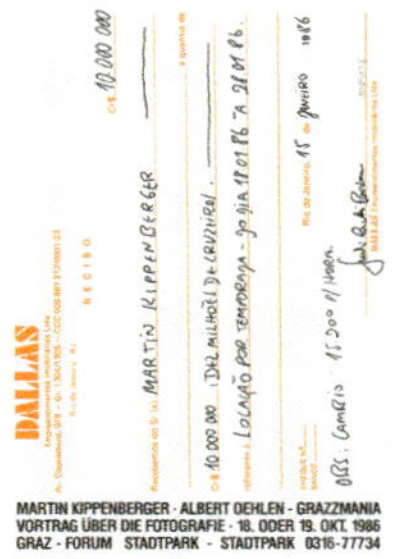

Martin Kippenberger
„Grazzmania Vortrag über die Fotografie", 1986
Martin Kippenberger / Albert Oehlen
Forum Stadtpark, Graz
(O.T. Maniac)
Siebdruck / *silk screen*
84 x 60,3 cm / *23 ⅔ x 33 in*
Ed. 7/25

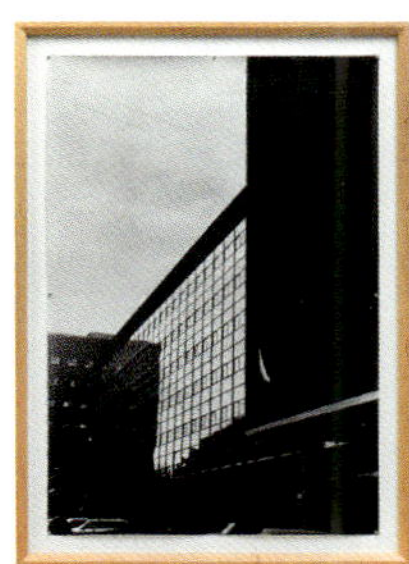

88
Günther Förg
„Centrale der Consum-Cooperative"
(Le Corbusier), 1986
Schwarz-Weiß-Fotografie auf Barythpapier / *black-and-white photography on barythpaper*
150 x 100 cm / *59 x 39 ⅓ in*
Unikat / *unique copy*

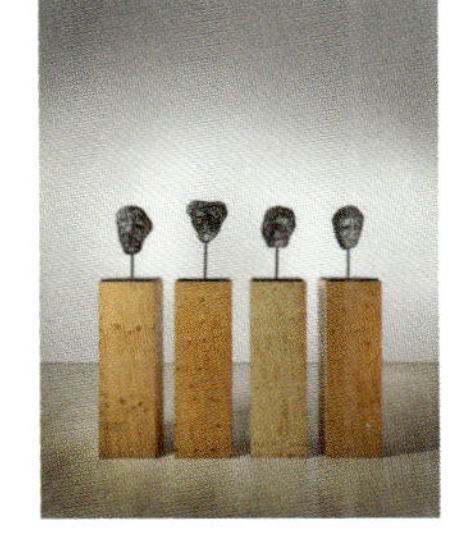

89
Installationsansicht
Installation view
Günther Förg
„Vier Bronzeköpfe", 1994
CFA, Berlin 2015

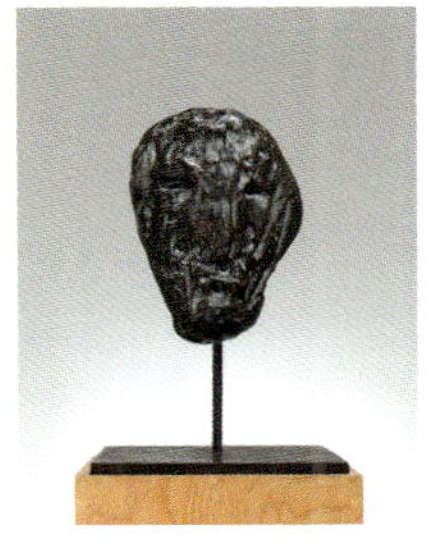

90
Günther Förg
„Vier Bronzeköpfe" (Detail), 1994
Bronze
60 x 40 x 40 cm / *23 ⅔ x 15 ¾ x 15 x ¾ in*
Unikat / *unique copy*

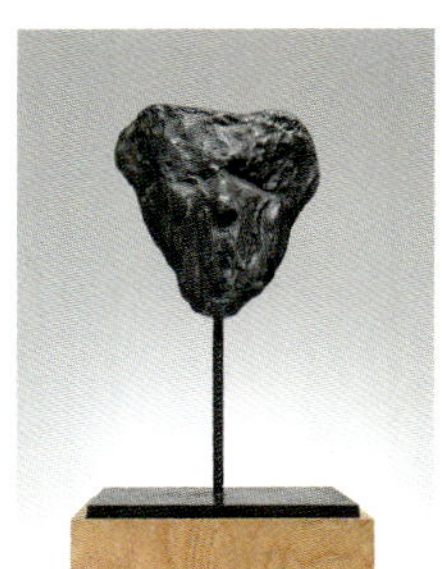

91
Günther Förg
„Vier Bronzeköpfe“ (Detail), 1994
Bronze
60 x 40 x 40 cm / *23 ⅔ x 15 ¾ x 15 x ¾ in*
Unikat / *unique copy*

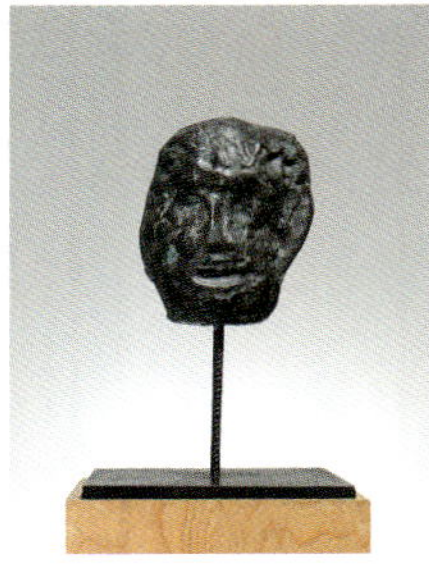

92
Günther Förg
„Vier Bronzeköpfe“ (Detail), 1994
Bronze
60 x 40 x 40 cm / *23 ⅔ x 15 ¾ x 15 x ¾ in*
Unikat / *unique copy*

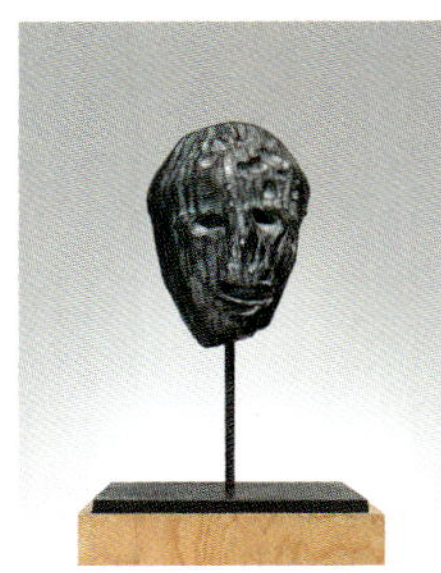

93
Günther Förg
„Vier Bronzeköpfe“ (Detail), 1994
Bronze
60 x 40 x 40 cm / *23 ⅔ x 15 ¾ x 15 x ¾ in*
Unikat / *unique copy*

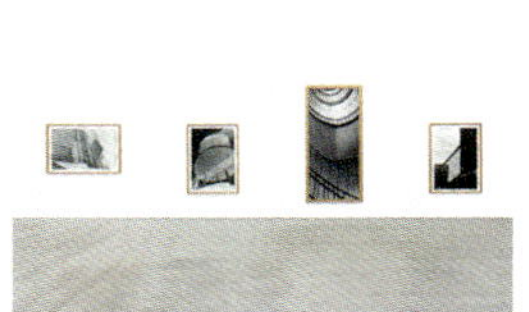

94/95
Installationsansicht
Installation view
Günther Förg
CFA, Berlin 2015

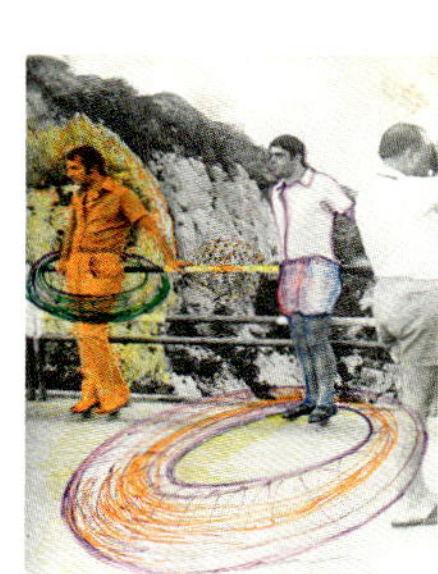

96
Sigmar Polke
„Ohne Titel“, 1972
Silbergelatine, übermalt / *gelatin silver print, painted over*
24 x 18 cm / *9 ½ x 7 in*
Unikat / *unique copy*

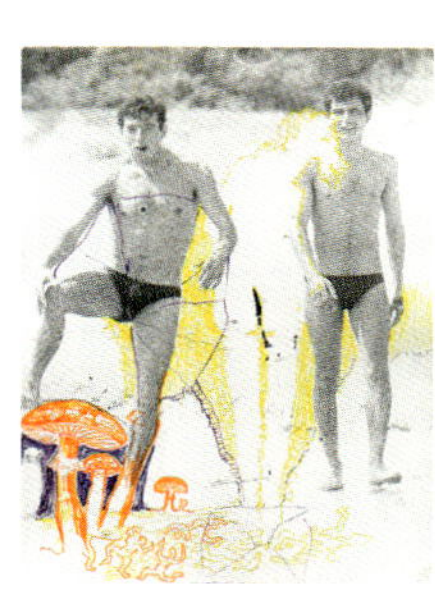

97
Sigmar Polke
„Ohne Titel“, 1972
Silbergelatine, übermalt / *gelatin silver print, painted over*
24 x 18 cm / *9 ½ x 7 in*
Unikat / *unique copy*

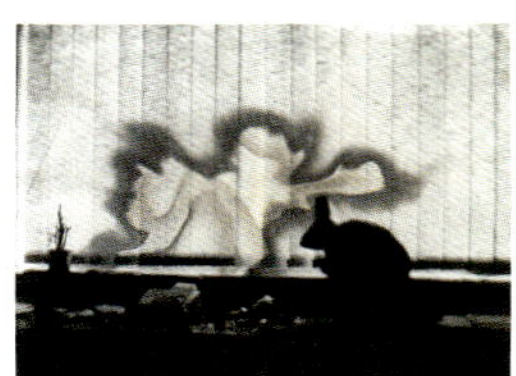

98/99
Sigmar Polke
„Ohne Titel“, 1984
Fotografie / *photography*
30,5 x 39,5 cm / *12 x 15 ½ in*
Unikat / *unique copy*

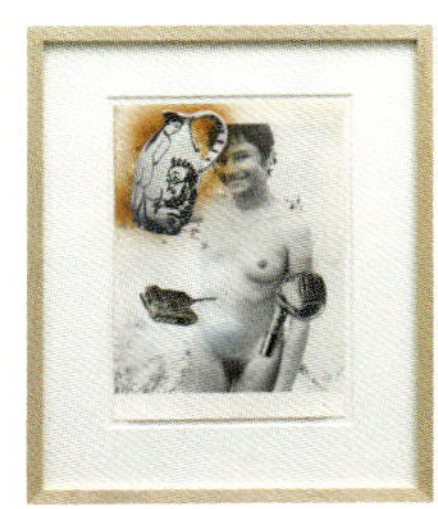

100
Albert Oehlen
„Ewige Feile“, 1983
Collage
29,6 x 21 cm / *11 ⅔ x 8 ¼ in*

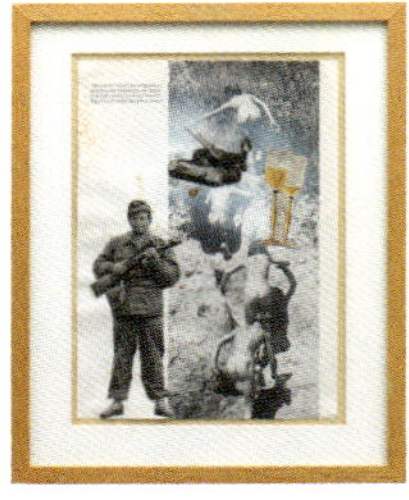

101
Albert Oehlen
„Ewige Feile“, 1983
Collage
29,5 x 21 cm / *11 ⅔ x 8 ¼ in*

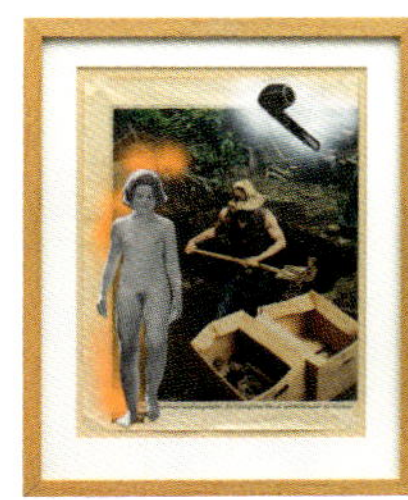

102
Albert Oehlen
„Ewige Feile“, 1983
Collage
29,5 x 21 cm / *11 ⅔ x 8 ¼ in*

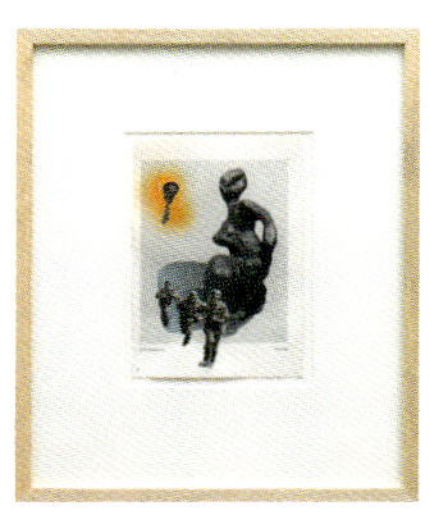

103
Albert Oehlen
„Ewige Feile“, 1983
Collage
22,5 x 15,5 cm / *8 ¾ x 6 in*

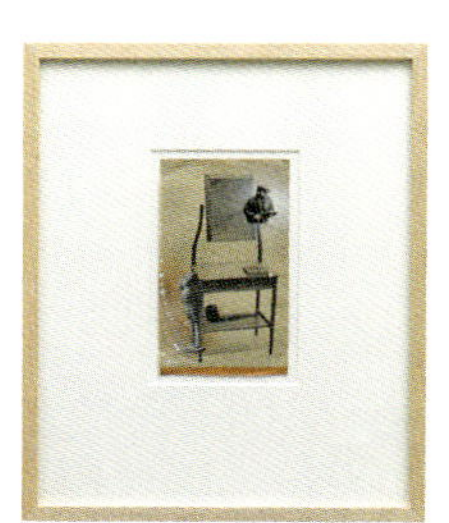
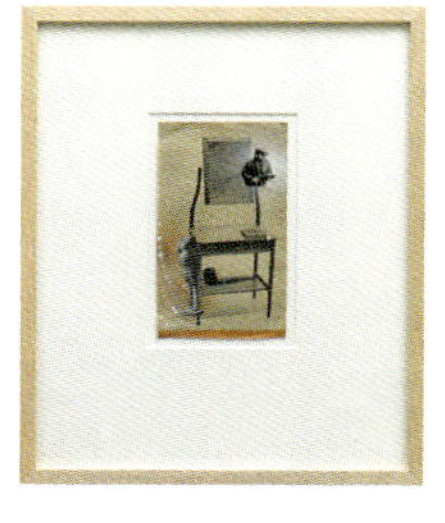

Nicht in der Ausstellung / Not in the exhibition:

Albert Oehlen
„Ewige Feile“, 1983
Collage
20,5 x 12 cm / *8 x 4 ¾ in*

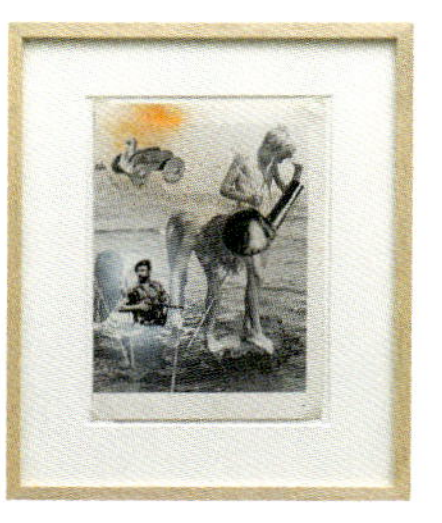

Albert Oehlen
„Ewige Feile“, 1983
Collage
29,5 x 21 cm / *11 ⅔ x 8 ¼ in*

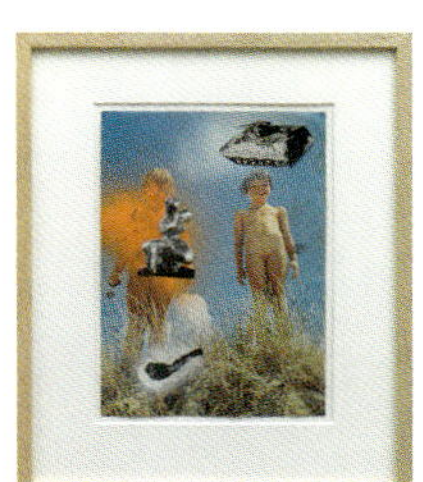

Albert Oehlen
„Ewige Feile“, 1983
Collage
29,6 x 21 cm / *11 ⅔ x 8 ¼ in*

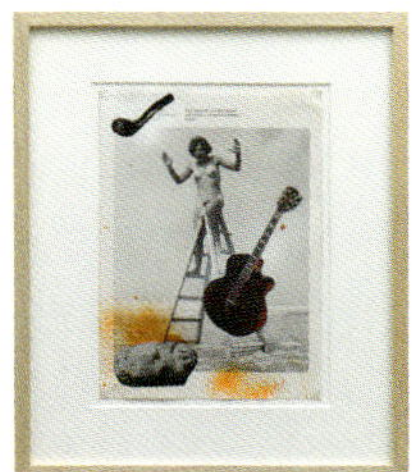

Albert Oehlen
„Ewige Feile“, 1983
Collage
29,6 x 20, 5 cm / *11 ⅔ x 8 in*

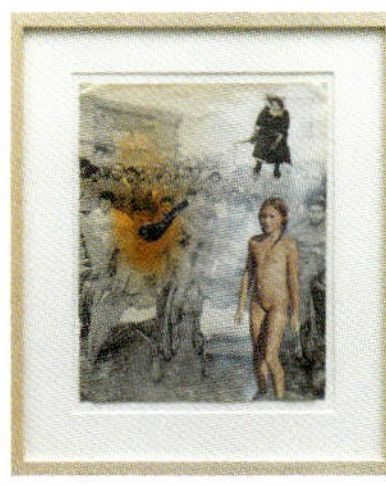

Albert Oehlen
„Ewige Feile“, 1983
Collage
30,7 x 23,3 cm / *12 x 9 ¼ in*

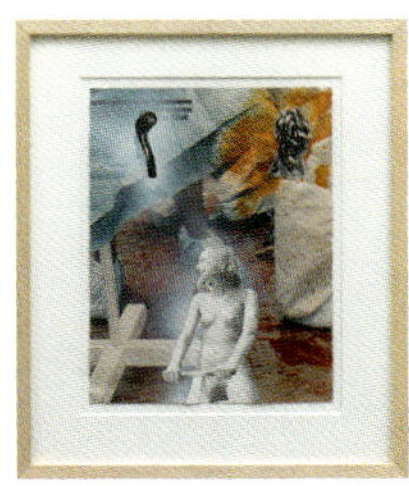

Albert Oehlen
„Ewige Feile“, 1983
Collage
31 x 22,9 cm / *12 ¼ x 9 in*

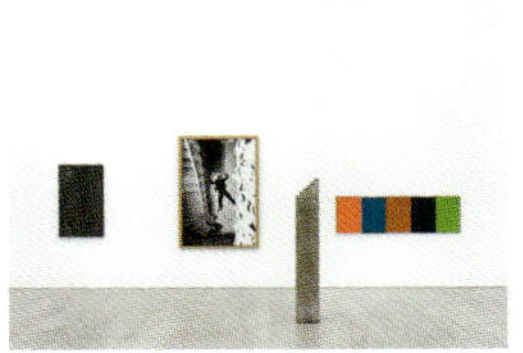

104/105
Installationsansicht
Installation view
v. l. n. r. / *left to right:* Günther Förg, Hubert Kiecol, Günther Förg
CFA, Berlin 2015

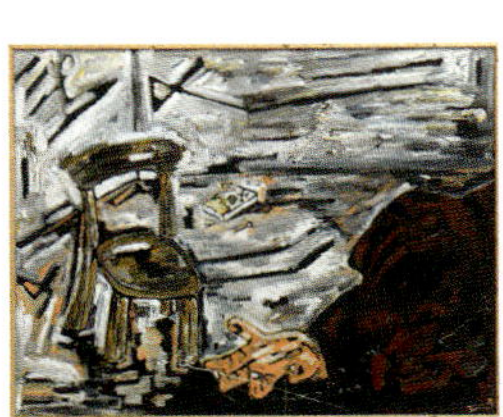

106/107
Werner Büttner
„Shehus Tod“, 1984
Öl auf Leinwand / *oil on canvas*
190 x 240 cm / *74 ¾ x 94 ½ in*

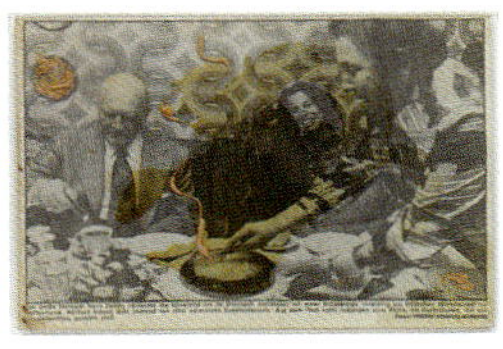

108/109
Martin Kippenberger
„Der große Moment“, 1976–1986
C-Print auf Leinwand, Lack / *C-print on canvas, lacquer*
78 x 115 cm / *30 ⅔ x 45 ¼ in*

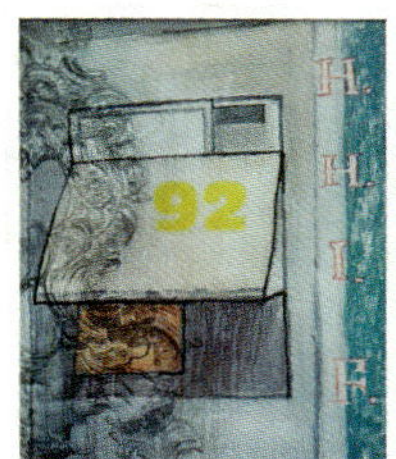

112
Martin Kippenberger
„Onkel Jeffrey, die 92, will jetzt in'n Puff“, 1989
Fotografie / *photography*
160 x 120 cm / *63 x 47 ¼ in*

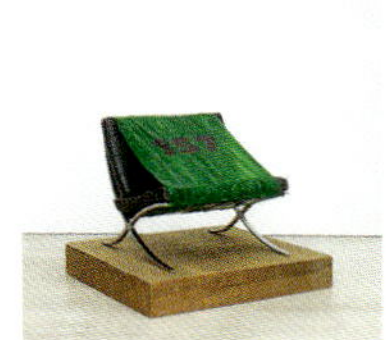

113
Martin Kippenberger
„Nr. 157“, 1989
Sessel, Klebeband / *armchair, adhesive tape*
105 x 94 x 50 cm / *41 ⅓ x 37 x 19 ⅔ in*

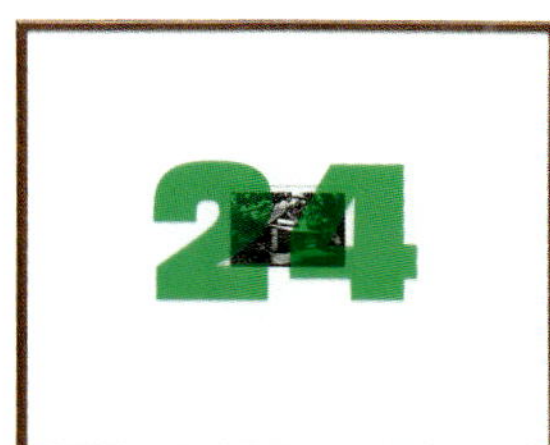
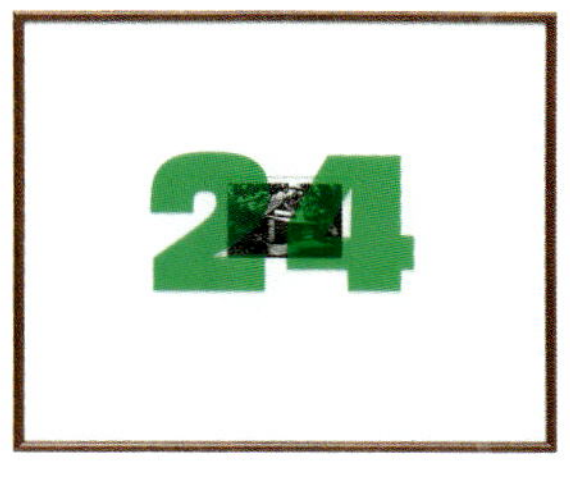

Nicht in der Ausstellung / *Not in the exhibition:*

Martin Kippenberger
„Atelier von Jackson Pollock“, 1989
Foto, Glas, Klebebuchstaben / *photo, glass, adhesive letters*
52 x 62 cm / *20 ½ x 24 ½ in*

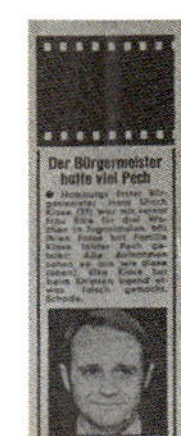

114
Martin Kippenberger
„Der Bürgermeister hatte viel Pech“, 1983–1984
Druck auf Leinwand / *print on canvas*
139 x 48 x 2,5 cm / *54 ¾ x 19 x 1 in*

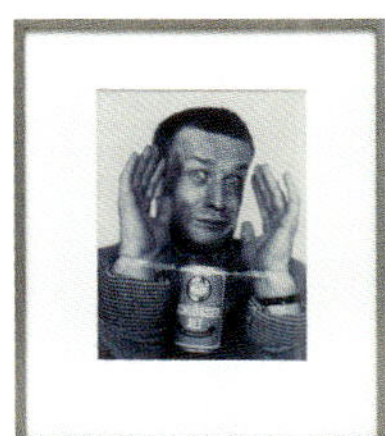

115
Martin Kippenberger
„Die Alkoholfolter“, 1985–1986
C-Print / *C-print*
40 x 30 cm / *15 ¾ x 11 ¾ in*

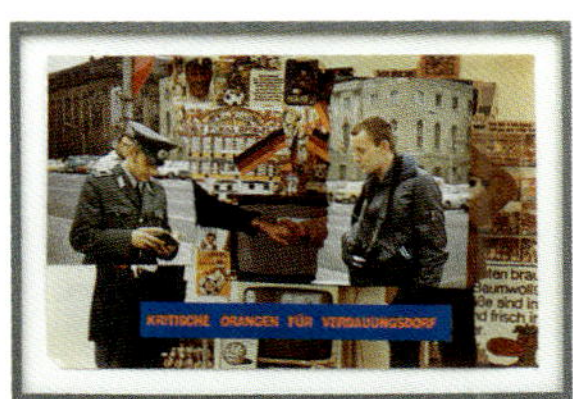

116/117
Martin Kippenberger
„Kritische Orangen für Verdauungsdorf“, 1978–1985
Collage
60,8 x 93,6 cm / *24 x 36 ¾ in*

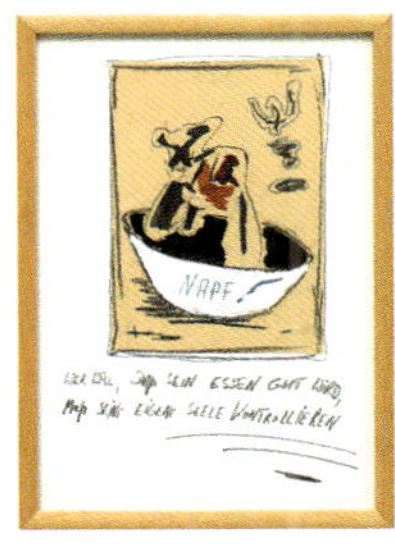

118
Werner Büttner
„Wer will, dass sein Essen gut wird, muss seine eigene Seele kontrollieren“, 1980er-Jahre / *1980s*
Mischtechnik auf Papier / *mixed media on paper*
30 x 21 cm / *11 ¾ x 8 ¼ in*

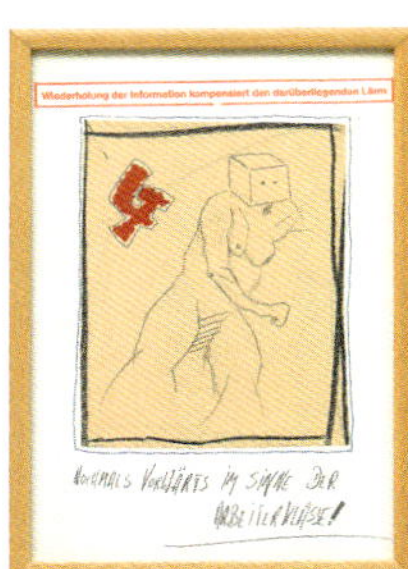

119
Werner Büttner
„Nochmals Vorwärts im Sinne der Arbeiterklasse!“, 1980er-Jahre / *1980s*
Mischtechnik auf Papier / *mixed media on paper*
30 x 21 cm / *11 ¾ x 8 ¼ in*

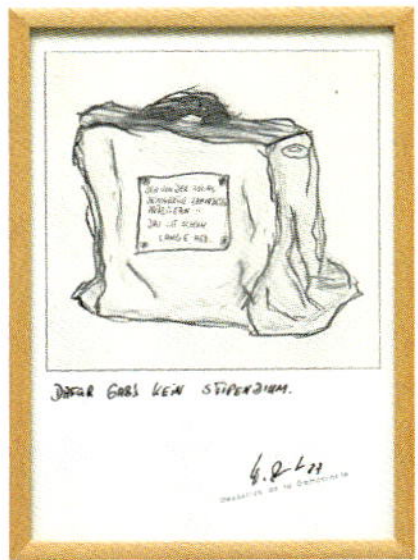

120
Werner Büttner
„Dafür gab's kein Stipendium.“, 1987
Mischtechnik auf Papier / *mixed media on paper*
29, 5 cm / *11 ⅔ x 8 ¼ in*

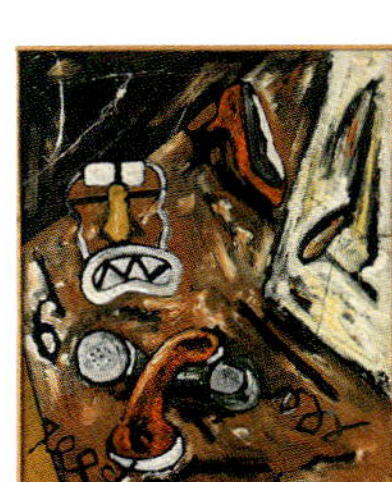

121
Werner Büttner
„Moderne Kunst B“, 1984
Öl auf Leinwand / *oil on canvas*
190 x 150 cm / *74 ¾ x 59 in*

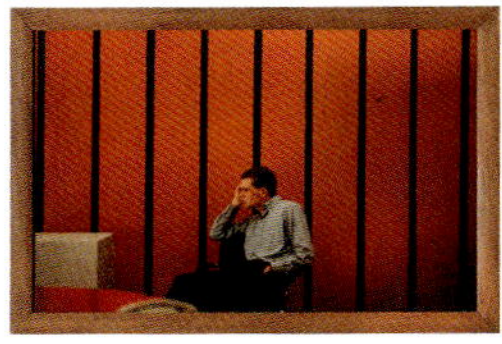

122/123
Günther Förg
„Selbstportrait“, 1984
Farbfoto / *colour photo*
120 x 180 cm / *47 ¼ x 70 ¾ in*
Unikat / *unique copy*

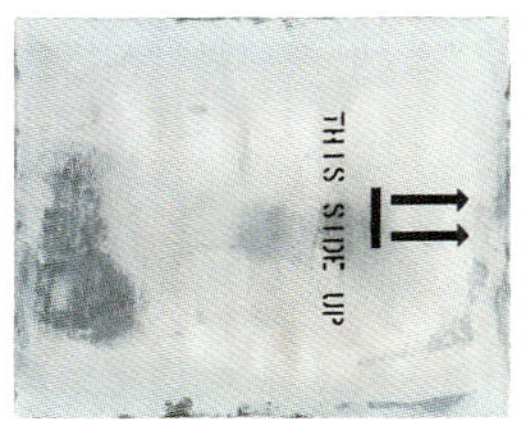

124/125
Martin Kippenberger
„This side up“, 1989
Holz mit Blei überzogen / *wood covered with lead*
50,5 x 60 cm / *20 x 23 ⅔ in*
Ed. 13/30 + 5 a.p.

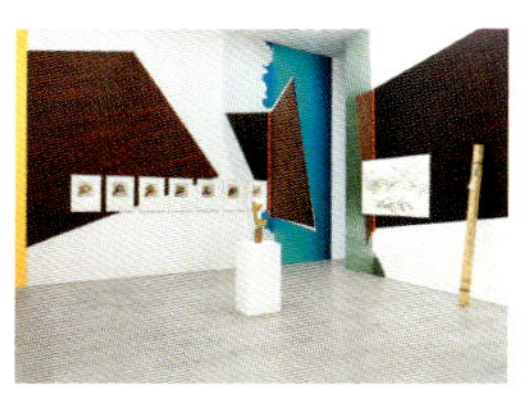

126/127
Installationsansicht
Installation view
Georg Herold
„Museumsinsel für Gundlach“, 1985–2015
CFA, Berlin 2015

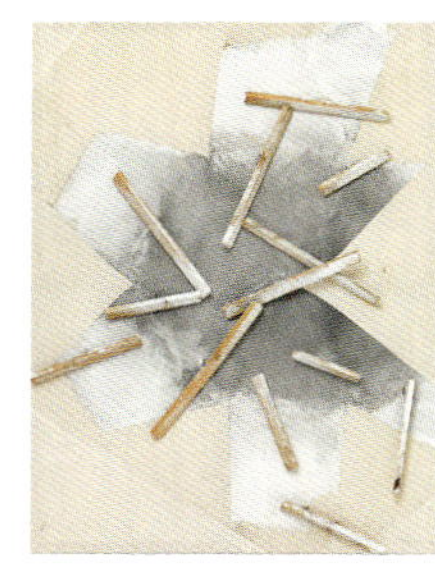

128
Georg Herold
„Dachlattenbild“, 1984
Dispersionsfarbe, Draht und Holz auf Nessel / *dispersion paint, wire and wood on canvas*
200 x 150 cm / *78 ¾ x 59 in*

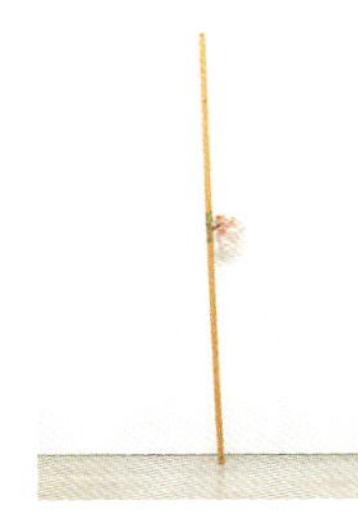

129
Georg Herold
„Das gefundene Fressen“, 1988
Dachlatten, Plastik / *batten, plastic*
300 x 30 x 2 cm / *118 x 11 ¾ x ¾ in*
CFA, Berlin 2015

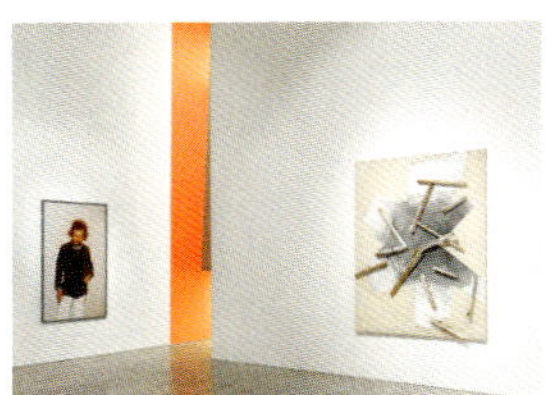

130/131
Installationsansicht
Installation view
v.l.n.r. / *left to right:* Albert Oehlen und / *and* Georg Herold
CFA, Berlin 2015

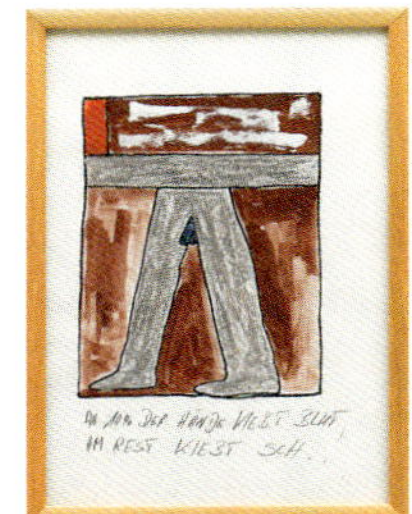

132
Werner Büttner
„AN 10% DER HÄNDE KLEBT BLUT, AM REST KLEBT SCH...“, 1980er-Jahre / *1980s*
Mischtechnik auf Papier / *mixed media on paper*
29 x 20 cm / *11 ½ x 7 ¾ in*

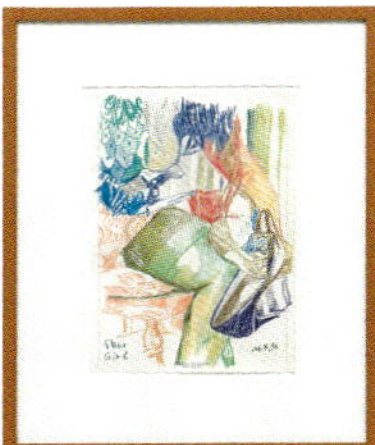

133
Martin Kippenberger
„Ohne Titel (Arabella Grand Hotel)“
1996
Buntstift auf Papier / *crayon on paper*
29,7 x 21,2 cm / *11 ⅔ x 8 ⅓ in*

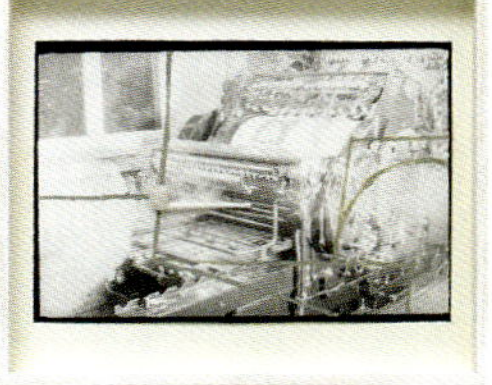

134/135
Albert Oehlen
„Ohne Titel (Kasten/Tonpfeife)“
1983
Collage
42 x 60 cm / *16 ½ x 23 ⅔ in*

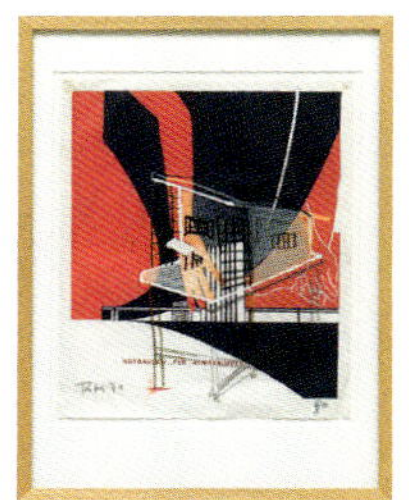

136
Martin Kippenberger
„Notbauten für Bombenopfer. Rita 71“, 1989
Mischtechnik auf Papier / *mixed media on paper*
40 x 30 cm / *15 ¾ x 11 ¾ in*

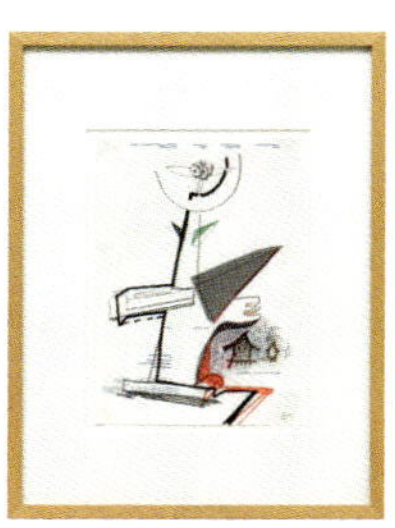

137
Martin Kippenberger
„Ohne Titel (Sanatorium Haus am See)“
1986
Buntstift auf Papier / *crayon on paper*
29,7 x 21,2 cm / *11 ⅔ x 8 ⅓ in*

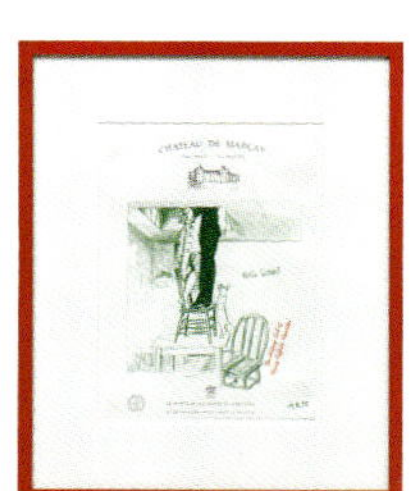

138
Martin Kippenberger
„Ohne Titel (Chateau de Marçay)"
1995
Buntstift auf Papier, Stempel / *crayon on paper, stamp*
29,7 x 21,2 cm / *11 ⅔ x 8 ⅓ in*

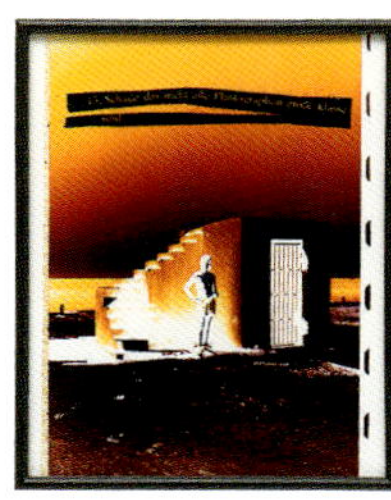

139
Martin Kippenberger
„Schade, dass nicht alle Photographen große Klasse sind", 1986
C-Print / *C-print*
62,5 x 52,5 cm / *24 ⅔ x 20 ⅔ in*

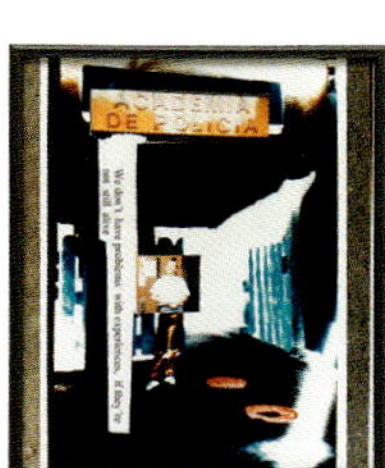

140
Martin Kippenberger
„We don't have problems with experience, if they are not still alive", 1986
C-Print / *C-print*
60 x 50 cm / *23 ⅔ x 19 ⅔ in*

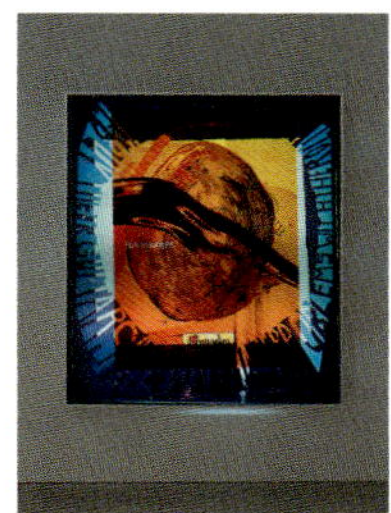

141
Martin Kippenberger
„We don't have problems with the Rolling Stones, because I buy their guitars", 1989
Leuchtkasten / *light box*
148 x 127 x 12 cm / *58 ¼ x 50 x 4 ¾ in*

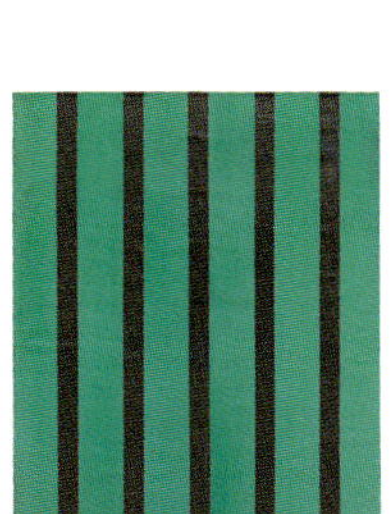

142
Günther Förg
„Ohne Titel", 1987
Acryl auf Blei auf Holz / *acrylic on lead on wood*
120 x 90,5 x 4 cm / *47 ¼ x 35 ⅔ x 1 ½ in*

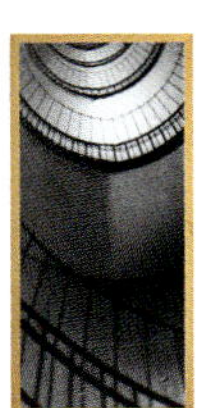

143
Günther Förg
„Treppenhaus (Hamburg Bunker)", 1986
270 x 120 cm / *106 ⅓ x 47 ¼ in*

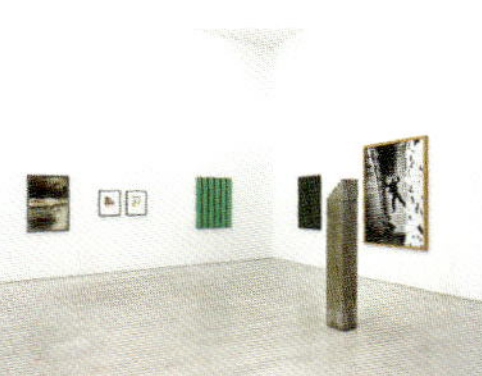

144/145
Installationsansicht
Installation view
v.l.n.r. / *left to right:* Sigmar Polke, Günther Förg, Hubert Kiecol und / *and* Günther Förg
CFA, Berlin 2015

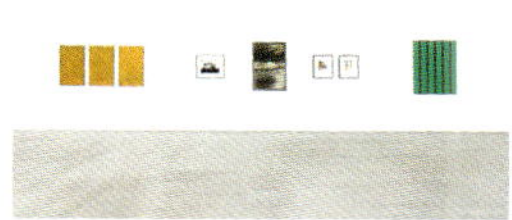
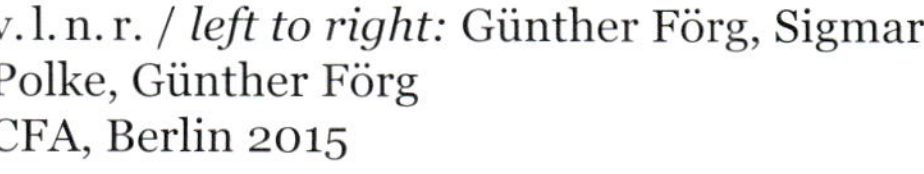

146/147
Installationsansicht
Installation view
v.l.n.r. / *left to right:* Günther Förg, Sigmar Polke, Günther Förg
CFA, Berlin 2015

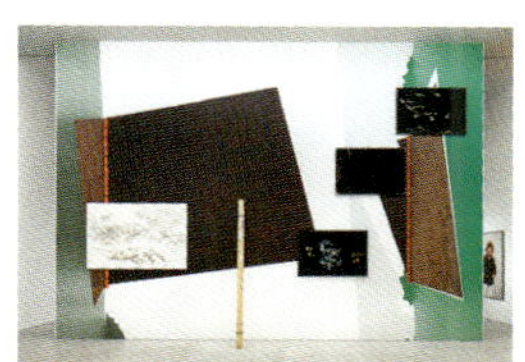

148
Installationsansicht
Installation view
Georg Herold
„Museumsinsel für Gundlach", 1985–2015
CFA, Berlin 2015

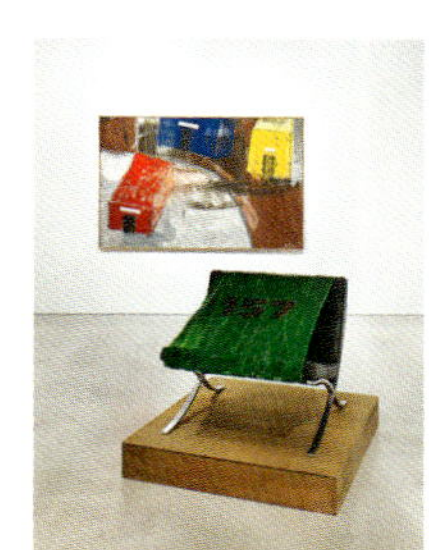

150
Installationsansicht
Installation view
Martin Kippenberger und / *and* Albert Oehlen
CFA, Berlin 2015

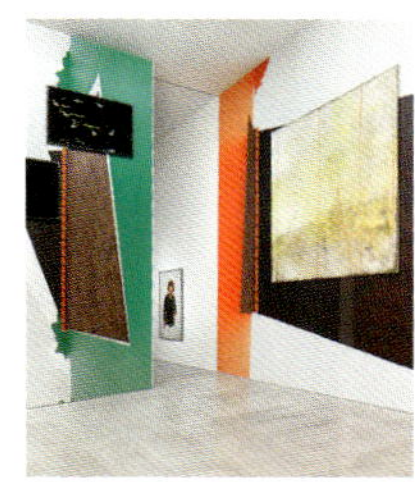

151
Installationsansicht
Installation view
v.l.n.r. / *left to right:* Georg Herold, Albert Oehlen, Georg Herold
CFA, Berlin 2015

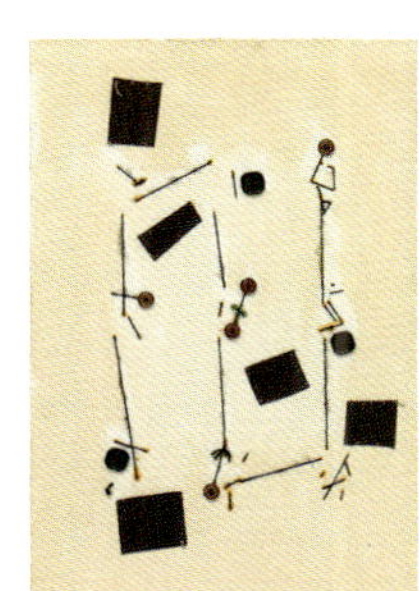

152
Georg Herold
„Ohne Titel/ Untitled (Knopfbild)", 1987
Mischtechnik auf Leinwand / *mixed media on canvas*
75,5 x 50,5 cm / *29 ¾ x 20 in*

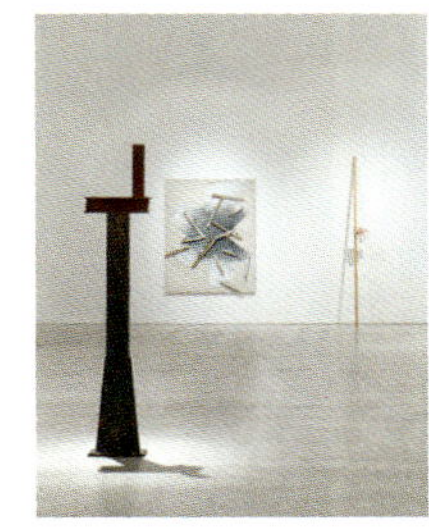

153
Installationsansicht
Installation view
v.l.n.r. / *left to right:* Meuser und / *and* Georg Herold
CFA, Berlin 2015

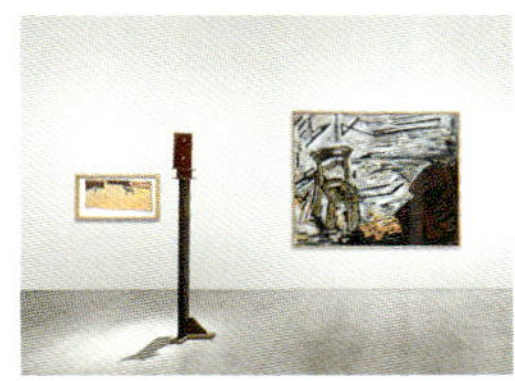

154/155
Installationsansicht
Installation view
v.l.n.r. / *left to right:* Franz West, Meuser und / *and* Werner Büttner
CFA, Berlin 2015

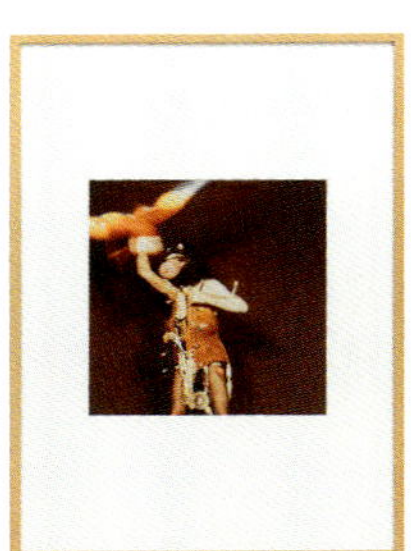

157–161
Jürgen Klauke
„Dr. Müller's Sex-Shop oder So stell' ich mir die Liebe vor", 1977
C-Print / *C-print*
50 x 40 cm / *19 2⁄3 x 15 3⁄4 in*
13-teilig / *13 pieces*

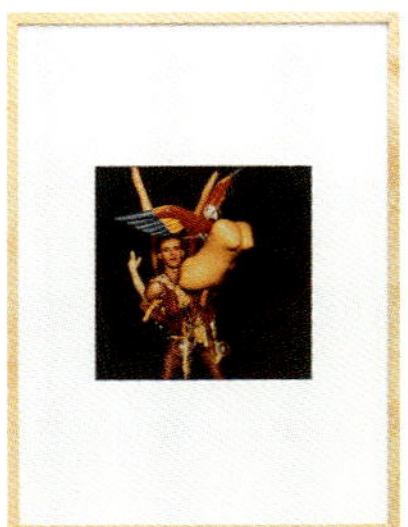
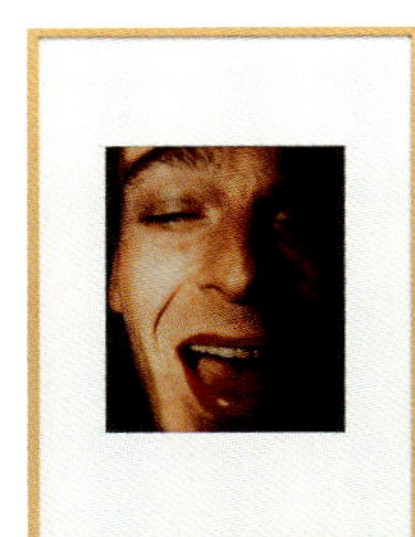
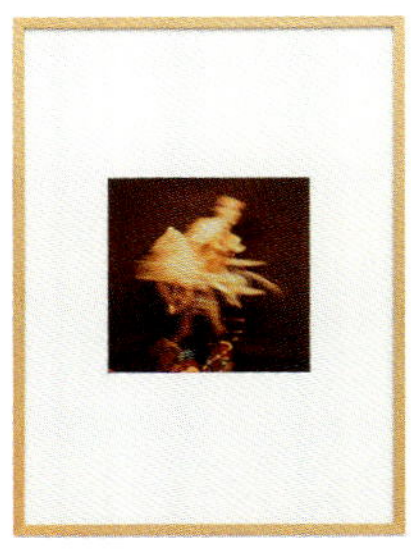
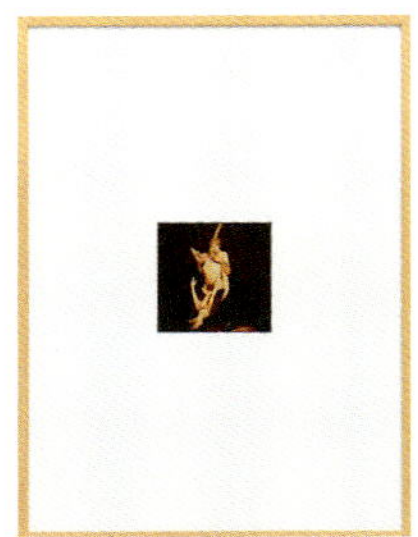
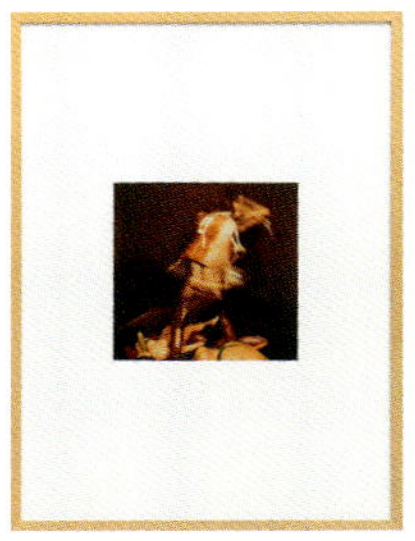
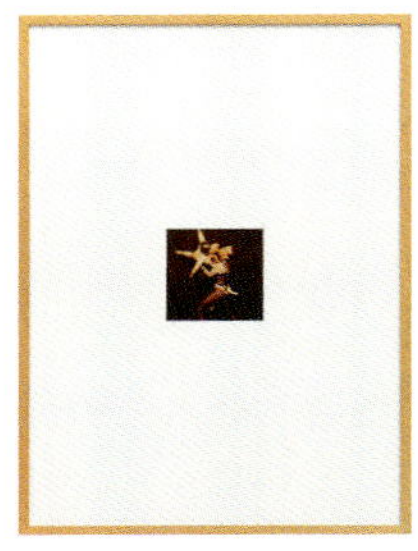
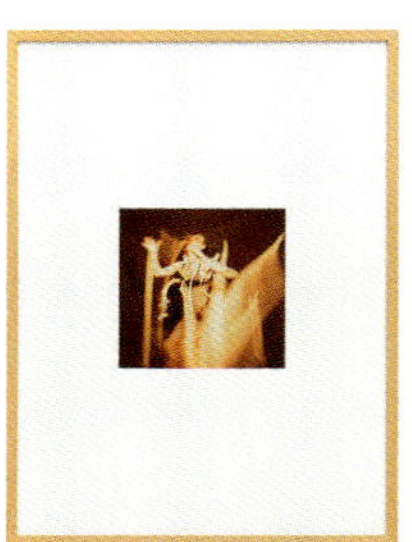
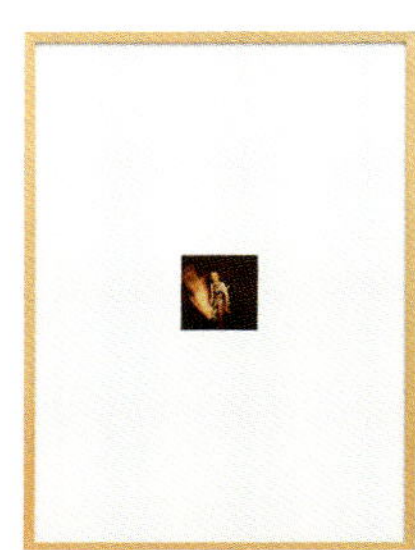
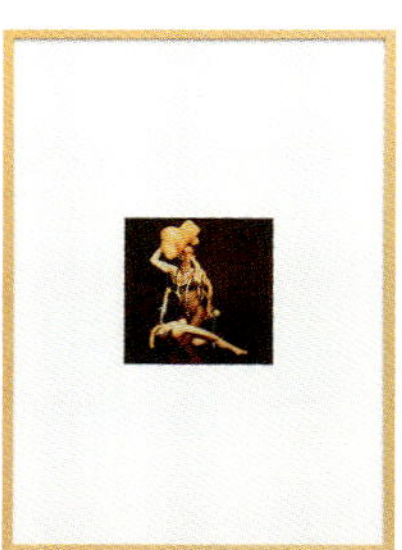

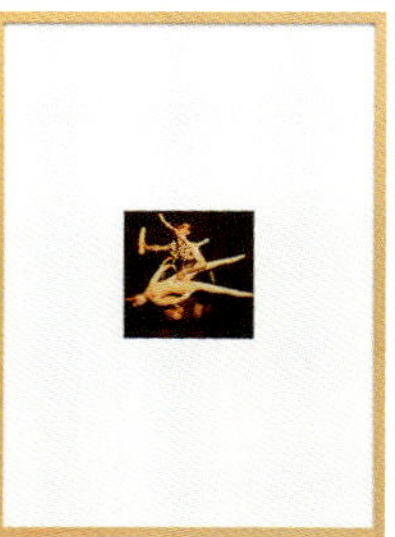

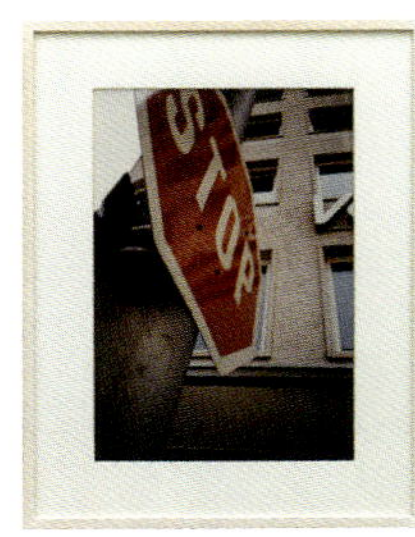

162–163
Albert Oehlen
„Anhaltspunkte", 1985
C-Print / *C-print*
51 x 34,5 cm / 20 x 13 2⁄3 in
8-teilig / *8 pieces*

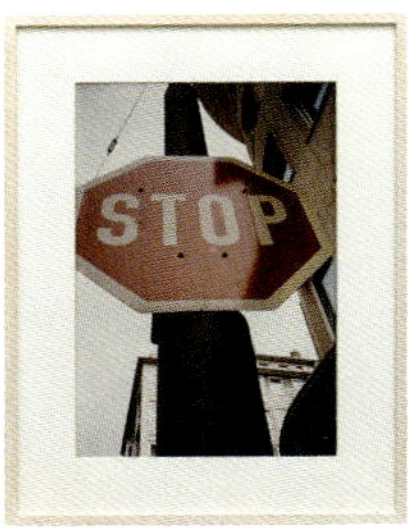

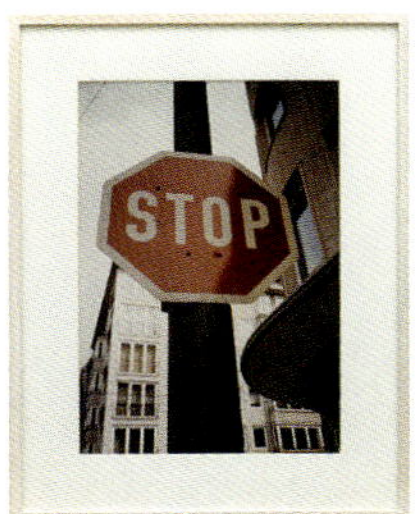

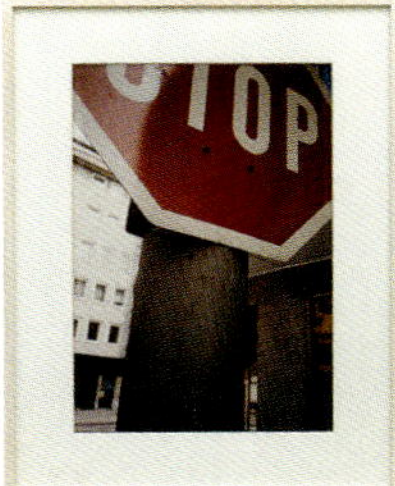
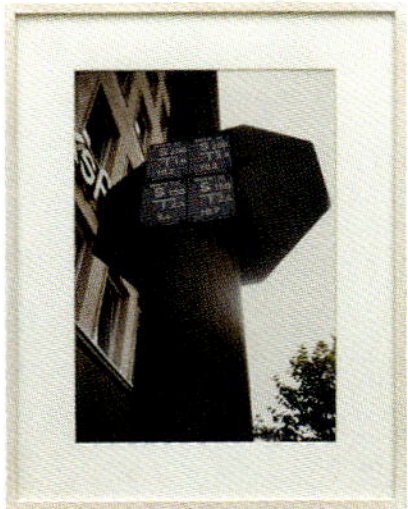
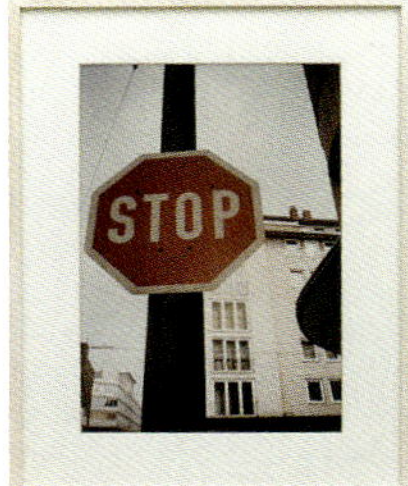

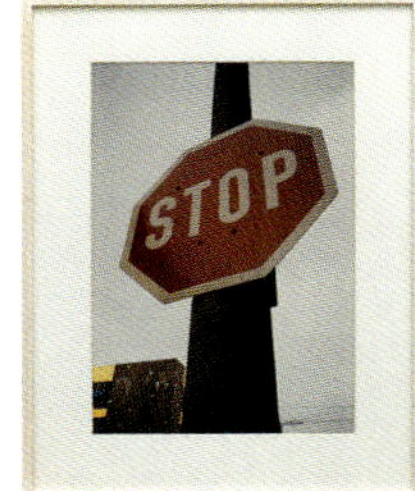

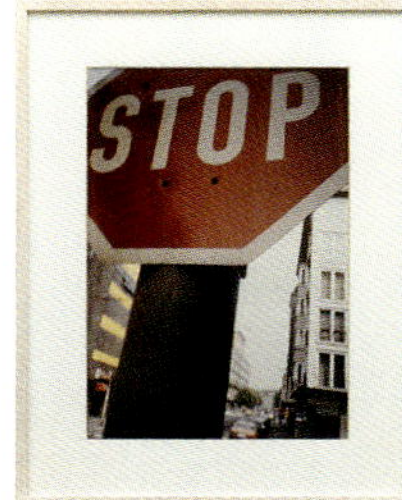

Translation of p. 22 >

Martin Kippenberger / Albert Oehlen

Wenn man keine unbedingte Lust hat, über Fotografie zu schreiben, schreibt man folgendes:

If one has no particular desire to write about photography one writes the following:

We hate photographers because, coming from the backgrounds they do, they speak even worse German than we do when we are really trying. Why doesn't photography just get up and pound its fist on the table?

The noise in photography is left over from the age when an egg still had something yellow. Old cameras' rules okay. Many old cameras are looking into the future. We love photography because the camera does not always cry when it gets to the same scene. It's the photo business and not the camera that wants money, so the camera is okay. We love photography because it catches pictures and not us. We hate photography because it can only turn night into day with shitty technical tricks. We hate photography because it can only turn day. . . you know what we mean. We hate nude photography because after we got warmed up by it, it always stayed only paper. We hate nude photography like the eighth of a second (see below). We hate nude photography because it hates us (see above). We hate the eighth of a second because it is so noisy and almost knocks the camera out of our hand. We hate the camera because it can't punch all by itself. W. h. t. owners of cameras because they are never there when one needs them. We hate sequence photography because it thinks it's better than everyone else. We hate black and white photography because poor people can't eat it when they are hungry. We hate the African reporters of nothing. We love the East Friesian photographers because they send their films to developing countries. We love the middle-priced cameras because they decide all by themselves when they can and when they can't. We hate photography because it will go out with you, but it won't drink a good glass of wine with you. We love expensive software because it makes for less work until the budget is used up. We love boom-boom photography; it's right in the pulse of the moment, although unfortunately, one too often sees it standing around out of focus on public street corners. We love photography that has been painted over, because anything goes as long as it works as a cover-up. Photography ought not to seem rubber-like, but rather leave dreams open. Photography as a form of birth control has to be so strong that there is no getting through it. Photography is like a four-color ballpoint pen, only much too difficult. Photography is the god among bores. Photography cries out for rationality. We are mad at photography because it is dependant on outside help. When one is looking for peace and quiet one does not need a photograph of a cherry tree. Drastic raster patterns like war don't bring anyone any closer to peace. Photography ought not become a substitute for caricatures. Ph. ought not become a substitute for life. Solarization, sure, but neverending. Don't let that out of the dark room and into the photography! One doesn't make jokes with photography, rather one uses it because one doesn't give a hoot about it. Working in foreign countries doesn't compensate for being a photographic stick-in-the-mud. Down with classic photography and into the basement with modern photography, next to printed books. Photography ought not to interrupt its desire for expression with spontaneous halts. Glossy photographs are like icy roads. Photography ought not to put things into order, and you shouldn't try that with photography either.

Every enlargement can be mastered by a mat. Backlight always comes from the other side, but one doesn't need a camera for that. As long as photography is dependant on the viewer, it has nothing to say. Don't let photography talk, talk yourselves! There is no such thing as architectural photography, only the building made out of hard stone can roar. Photography has never accomplished anything on its own. The camera never told you that you had to clean the lens. Only put as much on a picture as fits! And don't mix up being precise with being afraid! Bring the motor camera onto the drag strip! Don't try to make art photography out of embarrassing truthes! The zoom only deifies distance. Snapshots make us puke. The mass reproduction of photographs is a flight into stereotypes. Changing the lens has never led to a changed situation. Photography always remains on the surface. Photography demands excesses and returns nothing. Why did God create the flower? Not because it was supposed to be photographed, that's for sure. A well-taken picture requires seven minutes.

Polaroids can be forgotten as quickly as they are made. Male nudes lie; only an autopsy brings out the truth. Photos are not removed by giving them away. If you see some old people pushing a baby carriage full of shit and lots of dogs (no recognizable breeds) and you wish you had a camera with you, then you should be grateful and wish that you were the old people with the baby carriage full of shit and the dogs (no breed) yourselves instead of having a camera. Everything is a kind of light refraction. In photography, actually anything goes. If it has already gone klick, then you don't have to photograph anymore. Gerhard Merz should do like Anselm Kiefer: no portraits should reach the public. Dear Ph. is looking for cheap arguments. Agfa does what it wants with us, but what are we going to do with Agfa? If the screw top doesn't work, try verbal abuse! Experiments i. ph. often lead to a relapse. The abnormal don't need a viewfinder. Photog. isn't Rock' n' Roll after all. He who tries to hurt our country should try photography first. When someone says, Man, do you ever have great light, give him a double dose back! Kick technology back into spiritual and intellectual shape! Step back! Never design model-like imaginary realities and things like that of, from, or for things made by human beings! Noble darkness prevails! Ph. is a security risk, because George from the south city never went to dancing school, says George from the south city. Polaroid is blasphemy. Photography runs over Hanna Frenzel like a waterfall, and she squeals like a stuck pig. Careful – Barbara Hamann has been making Polaroids parallel to her video production for years. Take note – Hanna Villinger photographs herself. The format is important for the meaning of the pictures – the larger the format, the less space remains for diverging opinions. The photographic works of art overpower us viewers. Light becomes shadow and shadow becomes light when you meet Astrid Klein. The ancient Greeks got along well enough without photography. Try it without film!

Rio de Janeiro 1986

Translation: Janis Hendrickson

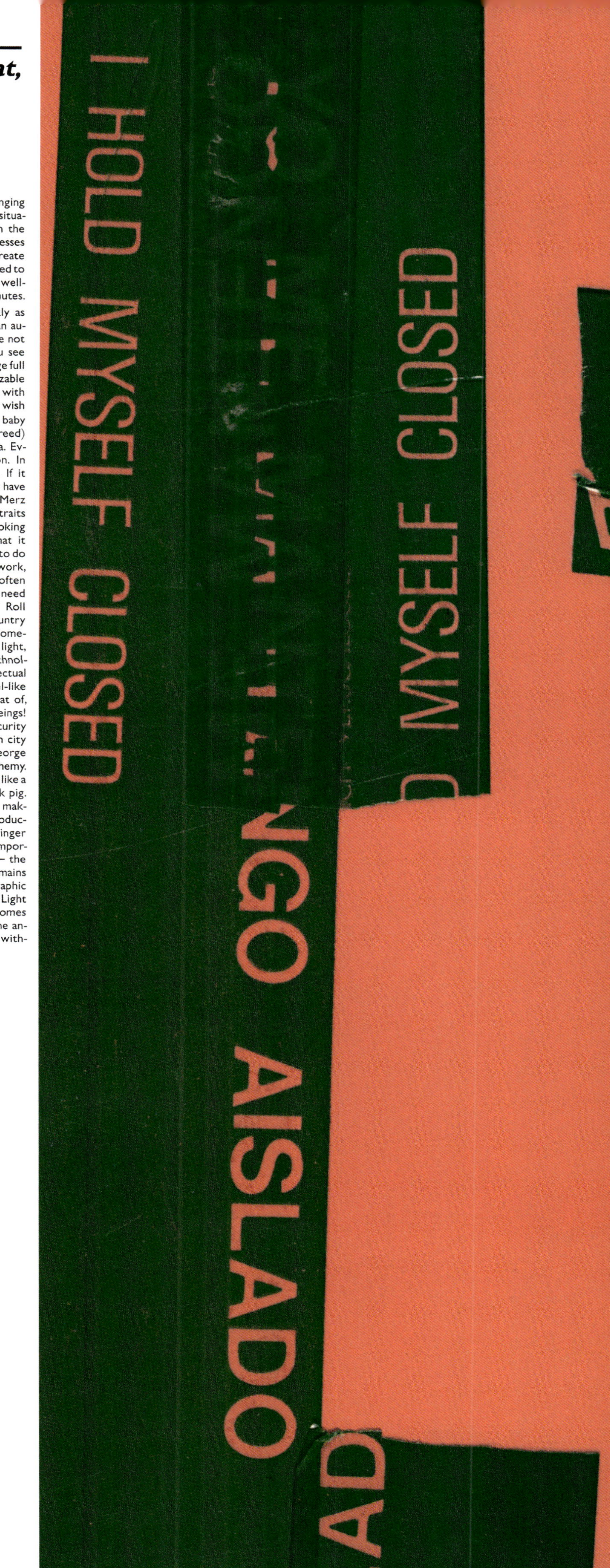

Fotografien von F. C. Gundlach / *Photographs by F. C. Gundlach*

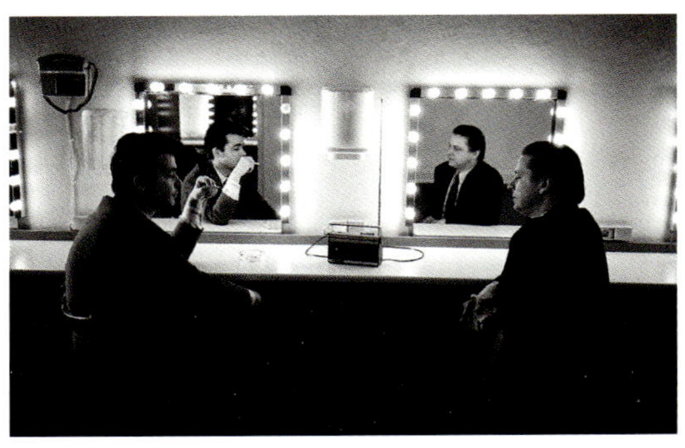

6/7
Werner Büttner und / *and* **Georg Herold**
PPS. Studio, Hamburg, 1986

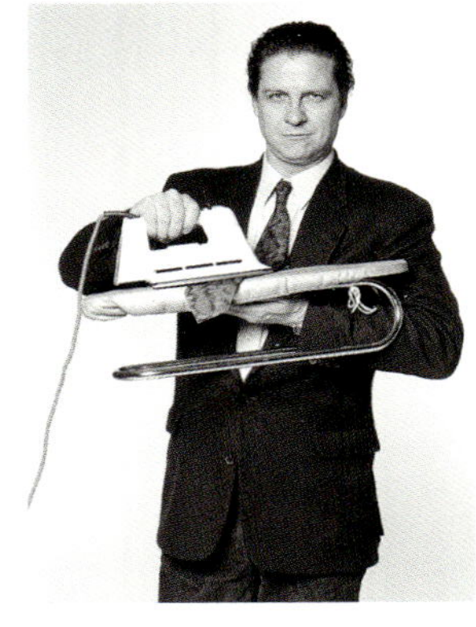

42
Georg Herold
PPS. Studio, Hamburg, 1986

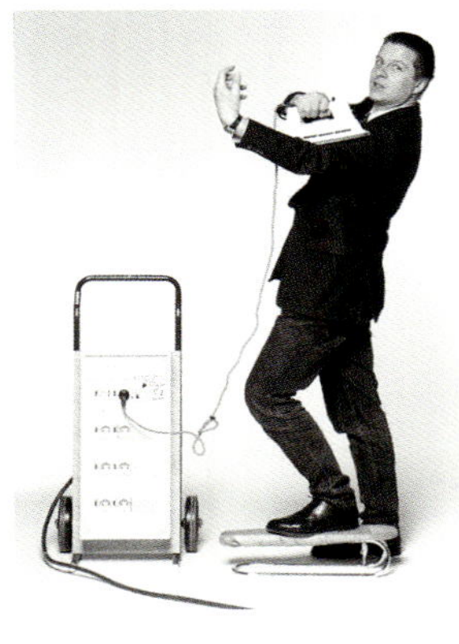

43
Georg Herold
PPS. Studio, Hamburg, 1986

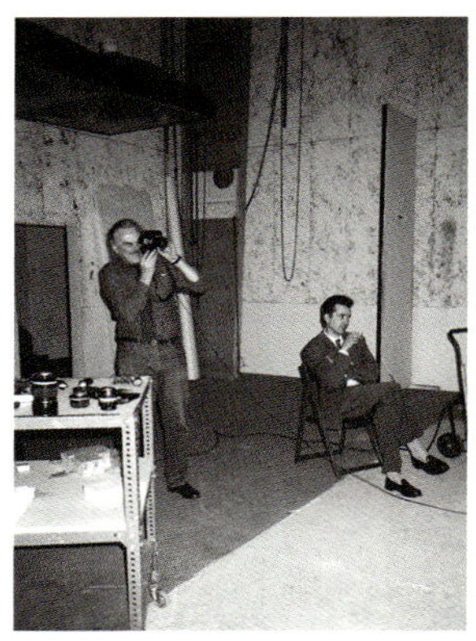

58
F. C. Gundlach und / *and* **Werner Büttner**
PPS. Studio, Hamburg, 1986

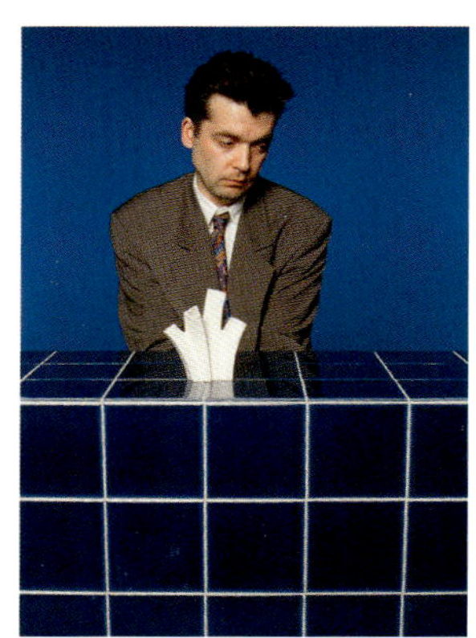

61
Werner Büttner
PPS. Studio, Hamburg, 1989

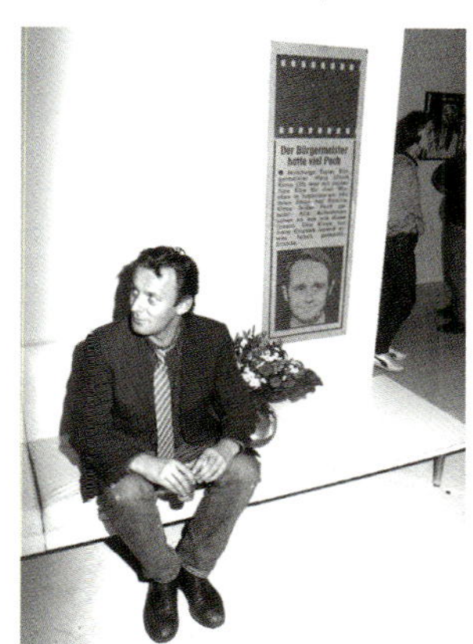

111
Martin Kippenberger
Während der Ausstellung / *During the exhibition „D.E.d.A.“*
PPS. Galerie, Hamburg, 1989

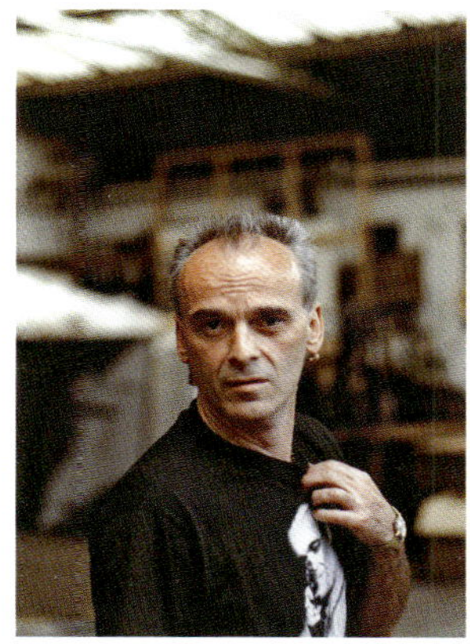

156
Jürgen Klauke
in seinem Atelier in Köln / *in his studio in Cologne,* 1989

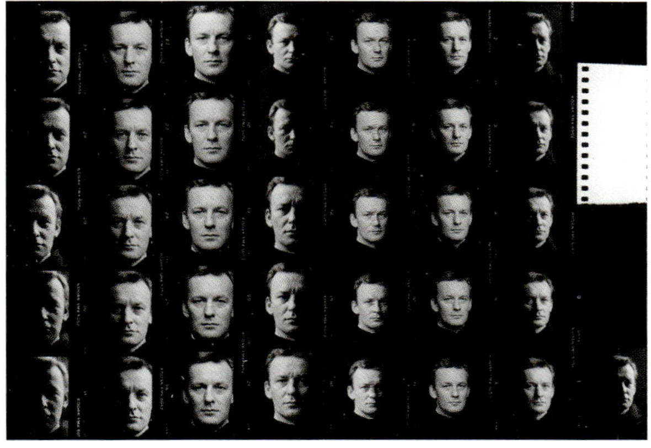

179
Martin Kippenberger
Hamburg, 1989

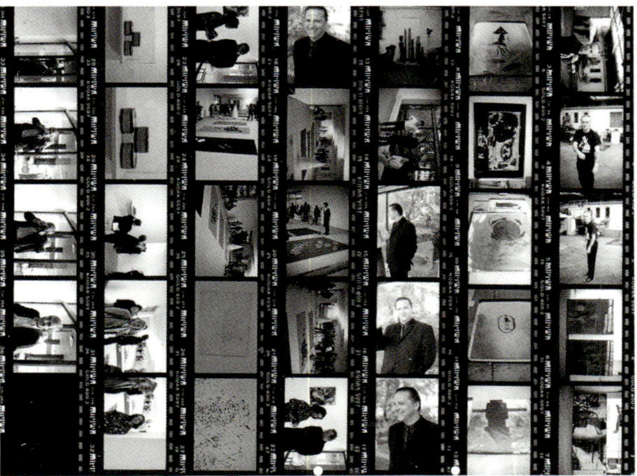

180/181
Georg Herold
in seiner Ausstellung / *in his exhibition*
Jürgen Klauke
in seinem Atelier in Köln / *in his studio in Cologne,* 1989

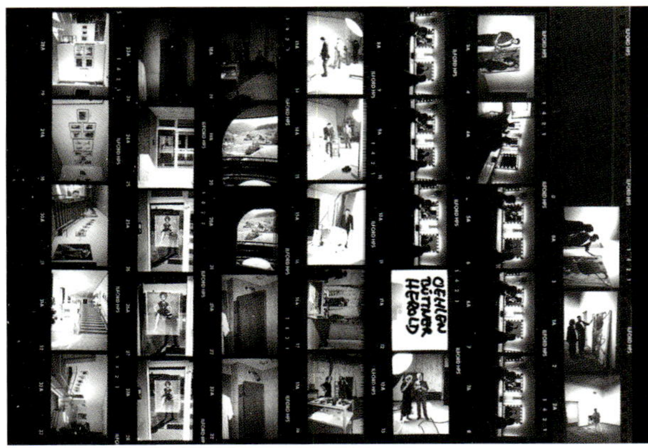

182/183
Albert Oehlen, Werner Büttner und / *and*
Georg Herold
PPS. Studio / Galerie, Hamburg, 1986

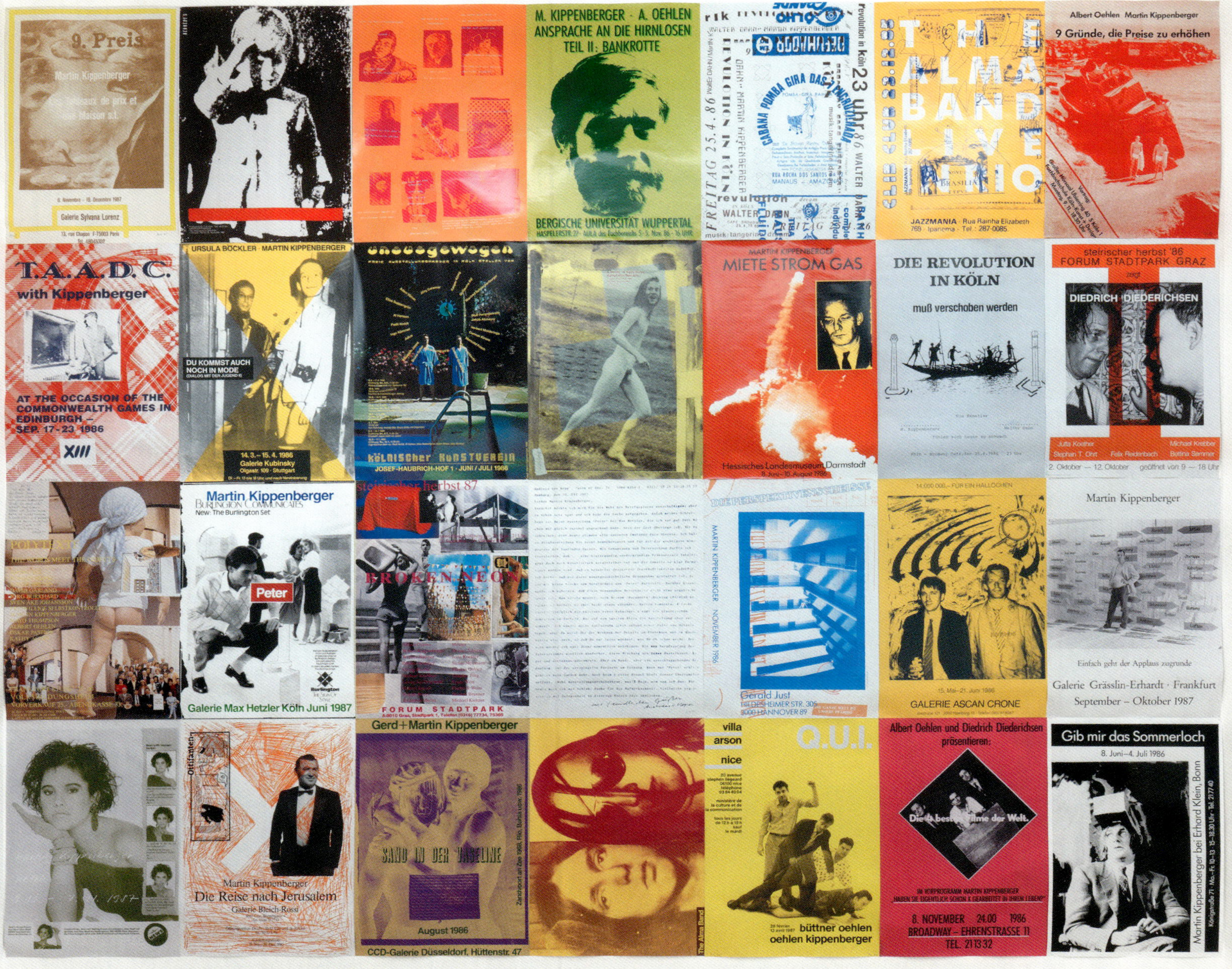

9. Preis
Galerie Sylvana Lorenz
M. KIPPENBERGER · A. OEHLEN
ANSPRACHE AN DIE HIRNLOSEN
TEIL II: BANKROTTE
BERGISCHE UNIVERSITÄT WUPPERTAL
FREITAG 25.4.86
JAZZMANIA · Rua Rainha Elizabeth
Albert Oehlen Martin Kippenberger
9 Gründe, die Preise zu erhöhen
T.A.A.D.C.
with Kippenberger
AT THE OCCASION OF THE COMMONWEALTH GAMES IN EDINBURGH
SEP. 17-23 1986
URSULA BÖCKLER · MARTIN KIPPENBERGER
DU KOMMST AUCH NOCH IN MODE
14.3.–15.4.1986
Galerie Kubinsky
Kölnischer Kunstverein
JOSEF-HAUBRICH-HOF 1 · JUNI / JULI 1986
MARTIN KIPPENBERGER
MIETE STROM GAS
Hessisches Landesmuseum Darmstadt
DIE REVOLUTION
IN KÖLN
muß verschoben werden
steirischer herbst '86
FORUM STADTPARK GRAZ
zeigt
DIEDRICH DIEDERICHSEN
2. Oktober — 12. Oktober geöffnet von 9 — 18 Uhr
Martin Kippenberger
BURLINGTON COMMUNICATES
New: The Burlington Set
Peter
Galerie Max Hetzler Köln Juni 1987
steirischer herbst 87
BROKEN NEON
FORUM STADTPARK
MARTIN KIPPENBERGER NOVEMBER 1986
Gerald Just
15. Mai–21. Juni 1986
GALERIE ASCAN CRONE
Martin Kippenberger
Einfach geht der Applaus zugrunde
Galerie Grässlin-Erhardt · Frankfurt
September – Oktober 1987
Martin Kippenberger
Die Reise nach Jerusalem
Galerie Bleich-Rossi
Gerd + Martin Kippenberger
SAND IN DER VASELINE
August 1986
CCD-Galerie Düsseldorf, Hüttenstr. 47
villa
arson
nice
Q.U.I.
büttner oehlen
oehlen kippenberger
Albert Oehlen und Diedrich Diederichsen
präsentieren:
8. NOVEMBER 24.00 1986
BROADWAY – EHRENSTRASSE 11
TEL. 213132
Gib mir das Sommerloch
8. Juni–4. Juli 1986
Martin Kippenberger bei Erhard Klein, Bonn

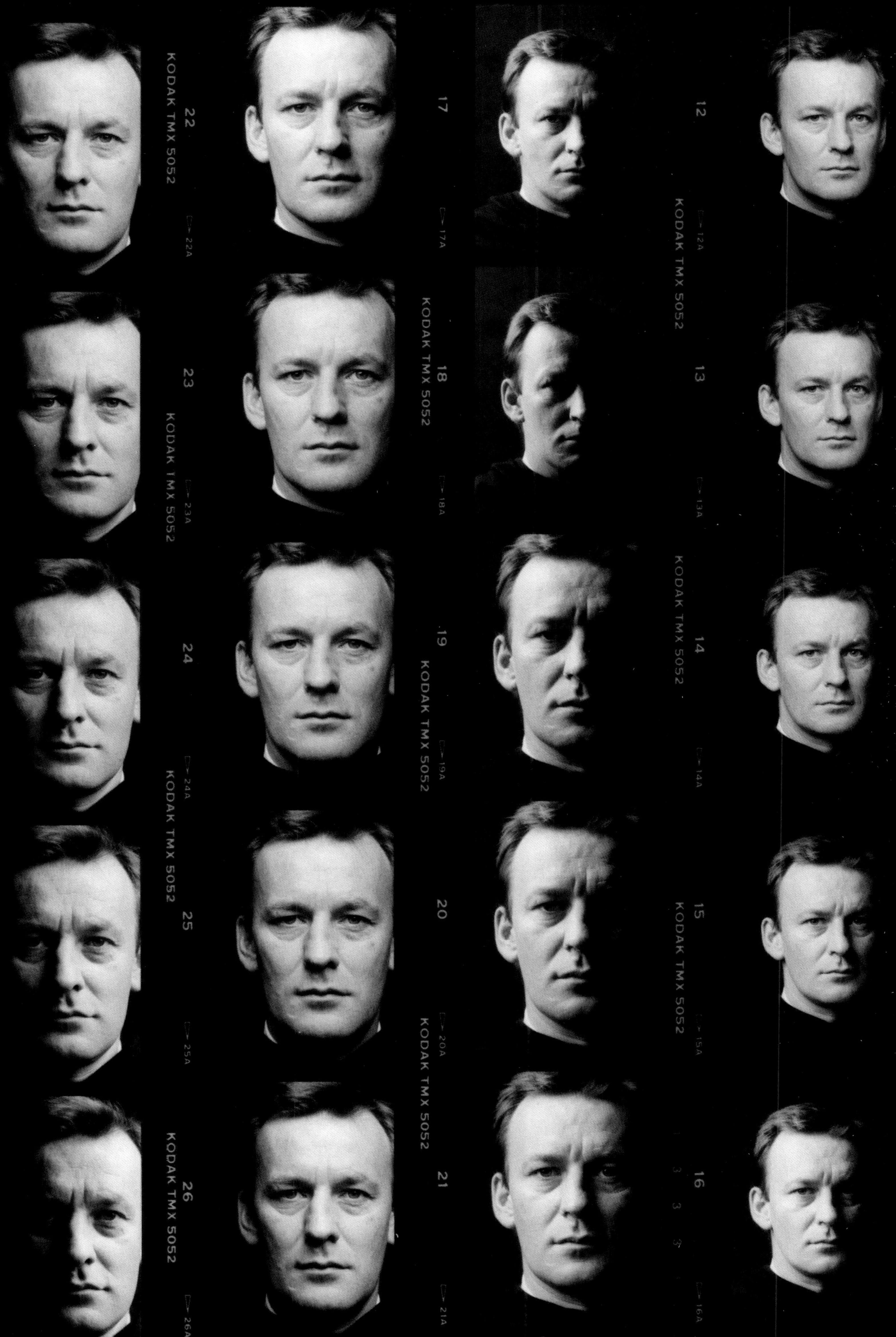

12
12A
KODAK TMX 5052
13
13A
14
14A
KODAK TMX 5052
15
15A
KODAK TMX 5052
16
16A
17
17A
18
18A
KODAK TMX 5052
19
19A
KODAK TMX 5052
20
20A
KODAK TMX 5052
21
21A
KODAK TMX 5052
22
22A
KODAK TMX 5052
23
23A
KODAK TMX 5052
24
24A
KODAK TMX 5052
25
25A
KODAK TMX 5052
26
26A
KODAK TMX 5052

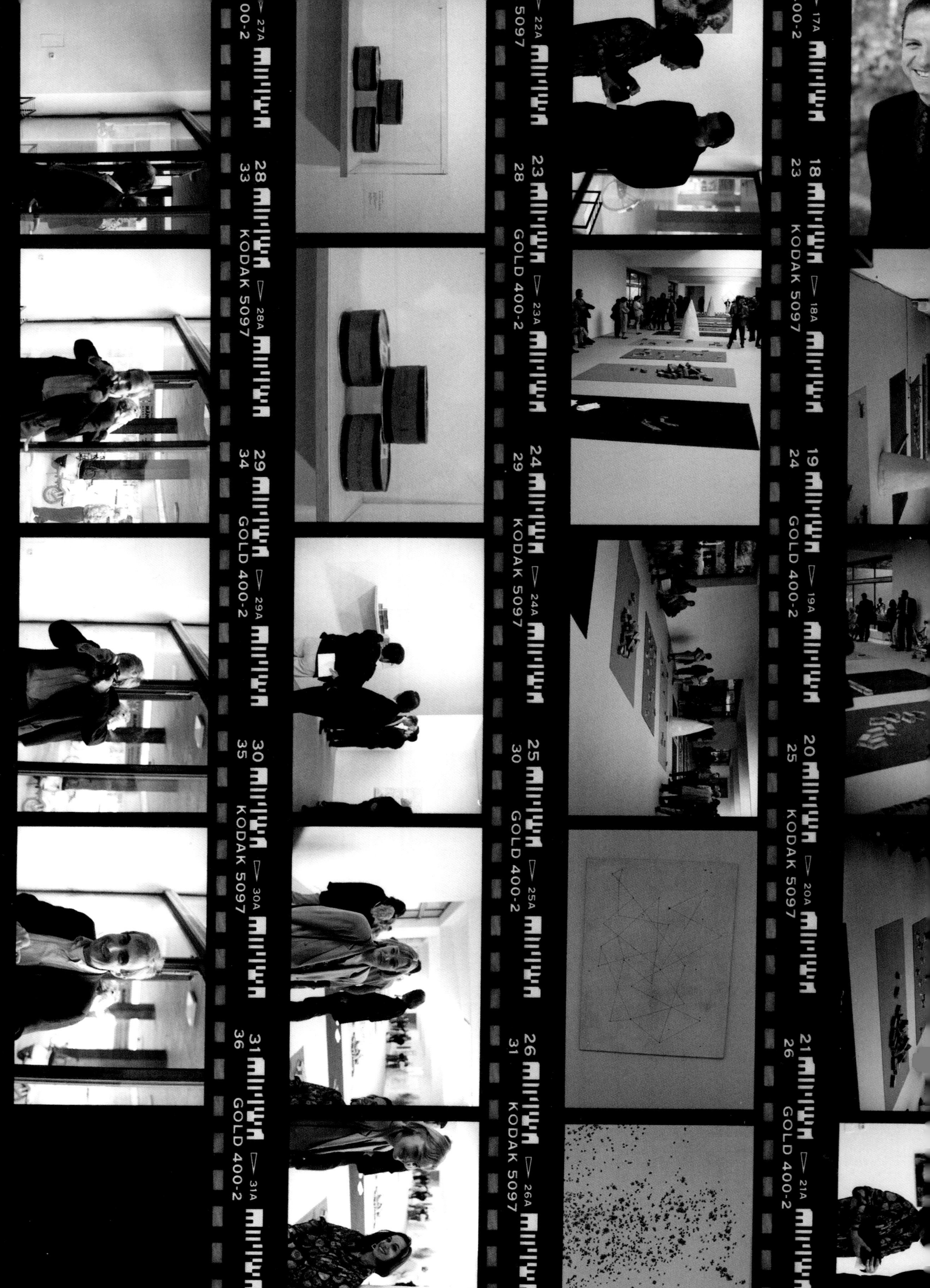

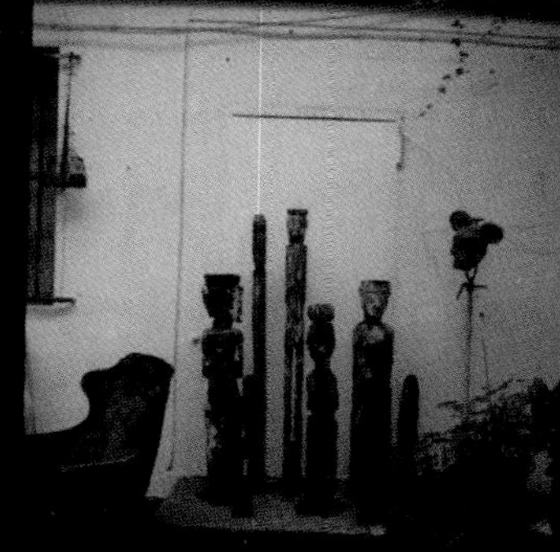
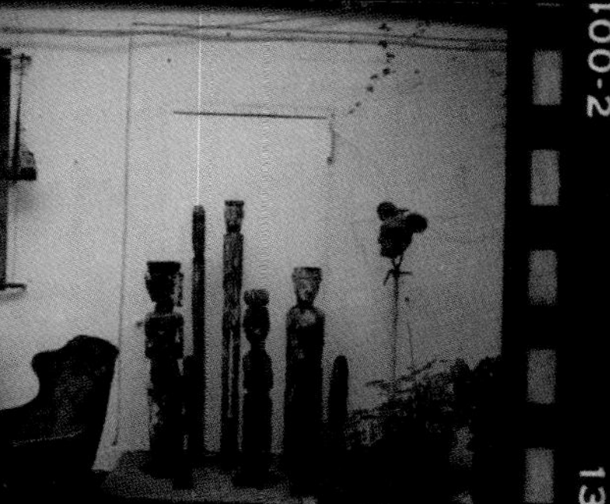
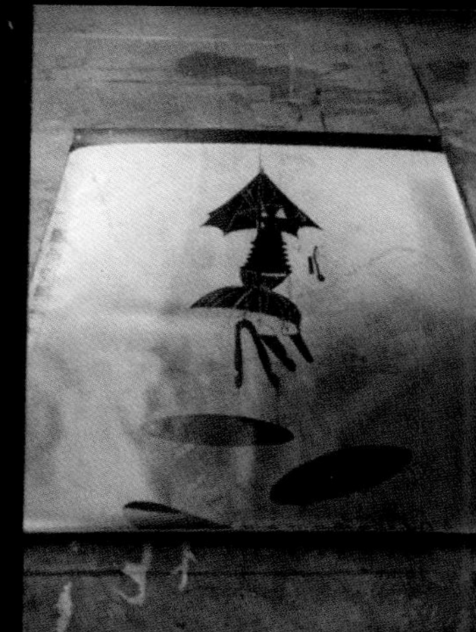
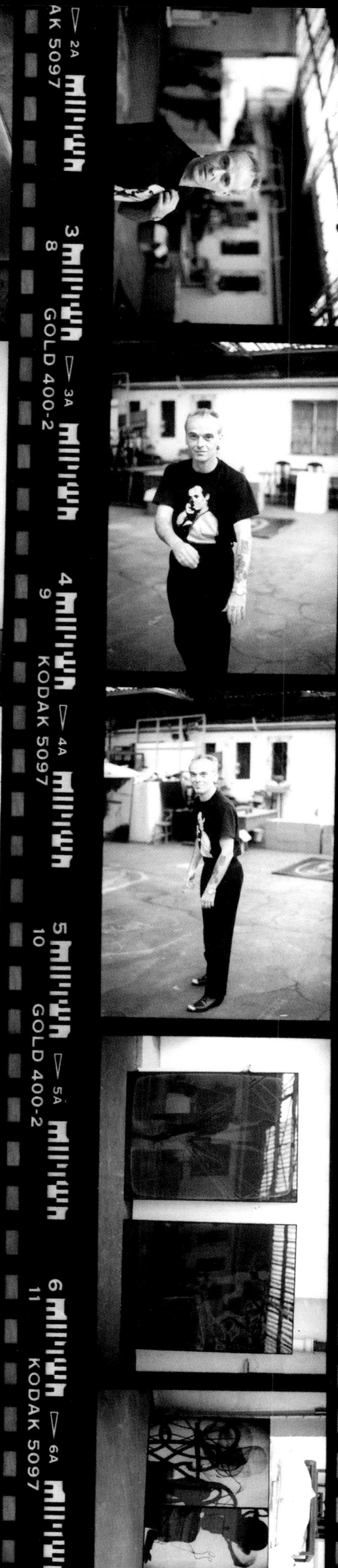
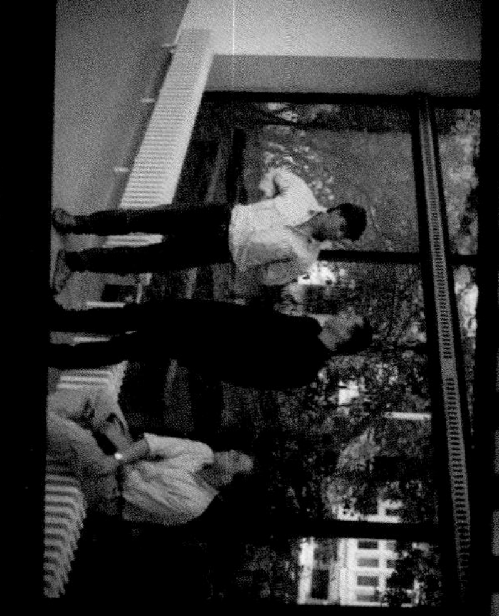
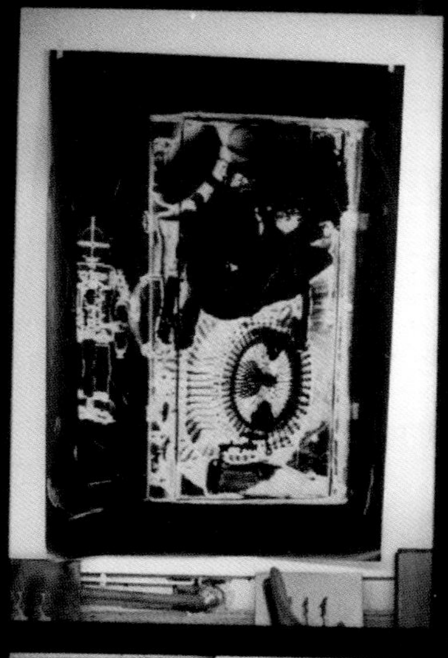
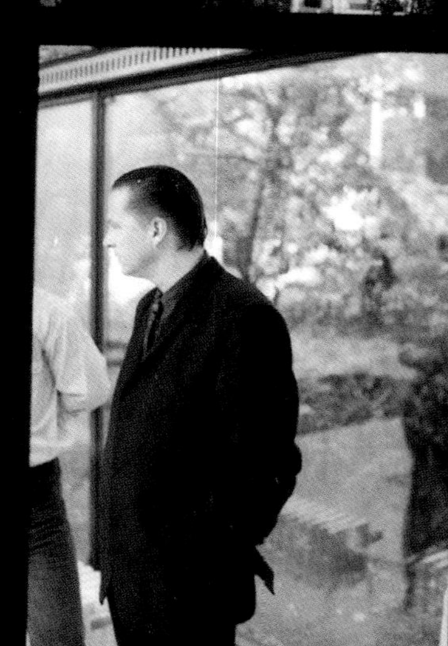
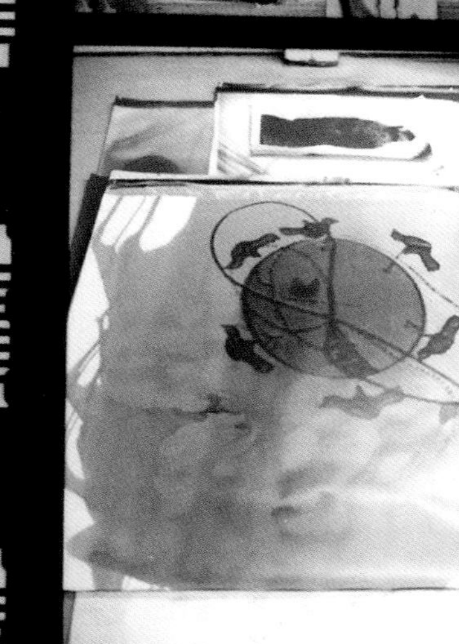
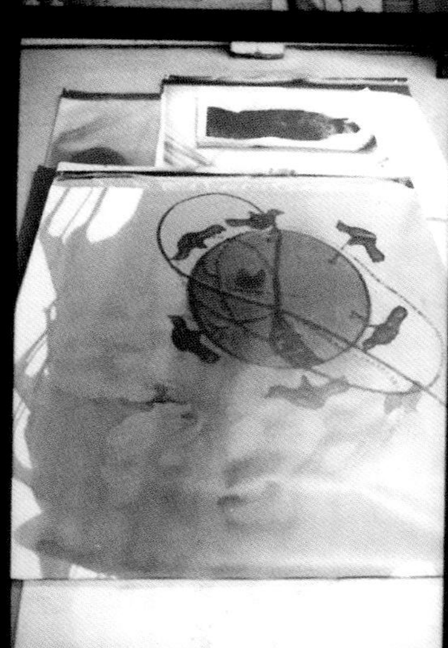
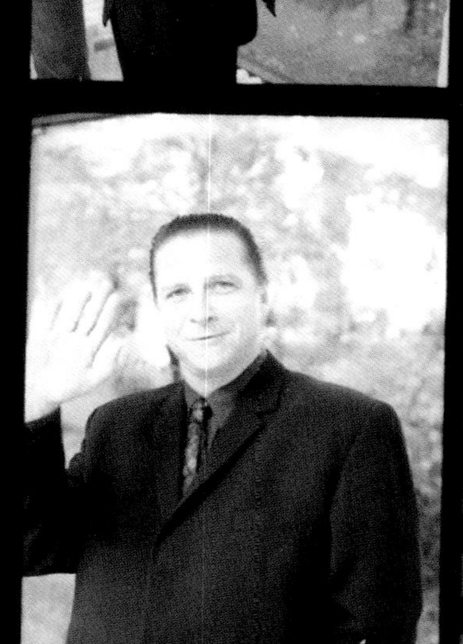
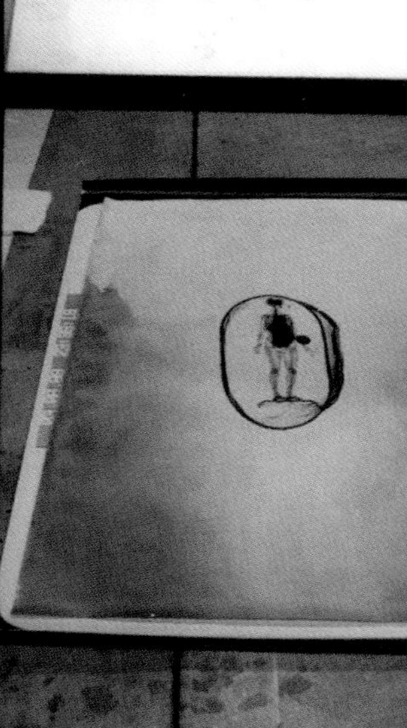
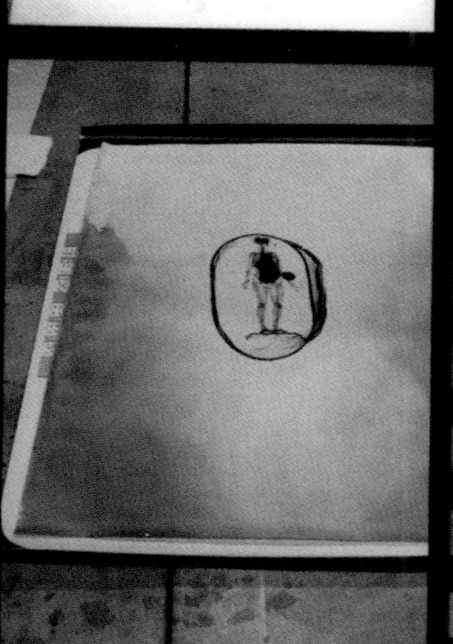
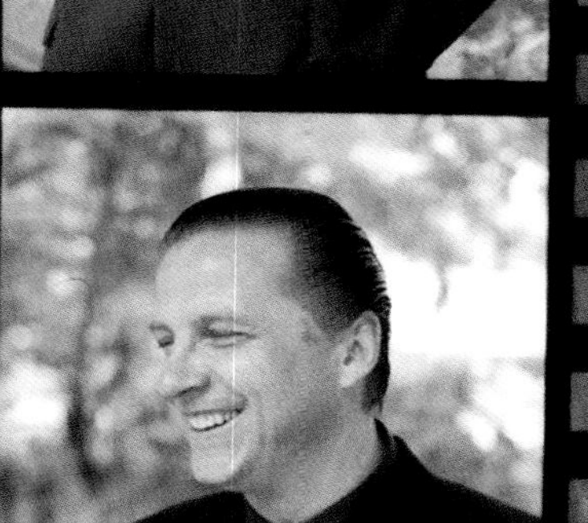
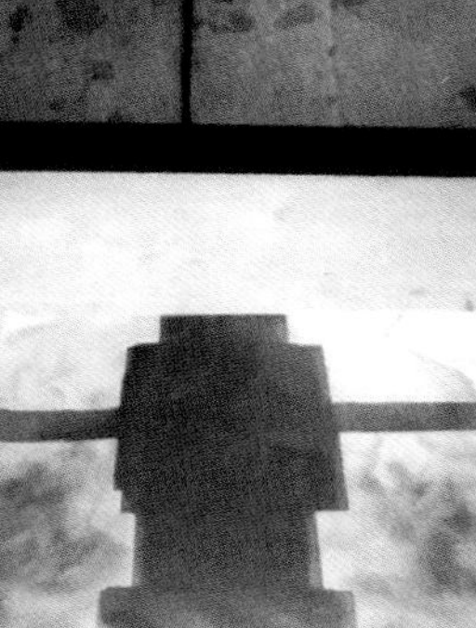

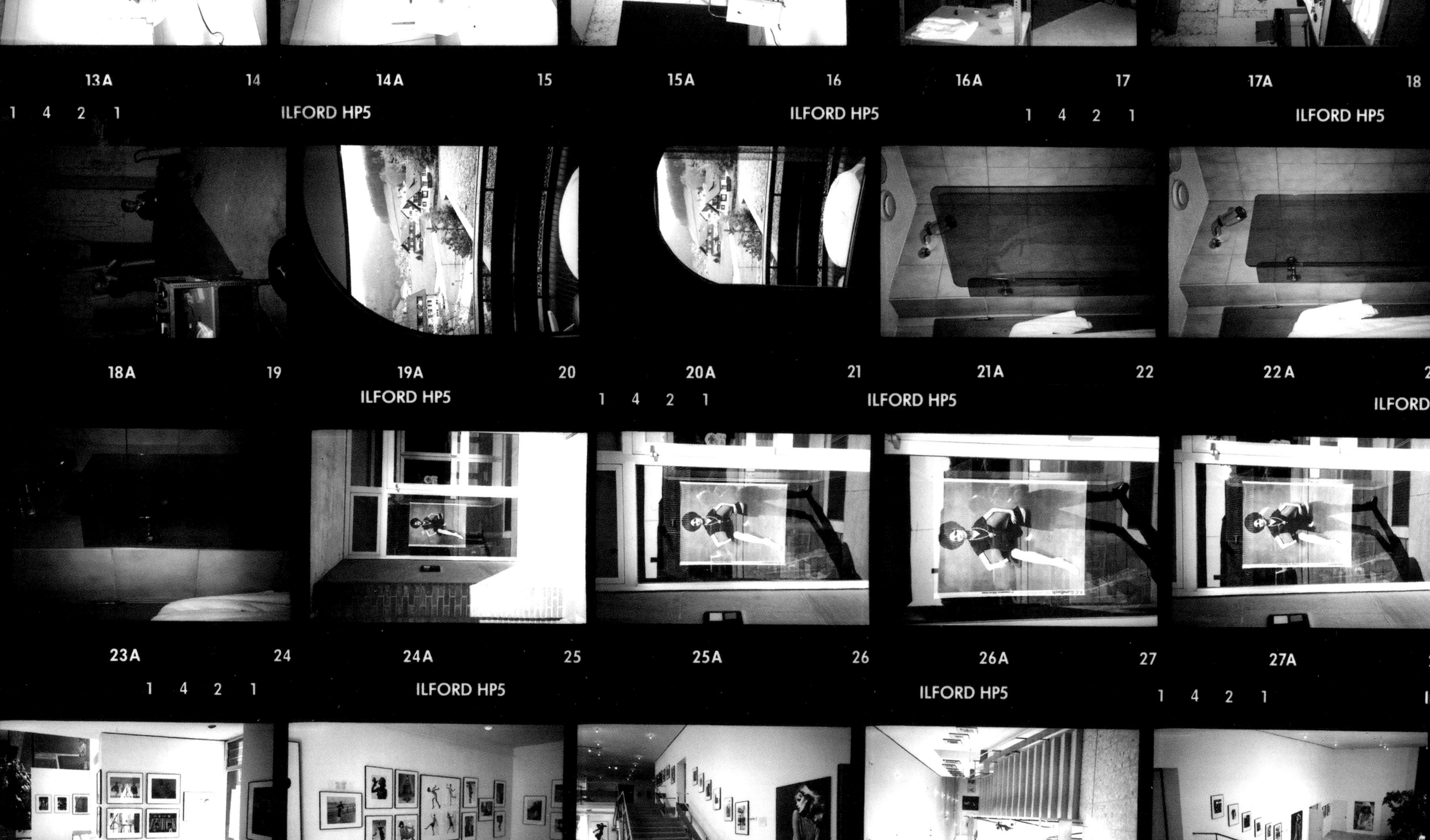
ILFORD HP5

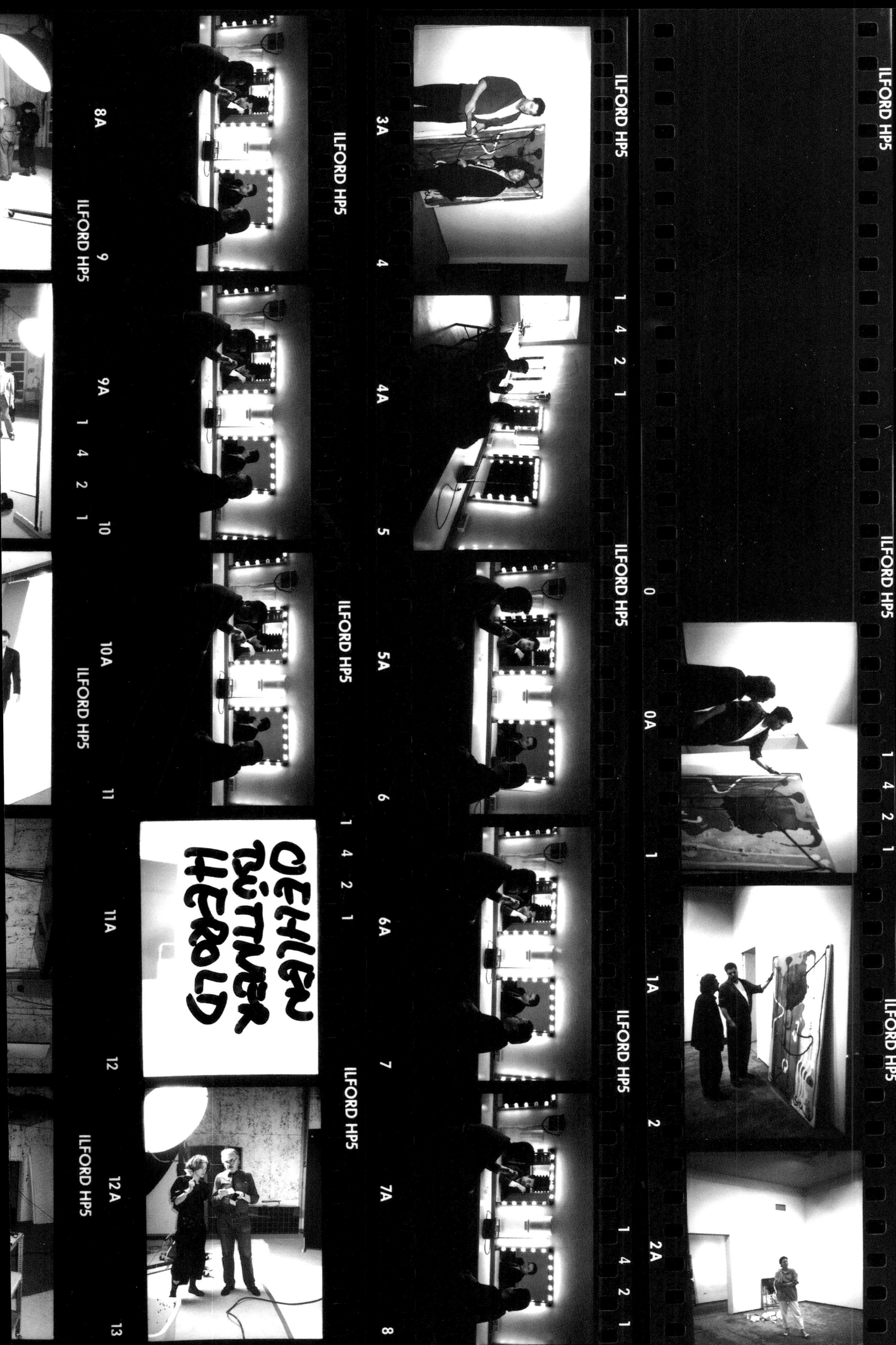

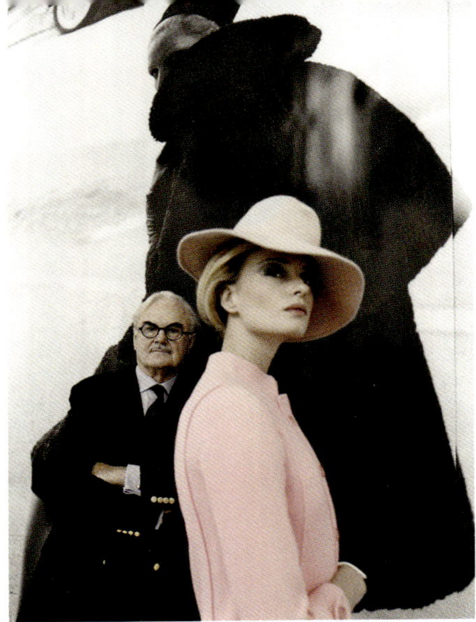

Dieser Katalog erscheint anlässlich der Ausstellung / *This catalogue is published on the occasion of the exhibition*

Sammlung F. C. Gundlach
„Das Medium der Fotografie ist berechtigt, Denkanstöße zu geben"

The F. C. Gundlach Collection
"The medium of photography is entitled to be thought-provoking"

19. Juni – 14. August 2015 / *19 June – 14 August 2015*
Contemporary Fine Arts, Berlin

Fotonachweis / Photo credits
Sämtliche Fotografien der Kunstwerke stammen von Jens Ziehe. *All photographs of the artworks were taken by Jens Ziehe.*

Uwe Düttmann: S. / *p. 25*
Esther Haase: Impressum / *Imprint*
Wilhelm Schürmann: S. / *pp.* 12/13 (Franz West, Galerie Grässlin, Frankfurt a. M., 1989), S. / *pp.* 18 / 19 (Günther Förg in der Wohnung von / Günther Förg in the apartment of Bärbel Grässlin, Köln / *Cologne*, 1984), S. / *pp.* 26–33, 40
Andrea Stappert S. / *p. 73*
Ingo Taubhorn: S. / *p.* 49 (Martin Kippenberger und / *and* F. C. Gundlach, PPS. Studio, Hamburg, 1989)

CFA

Bruno Brunnet, Nicole Hackert, Philipp Haverkampf, Anna Ballestrem, Daniela Cwikla, Sarah Davies, Marcel Gerbrecht, Verena Gillmeier, Carolin Leistenschneider, Gina Reincke, Barbara Skrzypale

Am Kupfergraben 10
10117 Berlin, Germany
Tel. +49 (0) 30-28 87 87-0
Fax +49 (0) 30-28 87 87-26
www.cfa-berlin.com
gallery@cfa-berlin.de

Text
Klaus Honnef

Gespräch / *Conversation*
Bruno Brunnet, F. C. Gundlach und / *and* Wilhelm Schürmann

Übersetzung aus dem Deutschen / *Translation from the German*
Russell Stockman, Quechee

Lektorat Deutsch / *Copy-editing German*
Claudia Wagner, Starnberg

Lektorat Englisch / *Copy-editing English*
Vanessa Magson-Mann, Icking

Korrektorat Englisch / *Proofreading English*
Jane Michael, München / *Munich*

Gestaltung / *Design*
Imke Wagener

Satz und Reinzeichnung / *Typesetting and final artworks*
Wolfram Söll, designwerk, München / *Munich*

Lithografie / *Pre-press and repro*
Farbanalyse, Köln / *Cologne*

Druck und Bindung / *Printing and binding*
Passavia Druckservice, Passau

Printed in Germany

Bibliografische Information der Deutschen Nationalbibliothek
Die Deutsche Nationalbibliothek verzeichnet diese Publikation in der Deutschen Nationalbibliografie; detaillierte bibliografische Daten sind im Internet über http://dnb.de abrufbar.

Bibliographic information published by the Deutsche Nationalbibliothek
The Deutsche Nationalbibliothek lists this publication in the Deutsche Nationalbibliografie; detailed bibliographic data are available in the Internet at http://dnb.de.

ISBN 978-3-7774-2536-8 (Deutsche Ausgabe / *German Edition*)
ISBN 978-3-7774-2516-0 (Englische Ausgabe / *English Edition*)

www.hirmerverlag.de
www.hirmerpublishers.com

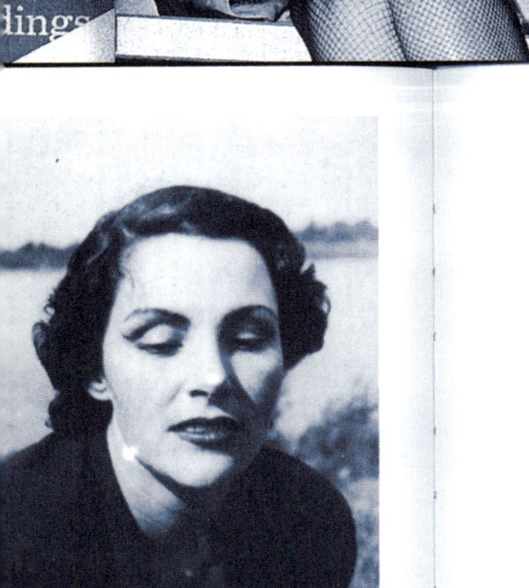

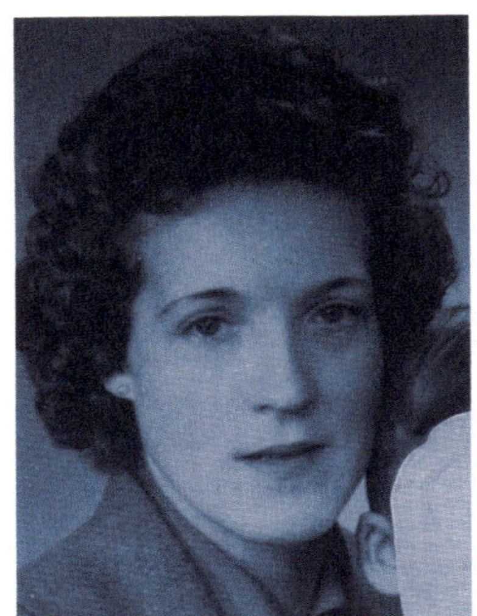

Gertrud Büttner

geboren 1954 in Krefeld,
lebt und arbeitet in Düsseldorf

Vater: „Albert", rufen hörte, „komm doch einmal her!" Die Stimme ohne Zweifel aus dem Badezimmer. Fassungslos schüttelte Albert Kopf, was sollte er dort? Jedenfalls ging er nachsehen. Im Badezimr war nichts weiter zu sehen, als die Badewanne, die bis auf eine ndbreit randvoll war. Daneben stand sein Vater den Albert fragend lickte.

„Sieh mal Albert", sagte Herr Oehlen, „ich habe mir in den letzten zehn Tagen genau notiert, wieviel du jeden Tag getrunken hast, habe te das ganze addiert und dann die Wanne mit dem entsprechenden antum Wasser gefüllt. Soviel Bier, wie du in der Wanne Wasser siehst, du in den letzten vierzehn Tagen getrunken!"

Der junge Mann blickte schweigend in die Badewanne, und nun, da üchtern und ganz klar bei Sinnen war, wurde ihm schlecht. Das hellgrüne Wasser verwandelte sich vor seinem geistigen Auge, in braunes, schäumendes Bier und ein unangenehmes Gefühl machte sich in seiner Magengegend bemerkbar, so daß er sich abwenden mußte.

Zur selben Zeit verlangte eine seltsam unbeholfen klingende Stimme übers Telefon nach einem Notarztwagen. Als dieser mit Blaulicht am genannten Ort eintraf, fanden die Sanitäter einen jungen Mann vor, der nicht in lebensbedrohendem Zustand war und durchaus in der Lage gewesen wäre, sich aus eigenen Kräften zum Krankenhaus zu begeben. Nachdem er im Krankenhaus seinen Namen mit Werner Büttner angegeben hatte, wurde ihm die Bierflasche entfernt, in der seine Zunge festgepfropft war.

In die Kneipe ist Werner Büttner nie wieder gegangen. Albert Oehlen auch nicht.

71

sie uns nicht mehr vollscheißt." Soviel zur Pflichterfüllung.
Die Farbe ist der Verräter. Sie will uns glauben machen, wir könnten etwas sehen. Sie ist der fleischgewordene Müll, der durch die Augen in Museum und Wohnung zu treten trachtet. In dem Moment, wo mir dies klar wird, ist die verlogenste naturgemäß meine Lieblingsfarbe (das einzige Gegenmittel). Salvador Dali meint dasselbe, wenn er sagt: „Ich mag es nicht, wenn irgend etwas zur Nase hineingeht und beim Anus herauskommt, aber ich liebe das, was in den Anus schlüpft und dann aus dem Auge tritt."
Zwei Beispiele: Wenn Schwarz sich bei der additiven Farbmischung und Weiß bei der subtraktiven aus den drei Grundfarben zusammensetzen, was ist dann Grau?
Bei der additiven Farbmischung, der man sich beim Malen bedient, setzt sich Grau demnach aus einer sichtbaren und einer *un*sichtbaren Farbe zusammen. Orange ist als optisches Signal den Rottönen zuzuordnen, vermischt man es aber mit Schwarz, das eigentlich neutral sein sollte, so erreicht man einen *un*wahrscheinlich schönen Grünton, der sich auf der Farbskala zu Rot verhält wie Deutschland zu Neuseeland auf dem Globus. Nun könnte der vorlaute Leser/Betrachter fragen, warum diese Behauptungen sich auf den hier zu besprechenden Bildern zu meiner Farbenlehre nicht bestätigen. Diese Bilder sind in Dispersionsfarbe gemalt, okay?, wärend meine Beobachtungen, das Orange betreffend, sich auf Öl- bzw. Lackfarben, was dasselbe ist, beziehen.
Hieraus lernen wir, der Farbe nicht zu trauen, nur zu glauben, was auf der Tube steht und ihr (der Farbe) den Platz zuzuweisen, der ihr gebührt: auf der Leinwand.

Albert Oehlen

Farbenlehre II:

YOU TAKE THE BLUE ONE AND I GET A NEW ONE

Wider die Trennung von Form und Inhalt, Kopf und Bauch, verkauft und nicht verkauft!

Was wirklich vorgeht, sagt Goethe klipp und klar in seiner Farbenlehre: Gelb fordert Rotblau, Blau fordert Rotgelb, Purpur fordert Grün und umgekehrt.

...

„Keiner hilft Keinem", Eid der Lord Jim Loge und Losung der postungegenständlichen Malerei.

...

So wie das Wort, gesprochen oder geschrieben, in keiner wirklichen Beziehung zu dem Gegenstand, den es bezeichnen soll, steht, außer, daß es hartnäckig immer wieder mit dem Gegenstand in Beziehung gebracht wird, um diesen zu bezeichnen. So steht die Farbe, gemalt oder in der Tube, in keiner Beziehung zur Wirklichkeit außerhalb ihrer eigenen Existenz, die sie dadurch hervorhebt, daß sie Geld kostet. Stände sie, so müßten naturalistische Maler an hellen Tagen helle und an dunklen Tagen dunkle Bilder malen. Das gleiche gilt für das Sujet. Wo Käthe Kollwitz Elend und Verzweiflung darstellen will, sieht Felix Dröse Modetips und idealisierte Körperhaltung.

...

„Weh dem, der Symbole sieht", warnt uns Beckett und meint damit dasselbe wie ich, wenn ich behaupte: „Nichts bedeutet nichts!"

Albert Oehlen

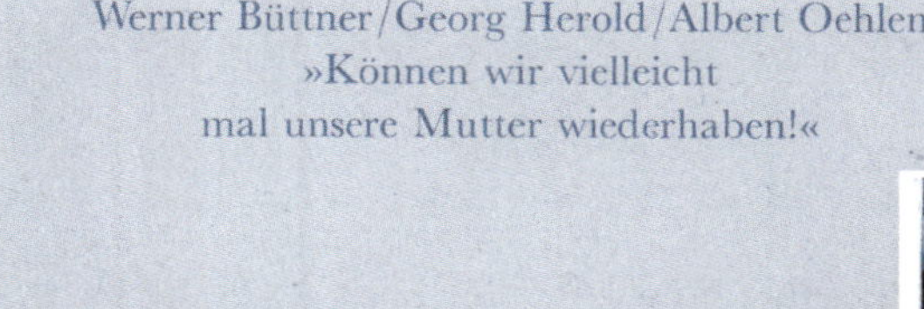

Verlag Michael Kellner

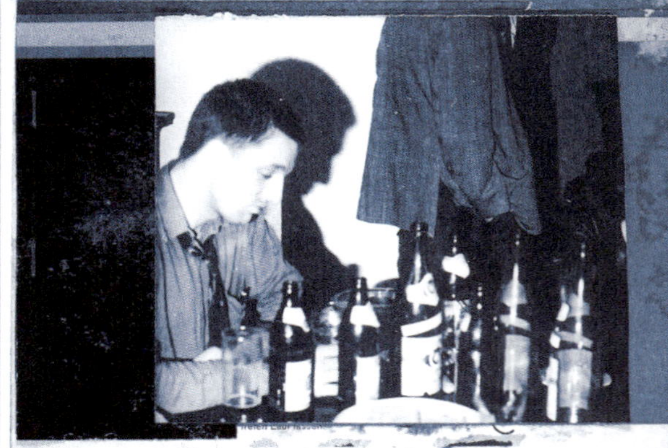

DAS MEDIUM DER FOTOGRAFIE IST BERECHTIGT, DENKANSTÖSSE ZU GEBEN. ALBERT OEHLEN

Lore Kippenberger, † 1976

Werner Büttner
Stilleben

Brasilien 1986